LE

R. P. COCHET

LE
R. P. COCHET

PRÊTRE-EUDISTE

SA VIE ET SES VERTUS

PAR

LE P. BOULAY

DE LA MÊME CONGRÉGATION

> Colere Deum et facere voluntatem
> ejus corde magno et animo volenti.
> (II, Mach., 1.)

PARIS

LIBRAIRIE DELHOMME ET BRIGUET

Gabriel **BEAUCHESNE** & Cie, Éditeurs

83, RUE DE RENNES, 83

1901

Dépôt Lyon, 3, avenue de l'Archevêché.

TABLE DES MATIÈRES

AVANT-PROPOS.   1

PREMIÈRE PARTIE : Enfance et Jeunesse.

I. — Famille et enfance.   5
II. — Le collège. 21
III. — Vertus et vocation. 37
IV. — Noviciat et scolasticat. 49
V. — Principaux évènements et relations de famille 69

DEUXIÈME PARTIE : Ministère dans les collèges.

I. — Surveillance à Redon, puis à Besançon. 89
II. — Professorat 117
III. — Préfecture et économat 139
IV. — Retour sur les vertus du P. Cochet à Besançon. 169
V. — Préfecture à Saint-Martin de Rennes. 181

TROISIÈME PARTIE : Direction du Noviciat.

I. — Le maître des novices. 197
II. — Esprit de foi et de religion. 205
III. — Charité à l'égard du prochain 221
IV. — Zèle pour le salut des âmes 235
V. — Direction spirituelle 253
VI. — Autres vertus 269
VII. — Divers événements. 281

QUATRIÈME PARTIE : Séjour en Nouvelle-Ecosse.

I. — Ministère à Church' Point. 293
II. — Prédication et correspondance 317
III. — Séminaire d'Halifax. 351

AVANT-PROPOS

Le 16 avril 1896, le T. H. P. Le Doré, supérieur général de la Congrégation de Jésus et Marie, adressait la lettre suivante aux diverses maisons de sa Société :

« Mes Révérends et Bien-Aimés Pères,

« Hier soir, en rentrant à Paris, j'ai trouvé sur mon bureau ces
« deux dépêches du P. Lecourtois : « *Père Cochet très mal.* » —
« *Père Cochet mort.* » Dans le dernier courrier parti d'Halifax à la
« fin de mars, rien ne faisait prévoir une aussi triste nouvelle. Nous
« attendons une lettre qui nous en fasse connaître les détails, mais
« j'ai cru bon de réclamer immédiatement vos prières pour ce cher
« et vénéré P. PIERRE COCHET.

« Le ciel s'est réjoui de s'ouvrir à l'âme d'un prêtre aussi pieux,
« et d'un religieux dont toute la vie n'a été qu'un acte prolongé
« d'humilité, d'obéissance et de sacrifice. Doué de talents ordi-
« naires (1), mais d'une volonté de fer, le P. Cochet, grâce à
« l'héroïsme de ses vertus, a été, depuis près de trente ans, un des
« membres les plus édifiants et les plus utiles de notre chère Congré-
« gation. Vous l'avez vu à l'œuvre à Redon, à Besançon, à Rennes,
« à Kerlois, au Canada. Partout il a su se conquérir l'estime de ceux
« qui ont pu l'approcher. A l'intérieur de nos maisons, il a été pour
« les Pères un modèle, et, au dehors, tous le vénéraient comme un

---

(1) Cette appréciation ne sembl· pas exacte : l'humilité du Père Cochet a su
jeter un voi'e sur ses talents naturels, et tromper sur ce point le jugement de
ceux qui l'ont même intimement connu ; nous en apporterons plus loin des témoignages certains.

« saint. Dans les postes les plus difficiles, il a déployé une telle force
« d'âme, il a montré un tel esprit d'abnégation, que toujours il a
« fini par renverser les obstacles les plus insurmontables. La ten-
« dresse de mère dont il environnait nos malades n'était sur-
« passée que par sa miséricordieuse compassion pour les pécheurs
« et son amour vraiment exceptionnel en faveur des petits et des
« pauvres. Son rêve était de se faire pauvre avec les pauvres ; son
« ambition était de se faire oublier, en se dépensant pour les humbles
« et en se cachant au milieu des malheureux. Tous ceux qui l'ont eu
« pour directeur à la Probation, tous ceux qui ont été sous sa
« conduite, ou qui ont été l'objet de son dévouement, n'auront qu'une
« voix pour dire : le Père Cochet était un saint. Sa mort est une
« grande perte pour la Congrégation. »

Cette lettre, dont nous ne citons qu'une partie, est assurément fort
élogieuse. Expression d'une douleur et d'une pensée communes, elle
n'en est pas moins d'une exacte vérité ; et nul qui n'y souscrive sans
réserve, aujourd'hui même que la première émotion n'est plus là
pour aviver l'estime et les regrets. Mais, simple esquisse, elle ne
retrace que quelques traits, les plus saillants, de cette figure chérie
et vénérée : sa brièveté semble donc appeler un portrait plus développé. C'est ce portrait que nous entreprenons, pour répondre à de
nombreux désirs et à de pressantes sollicitations. Aussi bien, la
physionomie et l'histoire de ce véritable fils du P. Eudes méritaient
d'être conservées. S'il est une gloire, et l'une des plus précieuses de
sa Congrégation, la perfection de ses vertus en a fait une merveille
digne d'être exposée aux yeux de tous comme un modèle, ou plutôt,
comme un objet d'admiration, vase d'élection et miracle de grâce,
dont tout l'honneur doit remonter à Dieu.

Prévenu, dès son enfance, des plus abondantes bénédictions du
ciel, il semble qu'il n'ait pas, comme tant d'autres, passé par la voie
de la formation et du progrès, du moins en ce qui frappe le regard :
sa perfection a paru achevée dès l'abord, bien que sa grâce et
ses mérites se soient accrus avec chacun de ses jours. A quelque âge
qu'on le prenne, on le trouve irréprochable, exemplaire, tout occupé
d'accomplir la sainte Volonté de Dieu, et Elle seule, quoi qu'il puisse
lui en coûter. Les yeux fixés sur Elle, il montre partout et toujours
une maturité d'esprit, une élévation de pensée, une énergie, une
constance, un héroïsme de volonté qui jettent dans l'étonnement
ceux qui ne le connaissent pas encore, en ravissant ceux qui vivent
dans sa familiarité. A peine çà et là quelques imperfections, tout juste
assez pour trahir en lui la nature humaine. Les charges, les travaux,
les peines varient avec le cours du temps : plus importants et
plus lourds, à mesure que la vie avance, il les accepte toujours avec

la même générosité et la même gaieté de cœur, il les exerce, il les soutient, il les endure, avec une abnégation, un courage, une persévérance qui ne fléchissent ni ne se démentent jamais. En toute occurence, sa conduite et ses exemples rappellent ceux des plus grands saints : dans une vie plus humble et plus cachée, sur un théâtre moins vaste et moins brillant, les vertus, l'héroïsme ont été les mêmes.

Dès lors, on le pressent, relater une telle vie est une tâche difficile, et nous ne l'abordons point sans quelque frayeur.

D'une part, les saints ne pensent ni n'agissent comme le commun des hommes : il y a d'ailleurs presque toujours en eux quelque singularité qui les distingue de la foule. Leurs paroles et leurs actes dépassent, étonnent, confondent parfois la sagesse humaine, si même ils ne la heurtent et ne la choquent, en contredisant à ses maximes et à ses mœurs. Pour être en état de les apprécier à leur valeur et de les juger comme ils doivent l'être, pour en avoir l'intelligence, pour en goûter la beauté et l'élévation, il est nécessaire de bien saisir les principes qui président à la direction de ces âmes héroïques, il est indispensable de s'élever aux régions supérieures, d'éclairer ses jugements aux divines lumières de la foi. Or, la chose n'est facile ni toujours, ni pour tous.

D'autre part, si la vraie sainteté suppose un grand sens dans ceux qui la possèdent, elle ne leur donne pas le génie, elle ne leur communique pas l'infaillibilité. Les saints sont sujets à errer, mais ils errent de bonne foi, leur intention restant toujours droite, leur volonté restant toujours attachée à celle de Dieu, toujours décidée, toujours prête à se conformer au jugement et aux ordres des supérieurs qui le représentent près d'eux.

Ce sont là deux remarques importantes et qu'il faut se garder d'oublier pour la juste et saine appréciation de certains faits ; elles pourront trouver leur application dans quelques détails de cette histoire.

Que si l'entreprise est difficile, raison de plus pour y mettre toute sa diligence et tous ses soins : telle est aussi notre intention. Notre principal souci sera de rendre avec une expressive vérité la sainte et originale figure que nous voulons faire revivre ; notre unique préoccupation, de reconstituer dans son ensemble, avec une impartiale et scrupuleuse exactitude, une vie dont plusieurs n'ont entrevu que quelques traits épars, sans en remarquer la merveilleuse harmonie. L'admirable et l'héroïque y éclatent assez de toutes parts pour que nous ne soyons pas tenté d'y rien ajouter. Nos efforts n'iront qu'à les faire agréer par un sérieux et loyal exposé des faits. Heureux serions-nous, si, en montrant comment, dans une vie simple et commune en apparence, on peut devenir un héros et un saint, nous excitions chez plusieurs, et combien mieux chez tous, la généreuse et salutaire résolution d'imiter, ne fût-ce que de loin, les beaux exemples du vénéré P. Cochet !

Cette biographie se divisera en quatre parties :

La première, de 1848 à 1872, relatera son enfance et sa jeunesse, ainsi que sa vocation et sa formation religieuse ;

La deuxième, de 1872 à 1882, sa résidence et ses fonctions dans les collèges de Redon, Besançon et Rennes :

La troisième, de 1882 à 1892, la direction qu'il imprime au noviciat, soit en qualité de supérieur, soit simplement en qualité de Père-Maître ; les vertus éminentes dont il y donne l'exemple, la notoriété et la vénération dont il y jouit :

La quatrième, de 1892 à 1896, son séjour en Nouvelle-Écosse, d'abord à Church Point, puis à Halifax, où Dieu semble mettre le sceau à sa sainteté, et enfin sa mort.

Chaque partie se subdivisera en un plus ou moins grand nombre de chapitres, suivant la matière ; nous y suivrons tantôt un ordre chronologique, tantôt un ordre logique, selon que l'un ou l'autre fera mieux ressortir la figure que nous voulons étudier.

Puisse ce bien-aimé confrère bénir, du haut du ciel, cet ouvrage entrepris pour la seule gloire de Dieu et le plus grand bien des âmes ! Puisse son intercession efficace obtenir pour ceux qui le liront, et dans la Congrégation de Jésus et Marie, et en dehors, les grâces de choix dont le Seigneur l'avait si abondamment prévenu, afin que, marchant sur ses traces, ils rivalisent avec lui de piété et de vertu ! C'est là notre seule ambition : la voir réalisée serait notre meilleure récompense.

Le 6 janvier 1901, fête de l'Épiphanie de N. S.

D. BOULAY.
Prêtre-Eudiste.

LE PÈRE COCHET

PREMIÈRE PARTIE

ENFANCE ET JEUNESSE 1848-1872

CHAPITRE PREMIER

FAMILLE ET ENFANCE

1848-1860

LES COCHET ET LES TEXIER — AUGUSTIN COCHET ET ANNE-MODESTE TEXIER :
LEUR MARIAGE — LA HÉRONNIÈRE ET LES PETITES-COURS : MATHURINE
BOURDAIS — NAISSANCE ET BAPTÊME DE PIERRE-MARIE — SON ÉDUCATION
FONCIÈREMENT CHRÉTIENNE — SON CARACTÈRE ET SON AMOUR DES CHOSES
PIEUSES : PREMIERS SYMPTÔMES DE VOCATION SACERDOTALE — FAIBLESE DE
SA SANTÉ : SON INSTRUCTION, CONFIÉE A MADEMOISELLE ANNE BRÉTEL, PUIS
AUX FRÈRES — SA PREMIÈRE COMMUNION — MORT DE M. COCHET.

A trois kilomètres environ au nord-est de Rennes, à gauche de la route qui conduit à Fougères, s'élève dans l'intérieur des terres la ferme des Gayeules, bien connue dans le pays par les vastes domaines qui en dépendent, et surtout par une immense prairie de onze à douze hectares, servant aujourd'hui de champ de courses pour la ville, après avoir été longtemps le théâtre aimé et fréquenté des jeux et des luttes des habitants de la contrée.

Au début du XIXe siècle, cette ferme appartenait à la famille de la Tioulaye, qui, vers 1820, en confia l'exploitation à des cultivateurs intelligents et actifs, les Cochet. Maîtres et fermiers vivaient dans une religieuse et chrétienne familiarité, fondée sur une mutuelle estime et sur un sentiment profond et éclairé de ses devoirs. Les fermiers entouraient leurs maîtres de respect, d'affection et de dévouement; ils cherchaient à leur plaire, ils aimaient à leur rendre service, ils agissaient toujours au mieux de leurs intérêts. Les maîtres, qui habitaient une propriété voisine, traitaient leurs fermiers avec une affectueuse simplicité, ne craignant pas de descendre aux relations les plus intimes : visites multipliées, longues et intéressantes causeries, participation sympathique et vraie à toutes les joies comme à toutes les épreuves de la famille. Les distances étaient observées et senties, sans engendrer jamais chez les uns ni hauteur, ni dédain, chez les autres ni mécontentement, ni aigreur, ni envie. Même il n'était pas rare de voir les enfants réunis ensemble, filles ou garçons, soit pour se récréer dans de paisibles amusements autour de la ferme ou de la maison seigneuriale, soit pour chasser dans les champs et les bois, soit pour rivaliser d'agilité, d'adresse ou de force, dans la grande prairie.

Les Cochet, à coup sûr, méritaient cette bienveillance et cette considération, non seulement par leur industrieuse activité et par leurs mœurs patriarcales, mais encore par l'excellente éducation qu'ils avaient su donner à leur nombreuse famille. Le nombre des enfants est toujours une bénédiction du ciel, surtout s'il s'y joint la piété et la vertu, l'élévation de l'esprit et du cœur. Or tel était bien le cas, aux Gaycules. Douze enfants, sept garçons et cinq filles, y avaient grandi dans la crainte de Dieu et la fidèle observation de sa loi : jeunesse vertueuse et simple, profondément pénétrée par l'idée religieuse, aimant le travail, ne reculant pas devant le sacrifice et la peine, tendant au devoir de toute la force de sa volonté.

En 1839, de ces douze enfants, l'aîné, jugé digne du sacerdoce, exerçait le saint ministère, en qualité de vicaire, dans la paroisse Saint-Aubin de Rennes ; le deuxième, son frère jumeau, s'était marié depuis longtemps déjà à une Turquety, cousine du poète du même nom ; et le troisième, Augustin, le père de notre confrère, prêtait à ses parents le concours le plus actif et le plus dévoué pour l'exploitation de la ferme, ne s'épargnant ni fatigues ni soins, en vue d'assurer le bien commun. Jeune homme laborieux et

chrétien, bon, aimable et gai, d'un extérieur distingué pour
sa condition, il jouissait de l'estime universelle ; c'était le
modèle, souvent cité, des fils et des cultivateurs. Voyant
ses sœurs et ses frères cadets établis pour la plupart ou en
train de s'établir, il songeait lui-même à fonder une famille : ses trente-trois ans et ses longs services lui en donnaient le conseil et le droit. Mais, en homme sage et réfléchi, qui envisage la vie sous son vrai jour et comprend
l'importance d'une pareille démarche, il voulut agir avec
une extrême circonspection. Il chercha donc dans les environs une jeune fille digne de lui, capable de l'aider à porter le poids de la souffrance et de la douleur inhérentes à
toute condition humaine, et surtout à s'élever vers le ciel,
à grandir chaque jour dans la religion et dans la foi. La
Providence, toujours attentive aux désirs des cœurs droits,
la lui fit trouver, non loin de là, en la paroisse de Saint-Hélier, aux portes de Rennes, dans la personne d'Anne-Modeste Texier, cinquième enfant de François-Julien Texier et
de Perrine Colleu.

Les Texier résidaient au bourg de Chantepie, situé à
quelques kilomètres du faubourg Saint-Hélier, sur la route
de la Guerche. Ils y habitaient, à l'entrée du bourg, la ferme
de la Seillardais, composée d'une grande maison carrée à
un étage, ayant de chaque côté divers bâtiments d'exploitation, le tout sur une longueur de cinquante à soixante
mètres. Une vaste cour, enceinte de murs, la séparait de la
rue ; par derrière s'étendait un grand jardin, planté d'arbres
fruitiers. Les Texier, comme les Cochet, comptaient une
nombreuse famille : dix enfants, dont l'aîné, lui aussi, était
prêtre et vicaire à Saint-Melaine de Rennes (aujourd'hui Notre-Dame), tous gens de foi, de caractère et de volonté, pas-
sionnés d'ordre et de régularité, mais en général d'un aspect quelque peu froid et sévère.

En même temps que leur ferme de la Seillardais, les
Texier en exploitaient une autre moins importante, nommée
la Guillois, située en Saint-Hélier, et qui leur appartenait en
propre. Cet héritage de famille, qu'ils se gardaient bien de
négliger, Anne-Modeste, alors âgée de vingt-quatre ans,
se trouvait chargée de le cultiver ; elle y employait tous
ses soins, et y faisait sa résidence. Jeune fille pieuse et

simple, robuste et active à l'ouvrage, économe et entendue, elle avait toutes les qualités d'une bonne ménagère. Son mérite fut vite reconnu et apprécié d'Augustin Cochet, qui demanda sa main.

La demande fut d'abord froidement accueillie à la Seillardais. On trouvait trop peu de fortune au prétendant ; et, de fait, il en avait beaucoup moins que celle qu'il recherchait en mariage, la ferme de la Héronnière, où il pensait à s'établir, étant de peu d'importance. Il est vrai qu'il avait l'espoir justifié de remplacer un jour ses parents aux Gaycules : n'était-ce pas là une récompense due à son séjour prolongé dans la maison paternelle et aux dures fatigues qu'il y avait essuyées pour le plus grand intérêt de ses frères et sœurs ? D'ailleurs il appartenait à une famille très estimée, en vue même parmi les plus gros fermiers des environs de Rennes, et ses qualités naturelles parlaient éloquemment en sa faveur. Les choses s'arrangèrent donc peu à peu et le mariage se conclut. Il fut béni par l'abbé Texier, assisté de l'abbé Cochet, frères des deux époux.

Le soir même, ou le lendemain, les nouveaux mariés s'installaient à la Héronnière, propriété appartenant à la famille de Léon, et dont l'exploitation est depuis lors restée entre les mains des fils Cochet. Située au nord de Rennes, près de la route d'Antrain, à un kilomètre environ du bourg de Saint-Laurent, elle attire de loin les regards par sa grande maison bourgeoise à deux étages, bâtie sur une petite éminence et entourée de diverses constructions, dont l'une est occupée, au rez-de chaussée, par les fermiers, et les autres servent de logement ou d'abri aux animaux, aux instruments, aux produits de la culture : le tout se détachant en blanc sur le sombre feuillage de grands sapins et autres arbres, qui l'encadrent à l'horizon. Le bâtiment principal et l'étage de la ferme sont ordinairement loués à quelque famille riche, qui préfère la campagne à la ville. Par su te de cette disposition, locataires et fermiers ont forcément de fréquentes relations, où ceux-ci trouvent à profiter. D'ailleurs le grand jardin qui s'étend par derrière est commun aux uns et aux autres, ce qui ajoute encore aux rapports quotidiens. Limité au nord et à l'est par de belles et hautes charmilles, il est le séjour favori des petits fermiers, qui aiment à se glisser dans ces lieux cachés et solitaires, soit pour s'y livrer à de paisibles passe-temps, soit pour y chercher et dénicher des nids. Charmante habitation, en vérité, à laquelle on se plaît à revenir, lorsqu'on l'a quittée! Et voilà pourquoi, plus tard, lorsque les époux Cochet, obligés par les besoins de leur nombreuse famille de prendre une plus vaste exploitation, eurent transporté leurs pénates aux Cours, les enfants ne manquaient pas, aux moments de liberté, de diriger leur promenade vers la Héronnière. Ecoutons l'un des plus jeunes : « Combien nous aimions, ma « sœur et moi, à venir là et à nous faufiler dans le jardin et « jusque dans la charmille ! En présence de ces grands « arbres et de ces grandes allées solitaires, nous éprouvions « je ne sais quelle religieuse frayeur : charme indéfinissable, « mais puissant, qui nous y ramenait toujours. »

Le jeune ménage, une fois installé, se mit courageusement à l'ouvrage. Certes, il jouissait d'une honnête aisance. et son état de fortune aurait pu être envié de plusieurs. Mais cette aisance diminuerait fatalement avec les années, si Dieu daignait lui accorder la glorieuse bénédiction de la fécondité, de tradition pour ainsi dire dans les deux familles. Aussi, sans s'oublier dans les facilités et les agréments de l'heure présente, il sut envisager et prévoir l'avenir avec ses charges et ses peines, inséparables des joies et des avantages de la paternité. Pour ne mettre ni obstacle ni borne aux grâces du ciel, nécessité était donc d'accroître promptement les ressources ; et, dans ce but, on fit à la Héronnière ce que faisaient alors et ce que font encore aujourd'hui presque tous les petits fermiers des environs de Rennes, ce qu'avaient fait eux-mêmes, au début de leur mariage, les parents Cochet, tout d'abord maraîchers en la paroisse Saint-Georges (devenue Saint-Melaine, puis Notre-Dame) : on cultiva des légumes et on les porta au marché chaque matin : métier lucratif sans doute, mais qui ne laisse guère chômer, occupation de tous les jours ouvrables et de toutes les heures.

Ces absences matinales et répétées, ce labeur incessant autour et loin de la maison, n'entraînaient-ils pas, comme fatalement, à l'intérieur, la négligence, le désordre, la souffrance ? La chose n'est que trop ordinaire chez de certaines

gens âpres au gain. Ici, il en allait tout autrement : sentiments et vues étaient des plus élevés, et la Providence, qui
veille avec une délicate sollicitude aux intérêts des siens,
avait merveilleusement conjuré le danger en ménageant à
ces chrétiens fervents le concours actif d'une excellente
fille, Mathurine Bourdais qui, pendant plus de vingt ans,
se dévoua à leur service. Elle présente, on était sûr que
tout se passerait bien. Tout le « petit monde » était levé,
débarbouillé, peigné, coiffé, habillé, priait et déjeunait en
bon ordre. Nul n'aurait voulu désobéir à cette véritable
« gouvernante », ni lui faire la moindre peine : on l'aimait,
on la vénérait à l'égal d'une mère (n'en avait-elle pas la tendresse et les soins ?) ; et, jusqu'à la fin de ses jours, elle fut
entourée par tous, dans sa retraite de Saint-Hélier, d'un respect et d'une affection qui ne se démentirent jamais. Con-
viée à toutes les fêtes intimes, mariages, baptêmes, ordina-
tions, professions religieuses, etc., la bonne fille se faisait
un devoir et une réjouissance d'y assister : son absence eût
jeté comme un voile sur les fronts, comme un froid dans
les cœurs ; la joie n'aurait pas été entière, la famille n'é-
tant plus au complet.

Cette dure vie de maraîchers, M. et Mme Cochet la
menèrent pendant les onze ou douze premières années
de leur mariage. Mais voyant, suivant leur désir, le
nombre de leurs enfants s'accroître toujours (huit étaient
nés déjà, quatre filles et quatre garçons, parmi lesquels
celui dont nous écrivons l'histoire, et d'autres devaient naître encore), ils songèrent, vers 1850, à prendre une exploitation plus considérable. La ferme des Gayeules semblait
leur revenir de droit, si les parents Cochet en abandon-
naient la direction, et ils l'avaient longtemps espérée. Déçus
dans leur attente par un de ces choix imprévus qui, oubliant les services les plus méritoires, récompensent un
dévouement présent, quoique moindre, ou favorisent une
affection naturelle et moins justifiée, ils durent tourner leurs
regards ailleurs.

A quatre cents mètres environ de Saint-Laurent, à l'est
et sur le bord du chemin qui relie ce bourg à la route de
Fougères, une ferme se trouvait vacante et justement dans
les conditions souhaitées, les Petites-Cours : vingt-cinq à

trente hectares de bonne terre, en prairies et champs cultivés ; série de bâtiments d'égale hauteur sur une longueur
de soixante à soixante-dix mètres ; au milieu, deux maisons
d'habitation s'ouvrant au midi et communiquant entre elles,
l'une où la famille pourrait prendre ses repas avec le personnel domestique, l'autre, mieux aménagée, qui servirait
de chambre pour les femmes ; à l'est, celliers et granges ; à
l'ouest, étables et écuries ; devant, une large cour bien en-
tretenue et enclose d'une haie d'épines, taillée sur le chemin :
cour et bâtiments respirant un air d'aisance et d'ordre qui
attirait les regards et excitait l'envie des passants.

M. et Mme Cochet entrèrent en pourparlers pour sa location. Il leur répugnait néanmoins d'abandonner la Héronnière, théâtre de leur premier bonheur et commencement
de leur fortune. Aussi prièrent-ils M. Ange de Léon,
leur propriétaire, de vouloir bien leur en laisser la culture.
Celui-ci tenait ses fermiers en particulière estime et affection : il avait à cœur leur prospérité et leur louait à cette fin
ses terres à un prix modéré ; il s'intéressait à leurs enfants et
acceptait même à l'occasion d'être parrain. Accédant volontiers à cette demande, il leur permit d'exploiter une autre
ferme en même temps que la sienne, très convaincu qu'il
n'y perdrait rien. L'affaire arrangée et l'époque venue, on se
transporta aux Cours, et l'on y vécut désormais, sans oublier pourtant le premier domicile.

Le P. Cochet, alors en bas âge, était le septième enfant et le
troisième garçon de cette famille bénie du ciel, qui devait
compter jusqu'à douze enfants, sept fils et cinq filles. Dieu,
qui se plaît à accompagner la naissance de ses serviteurs
privilégiés d'indices révélateurs de leur destinée, l'avait fait
naître le 2 février 1848, en la fête de la Purification. Porté
le même jour en l'église de Saint-Laurent, il y avait été
baptisé par le recteur de la paroisse, M. l'abbé Jollivel.
N'était-ce pas là une coïncidence de favorable augure ? Purifié, en cette fête, de la souillure originelle, il garderait,
sous l'action d'une grâce efficace, une éminente pureté. Présenté au temple par les mains de son père, et suivi par les
vœux de sa mère qui, de sa couche, appelait sur lui les bénédictions d'en-Haut, il serait une « lumière » pour ses
frères, un « sauveur » donné par Dieu pour « la rédemption

de beaucoup en Israël ». Ces pensées ne manquèrent pas d'être présentes à l'esprit des parents. Chrétiens, et désireux de voir au moins un de leurs fils, sinon plusieurs, se consacrer au service des autels, ils fondèrent sur cette heureuse conjoncture un légitime espoir. Au reste, il n'est pas, semble-t-il, jusqu'aux prénoms de Pierre-Marie imposés à l'enfant qui ne permissent de préjuger de l'avenir et de sa sainteté future. Sans doute Pierre était le prénom de son parrain, Pierre Texier, cousin de sa mère, et Marie, celui d'une tante paternelle par alliance, dame Marie-Rose Plessix, femme Amand Cochet. Mais rien n'échappe en ce bas monde à la Providence de Dieu, qui se sert des causes secondes pour l'accomplissement de ses desseins, inspirant, dirigeant les conseils humains, et les menant à ses fins par des voies mystérieuses. Or, il nous semble que le nom de Pierre figurait mieux qu'un autre l'ardent amour et l'invincible générosité de notre confrère au service du divin Maître, amour et générosité capables de tous les sacrifices, et marchant héroïquement au devoir et à la mort, sans plainte, sans murmure, sans défaillance. Et le nom de Marie ne témoignait-il pas d'avance de sa tendre dilection pour l'humanité souffrante, le pauvre, le malade, le pécheur, de son maternel dévouement et de sa puissante efficacité à le secourir ? N'était-ce pas le symbole de son affectueuse et toute filiale dévotion pour cette mère des chrétiens, qui a voulu l'être d'une façon plus spéciale de la Congrégaiton des Eudistes ?

Rien de plus religieux que l'éducation donnée et reçue à cette époque dans les familles du pays de Rennes. Là, si l'on prenait soin du corps de l'enfant, on était plus attentif encore à cultiver son âme. Les premières lueurs de la raison à peine éveillées, on tournait sa pensée vers Dieu, ou plutôt, on se servait le plus souvent, pour opérer cet éveil, des saintes images qui décoraient l'intérieur domestique.

Ainsi en fut-il à la Héronnière et aux Cours. Aux Cours spécialement, il y avait salle et cuisine, et dans celle-ci une de ces vastes cheminées, charme des vieilles maisons, capable d'abriter sous son manteau tout le personnel de la ferme. Sur cette cheminée, au milieu de bassins de cuivre reluisants, une vierge reposait, et au-dessus était appendu un grand christ. Dans la salle il y avait mieux encore. Sur une étagère, attenant à la cheminée, un crucifix portatif, et des deux côtés de belles assiettes à fleurs coloriées, s'étageant en bon ordre ; au-dessous, une image de la Sainte-Face, entre un saint Augustin et une sainte Anne, patrons des parents ; un peu plus loin, sur une commode vernissée, une Madone, surmontée d'un tableau du Sacré-Cœur. C'était là que chaque soir du mois de mai, l'heure tardive ne permettant pas d'aller au bourg, la jeune famille se réunissait pour faire la prière en commun, réciter un peu de chapelet et chanter un cantique, exercice présidé par le père lui-même, si dévot à Marie. C'était sur ces divers emblèmes qu'on aimait à arrêter les regards des enfants dès leur plus bas âge, en cherchant à leur en faire répéter les noms, avant tout autre. C'était vers eux que l'on reportait comme naturellement leur pensée, non seulement à la moindre faute commise, mais aussi à tout bien et à tout mal advenu. Aux grandes fêtes, à Noël, à la Saint-Laurent, à la Première Communion, ils étaient conduits à l'église par leurs parents, heureux de leur faire voir et goûter ces touchantes manifestations de la piété chrétienne. La foi les enveloppait de toutes parts comme une atmosphère sacrée, qu'ils respiraient pour ainsi dire à pleins poumons.

Pierre-Marie fut élevé avec plus de soins encore que ses frères et sœurs, s'il est possible ; car telle était la vigilance exercée sur tous qu'on ne peut rien imaginer au-delà. On savait trop à la Héronnière et aux Cours le prix d'une âme pour en négliger aucune. L'enfant y était considéré pour ce qu'il est : un trésor confié par Dieu et dont on lui doit un compte sévère. Il semble pourtant qu'entre tous, si choyés, si tendrement affectionnés qu'ils fussent, celui-ci ait été l'objet de quelque prédilection. « J'ai toujours entendu dire, écrit une de ses sœurs, que mon père, qui nous aimait tous avec tendresse, chérissait tout spécialement son petit Pierre-Marie. Avait-il pour justifier cette préférence un pressentiment de sa vocation future ? Je le crois volontiers. Lui, ce bon père, chrétien modèle, si pénétré de respect et d'amour pour notre sainte religion et pour ses ministres, oh ! qu'il aurait été heureux, s'il avait pu voir un tiers de ses enfants se consacrer à Dieu ! »

C'est qu'en en effet Pierre-Marie lui donnait cet espoir, et

par des signes non équivoques. D'une physionomie attrayante,
où les contrastes se fondaient harmonieusement, il attirait les yeux et les sympathies de tous, par son visage
pâle et maigre, empreint d'un calme et d'une sérénité toute
céleste, par son regard profond et quelque peu mélanco-
lique, par son air ouvert et dégagé, sans rien de tapageur.
D'une piété déjà convaincue, il se montrait, dans la prière,
attentif et recueilli. Les cérémonies de l'Église le séduisaient,
et il se plaisait dès lors à les reproduire, comme plus tard
aux jours de congé. « Nous nous amusions, dit le même
témoin, à faire des croix, des bannières, des reposoirs et
nous faisions la procession en chantant. Il goûtait beaucoup
ces sortes de jeux. » La pensée d'être prêtre se présentait
souvent à son esprit : c'était comme une douce vision qui
passait devant ses yeux. Alors, interrompant soudain son
silence : « Papa, disait-il, je serai prêtre, moi. » Et le père
souriait de bonheur, devant ce ton affirmatif et ce regard
illuminé. Telle était aussi l'opinion du recteur de Saint-
Laurent. Ancien vicaire de Chantepie où il avait beaucoup
connu et estimé les Texier, il venait souvent aux Cours, et
sa visite y était toujours fort appréciée. On le recevait dans
la salle, et on lui présentait la jeune famille, qui s'approchait timidement; car le saint prêtre avait un visage assez
sévère, et d'autre part, il parlait peu. Arrivé à Pierre-Marie,
il ne manquait jamais de le caresser et de dire, en lui
donnant parfois une légère taloche : « En voilà un qui sera
prêtre, vous verrez » ; paroles toujours reçues par le père et
la mère comme un heureux et sûr pronostic.

Il n'y avait alors, à Saint-Laurent, ni Frères, ni Sœurs,
mais seulement une pieuse fille, Mademoiselle Anne Brétel,
de la Société des *Enfants du Cœur admirable de la Mère de
Dieu*, qui apprenait à lire aux enfants de la paroisse. Afin de
mettre les leurs à même non seulement de traiter leurs
affaires sans le secours d'autrui, mais encore de poursuivre
plus loin leurs études, s'ils se sentaient plus tard inclinés
soit vers une charge civile, soit vers la vie religieuse ou
sacerdotale, M. et Mme Cochet les envoyaient, dès qu'ils
en avaient l'âge et les forces, suivre les cours des écoles
primaires de Rennes. Pierre-Marie, d'un esprit très ouvert,
mais d'une santé très faible, se vit tout d'abord confié aux

soins de Mademoiselle Brétel ; et ce fut sans doute par un dessein particulier de la Providence, qui voulait ainsi le rapprocher, dès ses premières années, d'une fille du Vénérable Jean Eudes : il ne put que puiser, dans ses leçons et dans son commerce, un amour ardent pour Jésus et Marie et le culte de leur Cœur Sacré.

Vers l'âge de sept ans, étant un peu plus robuste, il se joignit à ses frères et sœurs qui, par cinq et six à la fois, partaient le matin pour la classe et ne revenaient que le soir. Rien de plus gai et de plus décidé que le petit bataillon. Dans la crainte d'être en retard, car il y avait quatre grands kilomètres à franchir, on prenait à peine le temps de déjeuner, ce qui faisait la désolation de la bonne Mathurine : elle courait après l'un, elle courait après l'autre, et les contraignait à manger. Pierre-Marie surtout était ami du jeûne, soit qu'il n'eût réellement pas d'appétit, soit qu'il voulût déjà s'imposer une mortification. Mais la fidèle servante ne le perdait pas de vue ; elle savait bien le rattraper, s'il s'échappait, et elle le ramenait vers la table, en faisant les gros yeux et en disant : « Petit malheureux, c'est sur ma conscience, si je te laisse aller à jeûn. » Il n'oublia jamais ses soins attentifs, et, prêtre, lorsqu'il passait par Rennes, il ne manquait point de lui rendre visite à Saint-Hélier pour la remercier de son dévouement passé.

Une fois partie, la petite troupe, les livres sous le bras, et les vivres dans un panier, car on devait dîner à l'école, gagnait la ville d'un pied léger. On arrivait sur les huit heures et demie, et l'on se séparait : les uns se rendant chez les Frères, rue Saint-Melaine, les autres chez une institutrice voisine. A midi, Pierre se retrouvait avec ses sœurs ; la faiblesse de sa santé exigeant un régime plus délicat, il y avait ordre d'aller lui chercher chaque jour un potage dans un restaurant voisin, et de veiller à ce qu'il le prît. A l'école, c'était l'élève modèle, toujours bon et aimable pour ses camarades, jamais on ne le vit se quereller avec aucun : toujours silencieux, appliqué, docile aux avis de ses maîtres, qu'il aimait et vénérait, et dont il garda le plus reconnaissant souvenir, témoins ces paroles à des novices, à propos des trois signes de croix que l'on trace sur soi au commencement de l'Évangile : « Voici ce que nous enseignaient les bons Frères de la Salle, quand nous allions à l'école; et ils avaient du bon, les chers Frères, beaucoup de bon. Au signe de croix sur le front, dites : Seigneur, mettez votre esprit dans ma tête; au signe de croix sur la bouche : Seigneur, mettez vos paroles sur ma langue; au signe de croix sur le cœur : Seigneur, mettez votre amour dans mon cœur. »

Toutefois, s'il étudiait avec ardeur l'histoire, la géographie, le calcul, l'instruction religieuse avait toutes ses faveurs. Elle était du reste fort en honneur dans la famille : ses frères et sœurs tinrent toujours à se distinguer par leur science de la religion, et l'on peut dire qu'au catéchisme paroissial, ils se transmettaient la première place. Pierre-Marie suivit l'exemple de ses aînés, si même il ne surpassa leur zèle et leur application sur ce point. Quelle attention il apporta à se préparer à sa première communion, avec quelle piété il la fit; une parole entendue le jour même dans la bouche d'un témoin le laisse deviner : « Quel petit communiant! comme il est silencieux et recueilli! » Le silence et le recueillement au milieu des effusions de la joie générale, favorisées par la pureté de l'âme et les efforts d'une longue attente, par la variété et le mouvement des cérémonies, et cela quand on tient le premier rang, est chose rare assurément, et la marque certaine de l'action puissante de la grâce dans une âme et d'une intime union avec Dieu. Nous trouvons d'ailleurs comme un écho lointain de ses pieux sentiments, dans une lettre du 25 avril 1880, écoutons-le : « Aujourd'hui, quatrième dimanche après Pâques, je célèbre l'anniversaire de ma première communion, en 1858. Je remercie le bon Dieu des grâces qu'il m'a accordées en ce jour d'impérissable souvenir. Puisse-t-il garder pour lui, jusqu'à mon dernier soupir, mon cœur dont il prit possession en ce jour! Je vais prier aussi beaucoup pour les enfants de Saint Laurent! Oh! s'ils comprenaient bien de quelle importance est pour la vie entière l'acte de la première communion, avec quel recueillement, avec quelle ferveur ils s'y prépareraient! »

C'est le 2 mai 1858, quatrième dimanche après Pâques, qu'il eut ce bonheur; quatre jours plus tard, un autre l'attendait : le 6, il recevait des mains de Mgr Brossais-

Saint-Marc l'onction qui fait les forts. Nul nuage n'avait jusque-là assombri sa félicité et celle des siens : aux Cours tout allait de charme, et mieux encore qu'à la Héronnière. Les bénédictions du ciel y descendaient chaque jour plus abondantes et plus efficaces. Cependant un affreux malheur se préparait, qui allait jeter le deuil dans tous ces cœurs aimants, en leur rappelant que « nous n'avons pas ici-bas de demeure permanente », et que ce n'est pas dans les hommes, mais en Dieu seul qu'il faut placer sa confiance : la mort du père !

Certes, M. Cochet, entouré de l'estime universelle, tenait une grande place dans l'affection des siens. Très gai, très expansif, d'une tendresse toute maternelle, ses enfants le vénéraient et l'adoraient, ne voyant en lui que de bons exemples, n'entendant de sa bouche que d'honnêtes et chrétiennes paroles. Il aimait beaucoup le chant. Le dimanche, il se faisait une joie de prendre place au lutrin, où il figurait d'autant mieux qu'il était fabricien de la paroisse. Sur la semaine, il chantait, pendant son travail, des cantiques ou des hymnes, et faisait chanter avec lui ses enfants. Encore dans la force de l'âge, il promettait de longs jours et se berçait lui-même de longues espérances : Dieu en avait jugé autrement.

Vers la fin de janvier 1860, il ramenait de Rennes un cheval ombrageux qui, d'une ruade, lui brisa une jambe dans le faubourg d'Antrain. Rapporté chez lui, il garda le lit plusieurs mois, avec une admirable patience. On espérait toujours sa guérison, quand, vers le 15 ou 18 avril, il fut atteint d'un catarrhe suffocant qui, en quelques jours, le conduisit au tombeau. Dire quelle fut la douleur de la famille, serait chose impossible. La mère, surtout, était inconsolable : elle restait seule avec douze enfants et la gestion de deux fermes ! Mais Dieu, quand il éprouve n'abandonne jamais : il donna à cette vaillante chrétienne le courage et la force de triompher de toutes les difficultés, et il lui ménagea d'utiles secours en temps opportun. Nous le verrons dans le chapitre suivant.

CHAPITRE DEUXIÈME

LE COLLÈGE

1860-1867

LE RECTEUR DE SAINT-LAURENT CHOISIT PIERRE-MARIE POUR ENFANT DE CHŒUR ET LUI DONNE LES PREMIÈRES LEÇONS DE LATIN — IL LE PLACE A L'INSTITUTION SAINT-MARTIN : AFFECTION DE PIERRE-MARIE POUR CETTE MAISON; SES TALENTS ET SES SUCCÈS — SES FRÉQUENTES INDISPOSITIONS — L'ONCLE JULIEN ET LE « BOIS-RONDEL » : INFLUENCE QU'IL EXERCE SUR SON NEVEU — AUTRES INFLUENCES : L'ABBÉ TEXIER, L'ABBÉ COCHET, L'ABBÉ B*** — AMITIÉ DE PIERRE-MARIE AVEC L'ABBÉ GUILLEMÉ.

IERRE-MARIE aspirait donc au sacerdoce de tout l'élan de ses désirs, et ses aspirations se trahissaient fréquemment dans son langage et dans ses jeux. A ne considérer d'ailleurs que sa conduite et ses vertus naissantes, il n'y avait pas à s'y tromper, Dieu l'avait marqué du sceau de ses élus, et la pensée qui s'éveillait naturellement en sa présence était celle d'une vocation supérieure. Le bon recteur de Saint-Laurent, M. l'abbé Jollivel, s'en convainquait chaque jour davantage, à mesure qu'il l'étudiait et le connaissait mieux. Il avait comme une intuition de l'avenir, il pressentait là une âme d'élite que Dieu travaillait avec soin et façonnait pour de grandes choses.

Voulant donc seconder les desseins d'En Haut et les secrets mouvements de la grâce, il admit tout d'abord Pierre-Marie à l'honneur de servir à l'autel. Ce fut pour l'enfant une grande joie et une faveur très appréciée. Il n'avait que neuf ans, mais il lui semblait déjà, en revêtant les habits sacrés, prendre rang pour jamais dans la cléricature. Ses fonctions, si humbles qu'elles fussent réputées au jugement des hommes, lui apparaissaient pour ce qu'elles sont en effet, c'est-à-dire une intime participation au ministère le plus sublime du prêtre, et il s'en montrait justement fier. Sa régularité, sa ponctualité, son empressement à les remplir étaient incomparables. La modestie de son maintien, la précoce gravité de sa démarche, la vivacité de sa foi qui éclatait dans son regard, dans sa physionomie et dans tout son extérieur, avaient quelque chose d'angélique dont les assistants étaient ravis. On le sentait pénétré de respect pour la présence de Dieu, enflammé de reconnaissance et d'amour pour ses bontés. Manifestement Jésus agissait puissamment en cette âme d'enfant, préludant par ces premières opérations à d'autres opérations ineffables, merveilles de lumière et de sainteté.

Cette action divine n'échappait point à l'œil attentif de M. l'abbé Jollivel, qu'elle confirmait de plus en plus dans sa première idée. Voilà pourquoi, vers la fin de 1859, il proposa de faire commencer à Pierre-Marie l'étude du latin ; il se chargeait lui-même des premières leçons, de façon à le mettre en septième, l'année suivante, dans quelque établissement religieux. La proposition fut accueillie aux Cours avec une joyeuse gratitude. Les parents, nous l'avons dit, n'avaient pas de désir plus ardent que de voir un ou plusieurs de leurs fils appelés à la gloire du sacerdoce. Déjà même, dans cette intention, ils avaient offert à l'aîné, Auguste, de l'envoyer au collège : mais celui-ci avait refusé, préférant l'agriculture à tout autre état. En cela il servait les vues de la Providence, qui le réservait pour être à sa mère, aux jours de deuil, un aide d'autant plus utile dans l'exploitation de la ferme qu'il aurait été formé de longue main par son père lui-même. La situation eût été tout autre pour la famille, s'il avait dû interrompre subitement ses classes, et s'adonner sans expérience aux travaux des champs.

Le plus réjoui de cette proposition fut à coup sûr Pierre-Marie. La porte du sanctuaire s'entr'ouvrait devant lui avec ses larges et sublimes horizons. Quelle ardeur il mit à l'ouvrage, quelle attention il apporta aux enseignements de son maître, avec quelle application il chercha à se les assimiler par des exercices journaliers, nous le laissons à penser.

Il travaillait sans relâche, afin de compenser par ses efforts personnels ce que pouvait lui faire perdre la rareté ou l'intermittence des leçons. Car dans un presbytère, avec la meilleure volonté du monde, les exigences du ministère paroissial ne permettent pas toujours de les donner aussi régulièrement qu'on le désirerait : parfois même on est obligé de les supprimer momentanément.

La mort du père, survenue en avril 1860, ne changea rien aux premiers projets. Loin de là : la mère se serait imposé, s'il l'eût fallu, les plus lourds sacrifices pour mener à bonne fin la sainte entreprise. Elle savait si bien les sentiments de son mari sur ce point! N'était-ce pas même comme un des articles de son testament, et le plus formel, par conséquent le plus sacré? Et puis, la Providence était là, dans laquelle elle se confiait pleinement pour l'avenir, assurée qu'Elle ne lui ferait pas défaut. La Providence ne lui manqua pas, en effet. L'héritage paternel lui échut vers cette époque : 700 francs de rente! C'était alors toute une fortune pour une fermière, et vraiment la richesse. Quelques années plus tard, la propriété des Cours ayant été mise en vente, un de ses frères, M. Julien Texier, dont nous aurons l'occasion de parler plus loin, eut la bonne inspiration de l'acheter, afin d'en assurer la jouissance à sa sœur et de lui permettre ainsi d'élever sa nombreuse famille. Enfin elle eut la consolation de trouver dans ses enfants un concours docile, actif et généreux, source d'une nouvelle prospérité, qui la mit à même d'acquérir autour de Saint-Laurent plusieurs morceaux de terre, cultivés avec la ferme.

Pierre-Marie continua donc d'étudier le latin, sous la direction de M. l'abbé Jollivel, et, le mois d'octobre arrivé, il entra en septième à l'Institution Saint-Martin de Rennes, tenue par les RR. PP. Eudistes. Cette Institution était tout naturellement indiquée au choix de la famille. Le recteur de Saint-Laurent en connaissait particulièrement le supérieur et les principaux maitres. Située à l'entrée de la rue d'Antrain, une lieue à peine la séparait des Cours; et n'était-ce pas d'ailleurs depuis longtemps le rendez-vous de tous les enfants des environs de Rennes, qui se destinaient au sacerdoce?

Elle avait alors pour directeur le R. P. Delanoë, saint

prêtre et administrateur entendu, qui s'était acquis dans le diocèse et au dehors une juste réputation de vertu, de sens et de fermeté : toujours grave, recueilli, plein de dignité, parlant peu, mais parlant bien, ayant le mot juste et de circonstance, cachant un cœur d'or sous un abord froid, sachant se concilier à la fois l'estime, le respect et l'affection. Fondée en 1829 dans une capucinière fort délabrée, composée de bâtiments étroits et d'une chapelle formant carré, elle appelait de nouvelles constructions, et le R. P. Delanoë s'employait à les lui donner. Déjà même il avait bâti la moitié du beau et vaste corps de logis qui fait face à la rue d'Antrain ; il devait l'achever quelque dix ans plus tard et lui adjoindre, avec le concours de M. le chanoine Brûne, une magnifique chapelle, admiration des connaisseurs, attachant pour ainsi dire aux murailles de Saint-Martin un souvenir impérissable. Ces travaux n'empêchaient pas cet excellent supérieur d'exercer une exacte surveillance sur ses écoliers qui, stimulés par sa présence et sa parole, se distinguaient entre tous par leur religion sincère, leur ardent amour du travail et leurs brillants succès. Aussi l'Institution jouissait-elle d'une grande et légitime réputation non seulement dans le diocèse de Rennes, mais encore dans les pays circonvoisins.

Pierre-Marie y entra en qualité de demi-pensionnaire, c'est-à-dire que, tout en faisant partie de la division des externes, il y prenait son repas du midi ; ainsi l'exigeait la faiblesse de sa santé. Il s'y montra dès l'abord ce qu'il avait été chez les Frères de la rue Saint-Melaine et au presbytère de Saint-Laurent, un enfant d'une piété profonde, goûtant beaucoup les choses de la religion, et se plaisant aux cérémonies de l'Église ; un élève appliqué, docile, respectueux de ses maîtres dont il était fort aimé et qu'il payait de retour ; un camarade facile, aimable, obligeant, serviable, de manières excellentes, sans rien d'apprêté, plein d'entrain au jeu, sans tomber jamais dans la dissipation. Apprécié, affectionné de tous, trouvant là les leçons, les conseils et les exemples réclamés par son intelligence et par son cœur, il s'attacha promptement à cette maison comme à une seconde famille : il en parlait souvent avec une tendresse toute filiale, il en vantait l'esprit, la discipline, les bonnes mœurs.

Ses fêtes faisaient sa joie, et son plus grand bonheur était d'y amener, pour les en rendre témoins, quelques-uns de ses frères et sœurs : « Venez donc demain soir, disait-il, ce sera si beau ! »

Dans les classes inférieures, où la mémoire joue souvent un trop grand rôle, il obtint, malgré sa santé précaire et la médiocrité relative de cette faculté chez lui, un rang très convenable dans toutes les matières de l'enseignement. « Sur une classe de trente élèves, il arrivait facilement dans l'excellence », c'est la parole même d'un de ses amis. Il se révéla dès lors comme un écolier sérieux, réfléchi, appliqué, qui ne donnerait sa mesure que dans les classes supérieures. « Il avait, nous assure-t-on, une trempe d'esprit qui le rendait apte aux choses de raisonnement aussi bien qu'à la littérature et à la poésie. » On le vit bien dès sa quatrième où, sous l'habile et forte direction du P. Gahier, il fut un de ceux qui réussirent le mieux dans les vers latins et dans les narrations françaises. Les années suivantes, à Saint-Vincent (1) (car les circonstances avaient fait que Saint-Martin y conduisait ses élèves, à partir de la troisième inclusivement), il eût remporté de véritables succès, n'eût été la faiblesse de sa santé. « Votre frère, disait à l'une de ses sœurs le premier élève du cours, aurait certainement des prix, s'il était plus vaillant, mais il ne peut aller jusqu'au bout, mon pauvre petit Cochet ! » Toutefois, en dépit de ses fréquentes absences, toujours plus nombreuses et plus prolongées à mesure que l'année avançait, il se rangea parmi les premiers et fut réputé un des meilleurs.

« J'ai connu, nous écrit-on, le P. Cochet à Saint-Martin, « vers 1866-1867 ; il était en seconde ou en rhétorique. Nous « étions tous les deux externes, et je faisais chaque soir un « bout de chemin avec lui. C'était dès lors un homme posé, « accueillant avec un sourire malin mes réflexions enfan-« tines. Sa chétive santé l'obligeait parfois d'interrompre « ses études pendant de longs mois ; mais son énergie « naturelle, son application, sa lucidité d'esprit lui permet-« taient de réparer promptement le temps perdu, et il n'était

(1) Établissement d'enseignement secondaire, fondé par Mgr Godefroy Brossais Saint-Marc, et alors dirigé par les prêtres de la Congrégation de l'Immaculée-Conception.

« pas rare de le voir porter la croix, témoignage incontes-
« table de son mérite et de ses succès, cette récompense
« étant difficile à obtenir dans les classes si nombreuses
« formées par la réunion des élèves de Saint-Martin et
« Saint-Vincent. »

« Votre frère, disait encore à ses sœurs le témoin que
« nous avons déjà cité, est très intelligent, doué d'un juge-
« ment profond et sûr... Enfin, c'est le mieux de la famille,
« ce qui ne veut pas dire, ajoutait-il aimablement, que les
« autres ne soient pas bien, mais, à mon avis, c'est Pierre-
« Marie qui est le mieux doué. »

Telle est aussi la pensée de M. l'abbé B***, vicaire de
Saint-Laurent à cette époque, prêtre distingué et juge compétent. Si donc, dans la suite, la modestie du P. Cochet a
pu faire illusion jusqu'à voiler aux yeux de ses confrères ses
talents naturels, il faut remettre les choses à leur vrai point,
et accepter l'explication d'un ami, esprit d'élite et d'un goût
littéraire très délié : « Le P. Cochet écrivait très bien en
« français, et je suis certain que si plus tard, dans sa prédi-
« cation comme dans ses lettres, il a toujours eu un style
« simple, plutôt familier, et parfois difficile, ç'a été volon-
« tairement, et en s'inspirant de cette pensée de saint
« Vincent de Paul : « Entre deux manières de m'exprimer,
« je choisirai celle qui attirera moins sur moi l'attention. »
Résolution assurément bien conforme à l'humilité de notre
confrère, qui y trouvait son compte. Ajoutons qu'elle ne
l'était pas moins aux prescriptions du Vénérable P. Eudes
à ses missionnaires : « *Prædicatio vestra non sit in sublimi-
tate sermonis, neque in doctis aut persuasibilibus humanæ
sapientiæ, ut verbis non evacuetur Crux, sed in virtute Dei.* Que
votre prédication ne consiste pas dans la sublimité du discours, ni dans les doctes ou persuasives paroles de la sagesse
humaine, afin de ne pas rendre vaine et inutile la croix de
Jésus, mais dans la vertu de Dieu. » Malgré tout, quelques
écrits de circonstances qui nous restent et que nous aurons
occasion de citer, nous permettront, ainsi que plusieurs
lettres, de retrouver des traces de son incontestable talent
d'écrivain.

Nous l'avons dit ou laissé entendre à plusieurs reprises,
la santé de Pierre-Marie était loin de s'affermir avec les

années. En 1864 même, elle devint si chancelante qu'il fut contraint de cesser ses études, grande épreuve qui, pour être supportée chrétiennement, n'en remplit pas moins son âme d'angoissantes inquiétudes pour l'avenir. Aurait-il assez de forces pour aller jusqu'au bout, et ne verrait-il pas ses plus douces espérances brisées dans leur fleur? Grave question! La rentrée d'octobre le ramena cependant à Saint-Martin, mais dans des conditions nouvelles et plus favorables. Son oncle Texier, le même qui avait acheté les Cours pour en assurer l'exploitation à sa sœur, venait d'acquérir, à l'extrémité du faubourg d'Antrain, la propriété du Bois-Rondel, belle maison bourgeoise, entourée de vastes jardins, avec terrasse plantée de grands arbres au bord de la route, et il s'y était installé. Il fut heureux d'y recevoir notre jeune écolier, auquel il prodigua les soins les plus paternels. Il fit plus, sans le savoir : car il lui donna l'exemple des plus solides vertus, et exerça sur ses idées et sur son caractère une influence très marquée. Mais laissons le P. Cochet nous narrer lui-même son séjour au Bois-Rondel, et les heureux effets qu'il en retira. Ce récit, qui date de 1891, aura l'avantage de nous donner une idée de ce qu'eût été sa plume, s'il avait voulu l'exercer et la manier avec soin: et ce sera notre excuse pour cette longue citation:

« En 1864, ma santé s'affaiblit, et je dus tronquer ma quatrième en restant à Saint-Laurent dès le mois de mai. Les travaux de la campagne ramenèrent un peu mes forces, mais les années suivantes devaient être pour moi des années de langueur. Le travail de la formation était extrêmement pénible. En cet état, aurais-je pu continuer mes études? N'aurais-je pas succombé, comme tant d'autres, dans l'âge critique de l'adolescence? Je l'ignore; ce que je sais, c'est que Dieu me tendit une main secourable, celle de mon oncle Texier.

« Gratuitement, sans autre paiement qu'une légère gratification pour sa bonne, il m'accueillit dans sa maison et me fit asseoir à sa table. Je passai ainsi mes trois dernières années de collège, ou du moins tout le temps que ma pauvre santé me permit de suivre les cours. C'est pendant cette cohabitation que je pus connaître et apprécier les richesses de cette nature d'élite.

« L'oncle Julien était discret et parlait peu de lui-même. Ainsi je n'ai jamais su l'origine de cette terrible infirmité qui le fit tant souffrir (1). Mais, jeune, neuf, avide de savoir, je questionnais, j'écoutais, surtout j'observais et j'admirais. J'appris que notre oncle avait commencé l'étude du latin, quand son père mourut. Le frère aîné, mort recteur de Saint-Jacques, avait presque terminé son cours : Julien revint à la maison maternelle, et là, pour élever ses frères et sœurs, commença cette vie d'abnégation et de sacrifice qu'il continua jusqu'à la fin. Plus tard, il devint boulanger, puis il étudia le Droit, science pour laquelle il avait des aptitudes remarquables, et dont il se servit pour donner d'utiles conseils et rendre de nombreux services.

« Dans mes conversations journalières avec mon oncle, je remarquais la lucidité de son esprit et la rectitude de son jugement; son intelligence forte, logique, allait droit au but : les œuvres d'imagination le touchaient peu; en tout, il envisageait le bien, le vrai, le juste. Il eût pu devenir un philosophe distingué, un théologien très sûr. Seul, sans maître, il avait acquis des connaissances assez étendues en histoire, en zoologie, en astronomie. Souvent, le soir, nous contemplions ensemble les étoiles du firmament, recherchant les noms des principales constellations, et admirant ces merveilles qui redisent si bien la grandeur et la puissance du Créateur. La chimie appliquée à l'agriculture l'intéressait vivement, et il suivait avec assiduité les cours de M. Malagutti.

« Mais ce qui rend l'homme grand et estimable, c'est la volonté bien plus que l'intelligence, le cœur bien plus que la tête. Or, en notre oncle, le cœur était excellent. Si son esprit était ouvert à toute science, son cœur s'ouvrait plus large encore à toute vertu. C'était en lui une bonté vraie et profonde, toujours calme, toujours la même, une bonté comme celle du pain, qui ne se dément jamais. Il fut un de ces hommes rares qui gagnent à être examinés longtemps et de près.

« Sa probité allait jusqu'à la plus extrême délicatesse. J'en pourrais citer plusieurs traits. M'employait-il, les jours

---

(1) Il était atteint d'une maladie d'estomac.

de congé, aux travaux du jardin, il payait mon travail 0 fr. 15
l'heure ; je trouvais cette rétribution très généreuse : c'était
le premier argent que je gagnais... et le dernier ! — Il avait
acheté à une voisine le fumier de sa chèvre à raison de 0 fr.50
la brouettée. Chargé du transport et fier de ma force, comme
on l'est à dix-huit ans, je chargeais si bien que le tas de
fumier ne revenait qu'à 2 fr. 50. L'oncle, tout en louant mon
zèle pour ses intérêts, craignit de faire tort et paya largement. Inutile d'insister. Qui de nous n'a connu la scrupuleuse
équité de cet homme qu'on pourrait surnommer « le Juste » ?

« Ces belles qualités de l'esprit et du cœur me rendaient
très agréable le commerce de ce cher oncle. Il exerçait sur
ma jeunesse une influence douce et salutaire. J'avais sous
les yeux un modèle achevé de sagesse et de vertu.

« Quelle était donc la source d'un mérite si éminent, l'aliment et le lien de tant de belles qualités ? Assurément notre
oncle avait reçu de Dieu ce que l'Écriture appelle une bonne
âme, « *sortitus est animam bonam* (Sagesse, VIII, 19) » ; le
fond de sa nature était riche et fécond ; son tempérament
bien équilibré ; ses facultés en parfaite harmonie sous le
sceptre d'une raison droite et d'une volonté forte. Mais que
de fois n'a-t-on pas vu de ces terres qui promettaient de précieuses moissons, ne produire que les herbes sèches d'une
vie inutile ou mêmes les ronces d'œuvres coupables ?
Les orages du vice avaient passé sur ces champs et en
avaient déraciné les bonnes plantes. Notre oncle, lui, sut se
préserver du mal et de ses funestes effets, il marcha constamment dans le bon chemin. Comment ? Ah ! c'est que
sur ce tronc, d'une nature de choix, s'était greffé le chrétien.
M. Texier fut un vrai chrétien, un chrétien des anciens
temps, un chrétien éclairé et convaincu, qui met sa conduite
d'accord avec ses croyances. Croire, et vivre comme si on ne
croyait pas, c'est une inconséquence ; et toute inconséquence
répugnait à cet esprit essentiellement logique et pratique.
La sève chrétienne avait pénétré les fibres les plus intimes de
sa belle âme. Il fut un de ces chrétiens, malheureusement
rares, qui prient à genoux matin et soir, qui se confessent et
communient, qui, chaque jour, assistent à la messe et
récitent le chapelet. Il jeûnait pendant le carême ; et tous les
jeudis, de onze heures à midi, il faisait sa garde d'honneur

devant le Saint-Sacrement, dans l'église paroissiale de Notre-Dame. La foi allait bien à cette intelligence droite et ferme ; l'espérance et la charité souriaient à ce cœur si noble et si élevé.

« Chrétien dans le fond de son âme, il ne craignait pas de le paraître au dehors, simplement, franchement, sans peur comme sans ostentation. Se mettait-il à table ? il disait le *Benedicite*. Entendait-il le son de l'*Ave Maria* ? il se découvrait et récitait l'*Angelus*.

« Chrétien, il le fut dans les actes de la vie politique. Par inclination, il penchait, disait-il, vers la famille d'Orléans, parce que c'était sous le règne de Louis-Philippe que s'étaient écoulées les plus belles années de sa jeunesse, de dix-sept à trente-cinq ans (1830-1848). Mais, quand il était appelé à déposer son vote, il apportait à cet acte important la réflexion, la maturité, la religion qu'il mérite. Sans se laisser emporter au courant de l'opinion, il votait selon sa conscience, sous l'œil de Dieu. Ainsi, aux élections du 10 décembre 1848, il refusa de donner sa voix, soit au prince Louis-Napoléon, soit au général Cavaignac, aucun de ces candidats ne lui inspirant de confiance, et il vota pour un homme qui à Rennes n'eut qu'une seule voix, celle de l'oncle Texier.

« Chrétien éclairé, il comprenait le rôle de la papauté dans l'Église. Il me prédisait les funestes conséquences de la Convention du 15 septembre 1864, et m'engageait doucement à me dévouer à la défense du Saint-Père. Ce vœu du catholique romain devait être réalisé par mon frère François.

« Chrétien zélé, notre oncle savait donner adroitement un avis salutaire. Un jour, à sa table (j'étais prêtre alors), plaçant près de moi le maire d'une commune voisine, il dit : « Le maire près du prêtre, très bien ! » et il parla longuement des avantages qui résultent de la bonne intelligence entre le pouvoir civil et le pouvoir religieux.

« Parfait chrétien, il avait pour le prêtre un respect profond : il cessa de me tutoyer du jour où j'eus reçu l'ordination sacerdotale.

« Notre oncle avait, paraît-il, essayé de contracter mariage. Il y renonça bientôt, non par dépit, ni par caractère, mais par vertu, par amour du plus parfait : telle est,

du moins, ma conviction. Sous la double influence d'une
piété solide et d'une sévère réserve, il garda, dans toute sa
fraîcheur, le lis d'un célibat vertueux, qui ne peut s'épanouir
qu'aux rayons d'une religion sincère.

« Son cœur, vierge de toute affection exclusive ou égoïste,
s'ouvrit à toute bonne œuvre et s'épancha en flots de générosité, d'abord sur sa famille, dont il devint le centre et
l'âme, puis sur les pauvres, dont il fut le protecteur et le
soutien. Donner, soulager la misère, sécher les larmes, faire
des heureux, telle semble avoir été l'unique passion de cette
belle âme. Sa bienfaisance n'était pas de la philantropie,
c'était bien la vraie charité chrétienne, inspirée par la foi et
par l'amour de Dieu; et l'aumône spirituelle lui était plus
chère encore que l'aumône corporelle. Qui nous dira les
sommes ainsi versées? Toutes les œuvres recouraient à sa
bourse : les Écoles chrétiennes des Frères, la Propagation
de la Foi, les Conférences de Saint-Vincent de Paul, l'Orphelinat de la rue des Fougères, la Basilique de Notre-Dame de
Bonne-Nouvelle, l'Établissement de Toutes-Grâces, etc., etc.;
et sa main et son cœur étaient toujours ouverts à toute
misère et à tout bien.

« Financier habile et heureux, il gagna plusieurs lots
importants : ces recettes imprévues devenaient toujours le
patrimoine des pauvres. Il savait par expérience que l'aumône
ne ruine point. Je lui ai entendu dire : « Plus je donne, plus
« je reçois. L'argent qui sort par la porte, rentre par la
« fenêtre. »

« Ajoutons encore un trait. Personne n'ignore que, si la
prodigalité est une des tendances de la jeunesse, l'avarice
est une des tentations de la vieillesse. Notre oncle ne céda
pas à cet attrait mauvais. Toujours détaché des biens de la
terre, il s'en détacha de plus en plus pour amasser dans le
ciel des trésors impérissables, et jamais sa main ne s'ouvrit
plus largement qu'en ses dernières années. Au nouvel an,
il donnait en étrennes à sa famille et à ses œuvres des
sommes considérables. L'été dernier, il vendit sa propriété
des Cours, et, dans la dernière visite que je lui ai faite,
le 8 septembre, il me dit : « Si je vends, ce n'est pas que j'aie
« besoin d'argent, mais je veux me *déterrer* avant de
« mourir. » Le prix de cette vente n'entra même pas dans sa

caisse : il la distribua intégralement à ses héritiers. A la fin du mois de décembre, quelques semaines seulement avant sa mort, il leur donna encore 2,500 francs.

« Tel je connus mon oncle pendant mon séjour à Bois-Rondel, de 1864 à 1867, telle sans doute fut sa vie jusqu'à la fin : vie de piété envers Dieu, de justice et de charité envers le prochain, de travail, de simplicité, de sobriété et d'austère vertu envers lui-même.

« Est-il besoin de dire le respect et l'estime dont il fut entouré? Une vertu si éminente conquiert l'admiration de ceux-là même qui n'ont pas le courage de la pratiquer. La confiance qu'il inspirait était telle que plus d'une fois il fut choisi pour tuteur, pour légataire universel et pour dépositaire de fidéi-commis. Et la foule si nombreuse qui a suivi ses funérailles, n'est-elle pas aussi un hommage rendu à ses ses vertus? Comme Moyse, il fut aimé de Dieu et des hommes, et sa mémoire restera en bénédiction : « *Dilectus* « *Deo et hominibus Moyses, cujus memoria in benedictione* « *est.* »

A l'école de ce saint oncle, l'âme de Pierre-Marie trouvait grandement à profiter. Elle s'éclairait, elle s'élevait, elle se perfectionnait chaque jour. C'était toute une éducation morale qui s'opérait graduellement, et peut-être l'éducation décisive. Il prenait là des habitudes de réflexion et de sage lenteur, d'ordre et de régularité, de bienfaisance et de charité, de mortification et d'austérité que nous retrouverons dans toute sa vie; il est vrai, avec quelque chose de plus aimable et de plus attrayant que chez l'oncle Julien, dont les dehors, malgré tout, paraissaient un peu sévères à ceux qui ne vivaient pas dans son intimité et qui comprenaient moins la rigueur du devoir et les sacrifices de la vertu.

Les vacances ménageaient à Pierre-Marie des exemples, sinon plus édifiants, du moins plus en rapport avec sa vocation future. Il avait en effet deux oncles prêtres : l'un, recteur de Saint-Jacques, M. l'abbé Texier; l'autre, recteur de Domagné, M. l'abbé Cochet.

Le premier, homme d'une belle taille et d'une prestance imposante, aux manières pleines de distinction, cachait sous un abord froid et réservé un caractère doux et expansif. Ses vêtements, son mobilier, son presbytère, son église, tout ce

qui était à son usage ou dépendait de lui, reluisait d'ordre et
de propreté. Passionné pour ce qui regarde le culte, il avait
restauré son église au point d'en faire un vrai bijou, puis il
l'avait dotée d'un orgue et de plusieurs organistes, choisis
parmi les meilleurs jeunes gens de la paroisse et formés par
ses soins, en même temps qu'il enseignait à d'autres le chant
et la musique, afin de rehausser l'éclat des offices et des fêtes
religieuses. Tel fut son zèle pour la maison de Dieu, durant
les six années de son rectorat à Saint-Jacques, que, lorsqu'il
mourut, en 1864, on put écrire en toute vérité sur son tombeau, comme sa note distinctive, ces paroles des Livres,
Saints : « Seigneur, j'ai aimé la beauté de votre demeure et
le lieu où réside votre gloire. »

Chérissant tendrement les siens, une de ses plus grandes
joie était de les recevoir chez lui, spécialement ses neveux
et nièces, avec lesquels il se plaisait à s'entretenir de la
façon la plus cordiale. Pierre-Marie eut plus d'une fois ce
bonheur ; et ce qu'il vit de ses yeux, comme ce qu'il recueillit
sur les lèvres de ses parents ou des paroissiens, ne fit qu'affermir et développer en lui les idées d'ordre et de tenue qui
lui étaient naturelles et qui devaient se perfectionner encore
au Bois-Rondel ; qu'accroître son estime et son goût pour la
belle ordonnance des cérémonies sacrées.

Le recteur de Domagné était un prêtre simple et bon, au
cœur large et ouvert, et d'un visage toujours épanoui. Sa
franche gaîté, sa charmante bonhomie séduisaient quiconque
l'approchait ; d'où sa souveraine puissance sur le cœur des
jeunes gens et des hommes, qui, dans son ministère paroissial, formaient de beaucoup sa clientèle la plus nombreuse ;
dans les Quarante-Heures et les missions, il n'en voulait
point d'autre. Très hospitalier, son presbytère était le perpétuel rendez-vous des prêtres des environs, toujours assurés
d'y recevoir bon accueil et d'y passer de délicieux moments.
Très affectueux pour son entourage, il vouait à ses vicaires
un invincible attachement qu'il traduisait admirablement
dans ce mot dit à une de ses nièces : « Mes vicaires, je ne les
change jamais, je les use », témoignage expressif d'ailleurs
d'une affection réciproque. D'une grande bonté de cœur, il
ne pouvait voir une souffrance sans être profondément ému,
une détresse sans chercher à la soulager, et le meilleur de

son bien y passait d'ordinaire. On lui reprochait un jour de n'avoir pas encore meublé sa salle de réunion : « Si vous voulez, répondit-il, me bailler un rouleau de 1,000 francs, à la bonne heure ; quant à moi, je suis déjà endetté pour mes pauvres, et je ne puis faire davantage. »

Comme le recteur de Saint-Jacques, il chérissait tendrement ses neveux et nièces, et son grand bonheur était de les avoir chez lui. Ceux-ci, de leur côté, mis à l'aise par son abord aimable et riant, n'avaient pas de récompense plus enviée que d'aller passer quelques semaines en sa compagnie, d'autant plus que le voyage leur permettait un pèlerinage à Notre-Dame de la Pesnière, si justement célèbre dans toute la contrée. Pierre-Marie, spécialement, ne manquait point à chaque vacance de répondre à l'invitation de ce bon oncle, dont les paroles et les exemples lui inspiraient une prédilection toujours plus vive pour les pécheurs et pour les pauvres.

Les mêmes sentiments lui étaient du reste inculqués à Saint-Laurent, par M. l'abbé B***, véritable homme de Dieu, tout dévoué aux intérêts des âmes et au soulagement des infirmités humaines. Notre jeune écolier passait près de lui, au presbytère, ses meilleurs loisirs, soit qu'il travaillât sous sa direction, soit qu'il écoutât ses conseils ou lui fît ses confidences ; souvent il l'accompagnait à travers les champs et les villages, dans ses visites de charité. Et alors quelles suaves leçons, quels féconds exemples, quels merveilleux aperçus sur la pauvreté et le malheur, et sur le rôle du prêtre dans la société ! Faut-il le dire ? Parfois le disciple étonnait le maître par la justesse et la hauteur de ses vues, par la maturité et la profondeur de ses jugements. Dieu le préparait au sublime ministère de ses miséricordes.

Pierre-Marie connut aussi les charmes d'une amitié chrétienne. Qui dit amitié, dit union de deux âmes qui se conviennent si bien qu'elles semblent faites l'une pour l'autre : c'est comme la fusion de deux cœurs et de deux vies chez qui, pensées et sentiments, joies et tristesses, jouissances et privations, tout se partage, tout est en commun : union toutefois, qui pour être durable, doit être assise sur une solide vertu. La vertu seule peut l'assurer contre le temps, les séparations et les influences étrangères. Telle était bien celle de Pierre-Marie Cochet et de Jean-Marie Guillemé. Aussi fut-elle une de ces amitiés de diamant, que rien n'use ni ne brise, qui se fortifient et s'épurent avec les années, qui, résistant même à la mort, se prolongent plus nobles, plus fortes et plus divines, au delà du tombeau.

Nous connaissons le premier de ces amis; parlons un peu du second. A dix-sept et dix-huit ans, c'était un grand et svelte jeune homme, plein de verve et d'entrain, de manières aimables, d'un esprit distingué, ennemi déclaré de la banalité en toutes choses. Intelligence prime-sautière, le travail ne revêtait jamais chez lui les apparences de l'effort ni de la contention; il semblait se jouer au milieu des exercices classiques, vainqueur quand il le voulait, grâce à son imagination riche et féconde, à sa mémoire facile, prompte et fidèle, à son goût sûr et délié. Ces brillantes qualités de l'esprit dont il avait conscience, ne nuisaient en rien aux qualités de son cœur. Pieux, droit, sincère, docile même à l'égard de ses supérieurs, il avait un cœur aimant et bon, capable des sentiments les plus généreux et les plus dévoués.

Dès qu'il le connut, il se sentit comme invinciblement entraîné vers Pierre-Marie Cochet, dont le caractère élevé et la rare vertu exerçaient sur lui un ascendant prestigieux : il l'aima bientôt de toute la force de son affection, et lui voua un véritable culte ; il n'en parlait qu'avec enthousiasme et une sorte d'exaltation. Pierre-Marie ne l'aimait pas moins, quoique d'une façon plus calme : il l'aimait surtout en Dieu. Il voyait là une nature d'élite, où les défauts n'étaient qu'à la surface, mais dont le fond sérieux promettait à l'Eglise un excellent ouvrier; et cette nature, il voulait la défendre contre les entraînements du talent et du succès, contre les vaines et dangereuses complaisances d'une vanité, réveillée sans cesse par les applaudissements du monde écolier; il voulait l'aider à monter et à grandir, l'attacher à Dieu. Tous les matins, les deux amis se retrouvaient avant la classe pour se saluer et échanger leurs pensées. Le jeudi et les jours de congé, Jean-Marie venait au Bois-Rondel, et, de là, on allait, en devisant le long du chemin, rendre visite à la Héronnière et aux Cours, où l'on faisait une délicieuse collation. Jean-Marie, grand parleur, dirigeait et alimentait la

conversation : son imagination et son cœur y suffisaient largement. Pierre-Marie écoutait, rectifiait, corrigeait, riait des
saillies de son ami, toujours fertile en bons mots et habile à
décocher des traits. Les sœurs étaient parfois jalouses ; elles
auraient voulu posséder à elles seules un frère qu'elles ne
voyaient que rarement ; il leur arrivait même de se plaindre,
et, lui, de répondre doucement : « Jean-Marie Guillemé a peu
de distractions chez lui ; puis il aime tant à être avec moi que
je ne peux m'empêcher de lui faire plaisir. » Et il ajoutait :
« Faire plaisir, mais c'est de la charité, cela ! »

Durant les années de séminaire, comme plus tard pendant
celles de leur ministère, séparés par leur vocation, c'était
pour les deux amis une joie bien vive et bien douce de se revoir
et de s'entretenir, ne fût-ce que quelques heures. Nulle
réunion de cours n'avait d'attrait pour l'un en l'absence de
l'autre. « Cette année, écrit le P. Cochet en 1886, si la réunion
est le 8 septembre, je pourrais, je pense, obtenir d'y assister.
Mais à une condition, c'est que tu y assisteras toi-même, car,
sans toi, que ferais-je ? » Le P. Cochet allait-il à Montfort-
sur-Meu voir ses sœurs, religieuses Ursulines, il ne manquait
jamais, si pressé qu'il pût être, de faire visite à son « cher
Guillemé », vicaire de cette paroisse. Celui-ci du reste était-
il prévenu de son arrivée, il accourait aussitôt embrasser
son « cher petit Cochet ». Et de même, à Rennes, quand l'un
fut aumônier des Catherinettes, et que l'autre passait par là
pour se rendre à Saint-Laurent. Alors sans doute on parlait
du passé, des amis, de la famille ; mais c'était surtout le
moment des confidences, des consolations et des conseils.
Le P. Cochet avait gardé son rôle de Mentor ; et ce rôle, il
l'exerçait avec une expérience consommée, avec une autorité
toujours plus vraie et plus respectée. « C'est mon directeur
et mon consolateur des grands cas », disait agréablement
l'abbé Guillemé. De fait, dans toutes les circonstances difficiles, il n'oubliait par de s'adresser à son ami, et de requérir
ses lumières ou ses exhortations ; et il avait lieu de s'en féliciter, tant l'ami répondait avec bonté et clairvoyance.

Nous le verrons plus loin, et avec quelle édification ! cette
amitié si suave, si constante, si féconde, reprit, dans les dernières années de leur vie, une nouvelle vigueur, malgré la
distance qui sépare Rennes de l'Acadie. Leur correspondance

n'avait jamais été interrompue : ainsi, par exemple, ils s'écrivaient fidèlement pour leur fête ; mais alors elle redevint et plus fréquente et plus cordiale. Jean-Marie avait tant besoin d'une parole de réconfort, qui le soutînt dans l'épreuve et l'immolation ; cette parole affectueuse et élevée lui vint régulièrement de Church'Point et d'Halifax, pour le consoler et l'encourager ; elle ne le quitta qu'aux portes du ciel ; encore devait-elle bientôt s'y faire entendre à nouveau dans un cantique de louange et d'amour! Les deux amis se suivirent de près dans la tombe, et de là dans l'éternelle patrie, objet de tous leurs vœux !

Qui donc, à la lecture de ces lignes, osera dire encore que les saints ne savent pas aimer, qu'ils n'ont pas un cœur assez tendre et assez humain ? La sainteté, en épurant les affections, leur communique ce je ne sais quoi de fort, de suave, de délicat, d'achevé, que ne possèdent pas les amitiés purement naturelles ; elle en fait des fleurs de paradis, dont le parfum embaume l'existence et dont les couleurs font rêver du ciel.

CHAPITRE TROISIÈME

VERTUS ET VOCATION

1864-1868

SA PIÉTÉ — SON HUMILITÉ — SA MODESTIE ET SA RÉSERVE — SON OBÉISSANCE
ET SA SOUMISSION A LA DIVINE VOLONTÉ — SA PATIENCE DANS LES ÉPREUVES
— SON ESPRIT D'ORDRE, D'ÉCONOMIE ET DE PAUVRETÉ — SON AFFECTION
POUR LES SIENS ET SA CHARITÉ POUR LES PAUVRES — SES VUES DE FOI —
PROFONDE INFLUENCE QU'IL EXERCE DANS SON ENTOURAGE — HÉSITATIONS ET
DOUTES AU SUJET DE SA VOCATION : ARTIFICES DU DÉMON — RETRAITE A
LA MELLERAIE, ET PROFESSION D'UNE DE SES SŒURS CHEZ LES URSULINES DE
MONTFORT : IL DÉCIDE D'ENTRER DANS LA CONGRÉGATION DE JÉSUS ET
MARIE.

ES deux chapitres qui précèdent et des détails
qu'ils contiennent, tant sur la conduite et les
qualités de Pierre-Marie Cochet que sur les
conditions toutes spéciales où il fut placé, surtout dans ses dernières années de collège, il ressort clairement que Dieu l'environna d'une Providence de choix,
disposant tout, ordonnant tout, pour favoriser en lui l'é-
closion et l'épanouissement des plus admirables vertus.
Aussi, est-il vrai de dire qu'il eût été difficile de trouver un
adolescent plus parfait et plus accompli. Sa vue évoquait
naturellement le souvenir de ces charmantes et originales
figures de saints, que l'Église propose à l'imitation de la jeunesse : il en apparaissait à tous les yeux comme la vivante
image. Les traits que nous allons rapporter, mettront ce fait
bien en lumière, en même temps qu'ils achèveront de peindre sa piété, son humilité, sa modestie et sa réserve, son
obéissance et son abandon à Dieu, sa patience dans les

épreuves, son esprit d'ordre et son amour de la pauvreté,
son affection pour les siens et sa charité pour les pauvres,
les vues de foi qui présidaient à tous ses actes : par là d'ailleurs nous seront expliqués l'ascendant réel et l'influence
profonde qu'il exerçait dès lors dans tout son entourage.

La piété de l'enfant ne grandit pas toujours avec l'âge.
Très vive à l'époque de la première communion, il n'est
pas rare de la voir s'affaiblir et décliner durant les années
qui suivent, par l'effet soit d'une langueur physique qui
accompagne la croissance, soit d'un travail trop assidu qui
dessèche l'esprit et le cœur, en les privant de leur aliment
surnaturel, soit d'influences délétères qui se rencontrent
comme fatalement dans les grands milieux, soit enfin et
surtout de passions naissantes qui ne sont ni combattues ni
refrénées, qu'elles s'appellent l'orgueil avec ses aspirations
et ses recherches vaniteuses, sa préoccupation du succès,
son désir de la domination, ses prétentions à l'indépendance,
ou la volupté avec ses jouissances et ses satisfactions va-
riées, sensuelles et souvent grossières, qui dégradent l'âme
en la plongeant dans la matière. La prière devient alors
moins fréquente et moins attentive ; les sacrements sont
délaissés peu à peu, ou reçus avec moins de goût et de préparation ; la pensée de Dieu s'efface graduellement de la vie
journalière ; la piété et les choses de la piété causent un
inexprimable ennui ; c'est un fardeau qui pèse, un joug qui
fatigue et dont le rejet et la délivrance semblent la condition d'une félicité tranquille que rien ne viendra plus
troubler.

Certes, il n'en fut pas ainsi, tant s'en faut, chez notre jeune
écolier : sa piété se maintint telle qu'elle était au premier
âge, piété d'âme candide et simple, piété d'ange, ou plutôt
elle prit des accroissements nouveaux, à mesure qu'elle devint
plus éclairée, à mesure surtout que se firent mieux sentir la
nécessité de la grâce et l'immensité des besoins. Toujours
assidu et appliqué aux prières de règle, il se tenait devant
Dieu dans une posture respectueuse et recueillie, exempte
d'affectation et de singularité, qui faisait l'édification commune. En outre, il aimait à prier dans ses loisirs, et volontiers alors il prenait son chapelet et l'égrenait dévotement.

Les premières années qu'il suivit les cours de Saint-Martin, il revenait chaque soir à Saint-Laurent, et, quoiqu'il partît en hiver, aussitôt après la classe, la nuit ne laissait pas de le surprendre en chemin d'assez bonne heure, si bien qu'il avait plusieurs kilomètres à parcourir dans les ténèbres, et parfois au milieu d'un brouillard intense. Ses sœurs, craignant qu'il ne prît peur à cheminer ainsi seul dans l'obscurité et sur une route très solitaire, lui proposèrent à plusieurs reprises d'aller à sa rencontre ; elles reçurent toujours la même réponse : « Mais non, je ne crains rien ; je récite mon chapelet pour papa. »

Egalement fidèle aux sacrements de Pénitence et d'Eucharistie, il s'y préparait avec soin, il s'en approchait avec foi, respect et amour, se conformant pour leur réception à la pratique recommandée alors aux écoliers les plus fervents. Il les considérait, ainsi qu'ils doivent l'être, comme de puissants remèdes à nos maux, comme des sources divines de sanctification et de force, où nous devons puiser et nous refaire en tout temps, mais plus que jamais dans l'abattement et dans l'épreuve. Voilà pourquoi, lorsque, vers sa seizième année, sa santé défaillante le contraignit à quitter livres et cahiers pour aller respirer à l'aise l'air vivifiant de la campagne, et que l'épuisement de son corps, joint à la solitude et au désœuvrement, peut-être même à l'appréhension d'une mort prochaine et à ces souffrances intimes que connaissent les saints, le jeta, lui auparavant si expansif, dans une taciturnité et une mélancolie « à faire pitié » ; son soutien et sa consolation principale, au milieu de cette crise redoutable, furent un recours plus fréquent et plus pieux à ces deux sacrements. « Je remarquai, atteste une de ses sœurs, qu'alors il se confessait et communiait plus souvent ».

Il n'y a pas de vraie piété sans humilité. Condition de toute vie chrétienne, base nécessaire de l'édifice des vertus, l'humilité en est aussi le couronnement, elle est la mesure de toute perfection. Or, l'expérience ne le prouve que trop, l'humilité n'est pas généralement la vertu favorite de l'enfant, de l'adolescent ou du jeune homme, chez qui le moi exerce un grand empire. Ils aiment à se faire valoir et à se mettre en avant ; l'ombre et le silence, la vie effacée, excitent peu leur sympathie ; l'attitude modeste et réservée ne leur semble guère de mise. Les âmes, où Dieu fait son œuvre, pensent et agissent bien différemment. Aussi, Pierre-Marie qui était une de ces âmes, fut-il humble et très humble. Malgré la décision naturelle de son caractère, « son extérieur, nous dit un témoin oculaire, était comme enveloppé d'une modestie si aimable et si douce que le voir seulement faisait du bien à l'âme. Jamais il ne parlait de ses succès, et qu'il fût décoré ou non, son regard, sa physionomie, sa démarche, ses manières d'agir restaient les mêmes. On ne l'entendait jamais dire le moindre mot à son avantage. Le plaignait-on de ce que sa mauvaise santé l'empêchait de prendre part aux divers concours scolaires, il se contentait de répondre : « Je ne travaille pas pour avoir des prix ; j'ai mon prix d'honneur, il me suffit. » Un trait caractéristique de la perfection évangélique de son humilité, c'est qu'au mariage d'une de ses sœurs, après s'être donné une incroyable peine pour décorer la salle du festin, au lieu de s'asseoir à la table d'honneur en sa qualité de frère de la mariée, « il alla, suivant à la lettre le conseil de Notre-Seigneur, se placer à l'extrême bout, disant qu'il y serait plus à son aise. »

L'âme pieuse, qui révère et aime Dieu, veille et prie pour se garder intacte et pure. L'âme humble évite de s'exposer au danger, sachant que, si l'esprit est prompt, la chair est faible. Très soucieux de sa pureté, et très défiant de ses propres forces, Pierre-Marie s'interdisait dans les marques extérieures de son affection pour les siens, cependant si vive, tout ce qui pouvait flatter la chair et engendrer quelque complaisance sensuelle. « Étant presque toujours souf-« frant, raconte une de ses sœurs, il restait au lit le matin, « et je lui portais dans sa chambre une tasse de lait. Par-« fois, en lui demandant s'il avait bien dormi, je l'embrassais « tendrement. Mais cela ne dura guère ; car il me dit un « jour d'un ton grave et presque sévère : « Si tu continues, « j'avertirai M. B***. C'était mon confesseur. »

Si l'orgueil porte à l'esprit d'indépendance et de funeste liberté, à l'impatience, à la colère, à la révolte, l'humilité prédispose au contraire à l'obéissance, à la soumission, au support des peines et des épreuves de la vie. Humble, modeste et réservé, Pierre-Marie se distingua par sa parfaite obéissance, au collège comme à la maison domestique. A

Saint-Martin, la règle, et la règle dans tous ses articles, même dans les moindres, était pour lui l'expression de la Volonté de Dieu, à laquelle il s'efforçait constamment de conformer la sienne. Aux Cours, comme au Bois-Rondel, il la voyait également dans les ordres donnés, et il ne s'y montrait pas moins docile, allant jusqu'à devancer les désirs de ceux qui avaient autorité sur lui.

C'était Dieu qu'il vénérait dans ses parents et dans ses maîtres : c'était Dieu de même qu'il adorait dans les accidents et les petits ennuis de chaque jour, et jusque dans les épreuves et la maladie. Aussi avec quelle patience et quelle tranquillité d'âme il les recevait ! Nous avons parlé de ses souffrances physiques et morales à cet âge de seize ans, où le cœur s'ouvre si large à la vie et où l'imagination la rêve d'ordinaire si riante et si enchantée. Assurément elles furent très grandes. Un mot de M. l'abbé B***, son confident intime, à l'une de ses sœurs fort inquiète, le laisse entendre clairement : « Priez bien pour lui ; oui, priez, car il souffre beaucoup ! » Et pourtant jamais, au plus fort du mal, on ne l'entendit ni se plaindre, ni murmurer, ni se montrer exigeant. Attaché à la croix dès son adolescence, il y demeura sans mot dire, savourant en silence l'amertume du fiel qui lui était présenté, exact jusqu'au scrupule à toutes les prescriptions des médecins, reconnaissant des moindres services qu'on lui rendait.

Cette soumission parfaite à la sainte Volonté de Dieu établissait son âme dans cette paix intense qui surpasse tout sentiment, et faisait régner dans toute sa conduite un ordre vraiment divin ; elle lui inspirait aussi un admirable esprit d'économie dans toutes les choses mises à sa disposition, qualité bien rare parmi les jeunes gens. « Très simple dans ses goûts, très soigneux de ses moindres effets, propre dans ses vêtements, rangé dans tout ce qui était à son usage, » au témoignage de ceux qui l'ont vu de près, il usait fort peu, il dépensait encore moins, ne s'accordant en tout que le strict nécessaire, lorsqu'il ne se le refusait pas. Son entretien, durant ses années d'études, fut des plus modiques ; sa mère se plaisait à le redire, en le citant comme modèle à ses autres enfants.

Loin que la vertu chrétienne nuise en rien aux sentiments

du cœur et aux affections de famille, en les affinant et les
épurant, elle leur donne une intensité plus grande, une force
plus durable, une suavité plus douce. Très affectionné aux
siens et très aimé de ses frères et sœurs, Pierre-Marie souffrait de leur absence, et jamais il ne semblait plus heureux
que lorsqu'il se retrouvait en leur compagnie. Les aperce-
vait-il dans la cour d'honneur de Saint-Martin, surtout les
petits, qu'il voyait moins souvent, il accourait joyeux et « ne
savait quelles caresses leur faire. » A la maison, son souci
le plus constant était de condescendre à leurs volontés et
de leur procurer tout le contentement et la joie dont il était
capable. Nulle peine, nul labeur qu'il ne s'imposât pour leur
rendre service. Citons-en cet exemple, dont le souvenir
s'est religieusement conservé dans sa famille, comme une
preuve éclatante de la bonté de son cœur.

C'était en septembre 1866. Le 24, devait se célébrer le
mariage d'une de ses sœurs, et pour salle de festin, il n'y
avait qu'une grange. « Il faut faire le mieux possible » dit-il,
et déployant tout son art de décorateur, il fit tant et si bien
que la grange fut transformée à ravir ; le coup d'œil était
presque féerique. Au prix de combien de fatigues, il ne le
laissa soupçonner à personne, agissant en tout le plus
naturellement du monde, et comme si rien ne lui coûtait.
Du reste, il se montra durant toute la fête, d'une amabilité
charmante, se prêtant à tous les désirs avec une complaisance achevée, les prévenant même au besoin, tâchant de
répandre la joie sur tous les visages et dans tous les cœurs.
« Au dessert, il chanta et débita des pièces de vers qui amu-
sèrent beaucoup les convives. Après le repas, comme il y
avait danse jusqu'à huit heures, il rassembla les petits qui
regardaient la noce, leur distribua force bonbons, et les fit
danser. »

Toutefois, si vraie et naturelle qu'elle fût, son affection
pour les siens n'était point une affection purement humaine :
il les aimait en Dieu et pour Dieu ; ce qu'il cherchait avant
tout, c'étaient les intérêts de leurs âmes. Recueillons à ce
sujet le témoignage d'une de ses sœurs : « Les vacances de
« 1866 furent les dernières que nous passâmes ensemble.
« Quelques semaines plus tard, j'entrais comme postulante
« au monastère des Ursulines de Montfort-sur-Meu. Pierre

« avait dix-huit ans, j'en avais vingt-deux ; cependant, quoi
« que son aînée, j'avais en lui la plus grande confiance ; je
« lui faisais part de tous mes sentiments et de tous mes pro-
« jets ; je ne lui cachais même pas les suprèmes combats
« que se livraient en moi la nature et la grâce. Il m'écoutait
« avec bienveillance, il m'encourageait, il me réconfortait
« par ses bonnes paroles, et lorsque, émue à la pensée de
« notre prochaine séparation, je versais d'abondantes lar-
« mes, il me raillait doucement pour m'égayer. « Oui, di-
« sait-il, tu as bien raison de pleurer, pleure donc, ne te
« lasse pas. Si tu veux être belle, il faut t'y mettre à la
« journée. » Et quand, par ces plaisanteries ou d'autres sem-
« blables, il avait dissipé mon chagrin, séché mes pleurs et
« ramené le sourire sur mes lèvres, il reprenait son sérieux,
« ajoutant avec un accent de conviction inexprimable : « Ma
« pauvre sœur, qu'importe que nous passions notre vie ici ou
« là, pourvu que nous soyons où Dieu nous veut? » Non que
« chez lui la nature fût tellement domptée qu'elle le laissât
« comme impassible dans les conjonctures les plus doulou-
« reuses, il avait au contraire un cœur très tendre et ressen-
« tait vivement les impressions de la sensibilité. Lui qui savait
« si bien consoler les autres et essuyer leurs larmes, n'échap
« pait point aux déchirements de la séparation ; il pleurait
« alors et pleurait abondamment, et il ne rougissait pas de
« confesser son émotion et ses pleurs. Le jour de mon départ
« pour le monastère, il était à Saint-Martin ; je lui écrivis un
« billet d'adieu que je déposai dans un de ses livres. Il ne le
« trouva que plusieurs semaines après, et il me dit qu'en le
« lisant il avait beaucoup, beaucoup pleuré. »

Une âme aussi aimante naturellement, et en même temps
si profondément pénétrée de la charité du Christ, ne pouvait être que pleine d'amour à l'égard du prochain, quel qu'il
fût. Nous l'avons admiré dans ses relations amicales avec
le jeune Guillemé, et lui-même nous en a révélé la secrète
raison : « Chercher à faire plaisir, mais c'est de la charité,
cela ! » La même maxime le guidait dans ses rapports avec les
autres. Il s'efforçait de leur être agréable, il s'employait et se
dévouait généreusement pour adoucir leur chagrin. Pendant
les vacances, avait-il quelque monnaie, il la dépensait à
acheter des gâteaux à une petite marchande qui, chaque

dimanche, venait de Rennes à Saint-Laurent. Puis, arrivant
joyeusement à la maison, il les distribuait sans y goûter lui-
même. Et comme on lui demandait un jour la raison d'une
telle conduite : « C'est pour faire plaisir à cette marchande,
répondit-il, si vous voyiez comme elle paraît triste, quand
personne ne lui achète ! »

Même principe dans les jeux et les plaisanteries ; car, dans
la conversation, il entendait et pratiquait les gais propos et
les joyeux devis, il aimait à égayer ou à voir égayer son
entourage, et, quand, de son fait ou de celui d'un autre (il ne
s'y employait directement qu'à défaut d'un plus habile), un
franc et bon rire éclatait dans toutes les bouches, il paraissait heureux. Doué du reste d'un talent de mimique assez
remarquable, il en usait pour la joie commune. On dit même
qu'il dépassait quelquefois les bornes d'une exacte et scrupuleuse charité, mais de si peu et pendant un temps si court
qu'il fallait un œil très fin et une conscience très délicate
pour s'en apercevoir, tant l'attention qu'il apportait à tous
ses actes avait promptement réprimé ce petit excès. Ainsi,
il y avait à Saint-Laurent une bonne demoiselle qui, en
toute rencontre, lui faisait une profonde révérence « comme
à un curé, » par pressentiment sans doute de sa vocation
future. Pierre-Marie s'en amusait beaucoup et la contrefai-
sait à merveille. Mais lorsqu'il avait bien réjoui ses sœurs
par cette innocente récréation, il ne manquait pas d'ajouter,
en forme tout à la fois de correctif et de morale : « c'est une
très bonne personne, je vous assure, seulement elle aime un
peu trop à causer. »

Une charité si naturelle allait tout droit et comme d'elle-
même aux pauvres, incarnation prolongée de Notre-Seigneur Jésus-Christ, et, parmi les pauvres, aux vieillards,
comme aux plus déshérités et aux plus abandonnés de tous.
Enfant de chœur, il réservait déjà, chaque dimanche, son
grand morceau de pain bénit, et, la messe terminée, il le
portait régulièrement aux vieilles femmes qui attendaient
au bas de l'église. Jeune homme, il visitait fréquemment ces
bonnes vieilles, ne venant jamais sans avoir sollicité de sa
mère quelque secours à leur remettre. A l'aumône matérielle il savait toujours joindre l'aumône spirituelle. Il
tâchait de les récréer de son mieux par ses joyeusetés, ses

histoires, ses francs éclats de rire : « ne fallait-il pas enso-
leiller ces sombre masures ! » Surtout il songeait à sanctifier les âmes, et, dans cette intention, il lisait et commentait à chacune l'Épître et l'Évangile du dimanche. Absent, il
les recommandait instamment à la bienfaisance de sa mère
et à la charité de ses sœurs ; il engageait vivement celles-ci à
les visiter, à les égayer, « à les évangéliser ». « Allez donc les
voir le dimanche, leur disait-il, vous leur lirez l'Épître et
l'Évangile du jour, cela leur fera plaisir, et elles prieront
pour vous. » Donc, rien d'étonnant, si ces pauvres vieilles ne
tarissaient pas d'éloges sur leur jeune bienfaiteur. Elles disaient tout haut ce que chacun pensait ou disait tout bas,
car il n'y avait qu'une voix pour célébrer son amabilité et ses
vertus.

C'est ainsi que la foi guidait et animait Pierre-Marie en
toute chose. Règle et loi de ses pensées et de ses actes,
jamais on ne le vit, même au milieu des fêtes et des plaisirs, ni perdre de vue ses maximes, ni déroger à ses principes. Nous en avons déjà rapporté un exemple frappant,
à propos d'un banquet de noces ; en voici un autre non moins
significatif dans ce conseil qu'il donnait le même jour à
celle de ses sœurs, dont nous avons parlé plus haut, qui
s'apprêtait à entrer au monastère des Ursulines de Montfort.
Il y avait danse, nous l'avons dit, et danse auprès de l'É-
glise et il répugnait beaucoup à celle-ci d'y prendre part. Ses
motifs, c'était d'abord sa vocation et son prochain départ,
c'était aussi et surtout la proximité du cimetière où reposait
leur père bien-aimé. Elle s'en ouvrit à Pierre-Marie, qui ne
goûta pas ses raisons. Il lui fit comprendre qu'il valait
mieux ne pas se singulariser, puis il ajouta: « Tu seras
plus à même en voyant l'Église de penser au bon Dieu tout
en dansant, et puis crois-tu que notre père ne soit pas
de la fête ? »

Des vertus si éminentes, une sagesse si haute, devaient
nécessairement exercer une profonde influence sur tous
ceux qui l'approchaient ou qui vivaient avec lui. Cette influence, nous l'avons déjà constatée sur son ami, le jeune et
brillant Guillemé, et sur celle de ses sœurs dont les vues et
les sentiments s'accordaient le mieux avec les siens ; elle
n'était pas moins réelle sur les autres, membres de sa fa-

mille ou condisciples, et chacun d'eux en témoignerait au besoin. A Saint-Laurent spécialement, on le regardait comme un oracle. Madame Cochet ne faisait rien, ne décidait rien sans prendre son avis, et dans les affaires ou conjonctures embarrassantes, c'est à lui qu'elle renvoyait en dernier ressort ses fils et ses filles : « Consultez Pierre-Marie, faites ce que dira Pierre-Marie, » telle était sa réponse ordinaire. On obéissait sans discuter, et l'on n'avait pas lieu de s'en repentir.

A ne considérer que ses antécédents et ses premiers désirs, il semblait que Pierre-Marie dût, avec plus de raison que maint autre de ses condisciples, passer sans hésitation des bancs du collège sur ceux du séminaire. L'excellence et la précocité de sa vertu ne le prédestinaient-elles pas même aux voies plus parfaites de la vie religieuse ? D'aucuns le pensaient. L'appel d'En-Haut, entendu dès l'enfance, n'avait cessé de retentir plus clair et plus impérieux avec les grâces reçues, grâces toujours plus nombreuses et plus efficaces. Le sacerdoce, voilà bien jusqu'à dix-huit ans le constant objectif de cette âme favorisée des plus beaux dons du ciel. L'une de ses sœurs, aimée entre toutes, avait, en 1866, quitté le monde pour se consacrer dans le cloître à l'éducation des jeunes filles, et Pierre-Marie l'avait encouragée, soutenue dans cette voie de séparation et de sacrifice ; il l'avait généreusement et amoureusement conduite jusqu'à l'autel de l'immolation. Sa vocation à lui-même ne faisait donc et ne pouvait faire de doute ni pour ses parents, ni pour ses maîtres, ni pour ses amis. Aussi, malgré l'état précaire de sa santé, quel ne fut pas l'étonnement des uns et des autres, quand, à la rentrée d'octobre 1867, ils ne le virent ni au séminaire, ni au noviciat de quelque société religieuse ! Que s'était-il passé ? Etait-il vrai que Pierre-Marie Cochet eût renoncé à la vie sacerdotale ? ou même, qu'il hésitât entre Dieu et le monde ? Quel motif le retenait à Saint-Laurent, au sein de sa famille, et que méditait-il pour l'avenir ? L'explication se fit attendre, encore ne fut-elle connue que d'un petit nombre. A vrai dire, même le vicaire de Saint-Laurent, son confident et son conseiller, eût seul l'entière intelligence de ce retard, parce que seul il recevait les intimes communications de cette âme discrète et réservée, et c'est de lui que nous tenons les détails qui vont suivre.

Le démon ne voit jamais sans frémir un jeune homme se donner à Dieu, principalement dans le ministère sacerdotal. Aussi emploie-t-il tout son pouvoir pour l'en détourner, et ses assauts sont d'autant plus violents, ses pièges d'autant plus perfides, qu'il redoute du côté de l'élu des coups plus funestes, une action plus puissante et plus énergique. Prévoyant donc quels combats et quelles guerres il aurait à soutenir de la part d'un tel athlète, quel grand nombre d'âmes seraient par lui ou par ceux qu'il formerait, arrachées à son empire, il n'épargna rien pour changer sa décision. Renonçant à le séduire par l'attrait du plaisir et par les appas du monde, il chercha à le prendre par sa propre vertu, à l'entraîner par l'apparence d'un grand bien. L'Ange de ténèbres se transforma en ange de lumière. Il lui exagéra son indignité, il lui créa un champ d'action imaginaire. Ecoutons là-dessus M. l'abbé B***, qui, dans cette circonstance difficile, fut son soutien, son guide et son sauveur.

« Pierre-Marie aurait voulu embrasser le monde dans
« l'immensité de son zèle. Se croyant indigne du sacerdoce,
« il rêvait de se faire agriculteur en grand, afin d'exercer
« une surveillance plus étendue et plus salutaire sur les do-
« mestiques et autres travailleurs, qui ne valent rien dans
« les environs de Rennes.

« Je lui dis : « Tu ferais mieux de prier, pour savoir si tu
« n'aurais pas une vocation plus élevée. »

« Il était dans un tourment inexprimable. Je crois que le
« diable le voulait agriculteur en grand. Mais le bon Dieu
« s'était réservé cette âme candide et ardente, qui ne rêvait
« que le bien, sans savoir où le faire.

« Un jour, je fus inspiré de lui dire : « Tiens, à la fin de
« mes études, mon frère me conduisit à Laval. Je fis chez
« les Jésuites la meilleure retraite de ma vie. Va donc aussi
« faire une retraite, tu verras plus clair. »

« C'était le rayon révélateur. Il partit presque aussitôt,
« non pour Laval, mais pour la Trappe de Notre-Dame-de-
« la-Melleraie et il y passa plusieurs jours dans la solitude
« et la méditation. »

Racontant plus tard ses impressions à son condisciple et

ami M. l'abbé Guillemé, il lui disait qu'une des pensées qui l'avait le plus frappé, était celle-ci : « Qu'est-ce que la vie même la plus longue, en comparaison de l'éternité ? Un point. moins qu'un point. Est-ce donc trop d'employer ce point à préparer, à mériter l'éternité bienheureuse ? » Et pour lui, la conséquence rigoureuse était de se donner complètement à Dieu. Il revint de la Melleraie tout transfiguré et bien décidé à être prêtre ; il inclinait même vers la vie de Trappiste.

Une circonstance, ménagée par la Providence, affermit et accentua sa décision. Sa sœur, postulante aux Ursulines de Montfort, fut admise à revêtir le saint habit. La cérémonie eut lieu, le 21 octobre, et naturellement, Pierre-Marie y assista avec une grande partie de la famille. C'était l'heure de Dieu. Profondément ému par le spectacle qui se déroulait sous ses yeux, pleurant même à chaudes larmes, il entendit une voix qui lui disait de sortir du monde et d'embrasser lui aussi les austérités de la vie religieuse. Il quitta l'Abbaye (1), résolu de se rendre à l'appel d'En-Haut. Dès lors, toutes ses pensées se reportèrent vers la Trappe. Vu sa faible santé, M. l'abbé B*** l'en détourna, mais non sans peine ; ses désirs le ramenaient toujours à son premier dessein. Il écouta cependant la voix de la sagesse et de l'amitié, et après avoir pris le temps de consulter et de s'étudier lui-même, il se détermina à entrer dans la Congrégation des Pères Eudistes, qui l'avaient élevé.

Ce parti une fois arrêté, il s'y attacha de toute la force de sa volonté et se mit en devoir de l'exécuter au plus tôt. Monsieur l'abbé B*** écrivit lui-même au T. R. P. Gaudaire, pour lui présenter le jeune postulant ; il lui disait en substance : « C'est un jeune homme pieux, intelligent, doué d'un bon esprit et possédant beaucoup d'excellentes qualités, mais ayant encore plus d'humilité. » La réponse favorable ne se fit pas attendre, et, le 13 février 1868, Pierre-Marie s'acheminait vers le séminaire de la Roche-du-Theil, sans s'être attardé à préparer ou rassembler un trousseau, assuré d'ailleurs que sa bonne mère et ses sœurs lui fourniraient tout ce dont il aurait besoin.

----

(1) C'est le nom du monastère des Ursulines de Montfort.

CHAPITRE QUATRIÈME

NOVICIAT ET SCOLASTICAT : IMPRESSIONS ET VERTUS

1868-1872

LA ROCHE-DU-THEIL — NOVICIAT ET SCOLASTICAT — BONHEUR DU FR. COCHET DANS CETTE SOLITUDE ; SA RECONNAISSANCE ENVERS DIEU ; SES GÉNÉREUSES DISPOSITIONS — PERFECTION DE SA VERTU : MODESTIE ET GRAVITÉ, ENJOUEMENT ET SERVIABILITÉ ; CHARITÉ CORDIALE ET PATIENTE ; HUMILITÉ PROFONDE ; EXTRÊME PAUVRETÉ ; ESPRIT DE FOI, OBÉISSANCE EXACTE ET PROMPTE ; AMOUR DE L'ÉTUDE, SES PROGRÈS — TÉMOIGNAGE DE SON SUPÉRIEUR.

 A Roche-du-Theil est une propriété située au nord-ouest et à cinq kilomètres de la ville de Redon, au diocèse de Rennes, sur le versant nord d'un coteau rocheux, auquel elle doit son nom. C'est là que les Pères Eudistes avaient, depuis 1850 et 1852, établi le noviciat et le scolasticat de leur société renaissante. A mi-flanc s'élève la maison, belle et solide construction, longue d'environ trente mètres sur douze de large. La façade principale, tournée vers le midi, s'ouvre sur un vaste et fertile jardin coupé d'allées régulières et spacieuses ; tandis que de l'autre, au nord, se dégage sur la cour d'entrée une chapelle de style gothique, simple chœur garni de stalles pour les séminaristes, avec tribune pour les gens de service. Au-dessous, et comme en sous-sol, un oratoire offre à vénérer les reliques d'un saint martyr, nommé Modeste, et permet aux habitants des campagnes voisines d'entendre la sainte Messe, sur la semaine et même le dimanche.

Au haut du jardin s'étendait, en 1868, la vaste pelouse que

l'on y voit encore, mais absolument nue : ni arbres ou arbustes, ni massifs de fleurs, ni groupes pieux pour la décorer. Seule, la statue de la Vierge-Marie se dressait déjà au milieu, sur son piédestal de roc et de verdure, fermant la grande allée qui monte vers la lande et la principale porte d'entrée, réservée alors aux morts et aux personnages de marque. Des deux côtés s'alignaient, le long de la pelouse, d'immenses chataigniers, abritant sous leur ramure des bancs et des tables à l'usage des élèves de Redon. Ceux-ci, en effet, y venaient déjeuner ou dîner, suivant les circonstances, les jours de congé ; et leur babillage et leurs cris, qui réveillaient les échos endormis du voisinage, rappelaient aux Jeunes d'agréables et doux souvenirs. Derrière les chataigniers, s'élevait un bois de sapins et autres arbres de belle venue, coupé en son milieu par une étroite allée transversale. Au haut du bois, une sorte d'esplanade, nouvellement plantée de marronniers, servait de cour de récréation pour les novices; à droite, la chapelle de Saint-Joseph, également à leur usage, rayonnait dans sa neuve blancheur. Des haies de charmes, de plantation récente, y conduisaient ainsi qu'au Calvaire. On donne ce nom au rond-point qui domine le sommet du coteau, et au milieu duquel la piété de Mme du Bot de la Grée, l'ancienne propriétaire, a érigé une croix, enrichie de nombreuses indulgences par le pape Grégoire XVI. De là, un immense panorama se déroule aux regards : au bas, de vertes prairies baignées par la rivière d'Oust ; en face, les coteaux du Morbihan, avec leurs rochers de granit et leurs noirs sapins ; dans le lointain, les sinuosités de la Vilaine, aperçues dans une échappée entre deux collines ; enfin, à l'horizon, les ruines grandioses du vieux château de Rieux, et les hauteurs de Séverac au diocèse de Nantes. Des jardins, disposés par étages, amènent à ce calvaire. Le plus bas et le plus petit servait seul alors de cimetière aux Pères et aux Frères de la Congrégation morts au diocèse de Rennes.

Dans cette délicieuse solitude, si favorable à l'étude et au travail de la sanctification, novices et scolastiques habitaient côte à côte, et pour ainsi dire sans se voir, en dehors des promenades et de quelques solennités. On se saluait en silence, et, vivant sous le même toit, on formait deux familles séparées par le règlement et le régime, quoique profondément unies par le cœur et les sentiments. Les scolastiques tenaient à honneur de donner l'exemple aux novices : le temps des études, loin d'être une cause de relâchement, achevait la formation spirituelle. Les novices rivalisaient avec les scolastiques d'ardeur pour la régularité et la vertu, et leur naïve ferveur maintenait chez ceux-ci l'élan et l'application à la sainteté.

Le nombre des uns et des autres ne s'élevait guère que de vingt-cinq à trente. Heureux même quand il atteignait ce chiffre, c'était une bonne fortune ; encore comprenait-il alors le recrutement de six à sept années. Les vocations s'étaient faites rares pour des raisons diverses, dont les principales étaient peut-être, avec le mauvais vouloir de certains prélats, le peu de notoriété de la Congrégation de Jésus et Marie et les difficultés inhérentes à toute restauration.

Des maîtres de savoir et de vertu présidaient à la formation de ce *pusillus grex* : le R. P. Le Doré, à la charge de maître des novices, ajoutait celle de supérieur ; les PP. Leray et Tirhard enseignaient la théologie ; le P. Haudebourg, le droit canon et l'Écriture sainte ; le P. Hamon, l'histoire ; le P. Guétré, la philosophie.

C'est dans ce milieu restreint, mais sanctifiant, que Pierre-Marie Cochet fut introduit, le 16 février 1868, après une retraite de quelques jours. Pour la première fois, le noviciat comptait douze nouvelles recrues, dont, il est vrai, la moitié seule eut le courage de persévérer.

Quelles furent ses impressions en y arrivant ? Lui-même nous les relate dans une lettre à sa mère, au surlendemain de sa prise de soutane : « Je suis heureux de pouvoir vous dire avec vérité que je me porte bien et que je suis très content de mon nouvel état de vie. J'ai été reçu par le P. Supérieur et par toute la communauté avec une bonté, une bienveillance sans égale dans le monde. On m'embrassait, on me saluait comme une vieille connaissance ; on me donnait le doux nom de frère. Cette bienveillance ne s'est pas démentie un seul instant depuis mon arrivée : le P. Supérieur m'a demandé plusieurs fois comment allait ma santé, si la nourriture ne me causait aucune gêne, si j'avais besoin de prendre du vin, etc., etc. En somme, je suis très bien pour le corporel et mieux encore pour le spirituel. »

Et quelques semaines plus tard : « Je suis toujours très content de mon nouveau genre de vie, et chaque jour, je remercie Dieu de m'y avoir appelé, malgré mon indignité. Je ne vous oublie point, chère maman, dans mes prières, qui sont, sinon bonnes, du moins fréquentes et prolongées ; je prie souvent le bon Dieu de vous donner la grâce nécessaire pour porter avec courage les croix que sa Providence vous envoie, en éloignant de vous vos enfants. Si ce sacrifice est dur pour la mère, il l'est aussi pour l'enfant ; mais ces douleurs sont un bien pour vous et pour eux ; car elles nous font voir et croire que nous ne sommes sur la terre que comme des voyageurs, que tout y passe rapidement, même les liens si doux de la famille ; alors nos cœurs s'élèvent naturellement vers le ciel, là où il n'y aura plus ni séparation, ni douleur. »

Ces impressions et ces sentiments ne changèrent jamais : « Pierre-Marie est heureux comme un trappiste, écrivait en 1868 M. l'abbé B***, faisant allusion à ses premières aspirations ; il a le bonheur d'un novice qui se sent dans son chemin. » Lui-même ne cessa de l'attester aux siens, et de témoigner en toute rencontre de sa reconnaissance à Dieu pour l'avoir appelé dans la famille du Vénérable Jean Eudes. Les preuves, nous le verrons, en abondent dans sa correspondance, et à toutes les époques de sa vie : pour éviter toute fatigue, nous nous contenterons ici des citations suivantes qui révèlent admirablement le fond de son âme. Sérieux et réfléchi, il ne se laisse point éblouir par les illusions du rêve ; il sait ce qui l'attend, il envisage l'avenir avec calme, il en accepte avec générosité les souffrances et les épreuves.

« Je me porte très bien, et je me plais bien aussi ; grâces en soient rendues à Dieu ! C'est Lui qui m'a, comme malgré moi, appelé à l'état sacerdotal et à la vie de communauté ; j'espère de sa bonté qu'Il me fera la grâce d'y persévérer jusqu'à la mort. La vie qui s'ouvre devant moi est une vie pénible, laborieuse, ignorée ; il faut absolument y renoncer à sa propre volonté et à ses goûts ; il me faudra faire continuellement le sacrifice de moi-même, il faudra me dépenser, me fatiguer, abréger peut-être ma vie de bien des années ; cela ne sourit pas beaucoup à la nature, mais avec la grâce du bon Dieu on est capable de tout.

« Je devrai donc vivre loin de vous, bien chère mère, loin de mes frères, loin de mes sœurs, loin de ce Saint-Laurent que j'ai tant aimé ! Je dois dire pour toujours adieu à la vie de famille, à cette vie si douce, dans laquelle Dieu a mis le plus grand bonheur naturel ! Il faut que je m'élève au-dessus des choses de ce monde pour ne voir que Dieu et les âmes, pour me dévouer corps et âme au service de Dieu et au salut de mon prochain ! Que cette mission est noble et belle, mais aussi qu'elle demande de sacrifices et d'abnégation ! Avec la grâce de Dieu, on est fort.

« Vous avez une bonne part à ce sacrifice, bien chère mère, car s'il est dur à un enfant de se séparer de sa mère, il est bien dur à une mère de se séparer de son fils... Mais la Sainte Vierge a fait le sacrifice de son Jésus, pour que nous soyons sauvés ; et au ciel, bien chère mère, vous serez amplement récompensée du vôtre ! Que nous serons heureux alors ! »

Enfin, quelques jours après avoir prononcé ses promesses eudistiques : « Me voilà donc Eudiste ! O chère mère, soyez bien persuadée que le bon Dieu m'a fait choisir la meilleure part. J'ai eu de la peine à m'acclimater à la Roche. et cependant je m'y suis toujours plu beaucoup. J'ai toujours été intimement convaincu que c'était là que le bon Dieu me voulait. Soyez de plus en plus tranquille sur mon sort. Malade, la congrégation me soignera ; mort, elle m'enterrera ; le tout gratis, c'est très avantageux. Les avantages spirituels sont bien plus grands encore : la Congrégation me manifestera toujours la sainte Volonté de Dieu : elle me fournira toujours de bons exemples, de bons conseils, et tous les moyens d'atteindre à une haute perfection. — Je serai toujours très reconnaissant au bon Dieu de m'avoir appelé à la vie religieuse et en particulier à la petite Congrégation des Eudistes. »

Ces confidences filiales et d'autres que nous recueillerons plus loin, font merveilleusement ressortir, nous semble-t-il, et l'affectueuse tendresse de son âme et la grandeur du sacrifice qu'il s'imposa pour répondre à la voix du ciel.

Combien il lui en coûta pour se séparer sans retour d'une famille qu'il aimait plus que lui-même ; quelles tristesses et quels déchirements intérieurs il dut endurer ; on le devine à ces épanchements discrets et réservés qui nous le laissent seulement entrevoir. Le temps ferma peu à peu la plaie saignante, mais dissimulée avec soin ; ou mieux, une vertu supérieure, qui s'efforçait d'être en tout maîtresse d'elle-même, déroba à tous les regards et finit par dominer entièrement les émotions de la sensibilité.

Un noviciat est essentiellement une école de perfection, un lieu d'exercice où celui qui se donne à une société doit se former à son esprit, à ses vertus, à ses mœurs, et, dans ce but, engage entre lui-même une lutte journalière. Cette lutte varie d'intensité avec les natures et la préparation première, plus apparente chez les uns, plus intime chez les autres, suivant qu'elle atteint plus ou moins l'extérieur. Cachée ou visible, elle existe chez tous. Si parfait que l'on soit, si fervent que l'on ait été jusqu'alors, on s'aperçoit, dès les premiers jours, combien on est éloigné de l'idéal proposé par les Règles, et auquel il faut s'efforcer d'atteindre. Mais loin d'être étonnées et rebutées par la distance et la difficulté, les âmes généreuses se mettent courageusement à l'œuvre, confiantes dans la miséricorde infinie de Dieu, qui ne manque jamais de leur venir en aide. Le Fr. Cochet fut de celles-ci ; une fois entré au noviciat, il s'appliqua *corde magno et animo volenti* à sa formation intérieure et extérieure, et telle fut la volonté qu'il y déploya que, dès l'abord, il y passa pour maître et pour modèle.

Commençons par la seconde. L'extérieur, voilà souvent ce qui laisse le plus à désirer chez le postulant, ce qui a été le plus négligé dans ses années de collège, et ce qu'il importe le plus de réformer pour le fondre avec son entourage et aider plus tard au succès de son ministère.

« La modestie, dit le Vénérable P. Eudes, étant un des plus grands ornements d'un ecclésiastique, et une vertu qui lui est extrêmement nécessaire pour donner édification et pour porter la bonne odeur de Jésus-Christ en tout lieu, les enfants de la Congrégation l'aimeront ardemment et la pratiqueront soigneusement. A cet effet, ils se mettront souvent devant les yeux la modestie merveilleuse de Notre-Seigneur

et de sa très sainte Mère, et ils écouteront attentivement cette
voix du Saint-Esprit qui leur crie continuellement : « Que
votre modestie soit visible à tous les hommes ; car le Seigneur
est proche de vous (Philip., iv.) », ayant toujours les yeux
ouverts sur tous vos déportements. — Ils éviteront donc les
contenances recherchées et forcées du monde et tous les
gestes des mains, des pieds et de la tête qui ressentent la
légèreté, la dissipation d'esprit, et l'immortification des sens,
tâchant de composer et ordonner tellement tout leur extérieur, par un véritable désir de plaire à Dieu, en imitant
son Fils, que l'on voie en eux une parfaite image de sa
modestie. — Ils se garderont aussi d'une certaine gravité
affectée et contrainte, qui est une fausse modestie et une
véritable superbe, conservant toujours dans leurs gestes
et dans leurs paroles une retenue et une composition extérieure, accompagnée de simplicité et d'humilité. »

Certes, chacun le sait par expérience, c'est là une vertu
difficile à pratiquer, surtout dans la jeunesse et au sortir de
la vie écolière. A cet âge, en effet, rien de plus ordinaire que
les familiarités et les jeux de mains, les paroles de risée et
les bouffonneries, la voix éclatante, les cris tapageurs, les
rires bruyants qui partent en fusées. Regarder de tous
côtés, courir ou marcher trop vite, marquer tout ce que l'on
dit par quelques signes des mains, de la tête ou du visage,
soutenir son sentiment avec passion et opiniâtreté, voilà
autant d'autres défauts qui se rencontrent à dix-sept et
dix-huit ans, et qui dérivent, comme les premiers, de la pétu-
lance et du besoin de mouvement naturels au jeune homme.
Qu'il faut d'efforts sur soi-même pour les combattre et les
vaincre ! C'est une lutte de chaque jour, lutte pénible et
fatigante, où les victoires n'égalent pas toujours les défaites :
tant l'habitude, cette seconde nature, reprend facilement le
dessus ! Combien même se découragent et désespèrent d'arriver jamais à l'idéal proposé !

Le P. Cochet ne parut pas connaître ces combats et ces
difficultés. Écolier, son extérieur était, nous l'avons dit,
comme enveloppé de modestie ; novice, il atteignit du
premier coup à cette « douce et modeste gravité qui doit
reluire » dans les fils du Vénérable P. Eudes, « sans contrainte néanmoins et sans affectation. » Pour peindre son

extérieur, il suffirait de lui appliquer trait par trait toutes les recommandations qui leur sont faites à ce sujet dans leurs saintes Constitutions. A la chapelle, dans les exercices de piété et dans les réunions de communauté, qu'il fût assis, debout ou à genoux, sa posture était celle d'un ange ; un Louis de Gonzague, un Stanislas de Kostka, un Berchmans, ne se tenaient ni plus humblement, ni plus respectueusement devant Dieu. Dans les allées et les venues, il marchait d'un pas modéré, les yeux baissés et les mains dans les manches, s'il ne les avait occupées. Sortait-il de la maison, il se gardait bien en mettant le pied sur le perron, de jeter les yeux sur le jardin, à moins qu'il ne fût en quête de quelqu'un. Passait-il près d'un de ses frères, il s'inclinait légèrement et parfois lui adressait un léger sourire ; mais il fallait pour cela une raison de charité. Au réfectoire, au travail, même gravité douce et sereine, sans rien d'affecté, Dans ces moments où la nature moins surveillée est plus facilement surprise, on n'aperçut jamais en lui qu'une âme parfaitement maîtresse des sens. L'accident le plus risible, la joie parfois débordante d'un *Deo gratias*, le trouvaient toujours sur ses gardes, il y observait la plus sage mesure. « Rien que de le voir, nous écrit un de ses compagnons, nous rappelait à la règle, quand moi et quelques autres natures exubérantes nous nous échappions, et que le ressort, trop tendu peut-être par cette vie astreignante du noviciat, se détendait avec trop de liberté. Je me souviens qu'un jour, à l'heure des travaux manuels, le Fr. Cochet travaillait à la tranchée dans laquelle on a planté les charmilles qui vont de Saint-Joseph au Calvaire. Ce jour-là, une division d'élèves de Redon, les grands, si j'ai bonne mémoire, étaient venus en promenade à la Roche et dans l'enclos. Peut-être en étiez-vous, car le fait remonte à notre première année de noviciat, et vous ne deviez être notre confrère que l'année suivante. Donc, les susdits élèves parcouraient les allées, se dirigeant vers le site pittoresque du Calvaire, lorsqu'ils aperçurent un jeune novice maniant consciencieusement la pioche dans le roc feuilleté que vous connaissez bien. Ils arrivent, et pour mettre sa modestie à l'épreuve, s'arrêtent et l'entourent. Le novice va-t-il lever les yeux ou seulement sourire ? La figure garde son calme habituel, la pioche continue sa besogne. Il ne rit pas, il ne paraît pas même apercevoir la bande d'espiègles. Ceux-ci se piquent au jeu : ils commencent autour du travailleur une danse en rond, agrémentée de gambades plus ou moins excentriques. Le novice eut le dernier mot : il ne broncha pas. Les élèves le quittaient, quand j'arrivai moi-même pour prendre ma part du travail de la tranchée. Ce ne fut qu'un peu plus tard que le Fr. Cochet me raconta la scène : « Ils ont voulu me faire rire, disait-il, ils n'ont pas réussi. » Sa force de volonté devait s'exercer dans des circonstances plus importantes : ne vous semble-t-il pas que ce menu fait indiquait déjà ce que pourrait un jour un jeune homme de cette trempe ? »

Dans les jeux, car on jouait alors le midi, et vigoureusement, le Fr. Cochet n'était point un compagnon triste et morose qui se tient à l'écart et semble dédaigner les amusements du jeune âge. La règle portait que l'on jouât, et il jouait de tout cœur au jeu marqué, soit à la *balle au bois*, soit aux *barres*. Mais toujours maître de lui, même dans le feu de l'action, s'il cueillait au vol ou relevait la balle, il ne manquait pas de la passer à un confrère, afin de lui procurer le plaisir et le mérite de la victoire. Se livrant au jeu comme à un exercice de règle, il mettait toute son ardeur à l'entretenir et à l'activer : heureux du bonheur des autres, il n'entrait point dans ces discussions acrimonieuses qui en détruisent le charme, il ne liait avec personne de ces causeries inopportunes qui le retardent, le ralentissent, et finalement l'arrêtent.

Les conversations étaient de deux sortes : les unes, celles du soir, se prenaient en commun et autour du Père-Maître, qui les présidait, en les dirigeant ; les autres, plus libres, aux jours de fête ou de congé, avaient lieu entre novices et scolastiques. Dans les premières, le Fr. Cochet écoutait, mêlait son mot à l'occasion, et riait de bon cœur, quand il y avait à rire : sa réserve, sa discrétion, son tact en ces circonstances, étaient justement remarqués de tous. Dans les secondes, il savait admirablement se prêter au tempérament et aux goûts de ceux avec lesquls il conversait, leur cédant volontiers la parole, s'ils étaient grands parleurs, s'efforçant même de fournir à leur loquacité une matière nouvelle, traitant également avec eux de sujets sérieux ou enjoués.

Les promenades à la campagne le trouvaient toujours prêt à marcher : il partait alors d'un pied léger, la soutane légèrement relevée à la ceinture pour ne pas la salir et pour rendre ses mouvements plus alertes. Les longues marches, les excursions lointaines, lui agréaient. S'agissait-il d'une promenade en bateau sur le canal ou sur l'Oust, on le voyait des premiers prendre la rame qu'il maniait fort bien du reste, et ne la quitter que des derniers, prétendant que l'exercice lui était bon et qu'il ne ressentait aucune fatigue. Personne qui n'admirât cet heureux mélange de serviabilité, de gaîté et de modestie.

Ce que nous venons de dire est déjà un éloge de sa charité : ce qui va suivre en achèvera la peinture.

Fidèle aux prescriptions du Vénérable P. Eudes, il aimait tous ses frères « d'une dilection sainte, forte, cordiale, tendre et accompagnée de respect, supportant et excusant leurs défauts, humeurs et infirmités, se rendant prompt à les aider et servir, dans les occasions, en esprit de charité. » Si la réserve et le recueillement de son maintien inspiraient tout d'abord une crainte respectueuse, ils ne nuisaient point cependant à la liberté des rapports familiers. Rien de plus agréable que son commerce : la douce sérénité de son visage, le radieux épanouissement de son sourire, la délicatesse de ses procédés, son attention constante dans ses paroles et dans ses actes à s'oublier lui-même et à se sacrifier pour le bonheur des autres : tout cela donnait à sa compagnie un charme inexprimable. Les nouveaux arrivés devenaient l'objet spécial de ses assiduités et de ses prévenances. Qui dira jamais les soins plus que fraternels dont il les entourait, les consolant et les égayant dans leur tristesse, s'empressant de les rejoindre quand il les voyait seuls, et cherchant par un agréable entretien à prévenir ou dissiper leur ennui, leur proposant même, avec la permission de ses supérieurs, quelque excursion ou quelque partie de plaisir, veillant en un mot à tous leurs besoins? Heureux surtout ceux qui l'obtenaient comme *ange gardien*, au début de leur noviciat! Prévenus dans leurs moindres désirs, entourés de soins presque maternels, sous quel jour charmant leur apparaissait la vie eudistique? Et comme dans cette conversation pieuse et gaie, la douleur d'une récente séparation était vite apaisée !

Les autres n'avaient pas moins à se louer de ses bons services. Que de fois ne l'a-t-on pas vu étendre son camail sur la terre humide pour offrir à un confrère un siège plus doux et un préservatif contre le rhume et autre affection dangereuse? Portait-on quelque léger fardeau, il se présentait pour en décharger, ou pour en alléger la fatigue. Dinait-on à la campagne, un jour de grande promenade, il s'employait à porter à boire à ceux qui étaient étendus sur l'herbe, afin de leur éviter tout dérangement. Volontiers, il se livrait aux travaux les plus grossiers et les plus durs, pour les épargner aux autres. Le Calvaire était alors en jardins cultivés ; et Dieu sait ce qu'il fallait de courage persévérant pour y faire pousser quelques fleurs ! Le Fr. Cochet, lui, dans son humilité, ne se mettait point à la tête de l'entreprise : mais il encourageait les ardents et leur apportait un précieux, quoique modeste concours, bêchant, râtelant, ratissant, balayant, s'offrant à transporter de la terre ou d'énormes baquets d'eau. Ce rôle d'homme de peine, toujours spontanément offert et toujours agréé, lui causait un sensible plaisir.

« La charité est patiente, dit le Vénérable P. Eudes, après saint Paul, et il n'y a point de douleur ou de traverse qui la puisse faire murmurer. Elle est pleine de douceur, et quelque injure qu'on lui fasse, elle ne conçoit jamais de dessein de vengeance... Rien ne la peut aigrir, rien ne la met en colère. Elle ne songe point à faire du mal. » Telle était bien la charité du Fr. Cochet. Nous n'en voulons pour preuve que l'exemple suivant.

Il y avait alors, au noviciat, un jeune homme de grande intelligence, mais d'humeur bizarre et capricieuse, qui ne persévéra pas du reste dans sa vocation. La tenue modeste et recueillie du Fr. Cochet avait, pour l'ordinaire, le don d'exciter les saillies de ce brave et original garçon. Que de facéties, que de petits tours son imagination inventive lui suggéra à l'égard de ce cher et saint confrère, il convient peu de le raconter. Celui-ci ne sortait pas pour autant de son calme et de sa douceur ; il recevait les traits et supportait les malices d'un air souriant : jamais on ne saisit sur ses lèvres la moindre parole d'irritation ou de reproche, sur son visage la moindre marque de mécontentement. Tout au contraire, voyait-il ce jeune homme dans l'embarras, il s'offrait le premier pour le tirer d'affaire : plusieurs fois, il lui vint effectivement en aide et sur sa prière, dans des circonstances plus ou moins critiques qui défrayèrent ensuite les joyeuses conversations des promenades et des récréations ; mais, chose étonnante et qui dénote une vertu supérieure, seul il ne riait pas de ces aventures, lorsqu'il aurait eu si bien matière à lui rendre la monnaie de sa pièce. Cette charitable conduite est d'autant plus remarquable qu'il aimait à plaisanter dans les récréations et qu'il se permettait parfois, à l'égard d'autres confrères, d'innocentes et spirituelles attaques qui ne contribuaient pas peu à la joie commune.

La charité ne va pas sans l'humilité ; et nous savons déjà ce qu'était l'humilité du Fr. Cochet. A la Roche, elle devint plus profonde encore et plus admirable. Il y aurait à ce sujet toute une gerbe de détails édifiants à dénouer et à étaler aux regards, si les limites de ce récit le permettaient. Qu'il nous suffise de dire qu'en lui se trouvaient accomplies presque à la lettre toutes les prescriptions du Vénérable P. Eudes, relatives à cette vertu. Il aimait à s'effacer et à céder aux autres la première place, il excusait leurs procédés indélicats et leurs défauts, il vantait leurs qualités, il se faisait leur humble serviteur, il acceptait avec joie les traitements et les reproches les plus immérités. En voici un trait qui se rattache à la fin de son séjour à la Roche, et que nous rapportons tel qu'il s'est passé ; on y verra, en même temps que son humilité, l'empire souverain qu'il possédait sur lui-même.

Nous étudiions alors, en classe d'Écriture sainte, les Épitres de saint Paul, et le Fr. Cochet demandait des explications. Dans saint Paul, il y a du reste ample matière à demandes d'éclaircissements. Mais il en faisait plus que les autres, et, disons-le sans malice, un peu trop au gré du professeur. Un jour donc, vers Pâques, que ses questions s'étaient renouvelées plus fréquentes et plus subtiles, il en posa une qui n'en valait peut-être pas la peine, et que voici : « Père X*** ! » — « Hein ? » — « Pourquoi saint Paul dit-il tantôt « *Jesu Christi* » et tantôt « *Christi Jesu ?* » — Les assistants de rire, et l'orage d'éclater sur le coup. Il ne fut pas long, du reste, quoique assez vif. Cependant le Fr. Cochet garde le silence, avec son calme habituel, sans rien répliquer pour sa justification ; et l'orage une fois passé, il explique son verset à son tour, suivant l'usage, sans la moindre humeur. Il ne posa plus de questions, ce jour-là. Ajoutons que le Père ne put s'empêcher, à la fin de sa semonce, de rendre hommage aux qualités et aux vertus du Fr. Cochet : « C'est un petit saint homme, un vrai petit saint homme ! Mais !... » Ce « mais !... » Il fallait bien battre en retraite et sauver les apparences.

La pauvreté est la compagne de l'humilité ; elle en est souvent comme la forme extérieure, et l'on peut juger de l'une par l'autre. L'homme humble se plaît à s'abaisser au-dessous de tous, non seulement dans ses pensées et dans ses sentiments, dans ses paroles et dans ses actes, mais encore dans son extérieur, dans son vêtement et dans son mobilier, dans tous les objets mis à son usage. Très humble, le Fr. Cochet aima la pauvreté d'un amour de prédilection. Le plus vieux chapeau, la plus méchante soutane du vestiaire, les outils les moins commodes aux travaux manuels, voilà ce qu'il choisissait, et de même en tout le reste. « Je me rappelle un petit fait, nous écrit-on, presque un enfantillage. Vous me pardonnerez de vous le conter, parce qu'il fait voir l'esprit de pauvreté chez le P. Cochet, même dans les petites choses. Un jour que je me promenais, à onze heures et demie, allant et venant dans l'allée du jardin qui longe la maison, levant les yeux, je vis le Fr. Cochet à sa fenêtre. Le voir à sa fenêtre, c'était chose assez rare pour attirer mon attention. Il n'était pas inoccupé, loin de là, et je me demandais ce qu'il pouvait bien faire ainsi à frotter sur la pierre de la fenêtre un même objet que je ne pouvais distinguer. A la récréation, je le priai de m'expliquer l'opération qui m'avait si fortement intrigué. C'était... Devinez... une moitié d'aiguille à coudre qu'il avait brisée à quelque raccommodage et dont il espérait encore tirer parti, en usant par le frottement le fragment qui lui restait. Ce jour-là, l'ange de la pauvreté dut sourire et lui inspirer d'aller tout de suite chercher une aiguille neuve. Même au point de vue de la pauvreté, c'était la bonne solution. »

Ustensiles, habits, linge, livres, il regardait tous ces objets comme les biens propres de Jésus et de Marie, qu'il devait conserver, ménager et épargner avec le plus grand soin. Aussi était-ce merveille de voir avec quelle scrupuleuse attention il s'en servait, ne perdant pas un morceau de papier, prenant autant de précautions pour sauvegarder les choses les plus vieilles et les plus usées, que pour conserver les plus neuves et les plus solides. Qui ne l'a souvent admiré, relevant une soutane toute rapiécée, mais sans tache ni trou, de peur qu'elle ne traînât, en descendant, sur les marches de l'escalier et ne se détériorât davantage, ou la retroussant à la ceinture, avant la promenade, le travail ou le jeu, pour éviter toute déchirure, tout contact avec la boue ou la poussière? « *Omnia ubique sint munda, nitida et bene composita*, dit le Vénérable P. Eudes dans ses Règles, que tout soit pur, net et en bon ordre. » Le Fr. Cochet appliquait à la lettre cette recommandation de notre saint instituteur : il y mettait même un certain luxe, choisissant au vestiaire le camail ou la soutane la plus graisseuse pour la rendre brillante de netteté, essuyant si bien les deux chaises et la petite table qui composaient son mobilier, que, vraiment, elles reluisaient de propreté. Quant à l'ordre, rien de plus aisé : il n'avait à sa disposition que quelques livres et quelques cahiers, soigneusement rangés et maniés avec une sorte de respect.

Ces vues élevées et cette conduite si vertueuse supposent un grand esprit de religion et une éminente piété. Le Fr. Cochet, profondément imbu dès son enfance des idées les plus saintes, et habitué depuis longtemps à tourner sans cesse ses regards et ses pensées vers le ciel, vécut, à la Roche, dans une union de plus en plus intime avec Dieu. Non seulement il s'unissait à lui dans la prière, mais si douce, si suave, si étroite était cette union, qu'il paraissait comme absorbé par sa présence, sa contemplation et son amour : nous ne nous rappelons pas l'avoir entendu, dans ses comptes-rendus d'oraison, parler de ces distractions qui surviennent à l'improviste et entraînent les meilleurs esprits loin du sujet de la méditation; et nous n'avons jamais pu réciter avec lui soit l'office, soit le chapelet, sans éprouver

une sorte de saisissement religieux : Dieu était là ! Non
seulement il offrait à Notre-Seigneur chacune de ses actions,
mais il lui en réitérait fréquemment l'offrande, en l'accomplissant ; et même dans les récréations et les divertissements,
un œil quelque peu attentif le surprenait de temps à autre
se recueillant en lui-même et renouvelant ses intentions
et dispositions du début. Les remarques pieuses, les saintes
suggestions qui s'échappaient parfois de ses lèvres et de
son cœur témoignaient, au jugement de tous, de l'intensité
de la vie surnaturelle en lui. Il pouvait réellement dire avec
saint Paul : « Ce n'est plus moi qui vis, c'est Jésus-Christ
qui vit en moi. » Jésus-Christ était bien, dans toute la force
de l'expression, l'âme de son âme et la vie de sa vie :
pensées, affections, désirs, volontés, ne faisaient plus qu'un
avec ceux de son divin Maître. Avec quelle sainte habileté il
savait diriger nos promenades vers une église ou une chapelle, pour nous y faire adorer le Saint-Sacrement ! Par quelles
charmantes industries il nous rappelait à l'esprit de prière
et à l'accomplissement des exercices de règle ! Aussi telle
était l'impression que sa piété et sa religion produisaient
sur nous, telle l'estime que nous concevions de sa sainteté,
que nous l'appelions souvent en riant « Père spirituel » et
que nous lui prédisions, plus sérieusement au fond que la
forme et le ton ne l'eussent fait croire, qu'il reviendrait
un jour au noviciat comme directeur des Jeunes. Déjà même
il préludait à ces fonctions délicates, en exerçant l'office de
moniteur à l'égard de ses confrères. La monition consiste à
avertir quelqu'un des défauts qu'on a remarqués en lui : elle
se fait tous les huit ou quinze jours, à heure fixe, dans un
court et secret entretien. La monition du Fr. Cochet était
fort recherchée, et pour cause ; car, pour être délicate et
discrète, elle ne manquait ni de franchise ni de fermeté. Elle
manifestait dès lors un grand don, celui du discernement
des esprits ; elle tenait admirablement compte de la nature
et des caractères.

Est-il besoin, après tout cela, de parler de sa régularité
et de son obéissance, puisqu'elles sont la condition même
de toute perfection et de toute vraie piété ? L'obéissance du
Fr. Cochet fut toujours une obéissance prompte et allègre,
exacte et ponctuelle, pure, sincère, simple, humble et sou-

mise, entière et universelle. Jamais on ne l'entendit ni discuter un ordre, ni critiquer une règle; jamais on ne le vit ni différer ni omettre la moindre prescription de ses supérieurs ou des Constitutions, pas même enfreindre le silence, sans une raison impérieuse.

Or, il est bon de le remarquer, la pratique de ces fortes et héroïques vertus s'alliait, chez le Fr. Cochet, à une santé des plus chancelantes. Il souffrait beaucoup de l'estomac, et la pâleur de son teint faisait croire à plusieurs que la poitrine était atteinte. Un moment même, pendant sa seconde année de noviciat, on craignit un dénouement fatal ; et, disons-le en passant, ce fut vraiment un spectacle édifiant que de voir avec quel calme et quelle sérénité il accueillait la mort : il fit son testament avec une grande présence d'esprit, se confessa et communia, puis attendit en **paix** l'heure de Dieu.

La mort ne vint pas. Ce n'était là qu'une crise qui passa. Le grand air, les exercices corporels, les douches et les bains, l'attention scrupuleuse du malade à suivre le régime prescrit par le médecin, eurent même peu à peu raison du mal, et il recouvra assez de forces pour faire d'excellentes études.

Son travail assidu, constant, méthodique lui permit, en effet, d'acquérir une science théologique plus sérieuse que celle d'autres scolastiques, doués peut-être d'un esprit plus vif, mais moins tenaces. Le Fr. Cochet ne laissait aucun point obscur dans ses auteurs, et, s'il ne pouvait éclaircir lui-même les obscurités, il réclamait les explications dont il avait besoin, sans être retenu par une fausse honte.

Esprit éminemment pratique, c'était à l'étude de la théologie morale qu'il s'appliquait surtout, sans négliger pourtant aucune partie de l'enseignement. Nous avions alors la bonne fortune d'avoir pour professeur un ancien missionnaire, fort instruit dans cette science, et le Fr. Cochet ne perdait aucun de ses conseils, aucune de ses remarques; il les recueillait même avec un tel soin qu'on y trouvait matière à plaisanterie, quitte à lui demander ses cahiers, à l'occasion, pour en tirer profit, tant ils étaient rédigés d'une façon lumineuse et précise.

Tel fut le Fr. Cochet durant les cinq années qu'il passa à

la Roche-du-Theil : excellent novice, plus excellent scolastique. Tous ceux qui eurent le bonheur de vivre à ses côtés n'auront pas sur lui d'autre appréciation. Qu'on nous permette, du reste, pour donner plus de poids à notre témoignage et à celui de nos contemporains, de transcrire ici le jugement porté sur ce cher confrère par l'un de ses supérieurs, homme compétent en pareille matière et dont l'opinion fait loi à nos yeux.

« Ce fut au retour de mon premier séjour à Marseille, au mois d'août 1868, que je trouvai le Fr. Cochet à Saint-Gabriel de la Roche-du-Theil. Il y avait déjà fait une année de noviciat. Sa santé était délicate, il souffrait de l'estomac. Son teint pâle faisait craindre à plusieurs que la poitrine ne fût atteinte. Je me rappelle que l'ayant considéré à notre première entrevue, et voyant ses larges épaules et sa poitrine fortement développée, je lui dis : « Vous n'êtes certainement pas poitrinaire, tout votre mal est dans l'estomac et dans les entrailles ; le grand air et les exercices du corps vous seront favorables. » De fait, nous ne tardâmes pas à faire ensemble de vigoureux travaux manuels, et peu à peu sa santé s'améliora.

« Dès le début, je reconnus en lui un parfait novice et scolastique : pieux sans scrupule, régulier par conscience, laborieux par devoir et par inclination, il aimait tout ce qui convenait à sa vocation. Excellent caractère, toujours empressé à faire plaisir, toujours gai, toujours ouvert, affable envers tous, et sans préférence pour personne, on pouvait déjà remarquer son inclination pour les petits et les moins recherchés. Malgré un certain nuage que la souffrance répandait sur sa physionomie, son humeur n'était jamais triste, mais égale et affectueuse, un peu souriante.

« Au point de vue intellectuel, il était bien doué : jugement droit, un peu naïf, conservant toute la simplicité de son éducation de famille, où l'on pouvait reconnaître l'influence exercée par une mère profondément chrétienne et vénérée de ses nombreux enfants, auxquels elle avait fait contracter des habitudes d'ordre, d'économie, et surtout de foi pratique. Ce qui semblait lui manquer du côté de la pénétration et de la vivacité de l'esprit, le jeune scolastique le regagnait par un travail assidu, constant et méthodique. Il ne négligeait aucune explication, notait tout et recourait dès lors à de petites industries qu'il porta souvent jusqu'à la minutie, économisant sur tout, ne perdant pas un bout de papier, ni une seconde de son temps ; évidemment les premières leçons de sa mère portaient leurs fruits.

« De telles habitudes devaient faire de notre séminariste un parfait observateur du silence et de toute la règle. Il fut toujours à ce point de vue, comme à tous les autres, un parfait modèle : modèle d'obéissance et de régularité, modèle de charité pour ses confrères. Aimant tout le monde, il était aimé de tous. Toujours humble et modeste, affectionnant tout ce qui est pauvre, tout ce qui est petit, je croyais retrouver en lui quelque chose du langage, des allures et des goûts de saint Vincent de Paul, si habile à dissimuler ou à amoindrir tout ce qui était à son avantage. C'est l'humilité qui fait les saints : cette vertu était comme innée chez le Fr. Cochet et grandissait avec lui. Tout ce qu'il y avait de moindre, dans le logement, les vêtements et la nourriture, il se l'attribuait comme sa part et son droit ; par exemple, s'il trouvait un chapeau, une soutane, une chaussure plus usée et rebutée, il les prenait de préférence à tous autres ; s'il trouvait un morceau de pain vieux et durci, ayant traîné sur les tables, il en faisait ses délices. Il aurait fait volontiers un nouveau Benoît Labre. Sa piété, sans être enthousiaste ni démonstrative, était affectueuse et tendre, d'une exactitude invariable dans ses pratiques.

« Avec de tels goûts, il ne pouvait manquer d'être mortifié, et sur ce point, il avait besoin d'être surveillé par ses directeurs qui, du reste, trouvaient en lui une entière obéissance. Si j'en crois ce que l'on m'a rapporté depuis, quand il fut son supérieur et le guide des autres, il poussa souvent l'amour de la souffrance jusqu'à commettre de regrettables imprudences.

« Tout ce que je viens de dire, fait assez comprendre quelle dut être la vie, d'ailleurs uniforme, du jeune scolastique pendant son séjour à Saint-Gabriel. Je l'y avais trouvé à mon arrivée de Marseille, je l'y laissai encore, quand, après la mort du vénéré P. Gaudaire et l'élection de son très honoré successeur, je retournai à mon ancien poste. »

En résumé, le Fr. Cochet donna, dès ses premières années de vie religieuse, la mesure du haut degré de vertu, auquel il atteindrait un jour ; il apparut à tous, non seulement comme un esprit sérieux, appliqué et ouvert à l'étude, une volonté droite et forte, mais comme une âme profondément religieuse, humble, docile, soumise, bien disposée à être reprise de ses défauts, et bien résolue de renoncer entièrement à sa propre volonté pour suivre celle de Dieu, par le moyen d'une parfaite obéissance, et de tendre à la perfection chrétienne et ecclésiastique ; il répondait à l'idéal que le Vénérable P. Eudes propose à ses enfants pour le choix et l'admission des sujets.

CHAPITRE CINQUIÈME

NOVICIAT ET SCOLASTICAT

PRINCIPAUX ÉVÉNEMENTS ET RELATIONS DE FAMILLE

1868-1872

SON AMOUR ÉPURÉ DES SIENS — SA TONSURE — CONSEILS A SA MÈRE SUR LA MANIÈRE D'ENTRETENIR L'UNION DANS LA FAMILLE — SOUHAITS DE FÊTE : BIENFAITS D'UNE ÉDUCATION CHRÉTIENNE : SANCTIFICATION DES TRAVAUX — VACANCES : PENSER A LA MORT ET AU CIEL! — RETOUR : LE BONHEUR DU CIEL! — LE TEMPS DES ÉTUDES — SACRIFICE DES VACANCES — BONHEUR QU'IL GOUTE A LA ROCHE — MALADIE ET MORT DE SON FRÈRE FRANÇOIS : CONSOLATIONS A SA MÈRE — LA GUERRE AVEC LA PRUSSE : INCORPORATION ET SOUS-DIACONAT — LA PAIX — PROFIT DES VACANCES — DIACONAT — PRÊTRISE : PREMIÈRE MESSE A SAINT-MARTIN.

e consacrer à Dieu dans la vie religieuse, c'est, afin de lui appartenir tout entier, se séparer de sa famille et de corps et de cœur : de corps en la quittant effectivement pour s'enfermer dans une solitude, aux murs de laquelle expirent les vains bruits du siècle ; de cœur, en renonçant à toute affection non seulement déréglée, mais encore purement naturelle, pour ne plus l'aimer qu'en Dieu et pour Dieu, d'un amour surnaturel tant dans son motif que dans sa fin, cherchant en tout et par-dessus tout les vrais intérêts des âmes, sans jamais hésiter ni fléchir devant le devoir et le sacrifice. Mais de là à oublier les siens dans le sens strict du mot, et à se confiner dans une sorte d'égoïsme spirituel, où l'on ne pense qu'à soi, où l'on ne se préoccupe que de soi, la distance est grande. Religieux et religieuses ne ressemblent pas, quoi qu'on dise, au rat de

La Fontaine, qui, loin de toute société et tout tracas, vit insouciant d'autrui au fond de son ermitage, abondamment pourvu du vivre et du couvert. Rien de plus tendre, au contraire, rien de plus affectueux et de plus dévoué que l'âme religieuse. En pourrait-il être autrement, puisqu'elle s'abreuve aux sources vives de la divine charité, à la plaie sacrée et toujours béante du cœur de Jésus ? Non, l'amour de Dieu ne détruit ni n'affaiblit l'amour des hommes, l'amour des parents : il le règle, il le dégage des sens et de la matière, il l'épure, il le sanctifie ; et en le réglant, l'épurant, le sanctifiant, il l'avive, il le fortifie, il le rend solide et durable, capable de résister à tous les assauts. « *Fortis est ut mors dilectio, dura sicut infernus æmulatio* (cant. VIII). »

Nous l'avons déjà dit, Pierre-Marie Cochet aimait tendrement sa famille, si tendrement même que la crainte de se séparer d'elle avait un moment profondément troublé son cœur. Il avait hésité devant le sacrifice ! Le souvenir de la famille, en le suivant au noviciat, prolongea la lutte et la souffrance. Si la grâce finalement triompha de la nature, ce ne fut qu'au prix de larmes amères et de rudes combats. Vainqueur d'une affection trop vive, Pierre-Marie n'en aima pas moins toujours les siens d'un amour puissant et fort, qui, dans les limites fixées par la Volonté de Dieu, les accompagnait dans les détails de leur vie, s'intéressait à leurs affaires, à leurs joies, à leurs épreuves, à leurs douleurs, et, s'il le fallait, se dévouait à leur service : amour éclairé et purifié, sanctifié et sanctifiant qui, de plus en plus dégagé des impressions terrestres, ne se donnait que lorsqu'il était besoin, plaçant toujours les choses d'En Haut avant celle d'ici-bas, multipliant les conseils sages et chrétiens, s'efforçant en toute circonstance de porter vers le ciel les esprits et les cœurs.

La correspondance qui va suivre et où cette âme d'élite se révèle si admirablement, nous montrera mieux que tous les commentaires la réalité, la solidité, la profondeur de son affection, en même temps qu'elle nous édifiera sur la pureté, la sainteté, l'élévation de ses sentiments et de ses pensées. Elle aura de plus l'avantage de nous mettre au courant des principaux événements de sa vie de novice et de scolatique. Voilà pourquoi nous la publions presque *in extenso*, en y joignant à l'occasion quelques remarques explicatives.

Mai 1868.

« Ma chère Maman,

« Il y a longtemps que je n'ai reçu de vos nouvelles ; cela m'inquiète un peu, d'autant qu'A*** me disait dans sa dernière lettre qu'elle m'écrirait souvent ; et voilà plus d'un mois que je n'en ai entendu parler ! Serait-elle donc plus mal ?

« Ma santé a été bonne depuis mon arrivée à la Roche. Cependant voici huit jours que je suis un peu indisposé, ce qui ne m'empêche pas de vaquer à mes occupations ordinaires. Mais je vais mieux, et j'ai lieu de croire que ce mieux continuera.

« Je suis appelé à recevoir la tonsure à la Trinité prochaine : c'est une chose sérieuse, je me recommande donc à vos prières.

« Nous partirons de Redon pour suivre la retraite d'ordination au grand séminaire de Rennes, le lundi 1er juin, vers huit heures du matin, de façon à arriver à Rennes vers les neuf heures et demie. Comme la retraite ne commence que le soir, la journée sera libre. Le Père supérieur m'a permis d'aller passer ce temps avec vous. Je peux être à Saint-Laurent vers onze heures, et j'y pourrai rester jusqu'à deux ou trois heures. En attendant je vous aime et vous embrasse de tout mon cœur. »

Juin 1868.

« Chère Maman,

« J'ai eu tort de tant tarder à vous écrire, car peut-être êtes-vous inquiète sur l'état de ma santé. Je vais mieux maintenant, et l'on me dit que j'ai meilleure figure. J'espère que le mieux continuera. Aussi, ma chère maman, soyez sans inquiétude à mon sujet : mes supérieurs prennent grand soin de moi et j'espère que le bon Dieu me donnera la santé. Du reste, mon mal est un mal d'estomac, et l'on peut

vivre longtemps avec ce mal là. Soyez donc bien rassurée
à mon égard.

« Priez pour moi, ma chère maman, prions les uns pour
les autres, afin que nous nous retrouvions tous au ciel :
c'est le point essentiel.

« Je ne sais pourquoi, mais j'ai souvent repensé depuis
au conseil que Bonne Maman vous donna : « Promène tes
enfants. » Je crois que cela serait bon de temps en temps,
pour maintenir la charité et l'ordre.

« Si vous voulez bien me le permettre et me le pardonner,
je vous dirai deux ou trois choses auxquelles je n'avais
pas songé, lorsque vous vîntes me voir à Saint-Martin.

« Pour maintenir et fortifier l'amour et la charité, il est
bien utile, je crois, de parler ensemble tout bonnement,
quand on le peut ; le samedi soir, par exemple, on s'entre-
tient du marché, du prix du beurre, etc., de ceux que l'on
a vus et avec qui l'on a causé. Je vous assure que rien ne
fait plus de plaisir aux enfants que d'entendre leur mère
leur parler des familles qu'ils connaissent, des fermes, des
choses d'autrefois.

« Les enfants sont bien aises aussi que leur mère leur demande de petits services, soit au sujet des bestiaux, soit de
petits calculs à faire, ou autre chose.

« C'est le dimanche surtout que cela est praticable : tâchez par de petites ruses innocentes de faire les frères se
plaire à la maison, de leur procurer au besoin pour cela de
petits agréments, et de jouer avec eux, si cela est nécessaire.

« Pardonnez, chère maman, si je vous dis ces choses,
c'est que je connais votre bonté. »

Juillet 1868.

« Ma très chère maman,

« Je ne puis cette année vous embrasser en vous souhai-
tant votre fête : mes vœux n'en sont pas moins sincères. La
religion ne rend point ingrat : au contraire, elle épure l'a-
mour des parents et le rend plus surnaturel ; elle apprend
que la meilleure manière de leur prouver qu'on les aime,
consiste d'abord à suivre les bons principes qu'ils nous ont

donnés, et ensuite à prendre leurs intérêts, mais leurs véritables intérêts, c'est-à-dire leurs intérêts éternels, en priant pour eux pendant leur vie et après leur mort. La religion fait apprécier la grâce inestimable d'avoir eu de bons parents qui nous ont donné et fait donner une éducation chrétienne et surtout le bon exemple.

« Si je suis aujourd'hui séparé du monde pour vivre tout à Dieu, je le dois à Dieu, sans doute, qui m'a appelé, mais aussi à vous, ma très chère maman, qui m'avez porté par vos exemples, vos paroles et vos prières à correspondre à la grâce d'En-Haut. Je vous demande sincèrement pardon de vous avoir si souvent attristée, pendant que j'étais près de vous. Si j'y retournais, je tâcherais de mieux faire. J'espère que ceux de vos enfants qui y sont encore, sauront vous entourer de leur respect, de leur amour et de leurs soins. Si, comme je l'espère de la grâce de Dieu, je persévère dans ma vocation, il ne me sera plus guère permis de vivre près de vous. Mais soyez bien persuadée que je ne vous aimerai pas moins. Jésus-Christ aimait beaucoup sa mère, et pourtant il la quitta pour aller prêcher son évangile, et la Sainte Vierge ne revit plus guère son Fils que sur la croix. Au ciel, Dieu nous récompensera bien de ces petits sacrifices.

« Voici la saison des grands travaux, pardonnez-moi de donner un petit conseil aux frères : c'est de vivre en état de grâce, afin que toutes ces fatigues ne soient pas perdues pour l'éternité. Ce serait dommage : car en recueillant les biens de la terre, il ne faut pas oublier ceux du ciel ; à la mort, nous n'emporterons avec nous que nos mérites. Mais pour que ces fatigues soient méritoires, il ne faut pas être en état de péché grave, il faut de plus les offrir à Dieu, c'est ce qu'on fait dans ses prières du matin.

Août 1868.

Ma très chère mère,

« Vous vous attendiez sans doute à me revoir dès les premiers jours du mois d'août. Nos vacances commencent en effet le premier de ce mois : mais mes supérieurs ont jugé plus convenable que je restasse ici quelque temps encore. Il faut bien que nous partions les uns plus tôt, les autres plus tard pour revenir de même, afin qu'il reste toujours quelqu'un à la Roche. Le jour de mon départ est fixé au mercredi, 19 de ce mois, par le train de neuf heures et demie. J'arriverai à Rennes vers midi ou même avant. Je me propose d'emporter la malle que vous m'avez envoyée, etc.

« Ma santé est bonne, et je me plais bien. La pensée qui me soutient surtout, est la pensée de la mort. A la mort je crois que je serai content de m'être consacré à Dieu. Et puis la vie ne sera pas longue. J'en ai peut-être déjà passé plus de la moitié. La vie passe comme une saison. Vous vous le rappelez, il n'y a qu'un instant nous étions au mois de mai, et voilà déjà le printemps et l'été passés. Moi, je suis à mon mois de mai, je suis encore au printemps de la vie, mais printemps qui touche à sa fin. Dans quelques années l'été, et puis l'hiver, la mort! Heureux celui qui y aura pensé pendant sa vie.

« Parce que je parle de la mort, n'allez pas croire que je sois triste. Oh! non, la mort n'est pas triste, c'est un jour de distribution de prix, après quoi... les vacances! La vie est le temps du travail, il faut travailler à corriger ses défauts, à bien aimer le bon Dieu : la mort sera le jour de la récompense ; l'éternité, le temps du repos.

« Je me rappelle que l'année dernière, vers cette époque-ci, quand j'étais bien lassé, je m'encourageais au travail en me disant : je me délasserai dimanche. Eh bien! la vie, c'est la semaine du travail; la mort, c'est le dimanche, le jour du repos. Oh! si nous comprenions bien que nous ne sommes pas sur la terre pour jouir, pour amasser de l'argent, mais pour servir Dieu et nous préparer à la mort! Tâchons, avec la grâce de Dieu, de faire pendant notre vie ce que nous voudrions avoir fait à la mort!

« Peut-être, chère maman, me trouverez-vous singulier de prêcher toujours dans mes lettres! C'est que je crois ces réflexions propres à faire voir la vie sous son vrai point de vue. Je voudrais que tout le monde pensât souvent à la mort, surtout avant de choisir une position. Combien se feraient religieux! Je voudrais que tous mes frères et sœurs fussent religieux et religieuses : à la mort, on ne regrette jamais d'avoir quitté le monde, souvent au contraire on regrette . d'y être resté.

« Adieu, ma bien chère maman, dans quelques jours je vous reverrai : hélas! cela ne durera pas longtemps! C'est au ciel qu'est le grand rendez-vous : tâchons de n'y pas manquer. »

Octobre 1868.

« Ma chère maman,

« Voilà bientôt un mois que je vous ai quittée! Comme ce temps s'est écoulé rapidement! Depuis mon retour à la Roche, ma santé est bonne, à peu près comme de coutume. Je ne sais comment vous vous portez, vous, chère maman, et toute la famille; ce que je sais, c'est que je prie pour vous et pour les frères et sœurs, surtout pour A***. Puissions-nous tous, quelle que soit la vocation à laquelle Dieu nous appelle, vivre en vrais chrétiens, et, par ce moyen, parvenir un jour au bonheur du ciel! Là, il n'y aura plus ni maladies, ni souffrances, ni peines; il n'y aura plus de séparations. Là, tous les parents, tous les amis se reconnaîtront, s'aimeront sans crainte de se séparer jamais!

« Dans votre dernière lettre, vous m'annonciez la mort de Louis P***; j'ai appris depuis celle de Joseph C***. Ils sont morts tous les deux à la fleur de l'âge. Heureux ceux qui pensent quelquefois à la mort et qui s'y préparent par une vie pure et chrétienne! A l'heure de la mort, comme nous serons heureux d'avoir bien vécu! Faisons maintenant ce que nous voudrions avoir fait alors. »

Février 1869.

« Bien chère maman,

« Il y a déjà quelque temps que je vous ai écrit, le temps passe si vite! Tâchons de le bien employer. Ce n'est pas que je vous oublie, oh! non, la religion ne rend pas ingrat; au contraire, elle perfectionne, elle élève l'amour naturel que l'on porte à ses parents, et le rend plus fort en le rendant **plus pur**. Aussi, il me semble, chère mère, que, depuis

que je suis séparé de vous, mon amour n'a fait que
grandir. Car maintenant, je comprends mieux ce que vous
avez fait pour moi. Je comprends mieux le prix de l'éducation
chrétienne que vous m'avez donnée et des bons exemples
que vous m'avez toujours montrés. Que le bon Dieu vous
bénisse, qu'il vous récompense et sur la terre et au ciel !
C'est ce que je lui demande tous les jours pour vous et
pour tous les frères et sœurs ! Que nous soyons tous
de bons chrétiens durant notre vie, afin d'être tous
réunis un jour dans le ciel !

« Soyez bien persuadée, chère mère, que je ne vous oublie
point et que je ne vous oublierai jamais. Peut-être, désormais, ne pourrai-je pas vous écrire aussi souvent que par le
passé. Je fais, cette année, ma philosophie ; l'année prochaine,
je commencerai mes études de théologie, pour aller ensuite
travailler là où mes supérieurs voudront bien m'envoyer.
J'aurai, dorénavant, beaucoup de travail et d'occupation ; et
vous, de votre côté, vous ne manquez pas de tracas et de
soucis. Si donc je vous écrivais un peu moins souvent, ne
vous en inquiétez point ; d'autre part, quand je vous écris,
ne vous gênez nullement pour me répondre. J'ai sans doute
bien du bonheur à recevoir de vos nouvelles, mais il ne faut
pas vous gêner pour cela, car il me semble que vous devez
être maintenant bien occupés. . . . .

« Ma santé se soutient. L'étude ne m'a pas trop fatigué
jusqu'ici, et l'on me dit que j'ai meilleure mine. Mon estomac
n'est pas encore très bon, mais je suis bien mieux que par le
passé. N'ayez donc, bien chère mère, aucune inquiétude sur
ma santé. Au reste, je me plais beaucoup ; je suis très heureux de m'être donné au bon Dieu et j'espère, avec le secours
de sa grâce, que ce sera pour toujours. »

Juillet 1869.

« Bien chère maman,

« Il y a bien longtemps que je ne vous ai écrit. J'attendais l'époque de votre fête. Je vous la souhaite, chère
maman, de tout mon cœur. Que sainte Anne .vous
obtienne de Dieu les plus grandes grâces et les plus grandes

bénédictions ! Qu'elle continue à vous donner la force et le courage dont vous avez besoin ! Elle qui a si bien su former la sainte Vierge pour le bon Dieu, qu'elle continue de vous apprendre à nous élever pour Dieu et pour son divin service !

« J'apprécie de plus en plus le bienfait incomparable d'une éducation chrétienne. Si je suis appelé à la sublime vocation de prêtre, c'est en grande partie à vous, chère maman, à vos bons exemples, à vos bonnes prières que je le dois ; je vous en remercie du plus profond de mon cœur, je vous en remercierai à jamais, et je n'ai qu'un désir, c'est de me consacrer à l'éducation chrétienne de la jeunesse.

« Pour cadeau de fête, ma chère mère, je vous prie humblement de m'accorder ce que je vais vous demander.

« Voici les vacances qui approchent. Il n'y a pas obligation de les prendre dans sa famille, c'est une simple permission. On accorde quelque temps à ceux dont les parents le désirent absolument. Je vous prie donc, ma bonne mère, de me permettre de passer mes vacances à la Roche. J'y serai très bien sous tous les rapports.

« J'ai bien des raisons de solliciter cette grâce. Vous savez combien j'étais attaché à vous, chère maman, à la maison, à la famille, à Saint-Laurent, à l'agriculture. Il faut que cet attachement sensible diminue un peu, car il me distrait beaucoup, et je dois être prêtre un jour ; et le prêtre doit être avant tout homme de dévouement et sauveur d'âmes.

« Je ne suis encore qu'une petite plante bien faible, que Dieu a bien voulu mettre dans son jardin, dans un séminaire, dans un noviciat. De même que si on transplante une fleur trop jeune et et trop faible, elle périt : de même aussi il y aurait du danger à me transplanter hors du milieu où le bon Dieu m'a placé, afin que je grandisse dans la vertu et que je me fortifie.

« Cette pensée de passer mes vacances à la Roche, m'est venue pendant le carême, en faisant le chemin de la Croix, à la station où Jésus rencontre sa très sainte mère ; et cette pensée m'occupa pendant plusieurs semaines. A la fin je la communiquai à mon directeur, qui me dit : restez tranquille, je vous dirai ce que vous avez à faire, quand il en sera temps, et il m'a engagé à vous adresser ma demande. Vous le voyez, bien chère maman, cela date de loin, et ne vient pas de moi, mais du bon Dieu.

« Ce sera un sacrifice, oui, certainement. Ce sera pour moi un sacrifice de ne pouvoir passer quelques jours auprès de vous, en famille : ce sera pour vous un sacrifice plus grand encore, car une mère aime plus son enfant que son enfant ne l'aime. Mais le bon Dieu vous donnera la force de faire ce sacrifice, qui nous sera profitable à tous. Ici, à la Roche, je prierai plus et mieux, et ainsi le bon Dieu vous donnera plus de grâces, à vous, chère mère, et à tous les frères et sœurs, que si j'étais présent au milieu de vous.

« Enfin, chère mère, considérons Jésus-Christ en croix et la sainte Vierge debout près de lui. Jésus savait combien sa mère souffrait de le voir ainsi cloué à son gibet. Il aurait pu descendre, car il pouvait racheter le monde par la moindre de ses actions. Et pourtant il est resté là, il a fait souffrir sa mère, afin de nous prouver son amour. Et quel fils aima plus sa mère que Jésus n'aima Marie !... »

La grâce qu'il sollicitait si instamment et par des raisons si touchantes ne lui fut pas accordée : il dut aller passer quelques jours à Saint-Laurent. Toutefois pour ne pas le contrister, disons-mieux, pour entrer dans ses pensées, sa mère eut le courage chrétien de se contenter d'une courte apparition. Ce voyage fut, dans la force de l'expression, une simple visite de piété filiale, comme le portent les Constitutions du Vénérable P. Eudes. Il lui valut du reste de nouvelles grâces et un surcroît d'attachement à sa vocation, témoin cette lettre écrite quelques jours après sa rentrée à la Roche-du-Theil.

Septembre 1869.

« Bien chère Mère,

« Il n'y a pas longtemps que je vous ai quittée, et cependant je pense que vous serez bien contente de savoir de mes nouvelles.

« Je me porte très bien, et je me suis très facilement réhabitué au régime ordinaire de la Roche. Ces petites vacances m'ont fait du bien, car après avoir vu un peu le monde, on apprécie mieux les avantages de la vie religieuse, et combien il est plus facile d'y faire son salut. Je suis très heureux d'être où je suis : je crois que c'est là que le bon Dieu me veut, et je suis bien content aussi que cela vous plaise. Soyez donc, chère mère, bien tranquille à mon sujet.

« Je prie beaucoup pour vous et pour toute la famille ; je sais que vous ne manquez pas d'inquiétudes et de tracas ; faisons de notre mieux, prions le bon Dieu, et remettons-nous doucement entre les mains de sa divine Providence. Remercions-le de nous avoir fait tant de grâces : car il est bien certain que notre famille a été plus favorisée que bien d'autres. .... »

Deux mois plus tard le Fr. Cochet était soudainement mandé à Saint-Laurent près de l'un de ses frères, atteint d'une péritonite. Celui-ci, du nom de François, dont il parle souvent dans ses lettres, et qu'il semble affectionner beaucoup, était le huitième enfant de la famille, et alors âgé de 20 ans. Bon et candide comme un ange, il avait d'abord étudié à Saint-Martin, pendant quelques années, en compagnie de Pierre-Marie ; ses goûts l'inclinaient à la vie religieuse. Vers l'âge de 14 à 15 ans, il resta à la maison maternelle et se livra au travail des champs.

En 1867, il s'engagea dans les zouaves pontificaux, sans doute sur les conseils de l'oncle Julien Texier, si dévoué à la cause du souverain Pontife et de l'Église. Comme il n'avait que 17 ans, sa mère le confia à la garde d'un autre engagé, qui le ramena au printemps de 1869, toujours bon et toujours aimable. « Vous ne m'apprenez pas, écrivait M. l'abbé B*** à l'une de ses sœurs, combien votre frère est bon et aimable. On sent que la terre des saints et des martyrs lui a été profitable. Sur ces champs du dévouement et de la foi il a su se dévouer, il saura être fidèle. Je crois que vous pouvez tous vous le proposer pour modèle et vous encourager par ses exemples. » Mais, une fois revenu, cet excellent jeune homme se trouva comme en exil sur la terre de sa patrie ; il ne pensait, il ne rêvait plus qu'à Rome, il ne parlait plus que de rejoindre ses compagnons d'armes. Malgré tout ce qui lui fut dit pour l'en détourner, il fallut consentir à un nouveau départ, fixé au 21 novembre. C'était un dimanche, et de plus, la fête de la Présentation de la Vierge Marie au Temple. Ce jour était aussi fixé dans les desseins de Dieu pour son entrée au ciel. Le dimanche précédent avait eu lieu à Saint-Laurent l'ouverture du Jubilé, prêché par un missionnaire eudiste de Saint-Martin, le P. Meignan, son ancien confesseur. Bien que souffrant dès le samedi soir, le jeune zouave assista néanmoins à la grand'messe le lendemain. Il s'alitait peu à près, et huit jours étaient à peine écoulés, qu'il mourait entre les bras du P. Meignan et de son frère, qui ne l'avait pas quitté durant toute sa maladie. Tous les deux l'ensevelirent avec le respect que l'on porte aux corps des saints. La douleur du Fr. Cochet fut bien profonde, il aimait tant ce frère chéri ! Mais le spectacle de sa mort édifiante et le souvenir de ses vertus lui apportèrent de puissantes consolations. Ecoutons-le lui-même nous le dire dans la lettre suivante.

Décembre 1869.

« Bien chère maman,

« J'ai bien tardé à vous écrire ; c'est que j'étais en retard pour mes études, cela m'a donné beaucoup de travail.

« J'espère, chère maman, que votre santé est devenue meilleure et que la religion continue de vous consoler. La religion, la pensée du ciel a été la consolation de François à sa mort, je dirais presque sa joie ; car, peu de temps avant de mourir, il récita de lui-même et tout haut ce verset de psaume qu'on chante aux vêpres de la Sainte-Vierge : « *Lætatus sum in his quæ dicta sunt mihi : in domum Domini* « *ibimus :* Je me suis réjoui de ce qu'on m'a dit : nous « irons dans la maison du Seigneur. »

« La perte est bien douloureuse, mais qu'une telle mort renferme de consolation ! Oui, chère mère, j'en ai la douce assurance au fond de mon âme, François est allé rejoindre au ciel Paul et papa, et un jour, peut-être bientôt, avec la grâce de Dieu, nous les rejoindrons, et ce sera pour ne plus nous séparer !

« Je prie beaucoup pour vous, chère maman, et pour toute la famille. Que cette nouvelle année soit pour vous une année de grâces, de consolations et de bénédictions. Je vais redoubler mes prières auprès de la Sainte-Vierge et de sainte Anne, votre patronne. Je vais les prier de plus en plus de vous combler de leurs bienfaits en retour de toutes vos bontés pour moi. De tous les biens que vous m'avez faits, celui que j'estime le plus grand et dont je suis le plus reconnaissant, est celui d'une éducation chrétienne, c'est de m'avoir élevé dans la crainte de Dieu, dans la religion et la piété : je vous en remercie mille fois.

« Je me porte bien, ma santé se fortifie, et je suis de plus en plus heureux et content de m'être consacré à Dieu. Je crois de plus en plus être là où Dieu m'appelle ; je vois que j'ai choisi la meilleure part et je ne puis m'empêcher de souhaiter le même bonheur à tous les jeunes frères et sœurs. » . . . .

. . . .

C'était dans les derniers jours de décembre 1869 que le Fr. Cochet adressait cette lettre à sa mère, toujours bien désolée de la perte de son quatrième fils. Au mois de juin suivant, il recevait, dans la chapelle du grand séminaire de Rennes, les quatre ordres mineurs ; et quelques semaines plus tard éclatait, entre l'Allemagne et la France, cette guerre néfaste où nous essuyâmes tant de défaites et dévorâmes tant d'affronts. Nous ne rappellerons pas ici les angoisses qui étreignirent alors et torturèrent les âmes, les alarmes qui les agitèrent, le patriotisme dont tous firent preuve dans les rangs du clergé, en qualité d'aumôniers, d'infirmiers ou de soldats ; on a longuement écrit là-dessus avec les plus grands éloges. Nous ne raconterons pas non plus nos douloureuses impressions et nos profondes tristesses, en rencontrant sur les routes, après la débâcle du Mans, nos soldats exténués de fatigues, couchés ou assis, ou se traînant à peine : ce sont là de déchirants souvenirs qu'il ne semble pas opportun de réveiller. Nous dirons seulement que le P. Cochet partagea largement l'émotion commune, et qu'il fit du salut de la France l'objet de ses constantes prières. Il tâchait aussi de soutenir le courage des siens au milieu de l'épreuve.

« S'il arrivait, écrivait-il en septembre 1870, que quelqu'un de mes cousins fût blessé ou tué, ou se trouvât dans une situation très pénible, soyez assez bonne pour me le faire savoir, je lui écrirais ou à ses parents.

« Allons, chère mère, bon courage ! Prions de notre mieux sans trop nous effrayer ; on répand souvent des bruits alarmants qui n'ont rien de fondé. Notre famille est plus heureuse que beaucoup d'autres. J'espère que Jean-Marie ne servira pas. Continuez à lui témoigner beaucoup d'intérêt et d'affection, il y sera toujours très sensible et en conservera toujours bon souvenir. »

Cependant les évêques, soucieux de sauvegarder, au milieu des difficultés de la situation, les intérêts des diocèses commis à leurs soins, avancèrent en plusieurs lieux l'époque de l'ordination de Noël, dans la crainte de ne pouvoir la faire plus tard. C'est ainsi que Mgr Brossais Saint-Marc, archevêque de Rennes, résolut d'ordonner dans les premiers jours de décembre un certain nombre de sous-diacres, de diacres et de prêtres. Le Fr. Cochet et plusieurs autres scolastiques de la Roche-du-Theil furent appelés par leurs supérieurs à prendre part à cette ordination. Mais, comme dans la Congrégation de Jésus et Marie les engagements du sous-diaconat ne vont point sans les engagements eudistiques, ils durent être préalablement admis à prononcer leurs promesses ; et ils les prononcèrent en effet le 20 novembre, après les premières vêpres de la Présentation de la Sainte-Vierge. Le lendemain était le jour anniversaire de la mort de son frère François, et cette coïncidence n'ajouta pas peu à l'émotion du Fr. Cochet. Mais laissons-le nous narrer lui-même cette cérémonie.

Novembre 1870.

« Bien chère Mère,

« Une circonstance extraordinaire m'engage à vous écrire.

« J'ai le bonheur d'être reçu dans la Congrégation de Jésus et Marie (dite des Eudistes). Je ferai mon incorporation de dimanche en huit, 20 de ce mois, veille de la fête de la Présentation de la Sainte-Vierge. Nous appelons « incorporation » ce que dans d'autres communautés on appelle « profession ». Seulement chez nous il n'y a pas de vœux proprement dits. C'est une fête pour la Communauté seule : il n'y a pas d'étrangers.

« Régulièrement on doit passer trois ans et trois mois dans la Congrégation avant d'y être reçu et incorporé. Nous sommes trois que le R. P. supérieur général a dispensés du temps de Probation qui nous reste : voici pourquoi.

« La rentrée du séminaire de Rennes était fixée au 30 novembre, et, à la fin de la retraite de rentrée, Monseigneur devait ordonner des sous-diacres, des diacres et des prêtres. Nous sommes appelés à recevoir le sous-diaconat dans cette ordination. Or, il est de règle dans la Congrégation de ne point être élevé à cet ordre que l'on ne soit incorporé. C'est pourquoi on avance le temps de notre incorporation. L'ordination a été retardée, je ne sais quand elle aura lieu, peut-être à Noël.

« Je ferai donc mes promesses religieuses le 21, et je serai reçu eudiste : je m'engagerai à demeurer toute ma vie dans la Congrégation, et à en observer fidèlement toutes les Règles. La Congrégation m'adoptera au nombre de ses enfants et se chargera de moi à la vie, à la mort. C'est un acte très important : nous nous y préparerons par une retraite de dix jours. Je me recommande bien à vos bonnes prières en cette circonstance. Que je sois un bon eudiste, humble, simple, faisant le bien tout doucement et sans bruit, aimant à être ignoré du monde, c'est l'esprit de la petite Congrégation des Eudistes ! »

Novembre 1870.

« Bien chère Mère,

« Je vous écris, parce que je pense que vous serez bien contente d'avoir quelques détails sur la cérémonie de mon incorporation.

« Nous entrâmes en retraite lundi matin, et toute la semaine a été employée à nous préparer. Nous étions trois qui devions être incorporés ensemble : toute la semaine, nous avons été séparés du reste de la Communauté, et nous prenions nos petites récréations entre nous trois seulement.

« La cérémonie a eu lieu dimanche soir vers six heures,

par conséquent, d'après l'Eglise, le jour de la Présentation
de la Sainte-Vierge, car l'Eglise compte ses jours à partir
du soir.

« Vous vous rappelez sans doute la disposition de notre
petite chapelle : elle était ornée comme aux plus beaux jours.
Dans le sanctuaire, près des degrés de l'autel, étaient assis
tous les ecclésiastiques incorporés : au milieu d'eux, le
R. P. L.***, supérieur du scolasticat, ayant à sa gauche le
R. P. supérieur général, venu exprès de Redon pour assister à la cérémonie : dans les stalles, les ecclésiastiques, non
incorporés; sur les bancs, devant les stalles, les frères
incorporés. Nous trois, nous prîmes place au milieu du chœur,
vis-à-vis de ceux qui se trouvaient dans le sanctuaire.

« Le P. L.*** présidait en étole. Il nous fit, selon la coutume, une petite conférence sur les avantages des ecclésiastiques vivant en communauté. Après nous avoir rappelé
qu'en ce jour la Sainte-Vierge était venue s'offrir à Dieu dans
le Temple, il nous dit que nous aussi nous venions nous consacrer à Dieu pour toujours, en entrant dans la petite Congrégation de Jésus et Marie. Puis il nous parla des avantages des communautés, et en particulier des avantages de
notre petite Congrégation.

« La perfection consiste à faire en tout la sainte Volonté
de Dieu. Or, dans une communauté, il est plus facile de connaître cette Volonté de Dieu que dans le ministère paroissial.
Les prêtres des paroisses sont obligés de tenir ménage, de
s'occuper un peu des choses de la vie présente : dans une
communauté, on renonce à tous les biens de la terre par la
pauvreté, on renonce à sa volonté par une obéissance con-
tinuelle. Déchargé de tous les soins de la vie, on peut beaucoup plus facilement se consacrer entièrement à la gloire de
Dieu et au salut du prochain.

« Notre Congrégation si petite, si humble qu'elle soit, a
aussi ses avantages particuliers : ce sont ses Constitutions,
son esprit, ses Patrons.

« Tous ceux qui ont étudié à fond les Constitutions que le
P. Eudes nous a données, sont d'accord qu'elles sont très
belles et qu'elles conduisent à la plus haute perfection.

« L'esprit de la Congrégation, c'est l'humilité, la simplicité, la charité fraternelle. On disait de nos anciens Pères :

« ils sont simples, ne font pas de bruit, et ils s'aiment bien. »
Rien de plus agréable et de plus consolant que cet esprit
de simplicité et de famille.

« Nos Patrons sont le Cœur de Jésus et le Cœur de Marie.
Notre fondateur a été le premier apôtre de cette dévotion si
touchante, et nous sommes les premiers qui nous soyons
réclamés de ce glorieux patronage. Actuellement un grand
nombre de congrégations sont venues se placer sous la protection de ces Cœurs divins : nous sommes les aînés de cette
nombreuse famille.

« En terminant, le R. P. supérieur nous a dit que si la
bénédiction d'un nouveau prêtre portait bonheur, peut-être
en pourrait-on dire autant de la bénédiction d'un nouveau
supérieur. Puis il a demandé à Dieu pour nous les plus
grandes grâces dans le temps et dans l'éternité, pour nous
qui sommes ses enfants premiers-nés, puisqu'il n'est supérieur que depuis quelques mois.

« Après quoi, nous avons fait chacun à notre tour nos promesses au pied de l'autel, en surplis et un cierge à la main,
et nous avons ensuite embrassé *à genoux* tous les pères et
les frères incorporés. Le salut du Saint-Sacrement termina
la cérémonie.

« Nous prions de notre mieux pour le salut de la France.
Je me porte bien, ma santé s'est même fortifiée depuis un
mois, et je serais presque capable de faire un mauvais sol-
dat, si on nous appelait sous les armes.

« Pendant ma retraite, je n'ai point oublié l'âme de
François ; j'ai bien prié pour lui, quoique je sois entièrement convaincu qu'il est au ciel à prier pour la France et
pour nous.

« Prions le plus que nous pourrons, avec calme, résignation, sans trouble, sans tristesse. »

Décembre 1870.

« Chère Mère,

« L'ordination doit avoir lieu samedi prochain, 17 de ce
mois, probablement vers six heures du matin. J'aurai le

bonheur d'y recevoir le sous-diaconat, et je vous prie d'y assister, si vous le pouvez, ce sera un grand bonheur pour vous et pour moi.

« Le sous-diaconat est décisif : on s'y consacre pour jamais à Dieu par le plus solennel des vœux ; on s'oblige à réciter chaque jour le Bréviaire. Je vous prie donc d'assister à mon ordination, ce sont proprement mes noces, puisque le jeune sous-diacre y prend Dieu et le Bréviaire pour seul et unique partage. Belle et bonne part! Qui a Dieu, a tout.

« J'invite aussi tous les frères et sœurs, beaux-frères et belles-sœurs à y assister ; je ne puis pas écrire à chacun en particulier, mais je les invite tous, comme si je leur écrivais. Qu'ils prient bien pour moi afin que Dieu me donne à un haut degré la vertu propre du sous-diaconat! »

A la tourmente succéda la paix, et l'année 1871, après de de nouveaux orages civils et de nouvelles angoisses, s'acheva dans le calme et la tranquillité. On se prit, en France, à respirer et à revivre. Pour notre jeune scolastique, il la passa dans le recueillement, la prière et l'étude, tâchant d'entrer de plus en plus dans l'esprit et les vertus de son état, se détachant chaque jour davantage du monde et de ses faux biens, s'élevant à grands pas dans les voies de la perfection et de la divine charité.

Septembre 1871.

« Chère Mère,

. . . .

« Je vous prie de vouloir bien me faire connaître les malheurs, accidents, morts, etc., qui pourraient survenir dans la famille, afin que je puisse écrire. Pour les événements joyeux, mariages, baptêmes, etc., je n'y tiens pas, parce que je n'ai rien à y voir. Mais dans les moments de tristesse et d'épreuve, le prêtre est bien reçu : une lettre de lui fait plaisir et prouve que la religion ne nous empêche pas de prendre part aux peines de nos proches.

« Mes vacances m'ont fait voir mieux encore deux choses :
1° Que ceux qui se consacrent à Dieu sont les plus heu-

reux, même en ce monde ; 2° que la vie de communauté est bien préférable pour moi à la vie de presbytère.

« J'espère que tout ira bien ; les frères et sœurs ont de bonnes qualités, un grand fond de droiture et de religion ; douceur, calme, gaîté. »

. . . .

L'ordination du 6 août de la même année l'éleva au rang des diacres ; et dès lors toutes ses pensées se portèrent vers l'onction sacerdotale, dont neuf mois à peine le séparaient. Ce fut le sujet de ses méditations, l'objet de ses prières, la préoccupation constante de sa vie. Il la reçut le 25 mai 1872. Voici en quels termes il annonçait le grand jour à sa mère, en la priant de faire les invitations qu'elle jugerait bon.

Avril 1872.

« Ma bonne Mère,

« Je me proposais de vous écrire vendredi prochain. Mais je m'empresse de répondre à votre lettre et de satisfaire à vos justes désirs.

« Je suis appelé à recevoir le sacerdoce à l'ordination prochaine, qui aura lieu la veille de la Trinité. Ordinairement, cela commence vers sept heures à la cathédrale.

« D'ici ce temps, je vous supplie, très chère mère, et tous les frères et sœurs, beaux-frères et belles-sœurs, de prier et de faire prier beaucoup le bon Dieu pour moi. Je n'insiste pas davantage sur ce point. Vous savez combien il importe de se bien préparer à la réception d'une dignité redoutable aux anges même. Je compte beaucoup sur vos bonnes prières.

« Je me suis rappelé avec bonheur, dimanche dernier, qu'à pareil jour, il y a quatorze ans, j'avais reçu le bon Dieu pour la première fois. Depuis lors, que de choses! que de changements!... Le bon Dieu, seul, reste toujours le même.

« Je me rappelle le jour où je vous quittai, chère mère, pour venir à la Roche ; il me semble que c'était hier, et déjà prêtre! Priez, priez pour moi.

« Ah! que je suis heureux, chère et bonne mère, de vous

inviter à cette cérémonie si belle, si douce, et pour le fils
et pour la mère !

« Invitez Fourel et la veuve Texier : ils ont un titre spécial, étant pauvres.

« Vous me dites que ma marraine veut me faire un
cadeau. Je n'ai pas le droit de refuser, mais je pourrais
difficilement promettre de garder quoi que ce soit pour
moi. . . . . »

Sa première messe fut célébrée le dimanche 26 mai, fête
de la Très Sainte-Trinité, dans la chapelle de Saint-Martin,
en présence de ses parents et amis, accourus de toutes parts
à son invitation. Et qui pourrait dire avec quel redoublement de foi et de piété dans cette âme si foncièrement religieuse et sacerdotale, avec quelle édification pour tous?
Est-il besoin d'ajouter que la même ferveur l'accompagna
toujours dans l'accomplissement de ce grand acte? L'autel
fut toujours pour lui le Sinaï où Dieu lui révélait ses volontés,
l'Horeb où Il l'inondait et l'abreuvait des eaux de sa grâce,
le Thabor où Il le conviait aux plus intimes communications;
montagnes saintes, pierre sacrée, dont le P. Cochet n'approchait qu'avec une crainte respectueuse, une foi profonde
et la plus ardente charité !

Cependant les années de formation et d'études ecclésiastiques étaient achevées. Dieu avait préparé l'instrument
d'une façon merveilleuse, il lui restait à l'employer pour sa
gloire et le bien de ses élus, en accomplissant par lui des
prodiges de grâce et de sanctification. Tel est aussi le spectacle qui nous est réservé dans la deuxième partie.

DEUXIÈME PARTIE

SURVEILLANCE — PROFESSORAT — PRÉFECTURE
ÉCONOMAT 1872-1882

CHAPITRE PREMIER

SURVEILLANCE DES GRANDS INTERNES
A REDON ET A BESANÇON

1872-1874

PREMIÈRE OBÉDIENCE — L'INSTITUTION SAINT-SAUVEUR DE REDON — LE R. P. PAIGNON ET SES COLLABORATEURS — APRÈS UNE COURTE MALADIE, LE P. COCHET EST CHARGÉ DE LA SURVEILLANCE DES GRANDS INTERNES : DIFFICULTÉS DE LA POSITION ; IL EN TRIOMPHE PAR SA VERTU — SES VACANCES A SAINT-LAURENT : SA NOMINATION A BESANÇON — LE COLLÈGE SAINT-FRANÇOIS-XAVIER, DIT COLLÈGE CATHOLIQUE — VOYAGE ET PREMIÈRES IMPRESSIONS DU PÈRE COCHET — SURVEILLANCE DES GRANDS INTERNES : SON RÈGLEMENT ; HEUREUSE FAÇON DE PRENDRE LES ÉLÈVES — SON AMOUR POUR SON PAYS NATAL — SON BONHEUR D'ÊTRE EUDISTE — L'ACTION DE LA PROVIDENCE A SON ÉGARD ET LA RECONNAISSANCE QU'IL LUI DOIT — TÉMOIGNAGE DE SON SUPÉRIEUR SUR LA SAGESSE AVEC LAQUELLE IL CONDUISIT SA DIVISION — LA QUESTION DES VACANCES : IL DÉSIRE NE PAS ALLER EN BRETAGNE ; SES RAISONS — IL S'Y REND PAR RAISON DE PIÉTÉ FILIALE.

près avoir fait à sa mère et à sa famille une courte visite de piété filiale, le P. Cochet, de retour à la Roche-du-Theil, attendit dans le recueillement, la prière et le travail qu'on lui assignât un poste. Nulle impatience, nulle vaine curiosité, nulle préoccupation de l'avenir : il employait fructueusement ses loisirs à des lectures pieuses et à des études théologiques ; il préparait son âme par un plus intime contact avec Dieu à l'accomplis-

sement courageux et intégral de la mission qui lui serait
confiée, mission pénible sans doute, hérissée de difficultés
et de croix, et demandant. pour être menée à bonne fin, non
seulement les dons de la nature, mais encore et surtout les
dons de la grâce. Il devait, en effet, s'attendre, ainsi que ses
compagnons, à ce qu'on le chargeât d'une surveillance dans
l'un des collèges de la Congrégation. Et qui ne sait les qualités et les vertus que réclame un tel office ? Quelle mer plus
semée d'écueils. plus féconde en naufrages ?

L'obédience arriva vers la mi-septembre. Le P. Cochet y
recevait l'ordre de se rendre à Saint-Sauveur, à quelques
kilomètres seulement de la Roche-du-Theil. Cette pensée de
rester près du doux nid, où l'Église et la Congrégation
l'avaient élevé sous leurs ailes, de pouvoir de temps en temps
revenir s'y retremper, en respirer l'air embaumé, y renouveler tant de suaves souvenirs, tant de saintes et déli-
cieuses impressions, remplit son âme de consolation et de
joie ; et tandis que d'autres s'arrachèrent avec un douloureux serrement de cœur aux bras de pères et de frères
aimés, que peut-être ils ne reverraient pas de sitôt, lui,
malgré l'émotion que l'on éprouve toujours à se séparer de
lieux justement considérés comme un second berceau, dit à
tous, au seuil même de sa nouvelle demeure, un gai et riant
« au revoir. »

Le collège de Redon est établi dans les bâtiments res-
taurés d'une antique et célèbre abbaye de Bénédictins. Bien
qu'il n'eût pas encore reçu les heureuses transformations
qui en ont fait depuis l'établissement d'instruction publique
peut-être le plus confortable et le mieux organisé de l'ouest,
il ne laissait pas d'être dès lors au premier rang non seulement par son installation matérielle, mais encore par sa
forte discipline et ses solides études. On vantait au loin, et à
très juste titre, la piété et la foi de ses élèves, la distinction
de leurs manières, leur docilité et leur affection à l'égard de
leurs maîtres, non moins que leur application au travail et
leurs succès aux divers examens, qualités et avantages qui
s'alliaient admirablement chez eux avec l'entrain, le mouvement, la vie. Saint-Sauveur était, comme il l'est aujourd'hui,
et comme il l'a toujours été, un collège bien vivant, disons
mieux, le collège vivant par excellence.

Après la mort du R. P. Gaudaire, décédé en avril 1870, la supériorité en était définitivement échue au R. P. Paignon, qui, depuis 1867, en dirigeait les classes avec grande compétence. Homme de tête et de gouvernement, d'une volonté droite, énergique, toujours maîtresse d'elle-même, jointe à une exquise urbanité, la sagesse de son administration allait porter la prospérité de Saint-Sauveur à son apogée. Déjà l'internat comptait 229 élèves, et pour les loger il avait fallu créer un dortoir supplémentaire; quelques années plus tard ce nombre devait s'élever à plus de 240 et nécessiter de nouveaux agrandissements. L'externat, nécessairement moins nombreux, dépassait la centaine. Chiffres vraiment remarquables pour un collège de province, et de beaucoup supérieurs à la moyenne : il est vrai qu'en Bretagne, à cette époque, les maisons d'éducation étaient moins multipliées que de nos jours.

De zélés coopérateurs, hommes d'expérience, de science et de vertu, aidaient le P. Paignon dans son œuvre difficile et ne contribuaient pas peu au bon renom de l'établissement. Ne citons que pour mémoire le P. Regnault, alors professeur de philosophie et aujourd'hui président de *l'Alliance des maisons d'éducation chrétiennes;* M. Gaudin, professeur de rhétorique, et le maître estimé de toutes les générations qui pendant plus de quarante ans se sont succédé sur les bancs de Saint-Sauveur; les PP. Debrix et Gobert, qui enseignaient avec autorité et distinction, l'un les sciences mathématiques, l'autre les sciences physiques et naturelles : le P. Renaud, l'économe tant aimé des élèves, le P. Talabardon, l'homme de toutes les bonnes œuvres. Mais nous ne pouvons ne pas accorder une mention spéciale au bon P. Macé, l'ami et le bras droit de son supérieur, dont la jovialité, la bonhomie et la cordialité restent à jamais associées à l'austère figure du P. Paignon dans la mémoire de ceux qui vécurent alors à Redon. Chargé de la discipline, il sut la maintenir inflexible et souveraine par une fermeté très humaine qui s'imposait sans blesser, et aussi par un esprit d'ordre et d'organisation, vraiment admirable. Supérieur et Préfet n'ayant qu'une même pensée et volonté, cette heureuse et constante harmonie assurait nécessairement les meilleurs résultats.

Ce fut sous leur commune et sage direction que le
P. Cochet fit ses premières armes, en qualité de surveillant
de la division des grands internes. Il ne suffit pas d'être un
saint pour réussir à pareil poste, et nous n'avons aucune
peine à confesser, après le P. Cochet lui-même, que le succès
fut très médiocre, et cela, pour des raisons multiples qui
tenaient, les unes aux circonstances, d'autres à certaines
exigences intempestives trop aveuglément obéies, d'autres
enfin à ses qualités personnelles et au caractère même de
sa vertu. Nous les exposerons avec franchise, comme il le
faisait lui-même en parlant de ses débuts, assuré qu'on y
trouvera instruction et profit.

Malgré les premiers desseins, le P. Cochet ne fut pas tout
d'abord chargé de la division des grands. La maladie commença par le condamner à un repos complet ; et l'on dut
prendre, pour le remplacer, un prêtre d'une trentaine
d'années, qui, sorti du ministère paroissial, venait de terminer son noviciat à la Roche-du-Theil. Spirituel et jovial,
avec ce je ne sais quoi d'aisé dans les relations qui convient
bien à la jeunesse, il paraissait devoir s'acquitter, sans trop
de peine, de sa difficile fonction.

Le résultat ne répondit pas aux espérances. Peu préparé
à cet emploi par ses travaux précédents et n'ayant d'ailleurs
aucune expérience de nos maisons, on le trouva bientôt
trop coulant en matière de discipline, et l'on appréhenda que
certains relâchements, qui s'étaient produits les années
précédentes, peu sensibles encore, ne fissent que grandir et
s'accuser grâce à son extrême facilité. D'autre part on appré-
ciait chaque jour davantage le tempérament et les vertus du
P. Cochet : calme, patient, toujours maître de lui, régulier
et obéissant jusqu'à l'iota, affectueux et confiant à l'égard de
ses supérieurs, il rachetait par ses qualités solides ce qui lui
manquait du côté de l'entrain et de l'initiative ; et, comme
le mal ayant cédé à un traitement énergique, sa santé paraissait se fortifier, on n'hésita pas à opérer, dès le début, un
changement qui plus tard serait devenu nécessaire. Mais, en
tout cela, on ne tint peut-être pas assez compte des dispositions des élèves, ou du moins l'on espéra trop facilement de
les dominer et de les réduire. Ceux-ci qui se flattaient de
passer une douce et tranquille année sous un sceptre

paternel et bénin, accueillirent peu favorablement le nouveau surveillant, qui se présentait à eux comme un réformateur. D'ailleurs, sa petite taille, sa douceur, sa réserve, sa modestie, sa patience n'étaient point faites pour leur imposer.

Peu au courant des habitudes de la maison, quelque peu déconcerté par le tempérament d'écoliers, au milieu desquels il n'avait jamais vécu, le P. Cochet sentit vivement les difficultés de la situation, et ne voulant rien brusquer, il parut timide. Il eut le tort, dans les premiers jours, de ne pas remettre sévèrement en place quelques élèves indociles et mécontents, qui lui avaient manqué de respect. L'exemple est contagieux : d'autres s'enhardirent à lui résister, et, au lieu de s'en rendre maître par son action propre, il recourut à une action étrangère, quoique supérieure. C'était accuser son impuissance. Quelques imprudences achevèrent de tout compromettre. On voulut faire dans la division plusieurs réformes : le Père y tint fidèlement la main, et se rendit odieux, d'autant qu'on le trouvait déjà trop exigeant et trop minutieux pour l'exécution de la règle. Les esprits se montèrent peu à peu : un homme expérimenté eût détendu les ressorts, le Père les resserra, en cela mal conseillé. Un événement imprévu mit le feu aux poudres. Pendant une récréation, surveillée par un professeur, un élève regardant par hasard dans la direction de la chambre du R. P. Paignon, aperçut avec lui le P. Cochet qui soulevait le rideau d'une fenêtre pour observer ce qui se passait. Il fit part de sa découverte à ses camarades : l'attention fut mise en éveil, et, durant plusieurs jours, on remarqua ou l'on crut remarquer la même surveillance derrière les vitres. C'en était fait : on n'eut plus assez de blâme et d'invectives pour flétrir une telle conduite. De là maints incidents fâcheux, où notre pieux confrère eut besoin de toute sa vertu pour ne pas succomber à la tâche, au milieu d'élèves prévenus contre lui et portés à prendre en mal toutes ses paroles et toutes ses démarches. Néanmoins, malgré vents et marées, il gouverna jusqu'au bout, gardant toujours le même calme et la même égalité d'humeur. « Bien que l'occasion s'en présentât souvent, « affirme un témoin oculaire, je n'ai pas le souvenir de « l'avoir vu une seule fois en colère. Son émotion ne se

« manifestait dans les cas graves que par un léger tremble-
« ment et par une pâleur plus grande que d'ordinaire sur
« son visage d'ascète. »

Il puisait au pied de son crucifix la force de tenir tête à
l'orage, et nous nous rappelons qu'étant allé une après-midi
lui rendre visite, nous le trouvâmes agenouillé devant sa
table de travail, les yeux humides de larmes. Cette émotion,
du reste, ne durait pas : il acceptait la croix avec reconnaissance et amour, et la chargeant généreusement sur ses
épaules, il reprenait sa marche, sans perdre le temps à y
rêver et à s'en entretenir, ce qui ne fait qu'en aggraver le
poids : il occupait ses loisirs à prier ou à lire des ouvrages
sérieux et utiles. Les lignes suivantes, adressées à sa mère,
nous peignent admirablement la paix et le contentement
de son âme après ces épreuves : « J'aime à croire que vous
« êtes toujours en bonne santé. Pour moi je suis bien et
« très heureux : mes élèves vont beaucoup mieux depuis
« la rentrée de Pâques. Je suis bien occupé, et je vous écris
« de mon dortoir, à neuf heures moins quelques minutes. Je
« suis plus fort que je ne parais. Soyez bien tranquille sur
« mon sort, chère mère : je voudrais être le plus malheureux
« de vos enfants, ce serait bon signe pour les autres. Mais
« je crois bien que je suis le plus heureux. »

A partir de Pâques, comme il l'atteste, la situation s'améliora sensiblement. Les vacances avaient apaisé les esprits,
et le calme de la réflexion dissipé les préventions. Connaissant mieux leur surveillant, les grands internes appréciè-
rent ses qualités, ils estimèrent sa vertu. Le souvenir des
libertés d'antan s'effaçant peu à peu, et les avantages des
réformes réalisées commençant d'apparaître, ils se prirent
à rendre justice à ses intentions et à ses procédés, ils se
plièrent de meilleur gré à son autorité. L'année s'acheva
donc dans une paix relative. Homme de sens et d'humilité,
le P. Cochet avait mis à profit ses fautes ou plutôt ses écoles,
et il comptait bien, si l'obéissance le maintenait au même
poste, ce qu'il n'espérait ni ne redoutait, s'y prendre de
façon à regagner non seulement le terrain perdu, mais à
conquérir sur ses élèves une légitime et salutaire influence ;
et sincèrement nous croyons qu'il était de taille à y
réussir. La Providence en décida autrement par la voix de

ses supérieurs qui l'envoyèrent au collège Saint-François-Xavier de Besançon, nous dirons tout à l'heure dans quelles circonstances. Cette obédience lui parvint au milieu des vacances qu'il prenait parmi les siens, et qu'il consacrait à l'instruction d'un frère plus jeune, comme le porte cette lettre datée de la fin de juillet.

« Le Père Supérieur assigne à chacun un temps déter-
« miné, parce qu'il faut qu'il y ait toujours au collège un
« certain nombre de prêtres. Je vous écris donc pour vous
« demander à quelle époque vous trouvez plus à propos que
« je m'en aille. Je ferai ma demande d'après votre réponse,
« et le Père Supérieur me l'accordera, si c'est possible.

« Je me propose de donner des répétitions à P***, il en a
« besoin, je pourrai lui être très utile; il est en retard et
« manque de principes. Pendant ce temps-là, il ne pourrait
« pas travailler aux champs. La question revient donc à
« celle-ci : quand P*** sera-t-il moins nécessaire, moins utile
« pour les travaux ? Cela peut dépendre de l'état des
« récoltes, si elles sont en avant ou en retard. Je vous prie
« de me donner votre avis là-dessus pour samedi au plus
« tard, si vous le jugez à propos.

« Actuellement, et à moins d'avis contraire, voici ce que
« je me propose de faire :

« 1° J'irai à Saint-Laurent dès le commencement des
« vacances, le 6 août, et j'y resterai dix à quinze jours,
« jusqu'à la *batterie*. Puis je reviendrai à Redon.

« 2° Le 6 septembre, je retournerai à Saint-Laurent pour
« y passer dix à quinze jours. Je crois que c'est le temps où
« P*** serait plus facilement libre. Je me porte bien et je suis
« toujours bien heureux. Je suis eudiste et prêtre pour tra-
« vailler. — Je viens de voir le R. P. Supérieur. Il m'a dit : « Ce
« n'est pas l'habitude de prendre les vacances en deux fois,
« cependant je n'y vois pas d'impossibilité ; écrivez à votre
« mère, et nous arrangerons cela. » Ainsi répondez, s'il
« vous plaît, le plus vite possible quelle est l'époque la
« plus favorable. »

Madame Cochet avait répondu, et, les choses s'étant arrangées au mieux, notre charitable confrère se livrait tout entier à sa nouvelle tâche de répétiteur et aux préparatifs d'une fête de famille en l'honneur de son sacerdoce, quand

il dut soudain quitter Saint-Laurent et préparer son départ
pour Besançon où la Congrégation de Jésus et Marie venait
d'acquérir la propriété du collège Saint-François-Xavier.

La fondation de ce collège remontait au lendemain de la
promulgation de la loi de 1850, sur la liberté d'enseignement. Usant des droits mutilés que les catholiques avaient
si vaillamment conquis, sous la conduite du comte de Mon-
talembert, M. l'abbé Besson, soutenu par les encouragements
de son archevêque et de ses confrères, n'avait pas hésité, au
moyen d'emprunts, de quêtes et de souscriptions, à l'établir
dans les bâtiments d'un vieux couvent de Cordeliers, situé
sur les bords du Doubs, après les avoir convenablement
aménagés pour leur nouvelle destination. Les cours fortement organisés répondirent pleinement par les succès dans
les examens aux espérances des familles, si même il ne les
dépassèrent. De là affluence d'élèves, si bien que de nouvelles constructions s'ajoutèrent aux anciennes, et, parmi
elles, une magnifique chapelle gothique, œuvre d'un archi-
tecte bisontin fort distingué, M. Ducat : le pinceau d'une
autre gloire de la Franche-Comté, M. Baille, devait un peu
plus tard en décorer les murs de fresques justement appré-
ciées. Le développement du nouveau collège amena même
bientôt la création d'un cours préparatoire à l'École militaire
de Saint-Cyr, et ce cours, grâce à ses brillants résultats,
réunit en peu de temps un assez grand nombre de jeunes
gens. Avec les années, le renom du collège finit par s'étendre
fort loin, et la notoriété de plus en plus grande qui s'atta-
chait au nom de M. l'abbé Besson, orateur très goûté et très
demandé, n'y contribua pas peu.

Le Collège Catholique, le *Catho* dans la langue du peuple,
n'en était pas moins une très lourde charge pour le diocèse
par les secours pécuniaires et par le personnel enseignant
qu'il exigeait. Aussi le cardinal Mathieu cherchait-il à s'en
défaire. D'autre part la célébrité toujours croissante de son
supérieur commençait à nuire à sa bonne direction : des
voyages et des absences trop répétés sont incompatibles
avec la tenue d'une maison d'éducation. Puis, devant l'orateur s'ouvraient des horizons nouveaux : ses admirateurs et
ses amis espéraient le voir passer avant peu des chaires les
plus illustres sur quelque siège épiscopal. Et l'on se deman-

dait avec raison ce que deviendrait l'institution, privée de son premier directeur.

Préoccupés par ces pensées, Mgr Mathieu et M. l'abbé Besson pensèrent donc à en céder à une congrégation religieuse non seulement le gouvernement, mais encore la propriété. Après diverses démarches infructueuses, ils finirent par s'aboucher avec les Pères Eudistes, dont le cardinal avait particulièrement connu à Saint-Sulpice le restaurateur, le R. P. Louïs de la Morinière. La proposition ayant été acceptée et le marché conclu, il fut entendu que les nouveaux propriétaires prendraient possession de l'établissement dès la rentrée d'octobre 1873. Toutefois, pour ménager la transition et pour ne pas leur imposer une trop lourde charge, plusieurs professeurs des hautes classes seraient maintenus dans leurs fonctions, qu'ils ne quitteraient qu'au fur et à mesure qu'on aurait la commodité de les remplacer. Cet arrangement, qui semblait au premier abord un avantage, était en réalité une cause d'assez gros ennuis : il privait les nouveaux directeurs du collège de ce prestige de la science, qui donne tant d'autorité sur les élèves plus âgés, lorsqu'ils étaient déjà dépourvus de celui que confèrent, dans une maison, la qualité de compatriote, une résidence déjà ancienne et un visage connu. La situation s'aggrava même par le refus de quelques-uns de quitter le poste qu'ils occupaient l'année précédente ; n'ayant pas été prévenus en temps opportun des projets de vente et de la vente elle-même, ils tenaient à faire valoir leurs droits, et finalement ils eurent gain de cause, si bien que tel Père, envoyé pour enseigner la philosophie, fut réduit, pour le bien de la paix, à professer une petite classe de mathématiques.

Les conditions dans lesquelles s'ouvrait l'année scolaire 1873-1874, n'étaient donc pas des plus favorables, et la surveillance de la division des grands, que l'obéissance imposait de nouveau au P. Cochet, lui réservait, selon toute apparence, de graves difficultés. Il l'accepta néanmoins de bon cœur, confiant dans la divine Providence, bien résolu à profiter des fautes qu'il avait faites à Saint-Sauveur ; et telle est la bénédiction que Dieu répand toujours sur les âmes droites, humbles et soumises, que la sagesse de sa conduite excita cette fois l'admiration générale. Une lettre de son supérieur attestera plus loin la vérité de cette affirmation, et nous en fournira abondamment la preuve. Mais auparavant, commençons par recueillir les émotions et les impressions du P. Cochet lui-même, soit à son départ, soit à son arrivée, soit durant le cours de l'année scolaire ; nous aurons lieu d'y admirer, avec sa délicate affection pour les siens, son humilité et son obéissance, son détachement et son courage, son esprit surnaturel et sa prudence, son souci constant d'avancer dans les voies de la perfection sacerdotale et religieuse.

Besançon, le 17 septembre 1873.

« Bien chère Mère,

« Je profite du premier moment libre pour vous écrire.

« Parti de Rennes lundi à dix heures quarante, je suis arrivé à Paris à dix heures du soir : nous n'étions que deux : les autres, n'ayant pu partir de Rennes que lundi soir, sont arrivés à Paris seulement mardi matin, très fatigués et n'ayant pas le temps de dire la messe. Plus heureux, mon compagnon et moi, nous avons passé la nuit chez nos Pères, à Saint-Michel, et nous avons célébré le Saint Sacrifice avant de prendre le train.

« Nous sommes partis de Paris mardi à six heures et demie, tous ensemble, et nous descendions à Besançon vers sept heures du soir. Le voyage a été très heureux. J'ai trouvé là les bons P. P. C*** et L***, que j'ai eus pour supérieurs à la Roche, et le P. Macé, mon préfet de discipline de l'année dernière à Redon.

« Je suis chargé de l'étude des grands, et, en plus, de la sacristie et d'un cours d'instruction religieuse.

« Le retraite ouvre ce soir : priez bien le bon Dieu pour moi ; l'année sera laborieuse ; les commencements sont toujours un peu difficiles.

« La rentrée est fixée au 13 octobre ; mais les élèves de philosophie vont rentrer à la fin de septembre. »

Besançon, 28 septembre 1873.

« Bien chère Mère,

« Voilà notre retraite terminée, et nous avons déjà un certain nombre d'élèves qui viennent au collège, afin de préparer leur examen de novembre. Je leur fais l'étude matin et soir.

« J'étais en retraite le mardi 23 ; mais, je l'avoue, j'ai bien un peu pensé à mes *noces*. Il paraît que le bon Dieu ne veut pas que nous les célébrions. L'année prochaine, nous serons peut-être plus heureux, mais je ne serai plus un *jeune marié*.

« J'espère m'habituer par ici. Le pays est fort beau. La ville est bâtie dans un bas, et entourée de tous côtés par de hautes montagnes. Ces montagnes sont couvertes de bois, de vignes ou de pâturages ; car ici les montagnes sont fertiles presque jusqu'à leur sommet ; tout y est verdoyant et frais. C'est assurément bien plus beau que Saint-Laurent, et pourtant j'aime mieux mon Saint-Laurent que tous les pays du monde !

« La ville de Besançon est bonne en général, du moins la vraie population : car il y a beaucoup d'horlogers suisses établis ici, presque tous protestants.

« Détail qui vous plaira : l'eau est très abondante et très bonne, elle vient des montagnes voisines. Elle est déversée par des fontaines qui coulent toujours ; il y a même des jets d'eau en grand nombre.

« Ce n'en est pas moins une chose pénible d'être éloigné de son pays et de sa famille. De moi-même, je n'aurais jamais eu la force de faire ce sacrifice. Mais j'en reviens toujours à ma ritournelle : Au ciel, nous nous reverrons pour ne plus nous quitter. La vie passe vite, et j'espère que le bon Dieu nous récompensera, vous et moi, et nous tous, du sacrifice que nous faisons ; car enfin, si nous sommes séparés, c'est bien pour le bon Dieu, pour Lui plaire, pour Lui obéir, pour faire sa Volonté.

« Je me porte à merveille depuis que je suis ici. J'ai pour supérieur et directeur le P. C***, que vous avez vu à la Roche.

C'est un des Pères de la Congrégation, je crois. dont le caractère me va le mieux. Il est froid. ferme, réservé, prudent, très simple ; je suis très heureux de me retrouver avec lui ; ses avis me seront des plus utiles. Le sous-directeur est le P. L***. qui a été lui aussi supérieur à la Roche, homme de grande science et de grande vertu.

« Ma nomination pour Besançon m'a tellement surpris, et m'a laissé si peu le temps de me retourner que je suis venu sans me demander si cela me plaisait ou ne me plaisait pas. Du reste, ce n'était pas la question. Maintenant, puisque le bon Dieu m'a envoyé ici, j'en suis heureux et content; j'espère que ce sera pour mon plus grand bien. J'aurai du travail beaucoup, et probablement aussi des difficultés. C'est tout naturel, nous sommes nouveaux dans le collège et dans le pays : il y aura beaucoup à faire, beaucoup à apprendre.

« Les élèves me paraissent sérieux et laborieux : les pensionnaires sont moins nombreux qu'à Redon, mais il y a affluence d'externes. »

Besançon, le 5 novembre 1873.

« Ma bien chère Mère,

« C'est un grand bonheur pour moi de pouvoir aujourd'hui m'entretenir avec vous. Il est si doux pour un fils de penser à sa mère et de lui écrire, surtout quand il est séparé d'elle par deux cents lieues !

« Il y a bien longtemps que je n'ai reçu de vos nouvelles : voilà un mois! Je ne m'en plains pas, je sais combien vous m'aimez; je sais aussi que les frères et sœurs ont autre chose à faire qu'à écrire. Si donc vous m'écrivez, je m'en réjouirai; si vous ne m'écrivez pas, je m'en réjouirai encore, parce que ce sera un petit sacrifice qui aura sa récompense un jour.

« Je crois vous être agréable en vous parlant de moi et de tout ce qui me concerne.

« Vous savez ma fonction : je surveille la division des grands. Je préside toutes les études et toutes les récréations, je n'ai absolument de temps libre que pendant la classe. Je fais même chaque jour une étude après souper, jusqu'à neuf heures. De sorte que ma journée, commencée à quatre heures et demie, ne finit qu'à neuf et un quart du soir, quand les élèves sont couchés.

« Le jeudi et le dimanche, il n'y a pas de classe et je suis tout le temps avec les élèves; c'est à peine si j'ai une demi-heure à moi dans la journée. En revanche, le mercredi, liberté depuis huit heures du matin jusqu'à sept heures du soir. Ce jour-là, on me remplace pour l'étude et les récréations, je dîne au réfectoire des Pères, et je les vois à la récréation, c'est le seul moment où il m'est donné d'être avec eux pendant la semaine. Voici comment je passe ce jour de congé. Toute la matinée, je reste à travailler dans ma chambre. Après dîner, je sors et me promène le long du Doubs; je dis mon bréviaire et mon chapelet; je pense à vous, chère Mère, à la famille, au pays; je vous remets tous entre les mains de la Providence. Je rentre de bonne heure, et je travaille jusqu'à sept heures du soir, où je reprends mes fonctions.

« Ma division n'est pas très nombreuse, je n'ai pas plus de soixante élèves (l'année dernière, à pareille époque, j'en avais quatre-vingt-cinq); je n'ai que les élèves de sciences, de philosophie et de rhétorique; ils travaillent très bien. Ils n'étaient pas habitués à la discipline : nous avons exigé des rangs et du silence, cela leur a paru dur au commencement, mais tout va bien maintenant. Les élèves sont en général posés, sérieux et d'un bon naturel; je suis bien libre avec eux, et tout me porte à croire que je passerai une bonne année.

« Du reste, peut-être l'année ne sera-t-elle pas longue. Il paraît que la fièvre typhoïde règne en ville : déjà même le lycée est licencié, ainsi que deux autres établissements ; pour nous, nous n'avons pas encore eu de malade : priez Dieu pour que nous n'en ayons pas.

« Je me porte bien, la fatigue m'est salutaire. Je me plais bien aussi. Je ressens pourtant combien il est pénible de quitter son pays; cela me fait de la peine, quand j'y pense ; mais je n'ai le temps d'y penser qu'une fois chaque semaine, le mercredi.

« Son Éminence le cardinal Mathieu, archevêque de Besançon, est venu au collège célébrer la fête du Sacré-Cœur de Jésus, le 20 octobre, et il a officié pontificalement; je n'avais jamais vu de cérémonie si belle et si imposante. Il a pour nous une grande affection; j'espère que le bon Dieu bénira nos travaux.

« Nous avons au collège douze prêtres du diocèse de Besançon; tous sont très bons assurément, néanmoins ce ne sont pas des eudistes, et leur présence me fait apprécier de plus en plus la grâce que Dieu m'a accordée en m'appelant à cette Congrégation qui n'est pas sans défaut sans doute, mais où l'on est simple, droit, familier, complaisant, où l'on s'aime bien les uns les autres. Soyez donc, bien chère Mère, tout à fait tranquille à mon sujet; je ne suis pas le plus malheureux de vos enfants, et j'espère avec la grâce du bon Dieu faire de bonnes affaires et amasser une bonne petite fortune pour le ciel.

« Je vous avais dit, je crois, qu'il est bon de considérer de temps en temps les qualités des personnes avec lesquelles on vit: cela aide à supporter leurs défauts. A ne considérer que le mauvais côté, on s'agace, on s'impatiente, on s'aigrit, on s'irrite, et l'on prend tout en mauvaise part. J'ai fait cela pour mes élèves, et je m'en suis bien trouvé. Je ne les ai pas épargnés, mais enfin je les aime et je le leur fais voir; je les encourage, je les félicite au besoin. Il y a peu d'hommes, peu de jeunes gens surtout, qui soient méchants et qui fassent le mal à dessein: le plus souvent, c'est étourderie, habitude, faiblesse. Rien n'est plus blessant pour une personne que de supposer qu'elle a fait exprès, quand cela n'est pas.

« Je désire recevoir des nouvelles d'A***, je l'aime plus que les autres, parce qu'elle souffre davantage.

« La distance n'a changé en rien mes dispositions envers tous nos parents: je vous prie donc de me faire savoir exactement les maladies, morts et autres malheurs qui pourraient les frapper. Une lettre d'une main amie et sacerdotale fait du bien, quand on est dans la peine; le prêtre est l'homme des douleurs, le consolateur des grandes afflictions. »

Besançon, le 24 décembre 1873.

« Bien chère Mère,

« Je commence par vous expliquer ce qu'est l'image que je vous envoie.

« Son Eminence le Cardinal Mathieu a désiré voir tous les Eudistes du collège. Je me suis donc rendu à son palais, le mercredi 17 décembre, au soir, et il m'a reçu dans son cabinet de la manière la plus aimable. Il m'a demandé d'où j'étais, si j'avais encore mes parents, combien nous étions d'enfants, etc., etc... Quand je lui ai eu répondu que nous avions été douze, et que nous étions encore onze de vivants, il m'a dit : « C'est une famille bénie de Dieu »; et comme j'ai ajouté que j'avais encore ma mère, il m'a réparti : « Je vais vous donner un petit souvenir pour Madame votre mère, » puis m'ayant demandé votre nom de baptême, il a lui-même écrit ces paroles :

A Madame Anne COCHET

A RENNES

Que le bon Dieu bénisse la Mère
et la famille !

Besançon, le 17 décembre 1873.

† Césaire, cardinal-archevêque de Besançon.

« J'espère, bien chère Mère, que cette prière et cette bénédiction d'un des premiers pasteurs de l'Église seront pour vous et pour toute la famille le gage d'une bonne année. C'est mon souhait le plus ardent. »

« Besançon, le 30 décembre 1873.

« Bien chère Sœur,

« Tu me dis dans ta bonne lettre que, depuis que je suis loin, tu penses bien plus souvent à moi. Cela ne m'étonne pas; car je fais de même. Depuis que j'ai quitté la Bretagne, j'ai senti se raviver toute mon affection pour ma famille et pour mon pays. C'est un sacrifice réel, que de quitter son pays, et ce qu'il m'en coûte, me donne l'idée de ce que doivent souffrir ces pauvres jeunes gens qui sont obligés de partir pour le service militaire. Et les Missionnaires qui s'en vont loin de la France, loin même de l'Europe, qu'ils ont du mérite! Mais, comme tu le dis très bien, cet éloignement nous sera salutaire à tous : d'abord parce que c'est un sacrifice que nous faisons pour le bon Dieu; ensuite, parce que nous prierons plus souvent et mieux les uns pour les autres.

« Pour moi, j'ai admiré ici l'action de la Providence. Je suis persuadé que tout a été disposé pour mon plus grand bien. Le bon Dieu m'a donné pour supérieur et pour directeur le R. P. C***, qui fut autrefois mon supérieur et mon directeur à la Roche. Le P. L***, qui lui succéda, est aussi à Besançon. Tu vois que je suis bien partagé : le bon Dieu sait toujours adoucir les sacrifices qu'il nous demande.

« Nous sommes ici dix Eudistes, tous unis par les liens de la plus parfaite charité. Nous nous aimons bien, cela nous aide à supporter les peines inséparables d'une fondation.

« Je fais l'étude des grands, comme l'année dernière.

« Lever à quatre heures et demie; sainte Messe à sept heures moins cinq minutes. Le soir, je fais l'étude jusqu'à neuf heures, puis je conduis les élèves au dortoir, je ne puis me coucher avant neuf heures et demie. Je me porte bien, et je me plais dans cette vie active et fatigante. Cela maintient l'âme dans un état de vigueur et de force; on sent qu'on a besoin du bon Dieu pour supporter ces travaux ; on cherche en Lui et en Lui seul le courage et la consolation.

« Je suis toujours de plus en plus heureux d'être prêtre et eudiste. Ma vie, au point de vue humain, n'est pas agréable, elle ne le sera jamais: pendant mon noviciat, on ne nous promettait que sacrifices et travaux, tant mieux. Rien n'est plus nuisible à la vie chrétienne, et surtout à la vie spirituelle et sacerdotale, que le bien-être, le confortable : on ne sent pas assez alors qu'on a besoin du bon Dieu, on le laisse plus ou moins de côté. Au contraire, vive le travail, vive l'ennui, vive la fatigue, vive le tracas, pour le bon Dieu! Oh!

qu'on est heureux, le soir, de se sentir bien harassé pour le bon Dieu ! Comme l'âme est enchantée de trouver quelques instants de repos pour s'élever vers Lui ! Avec quelle douce joie elle pense que, le lendemain matin, elle s'unira à son Dieu, elle appliquera ses lèvres au calice sacré, afin d'y puiser force et courage pour la journée !

« Ma sœur bien aimée, tu es heureuse et très heureuse, toi aussi ; car toi aussi, tu travailles pour le bon Dieu, tu te dévoues à son service. N'est-ce pas que tu dis comme moi : Vive la Croix ! Vive la soumission? » En somme, nous sommes les mieux partagés de la famille. Je me rappelle souvent avec une douce émotion la cérémonie de ta prise d'habit et de ta profession. Déjà six ou sept ans ! »

« Besançon, le 10 février 1874.

« Bien chère Mère,

« Aujourd'hui, mercredi, j'ai un peu de temps de libre, et je suis bien heureux de m'entretenir quelques instants avec vous.

« Voilà six ans que je vous ai quittés pour me rendre à la Roche. Je vous écris le 11, vous recevrez ma lettre le 13, je pense, vers huit heures du matin. C'est précisément à cette date et à cette heure que j'ai quitté Saint-Laurent en 1868.

« Six années d'écoulées ! Ceux qui alors étaient des enfants, sont maintenant des jeunes gens ; les jeunes gens d'alors sont devenus maîtres de maison, pères de famille. L'aspect d'une paroisse change en six ans : Dieu seul demeure toujours le même. Heureux ceux qui s'attachent à Lui ! Il y a six ans, à pareille époque, j'abandonnais les travaux de la campagne ; aujourd'hui je suis prêtre du Très-Haut ! Certes, je n'ai rien fait pour mériter cet honneur ; Dieu lui-même, par le ministère d'un saint prêtre alors vicaire à Saint-Laurent, me prit par la main et m'amena, presque malgré moi, au pied de l'autel !

« Quand je jette un coup d'œil en arrière, je ne puis me défendre d'un vif sentiment de reconnaissance à la vue de tout ce que le bon Dieu a fait pour moi. Je ne puis non plus ne pas me réjouir d'avoir obéi à l'appel du bon Dieu, et suivi ma vocation. Oui, c'était bien ma vocation, cela a toujours été ma conviction profonde. Il m'en a beaucoup coûté d'abandonner Saint-Laurent et ma famille; j'ai eu l'année dernière, et j'ai encore cette année beaucoup de travail, de fatigue et de tracas. Je suis content quand même, parce que j'espère bien que c'est pour le bon Dieu que je fais cela. Si Dieu n'était pas avec nous, si sa grâce ne nous soutenait, la vie de collège ne serait pas possible. Mais on communie tous les matins, et c'est là qu'on puise des forces pour toute la journée.

« Ici, il fait un froid de loup : ce matin à cinq heures, il y avait 13° au-dessous de 0 : c'est un froid sec, très sain. Les habitants du pays disent que ce n'est rien, et qu'il n'y a pas eu d'hiver cette année. Merci ! Que sera-ce donc quand il fera froid ?

« Je me porte très bien, je viens de me regarder dans la glace, je ne suis ni rouge ni gras, mais à peu près toujours le même.

« Son Eminence le Cardinal est venu au collège dimanche, 8 février, célébrer avec nous la fête du Saint-Cœur de Marie. La cérémonie a été très belle. Le soir, je suis allé prêcher chez nos Sœurs, comme qui dirait à Saint-Cyr de Rennes.

« Soyez parfaitement tranquille sur mon compte, je suis bien et heureux. Notre collège est loin d'être parfait, mais il y a eu déjà beaucoup d'amendement depuis le commencement de l'année. Voilà quatre mois de passés avec les élèves; et dans deux mois nous serons aux vacances de Pâques. Si je ne vous écrivais pas d'ici là, il faudrait en conclure que je vais bien et qu'il n'y a rien de nouveau.

« Je vous aime toujours tendrement, ma bonne Mère, de loin comme de près, et peut-être encore plus de loin. Je prie chaque jour pour la famille, c'est une de mes intentions à la sainte Messe.

« Je suis lassé ce soir, et demain il me faudra faire avec les élèves une course de quatre lieues environ : heureusement je vais longtemps après être lassé. »

« Besançon. le 6 mai 1874.

« Ma bonne Mère,

« Il y a longtemps que je ne vous ai écrit. Je n'ai point
été indisposé pendant les vacances de Pâques, comme je m'y
attendais. J'ai été heureux, pendant ces quinze jours, de
voir un peu mes confrères et de vivre de la vie de communauté. Car, en temps ordinaire, je suis toujours avec les
élèves, et, par semaine, il n'y a qu'une récréation que je
puisse passer avec les nôtres.

« Ma santé est bonne, très bonne même. Il a fait ici très
chaud pendant une semaine, après la Quasimodo. Ces
jours-ci, il fait froid. Hier, j'ai vu de la neige sur les montagnes, et cette nuit il a gelé, au grand détriment des vignes.
Ici, la température est très changeante. et le froid et le
chaud n'atteignent point les mêmes degrés en Bretagne.
Aussi dit-on qu'à Besançon l'on brûle ou l'on gèle.

« Notre Révérend Père Général vient de prêcher la retraite
pastorale à la satisfaction générale du clergé. D'ici, il part
pour Rome ; il ne pourra donc pas vous donner de mes nouvelles, si ce n'est peut être à son retour. En attendant, soyez
tranquille, je ne suis point à plaindre ; ma santé est bonne,
et même très bonne, malgré ma petite mine. »

De toutes ces pages simples et touchantes, il se dégage un
parfum de piété et de vertu qui émeut et qui ravit. Bon fils
et frère affectueux, le P. Cochet y épanche naïvement son
cœur dans le cœur d'une mère ou d'une sœur aimées ; il y
parle comme un saint, très humble, très obéissant, très
détaché, très dévoué, très patient, très courageux, marchant
d'un pas allègre dans la voie crucifiante de l'abnégation et
du sacrifice. Ces pages, malgré tout, ne nous donnent pas
l'impression complète et entière de ce que se révéla le
P. Cochet, durant cette première année de son séjour à
Besançon ; et il faut entendre son supérieur faire l'éloge de
sa prudence et de sa sagesse, pour comprendre les grands
services qu'il rendit et les éminentes qualités qu'il déploya,
services et qualités tels que les professeurs auxiliaires eux-
mêmes en exprimaient hautement leur admiration.

« Ce fut en 1873 que je retrouvai le P. Cochet à Besançon, où nous arrivions ensemble pour prendre la direction du collège Saint-François-Xavier. La tâche était difficile et délicate, très pénible. Nous trouvions là des élèves peu habitués à notre discipline régulière. Telle avait été même, l'année précédente, l'indépendance, pour ne pas dire l'insubordination des grands, que leur surveillant, homme très intelligent et qui ne manquait pas de fermeté, m'a dit qu'il éprouvait un sentiment de frayeur chaque fois qu'il récitait la prière, au commencement d'un exercice.

« Chargé de cette division, le P. Cochet occupa donc un des postes les plus difficiles qui puissent se rencontrer dans un collège. Ses élèves regrettaient naturellement le laisser-aller dont ils jouissaient sous l'ancien régime. La moitié des anciens maîtres et le fondateur lui-même restaient dans la maison. Il faut leur rendre ce témoignage qu'ils ne suscitèrent aucun embarras à la nouvelle administration ; plusieurs même lui étaient favorables. Mais ils se renfermaient dans l'exercice de leurs fonctions, qui, pour la plupart, étaient la régence des classes élevées. Si nous n'éprouvions aucune opposition de leur part, nous étions néanmoins privés de ce précieux secours que procure l'influence de maîtres anciens et estimés. Les élèves, qui se sentaient enserrés dans les liens d'une discipline plus étroite, étaient mal disposés à l'égard des nouveaux maîtres et portés à faire des comparaisons peu flatteuses, ce qui ne facilitait pas l'acceptation du nouveau régime.

« Il fallait nécessairement déployer une fermeté sage et modérée, pour établir l'ordre et éviter des actes de rigueur outrée qui eussent bientôt provoqué des démonstrations hostiles.

« Le P. Cochet, qui avait déjà acquis une certaine expérience du métier, fit preuve alors des qualités les plus rares. Sa conduite aussi ferme que prudente et mesurée ne prêta jamais le flanc à la critique la plus malveillante et la plus soupçonneuse. Toujours calme, toujours digne, sans avoir l'air gêné, ni embarrassé, contrairement à l'usage des anciens surveillants qui se tenaient à l'écart des élèves, il ne craignit pas, à leur grand étonnement, de les aborder dans les récréations et dans les promenades, se mêlant à leurs conversations, et même à leurs jeux, quand la surveillance le permettait, et il parvint ainsi à les connaître dans le détail. Il ne se rebutait de rien, ni des manques d'égards, ni des grossièretés dont il était parfois l'objet. Ce qu'il déploya de dévouement, d'humilité, de mortification, d'activité et de soins en ces circonstances, est impossible à dire.

« Si la maison ne fut pas, dès les premières semaines, dans un état de fermentation et de révolte, c'est à sa vertu et à sa prudence que nous dûmes l'attribuer. Il ne tarda pas à exercer une influence considérable dans sa division. Les plus mal disposés se virent obligés de le respecter, de l'estimer, et de se soumettre à une conduite si juste et si sage. Les bons ne tardèrent pas à l'apprécier et à l'aimer.

« Deux fois, l'une vers le milieu du premier trimestre, la seconde surtout, environ quinze jours après le congé du nouvel an, des tentatives de révolte et de désordre se produisirent; elles n'eurent jamais un caractère d'hostilité envers le surveillant, à qui il était impossible de faire aucun autre reproche que celui d'être toujours fidèle à son devoir et à la stricte justice. Encore une fois, c'était l'ancien régime qu'on regrettait, et le nouveau qui pesait trop.

« La conduite du P. Cochet, dans ces circonstances pénibles, mérite de servir de modèle à tous les surveillants de nos établissements. Ce que les hommes expérimentés ont écrit de plus sage sur ces fonctions, fut pratiqué dans une perfection difficile à atteindre. Il ne lui échappa jamais une parole amère ou irritée, jamais la moindre brusquerie ou la moindre exagération dans les avertissements ou les corrections. J'ai cru reconnaître là une vertu humble, mais héroïque, « *in multa patientia possidebitis animas vestras.* »

« Dans les trois jours les plus mauvais, il montra un calme vraiment surprenant et un discernement plein de sagacité. La tactique des insubordonnés et le mot d'ordre prescrit par les meneurs était de garder le silence et de ne répondre ni aux prières communes ni aux cantiques d'usage pendant la messe ; mais, à la moindre punition ou à la moindre parole un peu vive, d'éclater en chants et en mouvements d'insubordination et de désordre. Le Père ne donna pas une punition, n'adressa pas un reproche, se contentant de désigner deux d'entre eux pour répondre aux prières au défaut des autres. Ce calme et cette maîtrise de soi les déconcertèrent, comme ils l'avouèrent depuis. Ils cherchaient une occasion, l'occasion fit défaut.

« Un des grands mérites du P. Cochet durant cette crise, et ce qui devrait servir de leçon à tous les Jeunes, fut de s'entendre parfaitement avec son supérieur, de lui demander ses instructions. et de lui rendre compte de tout après chaque exercice, observant tout sans rien dire, étudiant la physionomie des groupes, saisissant les moindres paroles, les moindres démonstrations, sans qu'on s'en doutàt. De la sorte les meneurs furent bientôt découverts, et les plus dangereux expédiés à leurs parents. On sentit qu'il fallait se soumettre : les mauvais étaient vaincus, les bons se trouvaient soulagés ; l'autorité du maître d'étude sortit de la lutte considérablement grandie.

« Un trait qui caractérise le dévouement du P. Cochet à ses fonctions. La grande récréation des élèves dans les froids d'hiver était de patiner. Non seulement le Père se mit en tête des préparatifs dans les cours, afin d'éviter les abus; mais comme, les jours de promenade, on avait coutume d'aller patiner au marais de Saône, il apprit lui-même à patiner, afin de pouvoir suivre et surveiller ses élèves, quand ils s'éloignaient dans leurs excursions sur la glace, alliant ainsi le devoir à la complaisance. »

Cependant la fin de l'année scolaire approchait au milieu de ces labeurs, et la question des vacances allait se poser pour le P. Cochet. Irait-il en Bretagne goûter parmi les siens un repos bien mérité, ou demeurerait-il en Franche-Comté, donnant ainsi un bel exemple de détachement? Sa vertu inclinait vers ce dernier parti, et, dès le 6 mai, il en entretenait une de ses sœurs :

« Notre supérieur général est venu prêcher la retraite pastorale du diocèse. J'ai assisté à deux de ses instructions ; j'ai été très édifié de la tenue des prêtres ; ils sont très graves, sérieux, austères et pieux : c'est un excellent clergé. Le pays du reste n'est pas mauvais, cela rappelle un peu notre Bretagne.

« Quant aux vacances, *fiat, fiat!* Ce mot de ta lettre me plaît. Je te dirai donc que je ne pense pas aller en Bretagne cette année. C'est bien loin : il faut de l'argent pour voyager, et nous sommes pauvres ; c'est notre première année de ménage ! Des vacances ici·pourront m'être très utiles, je pourrai aussi rendre quelques services, peut-être faudra-t-il prêcher.

« Enfin c'est un sacrifice ; maman l'acceptera, je l'espère. Pourtant ne lui en dis rien, il faut lui laisser l'espérance ; et puis il est possible que je change de maison, et alors je vous reverrais. Du reste, bien des choses se passeront d'ici trois mois. A la grâce de Dieu ! S'il nous donne l'occasion de nous revoir cette année, je l'en remercierai : s'il nous demande le sacrifice de cette satisfaction, nous l'accepterons, et il nous en récompensera. En tout cas, le grand rendez-vous, les grandes vacances, c'est le ciel ! — Ici bas, je crois que je n'en aurai guère désormais ; je me délasserai d'un travail par un autre : pendant dix mois, les fatigues du collège ; pendant les vacances, missions et retraites. »

Un mois plus tard, le 5 juin, il s'en ouvrait formellement à sa mère, en ces termes :

« Besançon, 5 juin 1874.

« Bien chère Mère,

« Je suis heureux d'apprendre que votre santé est bonne, ainsi que celle des frères et sœurs : je suis persuadé que le bon Dieu bénit notre famille.

« Ma bonne Mère, P*** me parle des vacances, il désire que je dise ce que je compte faire. J'aurais voulu remettre cette question à plus tard, afin de vous maintenir plus long-temps dans l'espérance : je ne pense pas aller en Bretagne cette année.

« Il y a premièrement la raison d'argent. Faire quatre cents lieues en chemin de fer, cela coûte ! Mon oncle Julien, il est vrai, me propose de l'argent pour le voyage : il vaut mieux le donner aux pauvres. Puis le chemin de fer me fatigue beaucoup ; mais cela n'est rien, je me fatiguerais tant et plus pour vous être agréable.

« Ensuite j'ai beaucoup à travailler. J'ai été absent bien souvent dans les dernières années de mes humanités ; il y a des vides à combler. Je ne serai pas éternellement maître d'étude. Je m'y plais bien, je désirerais le rester, mais on ne me demandera pas mon avis ; tôt ou tard, on m'imposera une classe plus ou moins élevée, et je ne suis guère en état d'être professeur.

« J'ai aussi grand besoin de me former à la science théologique. et à la vie sacerdotale et religieuse. Or j'aurai ici pendant les vacances mes deux anciens supérieurs de la Roche, je puis beaucoup profiter à leur école ; pendant l'année, cela n'est pas possible, on est entraîné par le courant du collège.

« De plus il y aura beaucoup à faire et à organiser ici durant les vacances.

« Enfin, il y a une foule d'autres raisons plus fortes encore.

« Avant de conclure, j'ai pris l'avis de mes supérieurs : il vaut mieux que je reste ici, cette année. Je n'ai qu'un regret, ma bien chère Mère, c'est de vous priver d'un bonheur bien légitime et bien naturel. Mais, j'en ai l'assurance, vous saurez faire à Dieu ce sacrifice : c'est pour sa plus grande gloire, Il vous en récompensera.

« Les frères et sœurs voudront bien aussi me pardonner. Ils savent bien que si j'agis ainsi, ce n'est pas par indifférence. Dieu m'est témoin si je vous aime, chère Maman, et si j'aime ma famille et mon pays, Lui qui a vu les larmes que j'ai versées à la Roche pendant plus d'un an. Tous les jours, sans aucune exception, j'ai pour vous à la sainte Messe une intention spéciale, et souvent, à la Bénédiction, je vous bénis comme si vous étiez à genoux devant l'autel.

« Du reste, d'ici deux mois, il peut se passer bien des choses que je ne prévois pas, et peut être, le moment venu, aurai-je des raisons de m'en aller.

« Adieu, ma bonne Mère, je vous écrirai, tant que vous voudrez, surtout pendant les vacances. Je prie et prierai pour vous, et vous aimerai toujours de plus en plus. »

Dieu disposa tout au mieux pour le fils et pour la mère : il se contenta de l'intention. Des embarras surgirent entre les membres de la famille, et d'autre part la santé de Madame Cochet s'altéra sensiblement. Le P. Cochet, d'abord indécis, se résolut donc bientôt, dans l'intérêt de la paix parmi les siens, et devant la persistance du mal chez sa mère, à franchir les deux cents lieues qui le séparaient de Saint-Laurent. Ses supérieurs du reste lui en firent un commandement exprès auquel il se hâta d'obéir. Les deux lettres qui suivent, nous manifestent les vues et les sentiments élevés dans lesquels il entreprit et accomplit ce voyage.

« Besançon, le 22 juin 1874.

« Bien chère Sœur,

« Je te remercie de tes vœux. Remercie de ma part la Mère supérieure et la Mère A***; je suis sensible à leur bon souvenir.

« Ma bien bonne Sœur, ta lettre respire un certain parfum de tristesse et de résignation qui me plaît. Ta santé n'est pas bonne, je le vois, tu as quelquefois à souffrir. Voilà, en effet, le fond et comme le tissu de toute vie humaine. Du courage cependant et de la gaieté : portons gaiement notre croix autant que possible; elle semblera moins lourde.

« Tu me dis que maman est dans la peine ; on m'a même écrit qu'elle était malade. Pauvre mère ! Elle a bien des sacrifices à faire ! Je l'avais avertie que je n'irais pas en vacances cette année : je suis sûr qu'elle a accepté ce sacrifice sans se plaindre, comme tous les autres. Pourtant, si les choses ne changent pas, il vaudra mieux, je crois, ne pas imposer à ma mère une privation nouvelle, et lui procurer le bonheur de me voir, puisque je puis le faire cette année. Ne dis rien de ce projet, et prie bien pour que mon voyage dans la famille y produise les fruits que j'en attends.

« Bien chère Sœur, que ces peines et ces difficultés de famille nous montrent bien quel est notre bonheur à nous Religieux. Oh ! que nous avons vraiment choisi la meilleure part ! Nous avons à travailler et à souffrir, oui, mais beaucoup moins que si nous étions restés dans le monde, et combien nous avons plus de secours ! La sainte Messe tous les jours, l'oraison, des communions fréquentes !

« Prions, travaillons vraiment à devenir des saints ; cela attirera les bénédictions du bon Dieu sur toute la famille. Et tu as sans doute éprouvé bien des fois combien on est heureux le soir, quand au milieu de mille imperfections, de mille petites misères, on peut dire au bon Dieu : « Pourtant aujourd'hui j'ai fait pour Vous quelques sacrifices ; j'ai travaillé, j'ai fait mon devoir, malgré mes répugnances et mes ennuis ! » Quel bonheur au soir de notre vie, si chaque jour est ainsi bien rempli !

« Si je vais à l'Abbaye, je t'écrirai le jour, je célébrerai la sainte Messe, nous nous exhorterons l'un l'autre à la vertu, puis je verrai l'abbé Guillemé.

« Adieu, ma bien chère Sœur, force et courage : nous servons un bon maître. »

« Besançon, le 29 juin 1874.

« Bien chère Mère,

« J'ai eu la douleur d'apprendre que vous êtes malade.

« En vous écrivant au sujet des vacances, je ne pense pas avoir dit que je ne *voulais pas* et ne *pouvais pas* m'en aller. J'ai seulement manifesté mes *intentions* et donné quelques raisons à l'appui. Actuellement encore je suis persuadé qu'il me serait *à moi* utile et bon de rester ici. Mais je reconnais aussi que je me dois à ma famille, et surtout à vous, bien chère Mère. Le prêtre ne s'appartient pas, il faut qu'il s'oublie pour aller où on l'appelle ; il faut qu'il se dévoue pour les hommes, et surtout pour ceux qui lui sont proches, principalement quand ils sont malades et dans la peine.

« J'ai lu au R. P. Supérieur la lettre où l'on me parle de votre état de santé, et il m'a dit : « Si votre mère est malade, je crois que vous pouvez aller la voir. » Bien entendu, cela n'engage nullement pour une autre année. Je désire que cette nouvelle vous console et vous guérisse. Prions pour que ce voyage soit béni du bon Dieu et fasse du bien dans la famille : c'est mon unique désir et mon seul but.

« P*** m'écrit : « Si tu venais, on ferait très probablement tes noces. » Il me semble qu'il est un peu tard, je suis déjà un *vieux marié*. Mais tout sera comme vous voudrez : je vais en vacances pour vous, je ferai tout ce qui vous plaira, je suis entièrement à votre disposition. »

La distribution des prix eut lieu, le mardi 4 août ; et, le

soir même, le P. Cochet partait pour Rennes et Saint-Laurent, où il était vivement attendu. Il y passa un grand mois au milieu de sa famille, conseillant, consolant, exhortant, portant au bien, faisant vraiment œuvre de prêtre et d'apôtre.

Le 8 septembre suivant, il était de retour à Besançon, heureux de son voyage, et tout préparé à accepter et à soutenir de nouveaux travaux et de nouvelles fatigues pour la gloire de son divin Maître : ils ne lui furent pas ménagés.

CHAPITRE DEUXIÈME

PROFESSORAT

CHAIRE D'HISTOIRE ET GÉOGRAPHIE

1874-1876

SA NOMINATION SOUDAINE A LA CHAIRE D'HISTOIRE ET GÉOGRAPHIE ET SOLIDITÉ DE SON ENSEIGNEMENT — CONSEILS A UN FRÈRE — JUBILÉ A ARÇON — REFUS D'ALLER EN BRETAGNE — OCCUPATIONS DES VACANCES — NOUVELLES CHARGES : LEÇONS D'HISTOIRE ET DE GÉOGRAPHIE AU COURS PRÉPARATOIRE A SAINT-CYR ; SURVEILLANCE GÉNÉRALE — ÉPUISEMENT DE SES FORCES — JUBILÉ, PREMIÈRE COMMUNION, AUMÔNERIE DU REFUGE — PROGRAMME DE SA VIE — IL GARDE LE COLLÈGE DURANT LES VACANCES.

 A retraite des Pères terminée, le P. Cochet fut continué dans la fonction de surveillant des grands internes, dont il s'était si bien acquitté. Connu des élèves et les connaissant bien, déchargé d'ailleurs d'une partie de ses nombreuses surveillances, il se promettait une heureuse année : il allait vivre comme dans « un petit paradis ». Le bonheur et le repos ne furent pas de longue durée : soudain, le professeur d'histoire fit défaut, et, pour le remplacer, le R. P. Supérieur s'adressa au P. Cochet.

Peu préparé à ce genre d'enseignement par ses études antérieures, il s'y sentait naturellement peu porté, vu la médiocrité de sa mémoire ; il accepta pourtant, sans hésiter devant la peine ou le travail, guidé en cela par le seul intérêt du collège ou de la Congrégation.

« Le professeur d'histoire ayant manqué, écrit-il à sa mère, on m'a retiré l'étude et mis à sa place. Depuis lors, je suis obligé de travailler comme un nègre du matin au soir, sans prendre un moment de récréation. Si c'est là de l'avancement, il ne laisse pas de me coûter cher. Je me porte bien quand même, et, une autre année, je serai moins pressé, parce que mes travaux précédents me serviront. »

Il revient souvent sur ces idées dans ses différentes lettres à sa famille, et ce qu'il dit nous montre sa générosité et son esprit de sacrifice. En voici quelques extraits :

« Je suis obligé d'étudier beaucoup, beaucoup, mais enfin je n'ai pas lieu de me plaindre. N'ayant pour l'histoire que des moyens ordinaires et médiocres, je ne marche pas vite, et pourtant il faut que je fasse chaque jour un bon bout de chemin. Je n'ai donc qu'une ressource, c'est de marcher longtemps, sans m'arrêter, sans perdre une parcelle de mon temps. Au fond, je suis heureux, ou du moins je devrais être heureux de cette obligation de tant travailler. Je ne suis point à plaindre. J'ai une croix, sans doute, mais chacun a la sienne, et j'ai, pour m'aider à la porter, la communion de chaque jour. »

Et ailleurs, pour s'excuser de son silence à l'égard de son oncle Julien : « Dites-lui que mes sentiments à son égard n'ont pas changé; mais, cette année, obligé de tirer sur toutes les cordes pour faire face au travail qui m'incombe, je n'écris que le moins possible. J'ai perdu le peu de graisse que j'avais, et quelquefois la tête m'en fume. J'ai été indisposé quelques jours, mais je vais mieux maintenant; je n'ai de santé que juste ce qu'il m'en faut. On nous l'avait bien dit au noviciat : « Plus tard, vous aurez beaucoup à faire. » Je m'en aperçois. Il est vrai que, cette année, je me trouve dans une situation tout exceptionnelle, placé dans un poste élevé, par occasion, sans que j'y fusse préparé. L'an prochain, j'aurai moins d'ouvrage, d'autant plus que je compte bien travailler durant les vacances. Au reste, je suis content d'étudier l'histoire. »

Dieu récompensa son obéissance et son dévouement. S'il ne fut pas un professeur brillant, et il n'eût pas voulu l'être, il fut un professeur solide et consciencieux. Il n'allait jamais en classe qu'après avoir préparé sa leçon d'une façon très sérieuse, consultant les ouvrages, s'aidant de tous les secours qu'il avait à sa portée, recourant, s'il le fallait, aux lumières de maîtres plus expérimentés, afin de ne laisser aucun point obscur. Toujours calme, toujours digne, se possédant toujours bien, il exposait les questions avec lucidité et méthode, d'une parole simple et claire, ne visant point à briller, mais à instruire. Sachant combien la science coûte à acquérir, il se montrait d'une grande patience pour ses élèves, exigeant d'eux plus ou moins, suivant leur capacité, agissant sur eux par la raison plus que par la crainte, sans rien relâcher de son devoir : au contraire, sa rare ténacité et son égalité d'humeur arrivaient à bout de leurs caprices et de leurs résistances. Ses élèves l'appréciaient et l'estimaient; ils suivaient ses leçons avec fruit, en sorte que, dès cette première année, le P. Cochet suffit à sa tâche, ce qui n'est pas un petit éloge.

Si ses nouvelles études, en lui imposant de longues heures de travail, rendirent plus rare sa correspondance avec les siens, il ne les oubliait point cependant.

« J'ai reçu avec le plus grand plaisir la lettre que P*** m'a écrite : je faisais tout mon possible pour ne pas être inquiet, mais c'est à peine si j'y pouvais réussir. Je pense à vous, chère Mère, à la sainte Messe, le matin; pendant la journée, j'y songe peu, emporté que je suis par le tourbillon d'un travail de tous les instants. Les travaux de la campagne laissent au moins la liberté de penser à ce que l'on veut : l'étude captive, absorbe, fatigue et l'esprit et le corps. »

Il avait toujours à cœur leurs intérêts véritables, et, quand il s'agissait d'une question grave les concernant, il savait prélever sur ses heures d'étude le temps de leur écrire une longue et solide lettre, comme le prouve la consultation suivante, destinée à l'un de ses frères :

« P*** me dit, chère Mère, vos inquiétudes au sujet d'E*** : que vous ne le croyez pas à sa place, et que peut-être il aurait dû faire ses études.

« J'aimerais mieux qu'il fût resté laboureur, parce que cette position me paraît l'une des plus avantageuses pour le salut, et même pour le vrai bonheur ici-bas. En ce qui regarde les études, il y avait peu de goût, lorsqu'il était jeune, et ses moyens étaient très ordinaires, je crois. La pensée ne m'est jamais venue qu'il dût étudier.

« Quant à cet état d'inconstance, de malaise, dans lequel E*** se trouve actuellement, il peut venir de causes bien diverses. Quelquefois, c'est la sombre perspective de l'avenir qui attriste. A quinze ou dix-huit ans, on s'était bercé de belles espérances ; à vingt ans, on commence à voir que la vie n'est pas toute de rose ; et avoir devant soi cinq années de service militaire à faire, n'a rien d'agréable.

« D'autres fois, c'est le diable qui cherche à dégoûter de la vie paisible des champs, afin de jeter dans les plaisirs des villes. Ou bien, c'est le bon Dieu qui parle au fond du cœur, qui fait voir et sentir tout le vide des choses humaines, afin de nous attirer plus particulièrement à Lui. François éprouva aussi cette tristesse, ce besoin de changement, et assurément c'était par l'action de Dieu.

« L'important serait donc de connaître, s'il est possible, la vraie cause de l'état présent, afin d'y porter remède. Je vais écrire à E*** ; j'espère qu'il me répondra, et peu à peu je verrai que lui conseiller.

« Quand il viendra aux Cours, vous aurez sans doute occasion de lui parler en particulier ; maintenant qu'il est hors de la maison, il aura peut-être plus d'ouverture et d'abandon.

« S'il voulait s'instruire, il pourrait aller chez les Frères, à l'école du soir. S'il est obligé de faire cinq ans au régiment, il y trouvera aussi les moyens d'étudier. »

La peine que le P. Cochet prit en cette occasion, ne fut pas inutile ; son frère se rendit à ses conseils et lui écrivit une excellente lettre, dont il le remercie en ces termes :

« Chère Mère,

« Je vous prie de féliciter E*** de m'avoir écrit, et de l'en remercier. J'ai reçu peu de lettres qui m'aient fait autant de plaisir. Il y règne un grand bon sens, un raisonnement bien suivi, et un certain abandon, une certaine familiarité que l'on trouve rarement dans les lettres et que l'on devrait toujours y trouver. Je suis très content de la manière dont il m'explique pourquoi il est actuellement à apprendre l'état de boulanger, et ce qu'il veut faire plus tard. Je le félicite de cette lettre, qui prouve beaucoup en sa faveur. »

On ne se figurerait guère qu'avec le travail excessif
fourni chaque jour pour remplir dignement sa tâche, le
P. Cochet trouvât encore le temps d'évangéliser les populations environnantes. C'est pourtant ce qu'il ne manquait
pas de faire, chaque fois que l'occasion s'en présentait. A
Pâques même, durant les quinze jours de repos que lui accordait le congé traditionnel, et qui semblaient si bien mérités
et si nécessaires, au lieu de se délasser, soit à la maison par
des lectures instructives et quelques promenades aux alen-
tours de Besançon, soit hors de la maison par quelque
voyage d'agrément, il partit avec un autre Père prêcher le
Jubilé dans la paroisse d'Arçon, près Pontarlier.

« Nous avons eu quinze jours de vacances à Pâques. Ces
jours n'ont pas été pour moi sans fatigues. Voici pourquoi.
J'ai été envoyé avec le P. R*** prêcher un Jubilé près de
Pontarlier, dans la paroisse d'Arçon, une population d'environ six cent cinquante âmes.

« Le P. R*** prêchait deux fois le jour, moi une fois. Le
Jubilé a duré depuis le dimanche de Quasimodo jusqu'au
dimanche du Bon Pasteur. Cette paroisse est dans la montagne du Jura, près de la Suisse. Nous avons fait cinq
processions pour les stations : l'église était pleine à tous
exercices, et nos processions étaient très belles. Tous
marchaient alignés sur deux rangs : les jeunes personnes
d'abord, puis les enfants et les hommes, enfin les femmes
mariées. Le vendredi il y avait, sans exagérer, un bon pied
de neige ; on est sorti quand même. Il y a beaucoup de
foi dans ces montagnes. J'ai eu de la fatigue, mais aussi
combien de consolations! Ces gens-là m'ont profondément
édifié. Maintenant me voilà condamné pour trois mois à
apprendre de l'histoire ; c'est tout aussi pénible et moins
consolant. »

Ces trois mois se passèrent, comme les autres, dans un
travail assidu et pénible. Puis arrivèrent les vacances.
Après les fatigues de cette année, le P. Cochet aurait
dû, semble-t-il, faire valoir ses droits à un repos complet.
Combien même auraient profité de ce surcroît de besogne pour réclamer un second voyage en Bretagne! Il
n'en fut point ainsi de ce dévoué confrère. En 1874, il
n'était allé parmi les siens que par devoir, et après avoir

pris tout d'abord une résolution contraire, nous avons vu pour quelles raisons. Ces raisons le déterminèrent, en 1875, à se refuser cette satisfaction si naturelle. Il en instruisit sa mère dans une lettre datée du 25 juillet, où il lui présente ses vœux de fête.

Besançon, 25 juillet 1875.

« Bien chère Mère,

« Je profite d'un moment pour vous offrir les vœux que mon cœur de fils et de prêtre forme pour votre conservation et votre bonheur. Lundi prochain, je célébrerai la sainte Messe à votre intention et à celle de toute la famille, et je demanderai au bon Dieu qu'il vous protège, qu'il vous soutienne, qu'il vous console, et qu'il répande sur vous tous et sur chacun en particulier ses plus abondantes bénédictions. Je ne pourrai pas être présent à la petite réunion de famille : du moins, j'y assisterai d'esprit et de cœur. Dites, chère Mère, à tous les frères et sœurs, beaux-frères et belles-sœurs, que je les aime bien et que je désire pour eux tout le bonheur qu'ils peuvent souhaiter. Mes occupations de cette année ne m'ont pas permis de penser, de rêver à ma famille, mais, chaque matin, je la recommande à Dieu, à la sainte Messe.

« Pourquoi faut-il que cette lettre, qui devrait être toute d'espérance et de joie, vous annonce une nouvelle qui vous attristera ? Pourtant, il faut couronner par un dernier et grand sacrifice cette année qui en a déjà exigé plusieurs. Aux demandes qui m'ont été adressées au sujet de mes vacances, j'ai répondu : « Les examens me retiendront à Besançon « jusqu'au 15 août. » C'est vrai. Mais après ? Après ?... Je resterai à Besançon. C'était mon intention première et bien arrêtée. J'en ai parlé au R. P. Supérieur général, il m'a répondu : « Vous faites bien de ne pas me demander à « aller en Bretagne, je ne vous l'aurais pas permis. »

« L'année dernière, j'avais l'intention de rester, puis je cédai aux instances pressantes qu'A*** me faisait, en votre nom, chère Mère, me disait-elle, mais au fond en son nom propre : cette année, tout serait inutile, puisque je n'ai pas la permission et qu'on ne me l'accordera pas.

« Maintenant, je crois que la Providence a ménagé le voyage de l'année dernière, afin de me permettre de rester, cette année : ce qui me sera d'une grande utilité, vu ma position de jeune profeseur.

« Je ne regrette qu'une chose, c'est de vous faire de la peine et de vous priver d'une satisfaction bien légitime. En ce qui me concerne, j'en prends gaiement mon parti : c'est un sacrifice, il m'en coûte de le faire, mais je serai bien content quand il sera fait.

« L'année prochaine, j'espère bien passer avec vous tout le temps des vacances ; et même vous y gagnerez, chère Mère, parce que, quand je n'ai que quatre semaines, les visites, les voyages prennent presque tout le temps ; je ne puis guère rester à la maison : l'année prochaine, j'aurai cinq ou six semaines, je pense ; et, n'ayant pas plus de visites à faire, je resterai davantage avec vous.

« Je me propose de vous écrire souvent pendant ces mois de vacances. »

Qui n'admirera avec quelle délicatesse et quelles précautions ce bon Père annonce à sa mère le sacrifice que sa vertu lui demande, plus encore que l'obéissance ? Comme il sait en adoucir l'amertume par l'aveu de sa propre douleur, mêlé de pieuses raisons et de lointaines espérances, par la promesse surtout de lettres plus nombreuses, qui rapprochent par la pensée et trompent les longueurs de l'absence !

Tint-il cette dernière promesse ? Nous ne saurions le dire. Nous ne trouvons, en effet, dans sa correspondance, que deux lettres : la première, du 28 août, adressée à une sœur ; la seconde, du 6 septembre, adressée à sa mère. Elles nous disent comment il passa ses vacances, une fois la préparation des examens terminée, c'est-à-dire après la première quinzaine d'août.

Besançon, 28 août 1875.

« Ma chère Sœur,

« Aujourd'hui, fête de saint Augustin, votre Père, et patron de feu notre père, je ne puis laisser s'achever la journée, sans t'écrire quelques mots. Je dirai peu de choses, parce qu'il est déjà plus de huit heures et demie, et il faut que je me couche à neuf heures.

« Tu sais sans doute que, cette année, je ne vais pas en Bretagne: par conséquent, nous serons privés du bonheur de nous voir. Tâchons de bien aimer le bon Dieu, faisons notre devoir de notre mieux, et tout ira bien. J'espère que ta santé est bonne, et je suis persuadé que tu es de plus en plus heureuse: à vrai dire, nous avons la meilleure part. Je n'ai point reçu *de nouvelles de Saint-Laurent depuis quelque temps*; j'ai écrit à A***, il y a trois jours. »

(Sans doute on lui tenait un peu rancune de sa décision, et on voulait le lui faire sentir.)

« Je t'écris le jour de la Saint-Augustin, parce qu'il est le père des Religieuses qui, comme vous, mènent la vie commune. J'ai passé la journée au couvent de nos Sœurs de Notre-Dame de Charité du Refuge, à Besançon. Voici à quelle occasion.

« J'ai fait, avec un autre Père, une retraite de six jours à leurs pensionnaires et à leurs pénitentes. Je ne saurais dire combien de consolations nous avons eues près d'elles. Leur humilité, leur sincérité, leur générosité m'ont profondément édifié. La retraite s'est terminée, jeudi 26. Aujourd'hui 28, nous sommes allés officier à la messe et aux vêpres. Nous sommes entrés dans la clôture avec l'aumônier, auquel on a souhaité sa fête de la manière la plus touchante et la plus sincère. Ces enfants nous ont témoigné la plus vraie gratitude. J'ai appris ce soir que plusieurs des pénitentes s'étaient coupé les cheveux, afin de se mettre en quelque sorte dans l'impossibilité de sortir.

« Le bon Dieu s'est servi de mon ministère pour faire passer une jeune personne du Pensionnat au Noviciat. J'espère que mon coup d'essai sera heureux, et que, si c'est la première, ce ne sera pas la dernière. Je te dis cela, parce qu'il faut bien dire quelque chose, et ensuite pour te montrer que, si autrefois je me suis permis des plaisanteries sur les Religieuses, je les aime bien quand même; et maintenant que je les connais mieux, je ne m'en moquerai plus.

« Je ne sais pas si je m'en irai l'année prochaine, il n'y a

pas d'inconvénient à l'espérer. Si je le puis, je me propose
d'aller à l'Abbaye fêter saint Augustin. »

Besançon, 6 septembre 1875.

« Bien chère Mère,

« Je ne me rappelle pas combien il y a que je vous ai
écrit, ni ce que je vous ai dit. Mes vacances se passent ici
rapides et bien occupées. Hier, dimanche 5 septembre, je
suis allé à quatre lieues de Besançon, à Torpes, remplacer
le curé qui est absent. J'ai chanté la grand'messe et prêché,
puis les vêpres à deux heures, et je suis revenu le soir.
Dimanche prochain, je dois aller à Chalèze, à une lieue et
demie de Besançon, prêcher la Nativité, qui est la fête patronale.

« Je crois vous avoir dit que j'ai aidé un de nos Pères
dans une retraite chez nos Sœurs de Besançon. Je vous
envoie de leur part un petit paquet. En voici l'origine.

« Ces bonnes Mères nous avaient remis une petite somme
d'argent à la fin de la retraite. Le P. Supérieur n'a pas
accepté cet argent et nous l'avons reporté le jour de la Saint-
Augustin. Mais les religieuses ne se sont pas tenues pour
battues, et, il y a trois jours, nous avons trouvé, mon confrère et moi, chacun dans notre chambre, un tableau du
V. P. Eudes, des mouchoirs de poche, des bas, le tout marqué à nos initiales. Le P. Supérieur nous a dit d'accepter.
Dans ce gros paquet, il y en avait un petit pour vous ; je suis
autorisé à vous l'envoyer. Je l'ai bien emballé, et je vais le
mettre au chemin de fer.

« Vous voyez bien, chère Mère, qu'il est très avantageux
que je reste ici pendant les vacances : il n'y a point de frais
de voyage pour la communauté, point de frais de nourriture pour vous, et encore je vous envoie de bien petites
choses, il est vrai, mais offertes de bon cœur, et qui, j'en
suis sûr, vous seront bien chères.

« J'envoie à A*** un petit je ne sais quoi dont voici l'histoire. Le jour de la clôture de la retraite, jeudi 26 août, je
déchirai ma soutane. Une religieuse me la raccommoda, et,
pendant qu'elle cousait, il m'arriva de lui dire que j'avais

perdu l'aiguille dont je me servais pour coudre mes petites affaires. Cette parole n'a pas été perdue, et, dans le paquet, j'ai trouvé ce petit sac ; il est trop beau pour moi, c'est du luxe dont je ne veux pas ; je l'envoie tel que les Mères me l'ont donné, et je prie A*** de l'accepter : c'est un petit présent pour son jeune ménage.

« J'aurai cette année un surcroît de travail, car je dois faire le cours d'histoire et de géographie préparatoire à l'École militaire de Saint-Cyr. »

Rien assurément ne prouve mieux l'excellence de son enseignement que cette charge nouvelle. On ne confie point une fonction aussi importante à un esprit inférieur et qui s'est montré insuffisant dans sa première tâche. Si donc il recevait cette obédience, c'est que son savoir-faire de l'année précédente avait donné pleine satisfaction et garantissait l'avenir. L'honneur de la Congrégation l'avait emporté sur son humilité : placé subitement dans une chaire supérieure, et mis en demeure d'y faire bonne figure, il avait du premier coup, simplement, mais entièrement, satisfait aux exigences de la situation.

A cette seconde charge s'en joignit bientôt une troisième. Il parut nécessaire, à la rentrée d'octobre, d'établir un surveillant général, qui, sous la direction de l'autorité supérieure, s'occupât du détail de la discipline, prévenant ou corrigeant les négligences et les fautes, ne perdant pas de vue les allées et venues des élèves, s'efforçant par une vigilance de toutes les heures de procurer l'exacte application du règlement. Cette mesure intéressait au plus haut point le bon ordre du collège. Mais encore fallait-il trouver, dans le personnel, un homme capable de remplir cet emploi difficile avec le tact convenable, et sans nuire à ses autres fonctions. L'habileté que le P. Cochet avait déployée précédemment dans la surveillance des grands internes, et son dévouement à toute épreuve, mais toujours réglé par la raison, portèrent naturellement les regards sur lui. Nul ne sembla plus propre à cette charge délicate entre toutes, plus capable d'en accomplir les obligations sans blesser aucune susceptibilité, ni provoquer aucune irritation, chez les maîtres ou les élèves. On lui en fit donc la proposition, et, n'ayant d'autre désir que le bien de la maison, il accepta généreusement, sans compter avec les fatigues, les dérangements, les ennuis inhérents à ce genre de surveillance.

« Je serai le loup blanc, la bête noire, le croquemitaine du collège, écrit-il simplement ; ce n'est pas un beau rôle, mais il est bien utile. D'autres tâcheront de faire du bien ; moi, je m'efforcerai de faire éviter le mal. »

Et ailleurs : « Monter et descendre les escaliers, aller et venir, penser à mille choses, tout cela me fatigue, mais l'exercice m'est bon, ma santé gagne au changement de régime. »

Inutile d'ajouter qu'il ne trompa point les espérances communes, et que sa patience, sa charité, sa délicatesse surent admirablement concilier les exigences et les rigueurs de la discipline avec les égards, les condescendances, l'indulgence même, sauvegarde de l'union et de la paix.

Ce surcroît de besogne ne laissa pas que d'épuiser ses forces, à la longue ; et, vers le mois de mars, ses supérieurs durent prescrire quelque tempérament à son zèle et lui imposer un repos relatif. Voici comment il l'annonce à sa mère, à laquelle ses nombreuses occupations ne l'empêchent pas d'adresser sa lettre mensuelle :

« Je vous aime toujours bien, et je prie le bon Dieu pour vous ; mais cela n'est pas du nouveau. Je me plais toujours bien, et je suis heureux et content : cela ne l'est pas davantage. Mais voici une petite nouvelle : mes supérieurs m'ont recommandé de moins travailler. Je m'étais lancé avec beaucoup d'ardeur dans ces régions de l'histoire encore inconnues pour moi ; j'avais entrepris en outre divers petits travaux, et la fatigue est venue. Jusqu'à Pâques, je ne ferai donc que le strict nécessaire. Il me semble qu'on me croit bien plus fatigué que je ne le suis réellement : c'est ma petite mine qui me vaut cela.

« Au reste, à prendre les choses dans leur ensemble, ma santé se fortifie, et l'on me dit que je n'ai rien à craindre. Par conséquent, nulle inquiétude à mon sujet. »

Bientôt rétabli, il reprit avec un nouveau zèle ses habitudes de travail incessant. Son activité ne se dépensait pas seulement à l'intérieur du collège et pour l'intérêt des élèves, ou en ville dans des œuvres de charité, pour le soulagement spirituel et corporel des pauvres ; elle s'étendait aux paroisses et aux communautés qui réclamaient son assistance.

Déjà, au mois d'octobre, profitant de la retraite des élèves, il était allé, avec le P. R***, prêcher un jubilé dans la montagne, comme le porte la lettre suivante :

« Nous sommes partis, mardi matin, 26 octobre, et nous sommes revenus le jour des Morts, au soir. On donne souvent la Bretagne comme un pays religieux. Eh bien ! je ne sais pas s'il s'y rencontre beaucoup de paroisses aussi bonnes que celle que nous avons évangélisée. On y assiste parfaitement aux offices, même aux vêpres. A huit heures et demie dans l'hiver, on sonne la cloche pour la prière dans les familles. On y voit une Confrérie du Très Saint-Sacrement, et, le troisième dimanche de chaque mois, la plupart des jeunes filles et des jeunes gens communient. Il n'est presque personne qui ne fasse ses Pâques. La paroisse est d'environ 700 âmes : il n'y a eu qu'une seule exception au Jubilé. Ces bons laboureurs des montagnes sont d'une droiture, d'une simplicité admirables. Comme ils m'ont édifié ! Le jour de la Toussaint, tous les hommes chantaient, et de quel cœur ! le *Gloria* et le *Credo*, c'était à ravir. Le soir, on est venu en grand nombre prier pour les défunts à l'église ; cela s'est prolongé jusqu'à huit heures. Et le lendemain, à quatre heures et demie, on attendait à la porte. Il y a des pays où le bon Dieu est bien abandonné ; mais il y en a d'autres où il est bien aimé : cela console. »

A Pâques et à peine remis de son épuisement, d'autres bonnes œuvres sollicitent ses services, et il ne sait pas les refuser, si même il ne les propose. « *Ad omne opus bonum paratus* », comme le veut saint Paul, il est prêt à tout entreprendre et à tout souffrir. C'est d'abord une retraite de Première Communion et de Confirmation qu'il prêche à cent cinquante enfants, et l'édification, cette fois, n'empêche pas la fatigue. Puis, c'est l'Aumônerie du Refuge dont il se charge en partie.

« Prions bien l'un pour l'autre, écrit-il à une de ses sœurs. Prie bien pour la conversion de plusieurs âmes auxquelles je m'intéresse grandement. Puis-je te dire que, depuis Pâques, je suis presque aumônier ? Nos Sœurs du Refuge n'ont plus le leur : il est malade, et nous le remplaçons. Je suis chargé des pensionnaires, et je prêche tous les dimanches. Ces enfants sont bien édifiantes et bien bonnes. Je fais pour elles tout ce que je puis. Je leur parle tout simplement, et elles écoutent avec attention. Ce travail vient se joindre à mes classes ordinaires et à mes surveillances, de sorte que je n'ai pas un moment de libre. Je suis comme les boulangers : il faut que chaque jour je cuise ma fournée, et j'ai bien de la peine à suffire à la clientèle. »

Et à sa mère, un peu plus tard : « Je vous ai dit, je crois, que, depuis Pâques, je suis quasi aumônier du Refuge de Besançon. Nos Sœurs sont bien ferventes et bien simples ; leurs enfants bien dociles et bien reconnaissantes du peu que nous faisons pour elles. Toute cette Communauté, religieuses et enfants, fait une neuvaine à sainte Anne. C'est un petit bouquet de fête que je suis heureux de vous offrir. »

Quand on accepte des charges multiples avec autant d'abnégation et de courage, quand on sait ainsi mêler aux études profanes et aux occupations distrayantes d'une surveillance générale les études et les occupations propres au ministère sacerdotal, on ne court point risque de perdre le goût de son état et de sa vocation, tout au contraire. Aussi fait-il bon entendre le P. Cochet parler de son bonheur d'être eudiste et d'avoir été appelé par Dieu à lui consacrer sa vie dans la Congrégation de Jésus et Marie :

« C'est demain le 13 février, anniversaire du jour où je vous quittai pour me rendre au noviciat de la Roche-du-Theil. Voilà huit ans accomplis ! Je ne puis laisser passer ce jour, qui fait époque dans ma vie, sans témoigner au bon Dieu et à vous, chère Mère, ma vive reconnaissance. Voilà huit ans que je suis ecclésiastique, sept que je me suis consacré au bon Dieu par un acte solennel et définitif. Je suis heureux d'avoir fait ce que j'ai fait. Depuis huit ans, que d'événements ! que de changements ! Les enfants d'alors sont aujourd'hui des jeunes gens et presque des hommes. Le bon Dieu que j'ai pris pour unique partage est toujours le même, et, depuis huit ans, il n'a cessé de me combler de grandes grâces ! Je veux m'efforcer de le remercier ; et je vous remercie aussi, chère Mère. »

Et précédemment, il lui avait écrit ces lignes bien éloquentes dans leur simplicité : « Je suis de plus en plus heureux d'être prêtre et eudiste. Travailler toute l'année dans les fonctions obscures et pénibles du collège; pendant les vacances et chaque fois que l'occasion s'en présente, travailler au salut des âmes d'une manière plus directe et plus immédiate : voilà le programme que je me propose de suivre, avec la grâce de Dieu. »

Oui, voilà bien son programme, celui qu'il exécuta à la lettre en cette année scolaire 1875-1876, et qui demeura le programme de toute sa vie. On ne s'étonnera donc pas si, dans ces sentiments, il renonce une fois de plus, et pour le bien des âmes, au bonheur de revoir les siens.

« Je suis de plus en plus disposé à travailler ; je ne m'inquiète pas de ma santé : le P. Supérieur me dit que je puis aller longtemps comme cela. J'aurai de la peine à laisser le Refuge sans secours spirituels pendant les vacances. J'ai toujours l'espoir de vous voir, mais au commencement de septembre seulement. » Il n'annonçait pas encore, à cette date (23 mai), sa résolution définitive, afin d'épargner le cœur de sa bonne mère; mais une lettre du 26 juin à l'une de ses sœurs nous révèle ses intentions bien arrêtées.

Besançon, 26 juin 1876.

« Ma bien chère Sœur,

« Te verrai-je cette année? Je l'ignore. Le mieux pour moi serait de rester ici. Je le désire. Un voyage en Bretagne fera plaisir à toute la famille assurément, mais quel bien produira-t-il? Pendant ces jours que je passerais au milieu des miens et de mes compatriotes, je serais frère, je serais monsieur Cochet, monsieur l'Abbé, mais je ne serais pas Père, je ne serais pas apôtre; je perdrais mon temps à tous points de vue. Et pourtant, dans les conditions où l'obéissance m'a placé, j'ai un pressant besoin d'utiliser tous mes moments. »

Puis revenant sur son attachement à la Congrégation et le bonheur qu'il y goûte, il ajoute ces lignes, qui confirment ce que nous venons de dire plus haut, ce que nous avons répété plusieurs fois déjà, et ce que nous ne nous lassons pas de répéter, parce que c'est là le témoignage d'une âme fidèle aux grâces de Dieu, et sachant les estimer à leur juste valeur : « Tu me fais plaisir, grand plaisir, en me disant que nous avons eu beaucoup d'ordinands. A dire vrai, je suis très heureux d'être eudiste; je crois que l'Esprit du bon Dieu dirige réellement notre petite société. Je vis ici très occupé, j'ai bien des misères, mais, à tout prendre, je me plais bien, j'ai l'immense avantage d'avoir un supérieur et un directeur auquel je puis tout dire, absolument tout. Dans mes tristesses, je me confie à lui, et la gaieté revient.»

Sa résolution une fois prise, il s'agissait de l'exécuter, sans porter à sa mère un coup trop pénible. Combien, dans la circonstance, son amour fut délicat et ingénieux ! Il laisse passer le mois d'août presque entier sans troubler ses espérances : « l'absence de son Supérieur et de quelques autres Pères l'obligeait à garder la maison jusqu'en septembre. » Mais, pour lui prouver son affection, il lui écrit chaque semaine une lettre charmante, où il lui raconte sa vie, et tâche de l'égayer par ces petits riens agréablement narrés, qui font toujours plaisir à une mère.

Besançon, 10 août 1876.

« Ma chère Mère,

« Me voilà donc à la fin de l'année scolaire. Je suis maigre, bien maigre, sans que ma santé soit mauvaise. La chaleur est très forte ici, beaucoup plus qu'en Bretagne ; heureusement il fait toujours un peu d'air; jusqu'ici, je ne suis point abattu.

« Je me propose de vous écrire une fois par semaine: je vous dirai ce que je fais, nous causerons ensemble. Aujourd'hui, pour commencer, je vous dirai que j'ai été chargé des malles des élèves; j'en ai bien remué hier, si bien que j'ai été obligé de changer de linge; cela m'a rappelé avec plaisir le temps où je travaillais à la campagne. Mon travail de professeur est certainement plus épuisant que le travail des champs.

« La moisson est faite ici : on fauche les blés, puis on ratèle tout; cela va bien plus vite qu'en Bretagne. Les terres ne se louent pas cher, et il y en a qui restent à affermer.

« Je ne vous ai encore rien dit de ma chambre : elle est au-dessus de celle du R. P. Supérieur, elle a deux fenêtres, c'est une des plus belles pièces de la maison, elle a l'inconvénient d'être froide en hiver et très chaude en été; c'est égal, je m'y plais. J'ai deux tables, trois chaises, avec un petit buffet: je la tiens propre, afin d'y demeurer plus volontiers. Malheureusement mon balai commence à s'user.

« Vous voyez que je suis de belle humeur. Pourtant j'ai bien sommeil : hier soir, nous avions représentation théâtrale, et, ce matin, nous étions levés avant quatre heures. »

Besançon, 20 août 1876.

« Ma bien chère Mère,

« Je m'étais proposé de vous écrire chaque semaine, de façon à ce que ma lettre arrivât le dimanche, et j'y manque dès la première fois! Mais cette semaine, j'ai fait aux domestique du collège une retraite qui a absorbé tous mes instants, d'autant plus que le Père qui devait m'aider est tombé malade. Il paraît que la chaleur a été excessive, ces jours-ci; je ne m'en suis guère aperçu, le collège est assez frais, et je ne suis pas accablé.

« Il est quatre heures. Après dîner, je suis allé à l'hôpital voir plusieurs malades; je leur ai porté des chapelets et de petits livres; j'ai aussi visité des pauvres à trois kilomètres de la ville. J'arrive tout en nage, et il faut que j'aille à quatre heures et demie au Refuge donner le Salut. La retraite a fini ce matin à neuf heures. Vous voyez que mon temps a été bien occupé. Ma santé se fortifie, et je pense que, si la chaleur tombe un peu, je vais prendre de la mine... Je suis heureux et content. Je prie chaque jour pour vous, ce qu'ont fait aussi mes retraitants. Au Refuge, on me demande souvent des nouvelles de votre santé. »

Le jour vint cependant où il fallut parler.

Besançon, 23 août 1876.

« Ma bien chère Mère,

« Aujourd'hui, fête de saint Augustin, j'ai célébré la sainte Messe pour papa, pour Auguste, pour vous, et pour chacun des frères et sœurs. J'ai assisté, ce matin, à la première Messe d'un de mes confrères, au Refuge de Besançon. A midi, nous sommes allés servir à table les pauvres chez les Petites Sœurs. Je reviens de prêcher au Refuge. Je vous écrirai plus longuement une autre fois. Je ne compte pas m'en aller, à moins que je ne change de maison, ce qui est très possible. Les principaux du collège étaient obligés de se rendre à l'Assemblée générale qui s'est tenue à la Roche-du-Theil. Il fallait bien qu'il demeurât quelqu'un pour garder la maison... Et puis, je suis habitué au Refuge ; ces pauvres enfants seraient restées bien isolées.

« Je ne suis pas changé, comme vous le supposez : mes cheveux tombent, voilà tout. Je ne travaille pas trop, je ne fais rien que dans les limites de l'obéissance. Seulement, quand il s'agit des âmes, du bien spirituel, j'avoue que je fais tout mon possible, la chose en vaut la peine.

« Le P. Supérieur ne revient que samedi, 2 septembre, notre retraite commence le 18 : je n'aurais que 16 jours, ce n'est pas assez pour faire 400 lieues.

« Je ne manque jamais de prier pour vous à la sainte Messe. Je me porte bien. Je vais me délasser maintenant. Je me plais bien : j'ai ici une bonne petite position... Je serais heureux pourtant de quitter à cause de vous, parce que cela me donnerait l'occasion de vous voir ; mais pour moi, je ne demande pas mieux que de rester.

« Ma bonne Mère, ne pleurez pas, je suis près de vous par le cœur. Le bon Dieu nous récompensera de nos sacrifices. Je vous écrirai bientôt de nouveau. Si je reçois mon changement, je vous le ferai savoir immédiatement. »

Qui n'admirerait, dans le décousu de cette lettre admirable de naturel et de sentiment, un art ingénieux que seule peut enseigner la piété filiale la plus vraie et la plus tendre ! Ce n'est plus une lettre, c'est une conversation, la conversation d'un fils avec sa mère en pleurs, dont il cherche à atténuer, à calmer les douleurs, en lui laissant quelque espoir, en la prenant par l'endroit le plus sensible : son affection même pour ce fils chéri entre tous, dont la santé et le bonheur la préoccupent si vivement ! Trois jours après, une autre lettre suivait, celle-là très longue, toute pleine d'effusions touchantes et de gais propos, très propre assurément à sécher les larmes dans les yeux de la mère, et à ramener la joie dans son cœur.

Besançon, 30 et 31 août 1876.

« Ma bien chère Mère,

« Ma dernière lettre a dû vous causer de la peine. Il m'en a coûté à moi-même de faire le sacrifice des vacances. Il m'eût été bien doux de vous revoir, de revoir les frères et sœurs, de prier sur le tombeau de mon père et de mon frère. Mais il faut savoir imposer silence à la nature, même dans ses tendresses les plus légitimes, pour suivre les inspirations plus hautes, plus élevées de la perfection sacerdotale et religieuse. Au reste, il est possible que je vous voie. Il y a trois ans que je suis ici : je ne serais pas surpris de recevoir mon changement, bien que je ne m'y attende pas.

« Tâchons de prendre notre mal en patience, et de faire de nécessité vertu : un sacrifice gaiement accepté paraît moins pénible. Je vais donc vous écrire en riant.

« Je me console de n'être pas allé en Bretagne. Savez-vous pourquoi ? C'est que cela m'a procuré l'avantage d'être supérieur. Il est si doux de commander et d'être dans les honneurs ! Les lettres adressées au Révérend, quelquefois au Très Révérend Père Supérieur du collège Saint-François-Xavier, c'est moi qui les recevais et qui y répondais. Venait-on au parloir demander le Révérend Père Supérieur, je me présentais. Souvent on montait dans ma chambre prendre mes ordres : « Faut-il faire ceci ? faut-il faire cela ? » Moi, je me recueillais un instant, je réfléchissais et je donnais gravement ma décision. A table, je disais le *Benedicite* et les Grâces et… je servais la soupe ! Voyez de quels honneurs votre fils a été comblé ! Il serait trop long de vous raconter tous les actes de ma supériorité : j'ai reçu la visite du Révérend Père Supérieur des Jésuites ; un de mes confrères a été ordonné prêtre, c'est moi qui l'ai présenté au Supérieur du Grand Séminaire ; je suis allé faire visite à Mgr Besson, évêque de Nîmes, ancien supérieur du collège, et il est venu souper à notre table ; il y a quelques jours, j'ai donné l'hospitalité au Révérend Père Abbé de la Trappe de la Grâce-Dieu. Quels honneurs pour Pierre-Marie Cochet !

« Le jour Saint-Augustin, nous sommes allés déjeuner chez nos Sœurs du Refuge, c'est moi qui ai présidé le repas ; et, chose de bon augure, j'ai couché deux fois dans le lit d'un évêque ! Je vous demande si tout cela ne vaut pas bien la peine de se priver d'un voyage au pays.

« Ce n'est pas tout. Si j'étais supérieur, j'étais aussi économe ; j'avais la clef de la caisse. J'ai reçu de l'argent (et j'étais, je vous l'avoue, bien embarrassé pour placer le timbre sur la quittance), j'ai reçu de l'argent pour la pension des élèves ; mais j'ai dépensé beaucoup plus que je n'avais reçu, si bien que, ce matin, au retour de l'économe, quand nous avons fait la caisse, il y avait... 400 francs de déficit ! J'en étais surpris, navré. Il me semblait pourtant avoir bien tout marqué. A la fin, nous avons retrouvé quatre billets de 100 francs ; je ne me rappelais plus qu'ils étaient là. Heureusement pour eux : car si je les y avais sus, ils n'y seraient pas restés, attendu que je n'ai pu payer tous ceux qui m'ont demandé de l'argent. Je crois que je ne serais pas un bon teneur de livres ; je me trompe toujours dans mes opérations.

« Hier, l'après-midi, je suis allé à l'hôpital ; j'y ai distribué des images, de petits livres, des chapelets. Les malades sont si contents de voir qu'un prêtre vienne les visiter, leur parler ! Ce matin, je me suis enfermé dans ma chambre, et j'ai dormi depuis 8 heures 1/2 jusqu'à 11 heures 1/2. Ce soir, je suis allé au Refuge confesser : j'y ai passé près de trois heures. J'aime bien ces pauvres enfants.

« Je ne suis pas missionnaire, je ne le serais jamais, je n'ai ni assez de voix ni assez de force. Mais je ne manque aucune occasion d'annoncer la parole de Dieu. Depuis la semaine sainte, j'ai composé et écrit au moins 35 sermons nouveaux ; j'ai prêché plus de 65 fois. Je ne sais point faire les grands sermons, mais j'aime bien à causer tout simplement, comme en famille.

« Vous voyez que je ne suis pas à rien faire. Je vous dis tout cela, afin de vous faire accepter plus facilement le sacrifice que le bon Dieu vous demande pour le moment. Je suis plus d'à moitié franc-comtois; pour peu que je reste encore ici, je cesserai tout à fait d'être breton.

« Si cette lettre peut vous faire rire, j'en serai content. La fin n'est pas si plaisante que le commencement : je ne suis pas en train ce soir, et je n'y vois plus, quoiqu'il ne soit pas encore sept heures ; mais les jours diminuent bien : il fait froid et il pleut.

« Je donne le bonjour à tous les frères et sœurs, parents et amis, voisins et connaissances, surtout aux vieux et aux vieilles, aux pauvres, ce sont les plus reconnaissants. Je vais voir à l'hôpital un vieux qui me dit en me serrant la main et en la baisant : « Monsieur, quel honneur vous me faites ! » — Votre fils joyeux et content. »

Les choses n'allèrent pas aussi facilement qu'il l'espérait : les esprits s'irritèrent quelque peu à Saint-Laurent, et le bon Recteur de Domagné se fit l'interprète de la famille dans une lettre assez vive, où il s'en prenait à la sévérité des supérieurs autant qu'à l'abnégation de son neveu, qu'il taxait d'excessives. Celui-ci répliqua par une lettre fort nette, qui coupa court à toute discussion : il y affirmait à nouveau sa résolution, dont il prenait toute la responsabilité.

Besançon, 8 septembre 1876.

« Ma bien chère Mère,

« Vous avez dû recevoir ma dernière lettre, dimanche : elle était assez plaisante, et j'espère que vous l'aurez prise du bon côté, tout simplement, comme je vous l'écrivais.

« Mon oncle de Domagné m'a écrit : il me fait des reproches assez vifs. Je connais assez votre foi et votre soumission à la volonté du bon Dieu, pour croire que vous avez accepté le sacrifice que le devoir a exigé de nous deux. Mes supérieurs ne sont pour rien dans cette affaire : c'est moi qui, vu les circonstances, ai prévenu le R. P. Général que je ne désirais pas aller en vacances cette année. C'était chose décidée depuis longtemps, et, si je ne vous l'ai pas dit tout d'abord, c'était afin de vous préparer à ce coup que je prévoyais devoir vous être pénible.

« J'ai beau réfléchir, je reste toujours persuadé que j'ai bien fait, que j'ai mieux fait d'agir ainsi. Je n'en ai aucun regret, aucune contrition. Si c'est une faute, je déclare que je ne m'en repens aucunement, et je ne dis pas que je ne recommencerai pas. Je crois avoir été utile ici à quelques âmes : dans mon pays j'aurais fait plaisir à plusieurs, c'est vrai, mais je n'aurais fait de bien à personne.

« Je pensais quitter peut-être Besançon cette année, et, dans ce cas, je serais allé vous voir. Mais non, le R. P. Supérieur m'a dit que je restais ; je changerai seulement un peu d'emploi... Du reste je me plais fort bien ici. »

Une autre lettre du 15 annonçait à la mère affligée la retraite annuelle pour le 18, et lui enlevait ainsi toute espérance de vaincre la résolution de son fils, d'autant qu'il était chargé de prêcher cette retraite, ce qu'il fit à la satisfaction générale.

CHAPITRE TROISIÈME

PRÉFECTURE ET ÉCONOMAT A BESANÇON

1876-1880

LE P. COCHET EST NOMMÉ PRÉFET DU COLLÈGE : ZÈLE ET DÉVOUEMENT, VUES SURNATURELLES — CHARITÉ POUR LES PAUVRES — ZÈLE POUR LE SALUT DES AMES — VOYAGE A SAINT-LAURENT — MODIFICATIONS DANS SON OBÉDIENCE : L'ŒUVRE DES PETITS RAMONEURS — MORT DU RECTEUR DE DOMAGNÉ — PARTAGE DES BIENS DE FAMILLE — CONSEILS SPIRITUELS — MISSIONS ; SACRIFCES ; CONVERSIONS — IL EST NOMMÉ ÉCONOME : ADMINISTRATION ENTENDUE — DÉPART DE BESANÇON.

USQU'EN 1876, il n'y avait point eu de préfet de discipline au collège catholique : le supérieur en remplissait l'office, autant que ses autres fonctions le lui permettaient. Mais, à cette époque, le succès avec lequel le P. Cochet s'était acquitté de sa surveillance générale l'année précédente, et le grand bien qui en était résulté pour tous, fit penser à l'établir préfet en titre à la rentrée d'octobre. Ainsi, le supérieur serait soulagé dans sa multiple administration et pourrait s'appliquer avec plus de liberté à la direction des études. A cette fin, on déchargea le P. Cochet d'une partie de ses classes : il n'eut plus à faire que le cours d'histoire et géographie préparatoire à Saint-Cyr, ce qui montre une fois de plus la valeur reconnue de son enseignement. Il est vrai qu'on y adjoignit la direction de la Conférence de saint Vincent-de-Paul, devenue vacante par le départ du P. R***; mais c'était là, pour ce cœur compatissant aux misérables, moins un travail qu'un délassement et un repos, moins une charge qu'une consolation.

Préfet du collège, le P. Cochet consacra à cette importante fonction tout son zèle et son dévouement. Il n'est fatigues de nuit et de jour qu'il ne s'imposât pour assurer le bon ordre général et la marche régulière des choses, conservant partout et en tout son calme et sa dignité, toujours fidèle à se trouver à son poste à l'heure dite, sachant unir la bonté à la fermeté. « Je ne suis guère sévère, écrit-il quelque part, mais on me craint cependant, parce que j'ai l'air austère et que je parle peu. » Tel fut, en effet, le secret de son autorité incontestée durant les quatre années de sa préfecture à Besançon. Une autre raison en fut son union intime avec son supérieur, auquel il rendait exactement compte de tout chaque jour, ne faisant rien sans l'avoir consulté; il ne le consultait même qu'après avoir longuement prié et mûrement réfléchi, en sorte que les vues qu'il lui proposait étaient toujours appuyées de sages et fortes raisons. Ces raisons, toutefois, ne prévalaient point à ses yeux sur celles de son supérieur. D'une soumission parfaite, il modifiait ses idées, s'il y avait lieu, et agissait dans le sens qui lui était indiqué. Profondément convaincu que ceux qui ont mission de commander reçoivent de Dieu des lumières spéciales pour le gouvernement des autres, et que Dieu accorde ses grâces à ceux qui exécutent fidèlement les ordres ainsi donnés, une fois sa détermination prise, il y tenait fermement et engageait ses inférieurs à l'exécuter ponctuellement. Nous n'oserions pas assurer que cette façon de voir et d'agir, toute surnaturelle, plût à tous en toute occurrence, elle est trop contraire à l'orgueil et à l'amour-propre humain; ni que les mesures prescrites par lui fussent toujours couronnées de succès, l'exécution défectueuse modifie souvent ou empêche même les résultats espérés. Mais cela n'enlève rien à la valeur et à la sagesse de la décision.

Avec ses nouvelles fonctions, ses lettres se font, du moins en 1876-1877, plus rares et plus courtes; toujours remplies d'ailleurs des mêmes sentiments d'affection surnaturelle pour les siens, surtout pour ceux qu'éprouvent la maladie ou la mort, de dévouement à son emploi, de reconnaissance envers Dieu pour la grande grâce qu'il lui a faite de l'appeler au sacerdoce et à la Congrégation de Jésus et Marie, de jour en jour plus appréciée de lui et plus aimée. Sa charité pour les pauvres commence à s'y donner libre cours : ils deviennent une des plus grandes préoccupations de sa vie.

« Des cent francs que vous avez eu la bonté de m'envoyer, il ne m'en reste plus que quatorze. Si les frères et sœurs, beaux-frères et belles-sœurs, voulaient me faire une petite aumône, je leur en serais bien reconnaissant; si j'osais, je vous prierais de demander aussi quelque chose à ma tante A***. Je n'ai besoin de rien pour moi : au contraire, je trouve que j'ai trop. Mais je voudrais pouvoir aider ceux qui n'ont pas, surtout la Communauté du Refuge, qui se trouve réduite à l'extrême misère. Le travail manque ici, et le travail, c'est le pain de ces pauvres enfants. On ne peut pourtant les renvoyer : elles retourneraient au vice. »

— « Je me porte bien, je suis heureux et content. Je veux aimer le bon Dieu et ses pauvres de tout mon cœur.

« A propos de pauvres, voici une demande que je me permets de vous faire. Vous m'avez envoyé cent francs, je vous en remercie : ils sont dépensés. Je n'ai point fait de feu cet hiver : le P. Économe m'a donné vingt-cinq francs, ils sont aussi dépensés. Je vous prierais de m'envoyer cinquante francs, à prendre sur *le petit bien du côté de papa*. Je ferai bon usage de cet argent : je ne l'emploierai que d'après l'avis de mon Supérieur.

« Quelquefois il me vient à la pensée de demander aux frères et sœurs, et à vous, Maman, un peu d'argent. Autrement, je ne m'en irais pas aux vacances. Mais cela ne serait pas bien. Je compte absolument aller vous voir bientôt. Je n'ose plus vous demander d'argent, vous m'en avez déjà beaucoup envoyé. Je vous prie seulement de *m'avancer* cette petite somme de cinquante francs. S'il y a partage plus tard, cette somme sera à déduire.

« Il est plusieurs familles pauvres auxquelles je m'intéresse beaucoup. Nous nous occupons en ce moment de la conversion d'une famille protestante, une veuve avec quatre enfants. »

Cette dernière phrase nous révèle bien le fond de son cœur et le vrai but de ses pensées. Secourir le pauvre, subvenir à ses besoins, adoucir ses souffrances, voilà certes le premier exercice de la charité; mais en rester là, ne serait-ce pas pure humanité et philanthropie? Le chrétien, le prêtre surtout, doit tendre plus haut, et, tout en soulageant le corps, viser à l'âme. Le P. Cochet ne l'oublia jamais. Apôtre partout et toujours, il fit encore plus de bien par ses paroles que par ses aumônes; et qui dira le nombre de ceux qu'elles ramenèrent au sentiment de leur devoir, à la soumission envers Dieu, à la résignation chrétienne? Avec quelle joie il annonçait à sa bonne mère les conversions qu'il opérait dans ces âmes égarées! « Nous avons eu le bonheur de ramener à la foi catholique une femme protestante. Elle est morte dans les sentiments les plus admirables. Nous restons chargés de ses trois petits orphelins. Que je voudrais être riche! »

Inutile de dire que, malgré la fatigue inhérente à ses nouvelles fonctions, il ne laissa pas, aux vacances de Pâques, d'évangéliser les paroisses voisines. Cette fois, ce fut à Mamirolles, à quatorze kilomètres de Besançon, et dans une paroisse limitrophe privée de curé, qu'il alla semer la parole du salut et convier ses frères au banquet eucharistique. Il le fit avec succès et consolation. Mais il commit l'imprudence d'en revenir à pied, et sans assez de précaution, si bien qu'il fut gravement indisposé.

« Dans ma dernière lettre, écrit-il le 27 avril, je vous disais que ma santé était bonne. C'était vrai alors, mais ça ne l'est plus rigoureusement. Je suis revenu de Mamirolles avec un gros rhume, et, depuis quinze jours, j'ai tous les membres brisés. Je prends du fer, du bouillon, du quinquina. Il paraît que je n'ai guère de sang. Au reste, je n'ai point le cœur malade, et ne pense pas mourir de sitôt.

« Je me trouve heureux; je suis allé deux fois à l'hôpital aujourd'hui, j'en ai vu de bien plus malades que moi, j'en trouve de bien plus malheureux. »

D'un côté, la fatigue provenant de ses multiples et pénibles occupations, et, de l'autre, la nécessité de donner à sa famille la satisfaction qu'elle réclamait en vain depuis trois ans, le déterminèrent cette fois à faire, au temps des vacances, un voyage en Bretagne. Il y faisait allusion plus haut, et, dans une lettre à sa mère, il l'annonce en ces termes :

« Je demanderai à m'en aller dès les premiers jours des vacances. Il semble qu'on n'est pas content que je sois resté trois ans sans revenir. Mais il faut qu'on le sache, ce

n'est point par indifférence. Dieu sait combien j'aime mes
parents, et combien mon pays m'est cher. Il serait doux à la
nature de revoir des lieux et des personnes que j'ai tant
aimés. Mais je ne suis pas prêtre pour suivre le penchant de
la nature. — Vous me direz : « Mais il fallait venir, sinon
pour toi, au moins pour nous. » — Assurément pour faire du
bien à l'âme d'un de mes parents, volontiers je traverserais
la France. Mais je ne puis guère espérer faire du bien à ceux
qui me sont proches par la nature ; je leur ferai plaisir, je
leur serai agréable : quant à leur faire un bien réel, je n'y
compte pas. Or pendant les deux vacances que j'ai passées
ici, je crois avoir été utile à quelques âmes. Je ne puis donc
regretter d'avoir fait ce que j'ai fait.

« Le prêtre est avant tout sauveur d'âmes, consolateur
des affligés, soutien des faibles. Je suis fils, frère, neveu ;
mais avant tout je suis prêtre.

« Voilà un sermon : je crois être dans le vrai. Je puis
affirmer d'ailleurs que je vous aime autant que n'importe
lequel de vos autres enfants. J'aime certainement beaucoup
aussi toute ma famille ; plusieurs fois par jour, je prie pour
mes parents, et il n'est pas très rare que des larmes viennent
mouiller mes yeux, quand j'évoque les souvenirs de mon
enfance.

« Cette année, comptez sur moi. Le R. P. Supérieur m'a
promis de m'envoyer en Bretagne. »

Certes, personne parmi les siens ne pouvait raisonnablement l'accuser d'indifférence ; il donnait à tous trop de preuves de son affection sincère et profonde. Nombre de ses
lettres rappelaient à sa mère son vif désir d'être informé de
tous les deuils ou de tous les malheurs, qui éprouvaient ses
parents ou ses amis ; et nul parmi ceux-ci qui, au moment
de l'épreuve, n'eût reçu de sa main quelques lignes, ou
mieux, quelques pages de pieuses et solides consolations.
Seulement, aimé de tous, à cause même de la bonté de son
cœur, tous désiraient le revoir ; de là des plaintes un peu
amères parfois, qui ne laissaient pas de lui être très sensibles.

Cédant à ces instances réitérées, le P. Cochet résolut donc
de faire le voyage de Saint-Laurent, et il disposa si bien
toutes choses, avec l'agrément de ses supérieurs, qu'il y

arriva, agréable surprise, assez à temps pour célébrer la fête de sa mère.

La rentrée d'octobre 1877 apporta quelques changements dans sa situation : il cessa de diriger la Conférence de Saint-Vincent-de-Paul, mais il fut chargé du catéchisme de Première Communion, de l'Œuvre des Petits-Ramoneurs, et de la surveillance des domestiques.

Nous ne dirons rien de la première et de la troisième de ces fonctions, dont tout le monde connaît les difficultés, sinon qu'il s'en acquitta avec tout le zèle qu'elles comportent, préparant ses catéchismes avec un soin scrupuleux, tâchant de mettre les plus haute vérités à la portée de ces jeunes intelligences, priant et demandant à Dieu la grâce qui illumine et qui dispose ; d'autre part, allant et venant, montant et descendant sans cesse, pour surveiller son personnel. Mais nous ne pouvons passer la seconde sous silence : elle tient de trop près à l'histoire du Collège Catholique.

Besançon est la ville aux cheminées : quiconque l'a contemplée du haut des *glacis* ou des hauteurs voisines, ne pourra y contredire. Des toits émerge toute une forêt de cheminées de toutes formes et de tout aspect : cheminées étroites et tortueuses, qui ne peuvent être nettoyées que par des enfants d'assez petite taille. Ces enfants, aux gages de quelques patrons, arrivent chaque année par escouade des misérables régions de la Savoie ou de la vallée d'Aoste : pauvres petits abandonnés au milieu de la grande ville, ils y grandiraient dans l'ignorance et le désordre, si la charité chrétienne ne venait à leur secours. Emus de leur triste sort, des élèves et des professeurs du collège Saint-François-Xavier avaient eu, dès le début, la pensée de les réunir plusieurs fois la semaine pour leur donner quelque instruction, surtout pour leur apprendre le catéchisme et les préparer à la Première Communion. Longtemps restreinte et modeste, cette œuvre prit plus d'éclat et d'accroissement avec l'arrivée des Pères Eudistes. L'un d'eux lui consacra tout son dévouement et tout son cœur ; il en fit en quelque sorte le centre de sa vie. Dès lors les petits ramoneurs eurent un costume à part, costume de marins, bérets et vareuses, de laine l'hiver, de coutil l'été ; ils eurent aussi leurs jours de fête, entièrement passés au Collège, sous la surveillance des élèves les plus âgés et les plus sérieux de la Conférence de Saint-Vincent-de-Paul, avec assistance à tous les offices de la chapelle (sans oublier la Messe de communion du matin), déjeuner au chocolat, et dîner plantureux. On leur fit l'école à jours réguliers, et on leur y apprit à lire, à écrire, à calculer ; on les prépara avec soin à la Première Communion, on leur inculqua profondément les vérités de la religion. Fréquemment confessés, ils purent même s'approcher chaque dimanche de la sainte Table, si leur dévotion les y poussait, et leur pieux directeur ne manquait pas de les y exhorter vivement.

Cette œuvre n'était donc point une sinécure ; et le P. Cochet en l'acceptant savait quel surcroît de labeur il s'imposait, soit pour la maintenir dans l'heureuse condition où la laissait son prédécesseur, soit pour se procurer les ressources nécessaires, qui venaient toutes ou presque toutes de la charité publique.

Le P. Cochet, l'ami des pauvres et des petits, s'y dépensa sans réserve : il y avait là de jeunes esprits à cultiver, des cœurs à attacher à Notre Seigneur Jésus-Christ ; et l'on peut dire que cette œuvre lui était triplement chère, parce qu'elle avait pour but d'apprendre à connaître et à aimer Dieu, et de l'apprendre à des pauvres et à des enfants. Aussi n'y avait-il pas de plus doux moments pour lui que les heures passées au milieu de ces petits déshérités de la fortune : vraies heures de délassement, de consolation et de joie, qui le dédommageaient amplement des autres fatigues de son ministère.

Deux évènements importants marquèrent pour lui cette année scolaire 1878-1879 : la mort de son bon oncle de Domagné, M. l'abbé Cochet, et le partage des biens de famille. Le premier eut lieu en janvier ou février, le second en mai.

Aux vacances, lors de son voyage en Bretagne, le P. Cochet avait trouvé son oncle assez souffrant, et souvent dans ses lettres, depuis son retour, il s'inquiétait de sa santé. Rien pourtant ne faisait prévoir un dénouement si proche. Aussi quelle douleur et quelle surprise il éprouva, en apprenant la fatale nouvelle ! Les lignes suivantes adressées à sa mère, quelques jours après, attestent son émotion, et sont en

10

même temps un témoignage de son désintéressement et de
sa loyauté :

« La mort de mon oncle de Domagné est arrivée comme
un coup de foudre!... M. H*** m'a écrit que le cher défunt
me léguait sa bibliothèque et une aube : j'ai dit de les transporter à Saint-Laurent, jusqu'à nouvel ordre.

« J'ai appris par M. H*** que des difficultés se sont élevées
au sujet du testament. Je le regrette vivement. Notre oncle
ne nous devait rien : il était parfaitement maître de son bien.
Aux yeux de la loi, le testament est inattaquable, et M. H***
est légataire, c'est-à-dire héritier universel. Mais, au fond,
M. H*** n'est que l'exécuteur testamentaire de notre oncle :
il ne doit ni ne veut rien mettre dans sa bourse. Notre oncle
laisse des dettes, ses affaires sont un peu embrouillées : il
est bien plus convenable que ce soit un prêtre qui se charge
de régler tout cela.

« Pour moi, je saisis cette occasion pour rappeler à mes
héritiers que je ne possède rien en propre ni à Besançon, ni
à Redon ; ils n'auront rien à réclamer à la Communauté
après ma mort. »

Et ramené par le sujet à des idées qui lui étaient familières, il ajoutait : « Le 29 janvier, j'ai pensé à mon oncle,
mort recteur de Saint-Jacques, et à François. J'ai prié pour
l'un et pour l'autre, ils sont déjà bien loin de nous : voilà
plus de quinze ans que mon oncle est mort, et François plus
de huit!... Tout passe !

« Le 2 février ramenait l'anniversaire de ma naissance et
de mon baptême. J'ai achevé ma trentième année ; je ne suis
plus un jeune ! Si du moins je devenais meilleur !

« Demain, 13 février, c'est l'anniversaire du jour où je
quittai la maison maternelle pour me rendre au séminaire de
la Roche-du-Theil, il y a dix ans, c'était en 1868 ; et le 16 de
ce mois me rappelle le jour où j'ai revêtu le saint habit ecclésiastique. Que de choses se sont passées en moi depuis
dix ans ! J'étais un cultivateur..., depuis longtemps déjà je
suis prêtre, et l'on me dit : « Mon Père ! » J'aime à me rappeler le passé pour en remercier le bon Dieu, et aussi pour
ne pas tirer vanité des marques d'estime et de respect que je
puis recevoir. Je ne suis qu'un paysan habillé en prêtre.
J'aime beaucoup les pauvres, les petites gens, me souvenant

que j'en suis, et que Notre-Seigneur, le modèle des prêtres, les a beaucoup aimés. »

Le partage des biens de famille ayant été décidé par Mme Cochet au printemps de la même année, le P. Cochet donna à l'oncle Julien procuration pour le représenter, et échangea avec lui à cette occasion un certain nombre de lettres, soit pour lui indiquer nettement ses intentions, soit pour la location ou la vente du lot qui lui était échu : car il rêvait d'en employer le prix en bonnes œuvres, dons au collège, charités envers les pauvres, ou propagande des bons livres. De ces lettres, où éclatent merveilleusement son esprit de justice et son desintéressement, en même temps que sa charité, sa sagesse et sa piété, nous ne citerons que la première, où il donne ses instructions.

Besançon, le 10 mai 1873.

« Mon cher Oncle,

« Mon frère P***, dans sa lettre du 5 courant, m'apprend que notre mère veut partager son bien entre ses enfants, et me prie d'envoyer ma procuration. C'est vous, mon bien cher Oncle, que je choisis pour me représenter ; j'espère que vous voudrez bien me rendre ce service.

« Voici mes intentions, et j'en envoie copie à maman :

« 1° Ce sont les bons comptes qui font les bons amis. On ne saurait apporter trop de soin à ce que tout se fasse selon les règles, et d'une façon claire et nette.

« 2° Je désire ne point céder maintenant la part de bien qui me revient.

« 3° Je ne voudrais pas que chacun s'engageât à me fournir une rente viagère ou pour un nombre d'années déterminé.

« 4° Je ne veux pas avoir à m'occuper de la gestion de mon bien. Un capital, me fournissant une rente, me conviendrait donc mieux ; on ferait un lot de moins. Mais je crains que plusieurs ne soient gênés de me fournir une part du dit capital, A*** par exemple. De plus, les jeunes gens préféreront peut-être conserver leur argent que de le mettre en biens-fonds.

« 5° Le mieux est peut-être que je tire un lot ; je me préterais volontiers ensuite aux échanges et arrangements qui seraient avantageux et agréables à l'un de mes frères ou sœurs. Puis, soit maintenant, soit un peu plus tard, je vendrais ma part à celui à qui elle conviendrait, et je placerais l'argent.

« 6° Je ne sais pas quelles sont les intentions de maman. Mais, si elle le juge à propos, je serais loin de trouver mauvais que l'on donnât quelque chose de plus à ceux et à celles qui ont travaillé plus longtemps à la maison.

« 7° Mon intention actuelle est de conserver à la famille le fonds et d'employer les revenus en bonnes œuvres.

« 8° Je ne saurais procurer à ma famille les avantages d'utilité et d'agrément qu'elle aurait pu tirer de moi, si j'étais vicaire ou curé dans le diocèse de Rennes. En compensation, il faut remarquer que mon séminaire n'a absolument rien coûté qu'un très mince trousseau; que j'ai fait don à maman de ma dot de mariage et de mon inventaire, à l'exception de cent francs, ce que je n'aurais pu faire, si je n'avais pas été eudiste. Maman m'a envoyé cent ou peut-être deux cents francs à Besançon. De plus, je crois que, si j'avais été dans le ministère paroissial, je n'aurais pas laissé une succession considérable. Enfin, je ne suis pas prêtre pour ma famille, mais pour les âmes.

« 9° Je vous donne plein pouvoir pour faire tout ce que vous jugerez bon, je ratifie tout ce que vous ferez en mon nom. Ne voulant que le bien et la justice, nous sommes toujours assurés de nous entendre. »

Ce qui n'éclate pas moins dans cette correspondance, c'est son amour des siens, si tendre, si délicat, si éclairé. Il cherche à leur éviter la moindre gêne, les plus légers ennuis, et, à l'occasion, leur prodigue les plus pieux et les plus sages conseils. « Il est désolé que sa sœur A***, qui n'a point d'argent disponible, soit justement celle qui doit lui verser huit cents francs. — Il s'unit de tout cœur aux réunions de famille, conservant un excellent souvenir de celles des vacances. Il se réjouit surtout de les savoir tous en bonne santé, et d'honnêtes et bons chrétiens. — A Besançon, il ne peut que prier pour eux, mais il le fait assidûment; plus tard, si l'obéissance le rapproche et qu'il puisse leur rendre quelque service, il le fera volontiers. »

Les pages suivantes méritent une mention spéciale :

« Si je terminais ici ma lette, écrit-il à sa mère, vous la trouveriez trop courte. Pour allonger la sauce, je vais y mettre, non pas une cuillerée d'eau, comme dans la marmite, mais un petit sermon.

« Voici : je vous aime bien, ma bonne Mère, et tous les frères et sœurs, beaux-frères et belles-sœurs aussi ; je pense que personne n'en doute. Or, quand on aime quelqu'un, on lui désire, on lui veut du bien, et on lui en fait, si on le peut.

« L'âme est plus que le corps ; l'éternité plus que le temps. Comme chrétien et comme prêtre, je dois donc souhaiter et désirer et demander pour ces êtres si chers les biens temporels, sans doute, mais surtout les biens qui ne périssent point et l'or avec lequel on achète le ciel. Eh bien, je me permets de leur offrir, comme marque de mon affection, le conseil de *communier souvent*. La communion est la principale nourriture de l'âme, la plus fortifiante, la plus substantielle. Si on ne lui donne pas le pain, à cette pauvre âme, elle sera bien chétive, elle n'aura point de force. Tel est l'enseignement de l'Église, et mon expérience personnelle m'en a prouvé la vérité. Je voudrais donc que tous les frères et beaux-frères communiassent aux *bonnes fêtes*, comme on dit ici ; les sœurs et belles-sœurs tous les quinze jours, ou mieux encore toutes les semaines.

« Quand on doit communier, on prie mieux, on s'examine, on réfléchit, on fait attention à soi. On néglige la communion sous le beau prétexte qu'on n'est pas digne, qu'on n'est pas assez sage ; et la vérité est qu'on ne veut pas se gêner, qu'on ne veut pas veiller sur soi. Autant vaudrait dire : « Je ne vais pas manger de soupe, ni de « viande, parce que je suis faible et que j'ai grand besoin « de fortifiant. » Nous ne valons guère, c'est évident ; mais communions, *afin* de devenir moins mauvais. »

Et à l'une de ses sœurs, qui lui avait confié ses peines de conscience : « Bien volontiers, j'accepte l'invitation de célébrer pour toi la sainte Messe. Je la dirai le 3 janvier, jour de l'octave de saint Jean, l'apôtre bien-aimé, le grand prédicateur du saint amour de Dieu et du prochain. Et chaque jour j'aurai une intention spéciale pour les besoins particuliers de ton âme. Je me reprocherais de ne pas travailler au bien d'une âme ordinaire; à plus forte raison, quand il s'agit d'une sœur et d'une religieuse.

« Je ne connais pas assez la nature du mal pour en indiquer le remède. Mais il faut t'efforcer de découvrir la cause de ces peines intérieures. Tu le sais, quelquefois elles sont une épreuve envoyée par Dieu; il n'y a qu'à courber la tête et accepter.

« D'autres fois, ces pensées sont la suite de négligences habituelles, de fautes volontaires, d'immortifications... Dans ce cas, il faut enlever la cause du mal et faire de généreux efforts pour être fidèle aux inspirations de la grâce et aux lumières de la conscience. Il faut beaucoup d'énergie et de courage.

« Ces états d'impuissance, d'aridité et de peine, sont très propres à nous faire toucher du doigt notre misère et nous aident puissamment à acquérir l'humilité, c'est-à-dire la vraie connaissance de nous-mêmes.

« Au reste, il faut de la patience envers soi-même et beaucoup de douceur : supportons-nous, malgré nos misères ; soyons étonnés de ne pas commettre plus de fautes encore. Car il est certain que si Dieu ne nous soutenait pas de sa main paternelle, il n'est pas de crimes que nous ne puissions commettre.

« Hier soir, après lecture de ta lettre, je suis tombé sur un chapitre de l'Imitation dont la méditation pourra te faire du bien. C'est le 11ᵉ du Livre IIIᵉ : *Les désirs du cœur doivent être examinés et modérés*. De même les chapitres 12, 35 et 36 du même livre ; tu feras bien de les méditer. Plusieurs fois, ouvrant au hasard ce livre d'or, j'y ai trouvé la paix et la tranquillité dont mon âme avait besoin.

« Je prends bien part à tes souffrances; je conçois tout ce qu'elles doivent avoir de pénible, surtout si, comme tu l'insinues, tu n'as personne à qui en faire part, personne qui te comprenne, te relève, t'encourage. Quel soulagement de déverser dans un cœur ami le trop-plein de son propre cœur ! Quel supplice de souffrir seul ! seul !

« J'espère que le Dieu de consolation visitera de nouveau par sa douce présence ton âme agitée, *et les flots s'apaiseront*. Au reste, n'oublions jamais que la dévotion sensible n'est point l'essence de la vraie piété. C'est la volonté, la volonté supérieure, la fine pointe de l'esprit que Dieu regarde ; et quelles que soient les froideurs, les répugnances de la sensibilité, quels que soient les écarts de l'imagination, il est toujours en notre pouvoir de diriger notre volonté vers le bon Dieu.

« Du courage ! ô Sœur affligée, c'est le moment de cueillir une riche moisson de mérites et de montrer à Dieu que véritablement tu l'aimes. »

Et quelques mois après, à la même, cette autre lettre où il lui renouvelle ses avis et ses consolations, en lui découvrant sa propre âme et ses admirables dispositions :

« Dans ta dernière lettre, tu me disais que des peines intérieures te faisaient beaucoup souffrir. J'aime à croire que le calme est revenu. Au reste, quel que soit l'état de la partie sensible, maintenons-nous toujours dans la volonté bien arrêtée de ne commettre aucune faute consentie, absolument aucune, et de ne nous laisser aller à aucune imperfection réfléchie, calculée. Allons droit à Dieu avec confiance. Quand on a Dieu pour soi et le témoignage de sa conscience, on est riche et fort, et l'on supporte facilement les petits mécomptes et les petites injustices des créatures.

« N'oublions pas que la volonté seule fait le mal. Si grandes que soient les agitations de notre imagination, les impressions de notre sensibilité, tant que tout cela déplaît à la volonté, soyons sans crainte.

« Sois heureuse d'être cloîtrée, et près de tes supérieures Vous avez sur les religieuses non cloîtrées des avantages immenses, que j'apprécie de plus en plus, à mesure que l'expérience me fait connaître le monde plus à fond.

« Combien nous devons nous estimer heureux aussi d'être religieux ! Quel bonheur d'être tout à Dieu ! Et combien nos peines, nos mortifications, nos humiliations, sont peu de chose, à côté de ce que souffrent la plupart des gens du monde ! Nous sommes vraiment les enfants gâtés du bon Dieu.

« Tu ne serais peut-être pas contente, si je ne te parlais pas un peu de moi.

« Je suis toujours ici dans les mêmes fonctions, c'est-à-dire celles de Préfet de police : tu vois que je dois être bien méchant. Je ne le suis guère cependant, et, en ce moment, tout agent de police que je suis, je remplace le Directeur de la Congrégation de la Sainte-Vierge et de la Conférence de Saint-Vincent-de-Paul ; j'unis ainsi en moi les deux extrêmes, le Père a la petite vérole : je suis seul autorisé par le R. P. Supérieur à aller le voir et à lui donner des soins. Si je gagne cette maladie, elle achèvera de me faire bel homme : il ne me manque plus que cela.

« Je n'ai point de goût naturel pour ces fonctions de surveillant général ; mais il ne faut pas tenir compte de ses goûts, autrement on n'aurait pas de mérite, et les supérieurs pourraient difficilement contenter tout le monde.

« Et puis, quand on n'a pas ce qu'on aime, il faut aimer ce qu'on a (bon à méditer). »

Ce surcroît de fonctions, dont il parle dans cette lettre, en le mettant de nouveau en contact assidu avec les pauvres, réveille en lui plus vif que jamais le désir de les soulager : désir stérile puisque les partages ne sont pas encore faits ; ils n'ont qu'épuisé sa bourse, en nécessitant l'envoi d'une procuration :

« Une chose me gêne quelquefois, c'est de ne rien avoir à donner aux pauvres, aux malades surtout. Si au moins je pouvais mettre de côté une partie de ce qu'on me donne pour ma nourriture ! Mais non, rien, rien ! A l'impossible nul n'est tenu, mais c'est pénible ! En ce moment il ne me reste plus que 15 sous ; la procuration a fait une grosse brèche à ma bourse ; elle m'a coûté 22 francs. Ah ! les notaires ! Je ne le dis pas pour que vous m'envoyiez de l'argent, il y aurait à cela des inconvénients ! »

Quoique déchargé de la direction de la Conférence, il n'avait pas pour autant cessé de travailler et même de souffrir pour les pauvres. N'écrivait-il pas, à la fin de décembre, ces lignes éloquentes dans leur laconisme : « Le temps s'est bien adouci, nous sommes en plein dégel ; j'espère gagner mes 25 francs, en ne faisant point de feu ! »

D'autre part, son zèle pour le salut des âmes, loin de se ralentir dans cet excès d'occupations, prenait un élan nouveau. Le 16 avril, il partait pour le Locle, ville protestante, où il n'y avait qu'un catholique sur dix habitants, afin d'aider le curé pour les Pâques, dépensant ainsi au service

des autres les quelques jours de repos qui lui étaient accor-
par la Règle :

« Je pars pour le Locle, en Suisse, écrivait-il à son oncle
Julien, peu de jours avant. Je recommande à vos prières
ce ministère important et difficile. On m'insultera, on me
jettera peut-être des pierres. Si on me tue, je m'en aper-
cevrai bien.

« Que j'ai de grâces à demander au bon Dieu ! Je trouve
que je ne m'amende pas en vieillissant. Cependant si le
prêtre n'est pas un saint, qui le sera ? On me dit que je res-
semble à saint Joseph, mais... par la tête seulement : ce ne
me sera pas une grande recommandation. »

Et à sa mère, le 21 avril, il rendait ainsi compte de sa
mission.

« Je profite d'un moment libre pour vous donner de mes
nouvelles. Je me porte bien ; je continue d'être heureux et
content.

« Je suis arrivé au Locle le mardi soir, après avoir passé
la journée en voiture. Le temps n'est pas beau. Aujourd'hui,
jour de Pâques, il n'a fait que pleuvoir. Ces jours derniers,
il neigeait, et, tout autour de moi, je vois encore de gros
amas de neige sur les montagnes.

« J'ai travaillé tant que j'ai eu de l'ouvrage, mais hélas !
un grand nombre de catholiques ne le sont plus que de nom
et ne remplissent guère leurs devoirs religieux.

« Le curé catholique a beaucoup de zèle et de dévouement :
sa paroisse s'étend très loin, les chemins sont très difficiles
au milieu des montagnes ; pendant trois mois, cet hiver, on
n'a pas vu la terre, elle a été continuellement couverte de
neige. Ce bon curé a pour habitation un seul étage d'une
petite maison ; il y a des locataires au-dessus et au-dessous
de lui. Il ne peut sortir en soutane, il porte seulement une
longue redingote. Il est au Locle depuis sept ans, seul, au
milieu de ces protestants, sans beaucoup de consolations, à
l'âge de 33 ans ! je l'admire et je le plains.

« Le pays est ici de toute beauté ; mais je ne désire pas
me promener en soutane au milieu de ces protestants. Je
partirai, dès que l'ouvrage sera fini. J'ai beaucoup prié et
fait prier : le succès est entre les mains du bon Dieu.

« Il est triste de se dire que dans ce village de 12,000

âmes, il y en a plus de 10,000 qui sont dans l'erreur. Cette religion protestante n'est rien ; la plupart de ses adeptes ne pratiquent aucune religion. Que je les plains !

« J'apprécie plus que jamais la grâce que le bon Dieu nous a fait de naître dans un pays et de parents catholiques. Si ces pauvres gens savaient au moins reconnaître la vérité, et s'ils avaient le courage de la suivre ! »

La mission du Locle finissait le dimanche 30 avril, et, le mercredi suivant, il se rendait à Arçon, où il avait prêché le Jubilé trois ans auparavant, afin d'y faire aussi les Pâques. Il y fut reçu à bras ouverts par la population, qui avait conservé de lui le meilleur souvenir, et son ministère y produisit un grand bien. « Je suis resté plusieurs jours à Arçon, dans cette paroisse où, il y a trois ans, je commençai mon ministère avec le P. R***. J'ai eu la consolation de revoir un bon nombre d'hommes ; j'ai été vraiment très heureux de me retrouver au milieu de cette population, qui a conservé de nous un bon souvenir, je ne sais pourquoi. »

La bénédiction de Dieu l'accompagnait dans tous ces travaux, et il y accomplissait des prodiges. Dès cette époque, il exerçait sur les pêcheurs une influence merveilleuse ; et, dans les cas désespérés ou difficiles, on commençait à réclamer son intervention. Lui-même le laisse entendre à mots couverts dans quelques-unes de ses lettres : « Je visite en ce moment trois hommes malades ; ils ont grand besoin de conversion. »

Et une autre fois : « Mardi dernier, j'ai fait l'enterrement d'une femme protestante, convertie au catholicisme. L'année dernière, à pareille époque, j'avais baptisé la fille, qui mourait quelques semaines après. La mère était baptisée et avait fait sa Première Communion, il y a quinze jours. Toute la famille est protestante ; ils sont touchés des soins que nous avons donnés à la mère ; ils désirent me voir. Puissent-ils reconnaître leurs erreurs et revenir à la seule vraie religion ! »

La fin de l'année scolaire, en ramenant les vacances, ramena aussi la question du voyage en Bretagne. Il s'en abstint ; mais il semble que le sacrifice lui coûta plus que d'ordinaire : la visite de 1877 avait renoué tant de liens si doux ! Il fit agréer sa résolution à sa mère en reprenant les arguments du passé : « Il n'était prêtre que pour le bien des âmes et non pour goûter les douceurs de la famille... et, à Saint-Laurent, il ferait plaisir, mais peu de bien ; tandis qu'à Besançon, il pourrait rendre de réels services... Puis, il avait peu le temps de travailler le reste de l'année, et pourtant il devait, en tant que prêtre, posséder une science sérieuse... Il mettrait donc à profit ces mois de répit pour étudier la théologie et l'ascétisme, les seules choses pour lesquelles il se sentait du goût... Enfin ce serait éviter des dépenses assez considérables, et l'argent épargné pourrait être employé d'une façon plus utile et plus surnaturelle. » On accepta assez facilement ses raisons, et il en éprouva une grande joie. « J'ai été content de savoir que vous acceptiez bien la privation de me voir aux vacances. C'est un sacrifice dont Dieu nous récompensera. »

Les mois d'août et de septembre s'écoulèrent rapidement pour lui, au milieu d'occupations matérielles qui l'absorbèrent presque totalement et lui redonnèrent, au moins pour un moment, cette « santé robuste qu'il retrouvait toujours dans les travaux manuels ». Il ne laissa pas, cependant, de rendre aux communautés et aux paroisses voisines les services spirituels qui lui furent demandés ; et il crut, à la fin des vacances, pouvoir affirmer que son séjour au collège avait été vraiment utile.

La rentrée de 1878, sans rien changer d'essentiel à sa situation (il restait chargé de la discipline, de l'ordre général et de la propreté de la maison, de la direction des domestiques, de l'Œuvre des Ramoneurs et du catéchisme de Première Communion, etc.), fut pour lui l'occasion d'un assez grand sacrifice : celui de la table commune. Il l'annonce en ces termes : « Le R. P. Supérieur nous a envoyé deux Frères, je ne sais si je vous l'ai dit. Je mange avec eux et avec les domestiques. On me plaint, et moi je ne me trouve pas à plaindre ; je me mets bien à l'aise avec eux, et je tâche de les mettre à l'aise avec moi. Puis, je vois clairement que ma présence est utile, et cela donne du courage. »

Assurément, son obédience était fort chargée, et, pour peu qu'on ait l'expérience des collèges, on se demande comment il pouvait arriver à la remplir, surtout avec la perfection qu'il mettait à chaque chose. Cependant, il trouvait encore

le temps de donner des leçons de théologie à un confrère
qui se préparait à recevoir les ordres. « C'était pour lui,
disait-il en riant, le moyen de ne pas tomber et croupir
dans une ignorance crasse. » Du reste nul ennui, nul dégoût,
nul désir d'une autre position : il faisait gaiement l'œuvre
que Dieu lui avait confiée. « Je ne manque pas d'occupations :
je pourrais dire que je suis bien *en ménage*, comme on parle
en Bretagne, car j'ai à m'occuper de beaucoup de petits
détails de propreté, d'ordre et d'économie. Tout cela n'a
rien d'attrayant ; il est vrai qu'on peut et qu'on doit tout faire
pour Dieu. » Et ailleurs : « Je me porte bien et je suis loin
d'être à plaindre. Je m'efforce de pratiquer ce qui est
exprimé dans ce refrain :

> « Quand on n'a pas ce que l'on aime,
> « Il faut aimer ce que l'on a. »

Les choses allèrent ainsi jusqu'en février, où l'obéissance
lui demanda un nouveau sacrifice. Il en informe ainsi sa
mère : « Je dois vous dire aussi que j'ai changé de fonctions.
Je suis maintenant maître d'étude de la division des
moyens. Le Père qui était chargé de cette division n'a pas
réussi, on l'a changé. Le P. Supérieur n'a pas jugé prudent
d'y mettre un nouveau surveillant, qui aurait pu ne pas
réussir encore. J'ai donc été placé à ce poste, tout en conservant mon titre de Préfet de discipline. Je fais le dortoir,
et c'est du dortoir que je vous écris. Je me plais beaucoup
maître d'étude, « je m'y aime », comme on dit dans ce
pays. Mes élèves vont bien. Il me semble que je suis fait
pour être surveillant. J'ai bonne oreille et bon œil, et j'en
fais bon usage. Je vais profiter de ma position présente pour
étudier un peu. »

Cet arrangement, qui avait ses avantages, il vient de nous
les dire, avait aussi ses désagréments. Il est pénible aux
professeurs de ne pouvoir s'adresser sur le champ au
préfet pour traiter de leurs difficultés avec les élèves ; car
le recours au supérieur n'est pas toujours possible ; et
celui-ci, d'ailleurs, perd plus qu'il ne gagne à se mêler du
détail de la discipline. Le P. Cochet eut en outre le tort
de céder une partie de ses fonctions à celui-là même

qu'il remplaçait, et qui n'avait rien de ce qui convenait pour les relations, soit avec l'extérieur, soit avec les élèves, soit avec le personnel domestique. Il craignait, sans doute, de charger quelqu'autre de ses confrères, mieux fait pour la chose, et il voulait trouver un emploi à ce malheureux surveillant; la mesure n'en était pas moins une erreur d'administration qui provoqua bien des critiques. D'autre part, certaines fonctions dont il ne pouvait se dessaisir et certains devoirs de charité le forçaient parfois à chercher des remplaçants pour ses surveillances. Ces services se rendent d'abord avec plaisir, mais à force de se répéter, ils fatiguent et importunent.

Il y eut donc de légers mécontentements, qui n'échappèrent point au P. Cochet et le firent secrètement souffrir. Mais en homme habile et toujours maître de ses impressions, il feignit de croire à la bonne marche des choses, tâcha de diminuer les occasions de plainte et atteignit ainsi patiemment la fin de l'année.

C'est durant cette même année 1878-1879 que se manifesta d'une façon éclatante son merveilleux pouvoir sur les cœurs endurcis.

On lit, dans une lettre du 23 février : « Je viens recommander à vos prières un jeune homme de vingt-deux ans, qui se meurt poitrinaire et qui est bien éloigné de Dieu. J'ai visité et confessé son frère, mort l'année dernière. C'est uniquement à cause de cela que celui-ci consent à me recevoir : il m'a dit que, si ce n'était moi, il ne recevrait aucun prêtre, et qu'il ne croit plus à rien. Le médecin ne lui donne que pour quinze jours de vie. Priez bien pour que le bon Dieu l'éclaire et le convertisse. »

On pria suivant sa recommandation, et le Père lui-même pria si bien que, sept semaines plus tard, il pouvait écrire, le cœur inondé de joie . « Le jeune homme que je vous avais recommandé dans une de mes dernières lettres, est mort, le 31 mars, dans de très bonnes dispositions. Il changea subitement d'idées et de raisonnement, au bout de quelques visites. Plusieurs fois il s'est confessé, et quand j'allais le voir, nous priions ensemble. Il a communié trois fois. J'ai assisté à son enterrement, mardi 1er avril.

« Le père de ce jeune homme ne sait comment me témoigner sa reconnaissance : il vient de me promettre de se confesser et de faire ses Pâques, choses qu'il n'a pas faites depuis longtemps.

« Il y a, dans le voisinage, plusieurs pécheurs que je voudrais bien ramener à Dieu : je vous les recommande. »

Cette double conversion fit du bruit et attira une certaine notoriété à sa vertu ; dès lors, on ne manquait point de l'appeler à l'hôpital près des malades qui refusaient les secours de la religion : il avait la grâce de les toucher et de les amener au repentir et au pardon.

Le Jubilé de 1879 procura au P. Cochet l'occasion d'évangéliser deux paroisses durant le congé de Pâques. Il en fut tout heureux. « Mon rêve, mon idéal, écrit-il à l'oncle Julien, a toujours été de travailler comme surveillant pendant l'année scolaire, et comme missionnaire pendant les vacances, tempérant ainsi l'un par l'autre ces deux genres de vie, qui, pris séparément, auraient leurs ennuis et leurs dangers. »

Une lettre du 24 avril nous relate le détail de ces missions : « Nous avions vacance depuis le mardi de la Semaine Sainte, 8 avril, jusqu'au mardi de Quasimodo, 22. Le Mardi-Saint, je partis de grand matin avec les élèves et j'allai jusqu'à Montbéliard, sous-préfecture que P*** pourra vous montrer sur la carte. Là, je vis le curé, qui est un ancien professeur du collège, et je confessai deux personnes, auxquelles j'ai rendu service autrefois ; elles avaient désiré me voir. A 11 heures, je pris le train pour redescendre à l'Isle-sur-le-Doubs, où j'arrivai à midi : de là je me rendis à Rang, paroisse située à 3 kilomètres de l'Isle. A 1 heure j'y étais.

« Le soir, à 7 heures, je commençai le Jubilé, qui se termina le dimanche soir, aux vêpres. Je prêchai deux fois le Jeudi-saint, le Vendredi-saint, et le saint jour de Pâques. Les autres jours, je prêchais une fois. Je confessai beaucoup. La paroisse est bonne. Presque tous les hommes ont fait leurs Pâques et leur Jubilé.

« Le dimanche de Pâques, à 7 heures du soir, je dus prêcher encore à l'Isle-sur-le-Doubs, chef-lieu de canton de 2.000 habitants.

« Le lundi de Pâques, au matin, je repartis pour Besançon. Je passai quelques heures à la Communauté, et, à 2 heu-

res, je repris le train pour aller prêcher le Jubilé de l'in-
l'Emagny, dans le département de la Haute-Saône. Je
commençai le soir même à 7 heures, et toute la semaine j'ai
prêché chaque soir, et le matin j'ai fait une petite méditation.

« Le mercredi, j'ai commencé la retraite préparatoire à la
Première Communion des enfants, auxquels, les trois derniers jours de la semaine, j'ai fait deux instructions.

« Le dimanche de Quasimodo, nous avons eu un beau
temps et une magnifique cérémonie ; toutes les petites filles
étaient vêtues de blanc. Il a fallu prêcher trois fois selon la
coutume : à la Messe, aux Vêpres, à la Consécration à la
Sainte-Vierge, qui a eu lieu le soir à 6 heures et demie. Le
lundi, j'ai dit un petit mot à la Messe d'actions de grâces
et, ce même jour, j'ai encore été retenu à l'église jusqu'à
11 heures ; dans l'après-midi, j'ai vu aussi quelques personnes. Je suis revenu à la Communauté mardi 22, à 8 heures,
pour reprendre mon service le soir.

« Les curés que j'ai rencontrés ont été très aimables
pour moi, et m'ont témoigné même beaucoup de confiance.
Je n'ai rien vu que de très édifiant, et cependant j'ai été très
heureux de reprendre la vie de communauté ; plus je vois le
monde, plus j'apprécie les avantages de ma sainte vocation.

« Je suis un peu fatigué, mais pas trop. Je suis très heureux de m'être fatigué pour le bon Dieu. Voilà ce que
j'aimerais à faire toujours : être surveillant pendant l'année,
et missionnaire pendant les vacances. Je ne suis point un
grand orateur, je cause tout simplement, mais on écoute
bien, on paraît comprendre. »

Moins que jamais, il négligeait les intérêts spirituels et
supérieurs des siens. Une nouvelle situation avait été créée
à sa mère par le partage des biens de famille. Retirée dans
le faubourg d'Antrain, tout près de son frère, M. Julien
Texier, elle vivait seule, sans même de servante. Cette
vie paisible et tranquille, repos mérité après tant d'années
de peines et de labeurs incessants, lui permettait de s'appliquer avec un soin plus assidu à la sanctification de son
âme. Son fils s'en préoccupait vivement et, dans ses lettres,
il cherchait à l'élever et à l'unir toujours plus à Dieu.

N'en citons qu'un exemple : « Je le sais, le P. Eudes a

établi un Tiers-ordre sous le titre de « Filles du Cœur admirable de la Mère de Dieu. » Ce tiers-ordre se réunit dans l'église Saint-Sauveur de Rennes ; vous pourrez trouver là tous les renseignements dont vous aurez besoin. Je crois que c'est le Tiers-ordre qui vous conviendrait le mieux, parce que les réunions se font à Saint-Sauveur.

« Vous pourriez aussi vous livrer à l'oraison et aux pratiques d'une vie plus parfaite. Pour cela, il vous faudrait faire choix d'un prêtre avec lequel vous fussiez bien à l'aise et qui fût non-seulement votre confesseur, mais encore votre directeur. Il vous dirait comment faire oraison et comment disposer votre temps.

« Si vous n'avez personne, vous me l'écrirez. A Saint-Martin, il y a des Pères qui vous conviendraient bien, je crois. »

Même zèle, ou plutôt un zèle plus grand encore pour la perfection de ses sœurs consacrées à Dieu. S'il leur écrit, c'est toujours pour leur rappeler les plus hautes maximes de la vie religieuse. L'une d'elle lui a-t-elle adressé ses vœux de fête, il lui répond par ces considérations élevées et pratiques :

« Je te remercie de tes vœux et de tes bonnes prières ; en avançant dans la vie, nous sentons mieux nos imperfections et nos misères. Il faut éviter le découragement que cette pensée pourrait faire naître dans notre âme. Nous sommes loin du but, loin du terme : qu'en conclure, sinon qu'il nous faut marcher courageusement vers cette perfection dont le sommet nous apparaît dans un horizon si lointain?

« Quand la marche n'est pas interrompue, quelque lente qu'elle soit, on arrive, quoique tard, au terme du voyage. »

« Cette pensée de sainte Thérèse me paraît très juste.

« Je crois qu'il faut bien s'enfoncer dans l'humilité, ne point s'étonner de ses chutes, s'étonner au contraire de n'en pas faire et de plus fréquentes et de plus lourdes, et continuer gaiement son chemin, en riant de ses misères.

« J'aime à me dire : je ne vaux guère, mais je sens que le bon Dieu me soutient. Pour être mille fois plus méchant, je n'aurais qu'à me laisser aller au courant de mes mauvais instincts.

« Humilité, paix, joie, gaîté, courage! »

Une autre est-elle assaillie par la tentation, et prise du regret de la famille ; la pensée de l'extrême solitude à laquelle est condamnée sa mère, trouble-t-elle son imagination et tourmente-t-elle son cœur ; il lui adresse aussitôt une longue lettre pour la défendre des coups de l'ennemi et l'affermir dans sa vocation.

« Ma chère enfant, permets-moi de te donner aujourd'hui ce nom, et de te dire tout d'abord que l'état de ta chère âme ne me surprend nullement. Je m'y attendais, et d'autant plus que, dans ta dernière lettre, j'avais vu que tu étais au comble du bonheur.

« Dans la religion, rien de solide, rien de divin qui ne soit fondé sur la Croix. Quel fond peut-on faire sur la vertu d'une personne qui n'a jamais été éprouvée par la tentation? C'est par l'usage, et par le mauvais temps, par une pluie abondante, que l'on distingue les bons tissus de ceux qui n'ont qu'une beauté apparente et trompeuse. De même, une vocation qui n'est pas éprouvée, ne peut être dite solide. Il n'y a donc pas lieu de t'étonner si la tribulation vient t'éprouver aux débuts de ta carrière religieuse.

« Quelquefois c'est Dieu qui daigne nous éprouver lui-même, comme il éprouva autrefois son serviteur Abraham.

« Souvent ces épreuves viennent du démon, qui enrage de voir une âme prendre le chemin de la perfection, et qui s'acharne d'autant plus à la détourner de la vie religieuse qu'il prévoit qu'elle y fera plus de progrès et plus de bien.

« D'autres fois cet état de malaise et de dégoût vient du tempérament, du caractère, de la nature. La nature, après avoir cédé à la grâce, a honte de sa défaite, et elle tente un suprême effort pour reconquérir ce qu'elle appelle ses droits.

« Que tes ennuis viennent de l'une ou de l'autre de ces causes, ta ligne de conduite est toute tracée. Mets tout cela sous tes pieds, et marche comme si tu n'éprouvais aucune répugnance.

« Ce n'est pas la sensibilité, les passions, les impressions qui doivent nous conduire, mais bien la raison et la foi. Or ta raison et ta foi ne te disent-elles pas que Dieu est le même aujourd'hui qu'il y a trois mois ? qu'il est ton principe et ta fin, et qu'aujourd'hui comme hier, toujours, il sera vrai que notre principale affaire en ce monde, c'est de sauver notre âme ? Et le salut, tu ne l'ignores pas, est très souvent lié intimement à la fidélité à la vocation.

« Je sais que cet état est très pénible ; ces épreuves causent de véritables tourments. Aussi je prends bien part à tes peines, ma bonne petite Sœur, et facilement les larmes couleraient de mes yeux sur ces lignes.

« On t'a indiqué les remèdes à ton mal. C'est d'abord la prière. Le Saint-Esprit nous le dit : « *Tristatur quis in vobis? oret;* quelqu'un de vous est-il dans la tristesse ? Eh bien, qu'il prie. » Le bon Dieu est le meilleur des consolateurs. Et qu'on est soulagé, quand, dans ses angoisses, on répand, devant le tabernacle, ses larmes avec sa prière !

« Un second remède nécessaire, c'est une grande ouverture de cœur à son directeur et à ses supérieures, et ne point faire de confidences à d'autres : ces deux points sont très importants.

« En troisième lieu, obéissance entière, absolue, aveugle. Ne t'érige pas en juge dans ta propre cause. Tu ne doutes ni des lumières ni de l'affection des personnes qui te dirigent : ne crains pas, ferme les yeux, et en avant ! Tu verras bien que tu ne tomberas pas, et que les précipices que tu crois voir s'ouvrir sous tes pieds, ne sont que dans ton imagination.

« Quatrièmement, de la gaîté, encore de la gaîté, toujours de la gaîté. La tristesse est une mauvaise bête, tu ne saurais trop t'en défier.

« Quant à ton désir de retourner auprès de maman, sois sûre qu'il vient du diable en droite ligne. Ce malin ne va pas te proposer de sortir pour mener une mauvaise vie, il sait que tu repousserais sa proposition avec horreur. Il te prend par le côté faible et te représente les devoirs d'une enfant à l'égard de sa mère ! Le bon apôtre ! Sa ruse est cousue de fil blanc :

« Car 1º maman aime la vie solitaire et retirée, tu le sais ;

« 2º Elle n'est point si solitaire que tu le crois ; elle est près de son frère, et près de bons voisins qui volontiers font avec elle la petite causette ;

« 3° Elle se plaît fort bien dans sa position, elle se trouve très heureuse. Elle l'a dit elle-même à ma tante Henriette T***, qui me l'a écrit en réponse à ma lettre de condoléance pour la mort de sa sœur ;

« 4° Julie, Henriette, Auguste, etc., ne sont pas loin d'elle et la voient souvent ;

« 5° Tant qu'elle se portera bien, qu'a-t-elle besoin de toi ? Pourquoi faire ? Pour vous regarder du matin au soir ? Si elle tombait malade, elle prendrait, soit une Sœur garde-malade, soit une bonne vieille, comme Mathurine Bourdais ou Perrine Colin.

« Faut-il te dire encore que moi aussi j'ai passé par le chemin raboteux que tu traverses ? Pendant plus d'un an, j'ai souffert, souffert cruellement de l'éloignement de mes parents, de cette privation de la vie de famille. Et voilà pourquoi, pendant mon séminaire, je ne voulais pas prendre plus de quinze jours de vacances chez nous.

« Te dirai-je que, même étant prêtre, en 1873, à 25 ans ! quand j'ai été envoyé à Besançon, j'ai souffert de la nostalgie pendant de longs mois, et que j'en pleurais ! Un prêtre, un homme, pleurer de peine et de douleur ! L'aurais-tu jamais cru ? Et tout cela est passé, et je ne saurais te dire de quelle paix, de quelle tranquillité, de quelle liberté je jouis maintenant ! Au mois de Juillet 1876, quand j'allai en Bretagne pour la maladie de mon oncle de Domagné, en revoyant ce pays auquel j'étais autrefois si attaché, en embrassant ces personnes si chères, je ne ressentis pas la moindre émotion. La séparation ne me fut pas pénible. Je quittai sans douleur sensible ce que j'avais revu sans plaisir sensible.

« Je fais une prophétie à ton sujet : ces épreuves passeront, et tu te retrouveras d'autant plus forte, plus dégagée, plus libre de la sainte liberté religieuse, que tu auras été plus éprouvée.

« En voilà une litanie ! Je suis à la septième page, et je n'ai pas fini ! Après cela je serai bien venu à dire que les femmes sont bavardes.

« Parlons sérieusement. Tu feras comme je te dis, n'est-ce pas, ma bonne petite Sœur ? Et puis, voici ce que je désire pour ma peine : « *C'est que tu ne fasses aucune démarche décisive, sans m'en avoir averti.* » Ceci, je le veux, je l'exige, j'y tiens. Je prierai le bon Dieu pour toi. Je dis la sainte Messe à 6 heures 1/4 chaque jour. Mais il faut que tu fasses des efforts. Aide-toi, le ciel t'aidera.

« Quand ces idées noires te viennent plus qu'à l'ordinaire, prie, chante, danse.

« Ris, si tu veux, en me lisant, mais fais ce que je dis, je m'y connais. Et puis, tu sais que je t'aime et que je ne veux que ton bien. »

Un mois plus tard, ce billet venait corroborer ces raisons, et assurer la victoire.

« Un mot seulement pour te demander de tes nouvelles. J'espère que tout va bien... Je te porte un grand intérêt, tu le sais.

« Je reviens de faire deux Jubilés, d'une semaine chacun. J'ai vu beaucoup d'âmes, j'ai lu dans beaucoup de consciences, j'ai constaté un fait, c'est que partout il y a des peines, des ennuis, des chagrins.

« Et pour moi, plus je vis dans le monde, et plus j'apprécie le bienfait de ma vocation religieuse. Et je surabonde de joie au milieu même de mes occupations et de mes soucis.

« Bonne volonté, humilité, confiance en Dieu ! »

Ses efforts et ses prières triomphèrent du démon, et si bien que la jeune postulante fut admise peu après à revêtir le saint habit religieux. La Maîtresse des novices en prit occasion d'écrire au R. P. Supérieur du Collège et de solliciter pour le frère la permission d'assister à la cérémonie. Instruit de cette demande, le P. Cochet répondit aussitôt : « Cette démarche montre le grand désir qu'on a de me voir, et j'en suis reconnaissant ; mais elle était absolument inutile. Il est impossible que je m'absente en ce moment ; je m'unirai à vous d'esprit et de cœur. J'ai écrit à l'abbé Guillemé, qui parle bien mieux que moi. » A ce premier sacrifice, par lequel il préludait à ses vacances, il en ajouta bientôt un second, celui de rester encore à Besançon à remplacer ses confrères dont un grand nombre partaient pour la Bretagne, et à surveiller les domestiques et les ouvriers. « Dès le lendemain de la distribution des prix, c'est-à-dire le 6 août, nous commencerons des travaux de réparation, dont la surveillance m'occupera pendant les

vacances. Je trouverai néanmoins le temps de vous écrire
chaque semaine. » Admirable abnégation, que Dieu cou-
ronna, en exigeant un renoncement encore plus complet de
toute consolation, tant soit peu naturelle.

Le P. Cochet, nous l'avons dit, avait pour supérieur le
Père C***, qu'il vénérait, qu'il aimait de la plus filiale affection. Nulle peine, nul ennui, nul doute qu'il ne lui confiàt ;
et toujours il sortait de sa conversation consolé, réconforté,
prêt à tout souffrir et à tout entreprendre. Que de fois il
revient dans ses lettres sur le bonheur qu'il a de vivre auprès
d'un tel supérieur et directeur ! Que de passages, comme
celui-ci : « Je suis heureux d'être en parfaite intelligence
avec le R. P. Supérieur. Je ne fais rien sans le consulter ; il
m'encourage, me dit et me répète que tout va bien. Comme
nous ne voulons l'un et l'autre que le plus grand bien des
âmes et la plus grande gloire de Dieu, nous sommes toujours
d'accord. » Et c'était ce guide et ce père, ce consolateur et
ce soutien, qui lui était subitement ravi, au commencement
de septembre ! L'obéissance l'envoyait au scolasticat de la
Roche-du-Theil et le remplaçait par le R. P. M***, précédemment professeur de rhétorique à Valognes. Le P. Cochet
reçut cette nouvelle avec une entière soumission, sans
plainte ni récrimination, les yeux fixés sur la sainte Volonté
de Dieu et sur sa douce Providence, qui dispose tout au
plus grand avantage de ceux qui l'aiment. S'il y eut quelque
émotion dans la partie sensible de son âme, promptement
maîtrisée par les vues de la foi, elle n'apparut point à
l'extérieur ; elle ne lui enleva rien de son calme et de sa
sérénité coutumière.

« Le P. C***, notre supérieur, est changé. Je l'aimais bien
et lui, de son côté, me témoignait beaucoup de confiance. Il
va au séminaire de la Roche-du-Theil, et il est remplacé
par le P. M***, que je n'ai encore jamais vu. » Voilà tout ce
qu'il écrit à sa mère, et tout ce qu'on relève dans ses lettres
sur un changement, qui naturellement aurait dû lui causer
tant de peine.

Au moment où il reçut cette nouvelle, il revenait d'assister
à la première Messe d'un de ses confrères. Gardien du Collège, il n'avait pu, malgré la résidence à laquelle l'astrei-
gnait journellement la surveillance des ouvriers, décliner

l'invitation ; c'était une obligation pour lui de représenter la Congrégation à pareille cérémonie.

Mais laissons-le nous en faire lui-même le récit : « Je reviens de la première Messe d'un de nos Pères, à Gevrezin, non loin de Salins (Jura). C'est une paroisse modèle ; il n'y a là personne qui ne fasse ses Pâques, et, sur 150 habitants, on compte 38 prêtres, religieux, ou religieuses. Il y avait au dîner 80 personnes, dont 37 prêtres. Le soir, c'était le tour des hommes du village : il y en avait environ 50, tous très polis et parlant bien pour des cultivateurs.

« Le lendemain, Messe solennelle pour les défunts, célébrée par le jeune prêtre, et après, repas des femmes.

« J'ai assisté à ces trois repas, et j'ai été charmé de la simplicité, de la bonté, du savoir-vivre de cette excellente population. En les quittant, à table, j'ai dit un petit mot, les larmes coulaient.

« La première Messe a eu lieu mercredi 3 septembre ; le temps était magnifique. On est en pleine moisson, et, cependant, la population entière était à la Messe ; je ne sais vraiment pas si on ferait aussi bien en Bretagne. »

Si nous avons rapporté au long cette circonstance où le P. Cochet ne semble jouer qu'un rôle assez effacé, c'est que nous tenions à y relever un trait tout à l'honneur de sa vertu. « Les larmes coulaient en l'écoutant! » Le héros de la fête nous a maintes fois répété quelle profonde impression l'aspect et la parole du Père avaient produite sur l'assistance. On le regardait, on le vénérait comme un saint ; et, aujourd'hui encore, le souvenir de cette visite ne s'est point perdu, et le nom du P. Cochet reste en vénération parmi ces braves gens.

En octobre 1879, les changements du personnel imposèrent au P. Cochet une nouvelle charge à laquelle il était tout préparé par ses offices antérieurs : l'économat. Cette charge, jointe à la préfecture de discipline, ne lui laissa plus aucun loisir. « J'ai beaucoup d'occupations. Je suis chargé de deux emplois, l'un et l'autre très importants. Je pense bien que je ne pourrai pas étudier un instant cette année : mes journées sont consumées en allées et venues, préoccupations, réponses à mille affaires. Le soir, les jambes me font mal. Néanmoins je me porte bien. »

Son courage, son énergie, ses talents même, augmentaient avec le nombre et l'importance de ses emplois :

« Nous avons fait beaucoup d'améliorations pendant les vacances. J'ai employé nos garçons et nos frères à badigeonner les plafonds et les murs, à cirer les planchers, etc. J'ai obtenu un excellent résultat, et très économique. Je suis maintenant à la recherche d'un moyen de nourrir nos élèves d'une manière assez confortable et économique : problème difficile à résoudre. » Il fit tant et si bien, il déploya tant d'industrie et d'activité dans sa nouvelle fonction, qu'il réussit à solder, avant Pâques, 30,000 francs de dettes anciennes, laissées par son prédécesseur. Habileté rare, il sut réduire les portions des élèves de si bonne façon que, loin de se plaindre, ceux-ci se trouvèrent mieux traités que par le passé. En diminuant la dépense, il augmentait le bien-être.

L'année se passa pour lui dans un labeur continuel, mais dans le plus parfait accord avec son supérieur et ses confrères, ce qui lui était une grande consolation. Il y revient souvent dans sa correspondance. « J'ai bonne santé, bon pied, bon œil, du travail tant que j'en peux faire, d'excellents supérieurs, de bons confrères, que voulez-vous de plus ? »

— « Je suis toujours bien heureux ici. Je suis très bien avec mon nouveau supérieur ; c'est moi qu'il prend d'ordinaire avec lui pour les visites en ville. » Tant il est vrai que la vertu véritable aide à se tirer, au contentement de tous, des situations les plus délicates ; et il en est peu d'aussi délicates que celles de préfet et d'économe, même séparées : qu'est-ce donc quand ces deux charges sont réunies et confiées à la même personne ? Si l'on se défiait sur ce point de notre affirmation, et que le mérite du P. Cochet parût surfait au delà de toute vraisemblance, nous renverrions simplement le lecteur aux archives de l'année 1879-1880. On y verrait que le P. M*** se loue en toutes circonstances du dévouement et du zèle éclairé de celui sur lequel repose après lui toute l'administration du collège.

La fin de l'année arriva au milieu de ces occupations incessantes. Le Père Cochet mit en règle ses comptes et se disposa, cette fois, à donner aux siens la satisfaction qu'ils réclamaient depuis longtemps. Une raison le déterminait plus spécialement à ce voyage : c'est que sa sœur A***- M*** devait prochainement faire sa profession religieuse chez les Ursulines de Montfort, et qu'elle le pressait vivement d'y assister. Pouvait-il refuser une demande aussi légitime à celle qu'il avait maintenue avec tant de fermeté dans sa vocation ? Il partit donc de Besançon le 20 août, dans les plus saintes dispositions, « ne désirant ni ne craignant de quitter », comme il le répète souvent dans ses lettres. Il ne devait pas y revenir : la divine Providence allait, pour quelque temps au moins, le placer presqu'au milieu de sa famille, juste récompense d'une longue séparation.

CHAPITRE QUATRIÈME

RETOUR SUR LES VERTUS DU P. COCHET

DURANT SA RÉSIDENCE A BESANÇON

1873-1880

NÉCESSITÉ DE CE COUP D'ŒIL RÉTROSPECTIF — ESPRIT DE FOI ET DE RELIGION DU P. COCHET : ORAISON, SAINTE MESSE, BRÉVIAIRE, LECTURES SPIRITUELLES, VISITES AU SAINT-SACREMENT, MODESTIE ET PRÉSENCE DE DIEU. AMOUR DU SILENCE, VUES SURNATURELLES — SA CHARITÉ POUR LES PAUVRES ET SON ZÈLE DU SALUT DES AMES — SON HUMILITÉ ET SON OBÉISSANCE — SA PAUVRETÉ ET SA MORTIFICATION — SON DÉTACHEMENT DE SA FAMILLE — LES EXPULSIONS DE 1880.

ES trois chapitres qui précèdent, nous ont fait connaître et les diverses fonctions remplies par le P. Cochet au Collège Saint-François-Xavier, et les circonstances difficiles où elles lui furent presque toutes confiées, et la façon supérieure dont il s'en acquitta, quoique sans bruit et sans éclat; ils nous ont dit aussi les sentiments qui l'animaient dans toute la conduite de sa vie; et certes l'impression qui s'en dégage est une impression d'éminente sainteté. Malgré tout, pour ne rien laisser de vague dans l'esprit de nos lecteurs, nous avons cru bon de réunir ici en une sorte de tableau, et de compléter au besoin, ces traits épars et parfois à peine dessinés, de manière a donner une idée nette et précise de la vertu de ce vénéré confrère, durant sa résidence à Besançon.

La première condition d'une vraie et solide vertu est l'esprit de piété, fondement et soutien de l'esprit de foi. Rien de plus important pour le prêtre, cet homme de Dieu, et rien de plus difficile à conserver pour lui dans les occupations multiples et l'incessante activité des collèges. Les nécessités de l'enseignement, les besoins même spirituels des élèves, l'exposent à faire passer les études ou les œuvres de zèle, avant l'accomplissement des devoirs de la piété. Ainsi la charité divine s'affaiblit peu à peu dans son âme, si même elle ne s'éteint, faute de nourriture ; la lumière surnaturelle s'obscurcit ou disparaît. Il voit et agit en homme : ses vues sont mêlées de considérations humaines sans élévation, et souvent erronées, inspirées de préjugés ou de principes mondains : son action est viciée par mille imperfections de nature, que la grâce aurait corrigées. Aussi beaucoup d'agitation et de mouvement, excessive dépense de forces, et peu, trop peu de résultats solides et durables, trop peu surtout de fruits de vie et de salut.

Fidèle aux leçons reçues au noviciat et au scolasticat, profondément convaincu non-seulement que le prêtre ne peut rien sans le secours de Dieu, mais encore qu'il n'a de ministère utile et fécond qu'autant qu'il agit en prêtre, le P. Cochet mit toujours en première ligne ses devoirs de religion. L'Oraison, la sainte Messe, le Bréviaire, la théologie, l'ascétisme, voilà les exercices et les études qu'il regardait comme sacrés, et comme devant avoir le pas sur tous les autres.

Quelles que fussent ses occupations, dans les jours les plus chargés, comme ceux d'une distribution des prix, d'une Première Communion, il faisait son oraison dès le matin, avançant à cette fin l'heure de son lever. Rien ne lui coûtait pour assurer ce saint commerce avec Dieu, parce qu'il n'estimait aucun moment plus précieux : il y puisait lumière, force et courage pour le reste de la journée.

Avec quel profond recueillement et quelle scrupuleuse attention il célébrait ensuite la sainte Messe, sans lenteur ni précipitation, fidèle observateur de toutes les prescriptions liturgiques autant qu'ennemi déclaré de toute singularité, fût-elle même favorable à la dévotion, objet d'édification pour tous ceux qui le voyaient à l'autel par la dignité de sa tenue et l'esprit de foi qui transpirait de toute sa personne ! C'était là le bon moment, l'heure du rendez-vous devant Dieu pour lui et pour les siens : il l'indiquait exactement à sa mère et à ses sœurs, afin qu'elles s'unissent avec

lui d'intention ; il priait pour toute sa double famille selon
la chair et selon l'esprit ; il appelait sur elle les grâces et la
protection d'En-Haut ; il ne manquait jamais à la fin de la
Messe, quand il élevait la main pour bénir, de se la représenter agenouillée à ses pieds pour recevoir cette bénédiction,
et en particulier ceux qui avaient plus besoin de prières.

Son bréviaire était récité avec le même soin. Il ne le commençait point, sans s'être arrêté l'espace de trois *ave Maria*,
afin de s'y bien disposer, ou sans avoir lu avec réflexion
les préparations prescrites par le V. P. Eudes, dans son
Manuel. Il le disait dès la première heure, dans une cour
retirée, en marchant généralement d'un bon pas, mais dans
le recueillement le plus parfait : à le voir on sentait qu'il
parlait à Dieu, et qu'il faisait œuvre sacerdotale. L'Écriture
sainte et les auteurs spirituels étaient sa lecture préférée : il
n'y consacrait pas seulement le temps marqué par la Règle,
mais encore une bonne partie de ses loisirs, ainsi qu'à la
théologie dogmatique et morale, la science propre du
prêtre. En vacances, c'était son plus doux charme et son
meilleur délassement.

En dehors de ces exercices, on le voyait souvent aller à la
chapelle. Il s'y agenouillait humblement sur le pavé, adorait
Notre-Seigneur dans son tabernacle, le consultait dans
ses embarras, lui demandant lumière et force pour sa
conduite. Même esprit de prière dans les allées et venues :
il marchait une main sur la poitrine, pour attester à Dieu
qu'il était l'inspirateur de toutes ses pensées, le guide de
toutes ses démarches, le directeur de tous ses actes ; il
tenait les yeux baissés, ne les levant que par instants, et
juste le temps nécessaire pour se rendre compte de l'état
des lieux et des personnes : esprit observateur, un geste,
une attitude, un rien le renseignait promptement et exactement sur toute chose. Ne perdant pas de vue la présence de
Dieu, il se montrait partout et toujours d'un calme et d'une
patience inaltérables, quoi que l'on pût dire et faire, quels
que fussent les ennuis qu'il essuyât ; il ne s'abandonnait ni
à la dissipation, ni aux vaines conversations, mais il se renfermait dans un religieux silence, ne disant que ce qu'il
fallait, sans pourtant rien de dur et de revêche. Cherchant
en tout ce qu'il y avait de plus agréable à Dieu, de plus utile

à sa gloire et au bien des âmes, il se guidait toujours par les motifs les plus élevés et les plus surnaturels, au risque parfois de n'être pas compris de son entourage.

L'amour de Dieu engendre l'amour du prochain, et l'un est la mesure de l'autre. Aussi tous les grands saints ont-ils été consumés d'amour pour leurs frères, se dépensant jour et nuit à leurs intérêts corporels et spirituels, surtout à ceux-ci : n'ont-ils pas été jusqu'à donner leur vie pour les sauver et leur procurer le bonheur du ciel ? Le P. Cochet aimait beaucoup Dieu, que de preuves n'en avons nous pas trouvées dans sa correspondance ? Aussi aimait-il beaucoup ses frères, et sur ce point encore les preuves ont abondé.

Nous avons vu avec quelle héroïque abnégation il s'acquittait de toutes ses fonctions, dévoué corps et âme aux élèves, surveillant les domestiques avec une scrupuleuse exactitude : n'allait-il pas, pour assurer la bonne conduite de ces derniers, jusqu'à coucher près d'eux, sous le toit, dans une sorte de mansarde qui n'était éclairée que par une fenêtre en tabatière ? Que de travaux apostoliques n'a-t-il pas entrepris dans l'intérêt des âmes ? Quelles fatigues ne s'est-il pas imposées, et jusqu'à la maladie, pour leur porter la parole de Dieu et les ramener dans la voie du salut ? Que de démarches, que de sacrifices en faveur des pauvres, pour lesquels il éprouvait une pitié naturelle, ne pouvant en apercevoir aucun sans être ému, mais dans lesquels aussi il découvrait présente la personne même de Notre-Seigneur Jésus-Christ ! Il aimait à les visiter, à les consoler, à leur porter quelques douceurs, heureux de les voir sourire et reprendre goût à la vie. Et quelle délicatesse dans sa charité, toujours humble, toujours prévenante, toujours désintéressée, souvent héroïque ! L'hiver, nous l'avons dit, il se privait de feu, afin de gagner quelque argent qu'il pût leur remettre. Or, on sait la rigueur du froid dans les montagnes de l'Est. Écoutons-le, du reste :

« Ici, il fait froid ; nous sommes dans la neige depuis huit jours. Depuis deux nuits, tout gèle dans ma chambre, et, le matin, je me lave avec des glaçons ; il est vrai que ma chambre est au premier étage en descendant du ciel, avec une fenêtre qui s'ouvre en tabatière sous le toit... » Et un un peu plus loin : « Je me plais bien, je me porte bien, je ne fais point de feu, et j'espère que, si je peux m'en passer, le P. Économe me donnera vingt-cinq francs pour les pauvres. » Une autre fois : «Nous avons ici de la neige et du froid, comme en janvier. J'ai encore gagné vingt-cinq francs cette année, en ne faisant point de feu. Il y a bien de la misère ici. » Les jours de fête, avec la permission de son Supérieur (car il n'eût rien voulu faire, il n'eût surtout disposé de rien sans son agrément), il mettait discrètement dans ses poches les divers desserts dont il s'était privé, afin de les porter à quelques malades, soit à l'hôpital, soit au Refuge. L'argent que lui envoyait sa mère ou qui lui revenait de sa part d'héritage, il le consacrait en grande partie au soulagement des malheureux qui se recommandaient à sa charité. Si parfois il se prenait à regretter de n'avoir rien en propre, c'était uniquement, nous le savons, parce qu'il ne pouvait suivre, dans ses aumônes, le penchant de son cœur.

Toutefois les misères du corps passaient à ses yeux bien après celles de l'âme; et ce qu'il se proposait surtout dans ses œuvres de miséricorde, c'était d'éclairer, d'instruire, de purifier, de convertir, de faire connaître, aimer et servir Dieu. Il avait pitié du pauvre, tout son être tressaillait d'émotion à la vue de sa détresse, mais rien ne le touchait plus que le pauvre pécheur ; nul n'était plus l'objet de ses soins. Partant quelle désolation, lorsqu'il voyait de toutes parts la diffusion des mauvais livres parmi le peuple ! Témoin ce cri de douleur qui lui échappe en juillet 1880 : « On répand ici des livres, des brochures contre les prêtres, contre les Jésuites et contre la religion en général. Cela fait des ravages épouvantables ; c'est cent fois plus désastreux que toutes les expulsions. » Aussi avait-il soin de prélever un peu d'argent sur les sommes qu'il recevait de sa famille pour acheter des brochures de propagande catholique, qu'il distribuait dans ses visites, faisant passer le pain de l'âme avec celui du corps. C'était aussi une de ses industries de les remettre avec de jolies images aux enfants qu'il rencontrait, bien assuré que la plupart des parents ne manqueraient pas de les lire.

Et que dire de son humilité, de son obéissance, de sa pauvreté et de sa mortification, vertus, semble-t-il, d'un exercice plus difficile au milieu du monde écolier, où il faut

présider, commander, garder son rang, et que le P. Cochet
sut néanmoins pratiquer avec une rare perfection?

Humble, il le fut, dans ses pensées, dans ses jugements,
dans sa conduite. Pénétré de son impuissance à tout bien, il
ne faisait aucun fond sur ses vertus ou sur ses talents naturels, mais comptait uniquement sur Dieu. Dans ses lettres,
que de recommandations comme celles-ci : « Prions les uns
pour les autres. J'ai bien besoin du secours du bon Dieu
dans ma position nouvelle. — Le Père Supérieur m'envoie
dans une paroisse y aider à faire les Pâques ; je vous recommande ce ministère ; il faut que la grâce du bon Dieu vienne
féconder les travaux du prêtre, autrement tous ses efforts
seraient stériles. — J'ai bien des grâces à demander au bon
Dieu. Je trouve que je ne m'amende pas en vieillissant.
Priez pour moi! »

Il aimait à se rabaisser dans l'esprit et l'estime des autres : « Je suis étonné, disait-il à une religieuse, que me
voyant si souvent, vous puissiez encore avoir confiance en
moi. » Et devant la même il se traitait de gourmand et de
vaniteux. Se défiant de soi et de son propre esprit, il ne
prenait aucune résolution, il n'arrêtait aucune mesure, il
ne donnait même aucun conseil de quelque conséquence,
sans avoir consulté son supérieur, qui « était son conseiller
en tout. » Se regardant comme le dernier des hommes et le
premier des pécheurs, il essuyait avec une imperturbable
sérénité les grossièretés révoltantes auxquelles s'oubliaient
parfois certains élèves ou certaines personnes de peu d'éducation, trouvant qu'il méritait pis encore et qu'on le traitait
trop bien. Fuyant l'éclat et les honneurs, il recherchait la
vie cachée et les emplois les plus infimes, comme les plus
sûrs. « Il est moins dangereux d'être cuisinière que d'être
supérieure, écrit-il à une de ses sœurs ; et puis, tout en cui-
sinant, on peut faire de bonnes méditations. » Surveillant
d'étude, voilà ce qu'il aurait voulu être toute sa vie, et voilà
peut-être aussi pourquoi il accepta avec tant d'empressement, en 1878, d'échanger momentanément une partie de
ses fonctions de préfet contre la surveillance de l'étude des
moyens. Il s'ingéniait à s'abaisser, à s'humilier, à se mettre
au-dessous de tous. Allait-il en mission, il se chargeait, le
plus qu'il pouvait sans blesser, du ménage de sa chambre ;

visitait-il les pauvres, il leur rendait d'un air joyeux les derniers offices. Au collège, il avait mille manières inaperçues de se faire le serviteur des autres. Que de fois ne s'est-il pas levé avant l'heure du réveil pour cirer les souliers que les étrangers déposaient à la porte de leur chambre ? Et ne l'a-t-on pas surpris, ramassant les morceaux de pain, tombés dans les couloirs, et les serrant précieusement pour les mettre, le lendemain, dans le déjeûner qu'on lui servait ? Il se rappelait sans doute la parole de la Chananéenne à Notre-Seigneur : « Les petits chiens se nourrissent des miettes qui tombent de la table des enfants. »

Son obéissance ne le cédait en rien à son humilité. Ponctuel dans l'accomplissement des Constitutions, rien n'égalait son empressement à exécuter les ordres qu'il recevait : il s'y employait tout entier et de tout cœur. La voix de ses supérieurs était pour lui la voix de Dieu ; il l'écoutait avec le même respect, la même docilité, la même joie ; il était toujours prêt à l'entendre, heureux de n'avoir point à se gouverner lui-même et d'être déchargé de la responsabilité qu'il assumait en gouvernant les autres. Et quelle cordialité, quelle ouverture de cœur, quelle filiale affection pour ceux qui étaient préposés à sa conduite ! Admirable envers le P. C***, qu'il vénérait comme un enfant vénère son père, et auquel les plus étroites relations l'unissaient depuis longtemps, il ne le fut pas moins à l'égard du P. M***, son successeur, qui lui était entièrement inconnu, et dont le caractère et les idées cadraient naturellement peu avec les siennes. Sa volonté s'identifiait tellement avec celle de ses supérieurs, qu'on ne pouvait l'en distinguer ; aussi des esprits peu clairvoyants s'imaginaient-ils naïvement que le Père en faisait à sa tête, lorsque chez lui, au contraire, il y avait abnégation complète du moi et soumission parfaite à la direction ou au vouloir d'autrui. Car, on ne saurait trop se le persuader, semblable à Notre-Seigneur, « non sibi placuit », jamais ses goûts ni son plaisir n'entrèrent en ligne de compte dans ses décisions et dans ses actes ; en tout il ne voyait que Dieu.

Quant à la pauvreté, vertu qui s'allie si bien avec l'esprit d'humilité et de petitesse chrétienne, le P. Cochet l'aima plus que jamais d'un amour de prédilection. Il voulut se faire pauvre comme son divin maître, et d'une pauvreté absolue, se retranchant tout ce qui semblait superflu, se privant même du nécessaire. « Il me semble que je suis moins maigre. J'en juge au tact de la main, attendu que je me rase sans miroir; et, chose singulière, depuis que je ne me sers plus de glace pour la barbe, je me coupe beaucoup moins. » C'est par esprit de pauvreté autant que de charité qu'il ne faisait pas de feu même par les hivers les plus rigoureux, et qu'il choisissait d'habiter sous le toit près des domestiques dans un réduit qu'ils avaient dédaigné. C'est dans le même esprit qu'il n'avait à son usage que les choses les plus communes et parfois endommagées, bonnes à mettre au rebut. Linge, vêtements, chapeau, chaussures, tout était propre et bien entretenu, mais usé jusqu'au fil ; son ameublement, réduit à l'indispensable, était ménagé, conservé avec le même soin qu'un ameublement d'un grand prix. D'argent, il n'en possédait point, et celui qu'il recevait de sa famille, il l'employait aussitôt en bonnes œuvres, de l'aveu de son supérieur. Il nous semble même qu'il ait excédé dans la pratique de cette vertu, en quelques circonstances, et par là peut être nui à son ministère. Ainsi, au réfectoire, il n'usait que d'une seule assiette ; celle qui lui servait pour la soupe, recevait successivement les autres mets, du premier au dernier, quels qu'ils fussent. Les élèves, voyant le fait, sans en saisir l'intention, le tournaient en dérision ; et tout le monde sait que ces fautes commises à table amoindrissent l'influence d'un surveillant ou d'un préfet. Avec plus d'âge et d'expérience, le P. Cochet n'eût pas manqué de reconnaître son erreur, et de penser que la vertu consiste parfois à modérer l'exercice de la vertu. Ce fut une égale erreur de supprimer par raison d'économie et de pauvreté le service d'eau établi au second étage, et d'une commodité telle qu'il eût été bon de l'installer, s'il n'eût existé déjà. La vente des tuyaux ne rapporta qu'un prix bien modique, et l'effet en fut très fâcheux dans un pays où l'on aime les grands lavages. Le mieux était, croyons-nous, de laisser les choses en l'état ; on en eût vu plus tard l'utilité. Mais il est toujours difficile de se défaire de ses idées antérieures, et le Père venait de nos maisons de Bretagne, où pareille installation était alors inconnue.

Ce qui vient d'être dit de sa charité, de son humilité, de son obéissance et de sa pauvreté, fait l'éloge de sa mortification, qui fut extrême. Comme l'apôtre saint Paul, et avec autant de vérité, il portait dans ses membres la mortification de Jésus, afin que la vie sainte et immaculée de Jésus fût manifestée dans sa chair mortelle. Avec quelle circonspection il veillait sur ses sens! Quelle attention surtout il apportait dans les repas à contrarier ses goûts, et à n'accorder à la nature que ce qu'il fallait pour soutenir ses forces! Quand il déjeûnait après les élèves, il prenait pour manger la première assiette sale qui se trouvait sur la table, et la remplissait des restes de soupe réunis déjà pour être distribués aux pauvres. A quelles flagellations ne soumettait-il pas son corps, pour le réduire en servitude et participer à la Passion du Sauveur! Et ces fatigues si vaillamment supportées, ces travaux si courageusement menés, pour le bien de ses frères, qu'était-ce autre chose parfois qu'un douloureux martyre?

Nous avons assez longuement parlé de son attachement à sa famille, pour n'y pas insister de nouveau. Il est cependant un point sur lequel il paraît bon d'attirer l'attention : c'est la façon dont il s'y prit pour dégager son cœur de ces liens trop naturels. Voulant surnaturaliser une affection trop sensible, il défendit qu'on lui parlât des nouvelles du monde, voire même des naissances et des baptêmes : les morts ou les malheurs seuls devaient lui être annoncés, parce qu'il y trouvait matière à apostolat, les âmes étant alors mieux disposées à entendre la voix du prêtre. Il n'écrivait à ses parents, il ne les visitait que par raison, sans céder à aucun mouvement de la nature.

Un dernier trait pour terminer ce chapitre. Le vent soufflait à la persécution, qui finit par éclater en 1880, année tristement célèbre par les Décrets et les expulsions. On se préoccupait beaucoup alors du sort des Congrégations, et le P. Cochet n'échappait point aux préoccupations communes: il en parle souvent dans ses lettres, et en termes qui sont un témoignage tout à la fois de son humilité, de sa foi et de sa confiance en Dieu, de son dévouement invincible à la Société qui l'a reçu dans son sein. Citons-en quelques passages : il en est peu de plus édifiants.

— « Les temps sont mauvais : on parle de chasser les prêtres. Savez-vous, il m'est venu une idée : je sais faire les lits, servir à table : je me ferai garçon d'hôtel, et je pourrai ainsi exercer mon ministère. »

— « On dit que les choses vont mal et qu'on veut chasser les Congrégations enseignantes. Ne vous inquiétez pas pour moi. Nos supérieurs veillent sur nous. Si on nous force à quitter la France, nous nous établirons à l'étranger. »

— « Tu sais que nous ne sommes pas autorisés et que nous ne demandons pas à l'être. Donc, au 29 juin prochain, nous serons dissous, d'après les Décrets. J'ignore ce que feront nos supérieurs : je m'en rapporte entièrement à leur sagesse, et je me prépare à tout. S'il faut aller en prison, j'en serai enchanté : s'il faut aller en exil, je m'en réjouirai. Dans aucun cas, je ne peux rester en France prêtre de paroisse. En France les prêtres abondent, et dans ces temps malheureux on met partout des entraves à leur saint ministère. Mieux vaudrait continuer sur une terre étrangère notre vie d'Eudistes. J'aime la France ; par nature, je déteste les voyages, je suis casanier et bien attaché au sol qui nous a vu naître. Mais qu'importe après tout ? Si les Apôtres n'avaient pas voulu quitter leur pays, où serions-nous ? Partout le chrétien et surtout le prêtre trouve une patrie, puisque partout il trouve un autel pour offrir le saint Sacrifice, et s'offrir lui-même, comme victime d'expiation pour le monde... Plus j'avance en âge, plus je me sens heureux dans ma sainte vocation : demandons de persévérer jusqu'à la fin, car la récompense n'est promise qu'à la persévérance finale. Puissions-nous tous, religieux ou religieuses, nous montrer dignes de notre vocation, détachés de toutes les choses de la terre, fermes dans l'adversité, et, comme les Apôtres, heureux d'avoir à souffrir quelque chose pour Jésus-Christ. Pratiquons avec fidélité et amour les petites vertus de chaque jour, afin d'avoir le courage d'un grand effort, quand l'heure sera venue. Si la Règle nous paraît trop lourde, pouvons-nous espérer de jamais supporter le poids des chaînes ? Si la charité, le support naturel, est pour nous chose difficile, comment pourrons-nous pardonner à nos ennemis et prier pour nos bourreaux ? »

— « J'ignore la ligne de conduite qui nous sera tracée par

nos supérieurs. En tout cas j'espère qu'il me serait donné de vous revoir et de passer quelques jours avec vous. Si nous ne nous revoyions pas, nous nous rappellerions que la vie présente est courte, et que bientôt nous serons réunis dans le ciel pour ne plus jamais nous quitter.

« Je m'efforce de me préparer à tout évènement par la prière, par l'abnégation, par le dévouement, par le sacrifice. Il est possible que, comme les Apôtres, comme les Martyrs, comme nos Pères pendant la grande Révolution, nous soyons appelés à souffrir pour Jésus-Christ, il faut se tenir prêt. Ceux qui souffrent la persécution sont moins à plaindre que ceux qui la font. J'ai renoncé à tout sur terre pour Dieu : en m'ôtant la vie, les persécuteurs me réuniront plutôt à Celui que j'ai pris pour mon unique partage. »

Pouvions-nous mieux clore ce chapitre que par ces citations, témoignage d'une grande et belle âme ? Y avait-il rien de plus propre à faire ressortir l'excellence de sa vertu, et à mettre le sceau, pour ainsi dire, à tout ce que nous avons rapporté ?

Dieu ne demanda pas alors au P. Cochet le sacrifice de la terre de la patrie : il n'eut point même à subir les violences de l'expulsion, comme il l'espérait à la date du 4 juillet 1880 : « Si nous devons être expulsés au 31 août, je tiens à être présent : je ne veux pas manquer cette bonne occasion, je m'en réjouis d'avance. » Et, le 20 août, il put tranquillement partir pour la Bretagne rendre à sa mère la visite de piété filiale qu'il lui avait promise.

CHAPITRE CINQUIÈME

PRÉFECTURE A SAINT-MARTIN DE RENNES

1880-1882

ARTI de Besançon, le 20 Août, le P. Cochet arrivait à Versailles la nuit suivante, passait à l'École Saint-Jean la journée du 21, et partait le soir même pour Rennes. Le 22 au matin, il était près de sa mère, au Bois-Rondel, et près de l'oncle Julien. De là il rayonna dans les environs pour visiter les membres de sa nombreuse famille, et porter chez tous la bonne odeur de Jésus-Christ. Il n'oublia point les habitants de l'Abbaye de Montfort-sur-Meu ; on l'y attendait, du reste, pour prêcher la Profession de la plus jeune de ses sœurs, de celle qu'il avait si fortement soutenue dans ses luttes contre la nature et les liens de la chair, et dont il n'avait pu présider la vêture. Cette profession eut lieu en septembre ; et, à cette occasion, le P. Cochet prononça un discours, qu'on a bien voulu nous communiquer et dont nous citons quelques passages, parce qu'ils donnent une exacte idée de son éloquence simple et sans apprêt dans la forme, mais riche de pensées, solides toujours, parfois gracieuses, souvent originales, toute parfumée d'onction et de piété. C'est bien là le langage d'un saint, plein d'un charme inexprimable, qui nous ravit encore à la lecture : que devait-ce être à l'audition ?

Après avoir raconté en quelques mots la vocation d'Abraham, le Père en reprend les diverses circonstances et les applique ainsi à celle de sa sœur :

« A vous aussi, ma Sœur chérie, Dieu a fait entendre sa voix. Dans le secret de votre cœur, et par la bouche de ses représentants, il vous a dit : « Ma fille, quittez votre pays, éloignez-vous de votre parenté et de la maison de votre mère ! » Et cette voix vous effrayait, et vous hésitiez, et votre cœur saignait. Et l'ordre divin devenait plus pressant : « éloignez-vous de votre parenté. » — « Cette famille que j'aime et dont je suis adorée, cette famille qui m'offre les douceurs d'une vie tranquille et agréable, il faut m'en séparer ? » — « Oui, éloignez-vous de votre parenté et aussi de la maison de votre mère. » — « Ah! du moins grâce pour ma mère ! Je ferais sur ses vieux jours sa consolation et son bonheur. Son esprit de foi, sa solide piété, son amour du pauvre, seraient pour ma jeunesse de puissants encouragements à la vertu. » — « N'importe, répond la voix mystérieuse, quittez la maison de votre mère. » Et recueillant toutes vos forces, et faisant un suprême effort, vous avez dit à vos frères et à vos sœurs un dernier adieu ; vous avez déposé sur le front de votre respectable mère un dernier baiser; vous avez salué une dernière fois les lieux qui vous avaient vu naître et où nous avions tous coulé les beaux jours du printemps de notre vie ; une dernière fois vous avez prié dans cette église, où, enfant, vous reçûtes le Dieu du ciel; une dernière fois vous vous êtes agenouillée dans le cimetière sur ces deux tombes qui renferment des restes si chers ; et l'âme brisée, le cœur gros de larmes, mais calme, ferme, inébranlable, vous avez pris le chemin de la terre promise, et vous avez traversé le pays jusqu'à cette vallée du Meu, appelée l'Abbaye, depuis longtemps illustre par les faveurs singulières que Dieu y fait à ses épouses.

« Mais écoutez la suite du récit biblique. »

Et le Père raconte, d'après le texte, l'épreuve imposée à la foi et à l'obéissance d'Abraham dans la personne d'Isaac qu'il doit immoler sur le mont Morah. Puis il ajoute :

« Nouvelle image du sacrifice que vous allez accomplir, ma bien chère Sœur, mais avec cette différence qu'aujourd'hui le Dieu d'Abraham, le Dieu de votre première communion et de votre prise d'habit, n'arrêtera pas votre bras : Il vous laissera consommer l'immolation. Depuis deux ans, vous avez marché vers la montagne de la sainte Profession ; depuis deux ans, vous avez préparé, vous avez orné la victime : le moment tant désiré est venu, l'autel est dressé, vous allez mettre dessus le bois des possessions terrestres, par le vœu de pauvreté ; sur ce bois vous allez déposer votre Isaac, c'est-à-dire ce que vous avez de plus cher, votre cœur avec toutes ses affections présentes et futures, votre volonté avec tous ses mouvements de crainte ou de désirs. Vos trois vœux, comme autant de bandelettes sacrées, vont lier votre personne sur l'autel, et le glaive de votre volonté, d'une volonté calme, éclairée, réfléchie, va porter le coup décisif. Le ciel fait silence et demeure attentif : et nous, tremblants, émus, respirant à peine, nous serons témoins. Et quand vous aurez prononcé la formule redoutable, le sacrifice sera consommé, un grand changement se sera opéré :

Vos biens, ils ne seront plus à vous ;

Votre corps, il ne vous appartiendra plus ;

Votre volonté, elle aura cessé d'être vôtre.

Biens, corps, volonté, cœur, tout sera sacrifié, tout appartiendra à Dieu, tout sera devenu sa chose, sa propriété. Votre nom même, votre nom de baptême aussi bien que votre nom de famille, sera changé pour toujours ; votre personne sera sacrée : vous serez morte à la terre, vous serez du ciel.

« Aux premiers siècles du christianisme, alors que les empereurs romains s'efforçaient d'étouffer à son berceau notre sainte religion dans le sang de ses enfants ; alors que les chrétiens étaient traqués comme des bêtes fauves, vous savez, pour l'avoir lu, avec quel empressement, avec quel saint respect, les survivants réunissaient les corps de leurs frères et de leurs sœurs morts pour la foi. Ils les emportaient comme des reliques, et, en déposant dans les sombres caveaux des Catacombes ces restes vénérés, ils pleuraient et ils chantaient : ils pleuraient la mort, ils chantaient la vie. Ils disaient : « Notre frère, notre sœur n'est plus, elle est morte, mais elle est morte pour Dieu, nous la reverrons un jour. » Et les chants recommençaient, souvent interrompus par les sanglots.

« Telle encore la cérémonie qui nous réunit en ce moment autour de vous, ma Sœur, près des saints autels. Les cœurs sont émus, et les yeux pleins de larmes : nous vous pleurons parce que vous allez mourir, et ces grilles et ce cloître sont comme le tombeau où vous serez ensevelie : nous nous réjouissons, parce que vous vivrez en Dieu et pour Dieu.

« Et puisque vous avez voulu qu'en ce grand jour je vous adresse la parole, que puis-je faire de mieux que de vous redire ces mots si connus et si vrais : *Optimam partem elegit Maria* ; ô Anne Marie, vous avez choisi la meilleure part ? Votre lot est le meilleur, votre part est la plus belle pour deux raisons. »

Après quoi, dans un premier point, très solidement pensé, le P. Cochet établit que la Professe aura moins à souffrir que dans le monde.

Là se placent les pages d'une éloquence à la fois forte et simple, allant droit à l'âme : pas de phrases pompeuses et sonores, pas de vains ornements ; mais des traits qui pénètrent, des images qui empoignent, un mouvement qui subjugue et emporte.

« Au monde, à ce monde mauvais et condamné par Jésus-Christ, vous dites : « Aujourd'hui, je romps avec toi et je te déclare la guerre. Guerre à tes maximes ! je les foulerai aux pieds et je suivrai des maximes contraires. Guerre à tes pompes ! tu estimes les parures, tu règnes par tes modes ; regarde mes vêtements, vois : sur mon front un bandeau, sur mes yeux un voile, sur mon corps une robe grossière et sans forme. Regarde-bien, est-ce que je ne me moque pas de toi ? »

« Aux passions mauvaises que nous portons en nous, vous avez jeté le gant. Vous le savez, le jour où notre nature fut viciée par la faute de notre premier père, une légion de passions mauvaises entrèrent dans notre âme ; elles s'y établirent et elles prétendirent y régner. Aujourd'hui, ma chère Sœur, votre volonté porte à ce peuple de révoltés la déclaration suivante : « Je ne vous céderai pas un pouce de
« terrain ; j'empiéterai même sur le vôtre ; je vous ruinerai
« par la famine, je vous refuserai tout, même les plaisirs les
« plus légitimes ; et c'est pour mieux vous perdre que je
« renonce aux joies [de la famille et aux douceurs de la

« maternité, par le vœu d'une éternelle chasteté. Et mon
« corps, trop souvent votre allié, je l'affaiblirai par l'absti-
« nence et le jeûne, je le dompterai, je l'ensanglanterai par
« les cilices et les disciplines. O corps, ô passions, je vous
« vaincrai, je vous enchaînerai, je vous traînerai à mon char
« de victoire. »

« Quant au démon, vous allez le trouver jusque dans son
camp, jusque sur le trône où il siège, entouré de son
infernale cour, et vous lui dites : « Je ne vous crains pas,
« et, malgré vous, je veux être à Jésus-Christ pour tou-
« jours. »

« Voilà la vie religieuse telle que je la comprends, voilà le
sens de votre Profession. Ah! le jeune David était bien hardi
de combattre contre le Philistin Goliath. Vous, ma Sœur,
vous êtes mille fois plus audacieuse, mille fois plus provo-
cante. Aussi, ne soyez pas surprise si vous trouvez la guerre.
Soyez-en sûre, le démon n'abandonnera pas la partie sans
combat. Rassemblant sous ses drapeaux l'élite de ses troupes
actives, convoquant le ban et l'arrière-ban de ses cadres de
réserve, il franchira la clôture et vous livrera plus d'un
assaut terrible. »

Puis ce passage, qui termine le premier point, et d'une
émotion si pénétrante, si vraie :

« Si, un jour, vous sentez le découragement gagner votre
cœur, dites-vous bien à vous-même : « Pourquoi me plain-
« drais-je? Dans le monde, n'aurais-je pas eu ces misères
« et mille autres encore? N'ai-je pas la meilleure part? »
Oui, vous avez, ma chère Sœur, nous avons la meilleure
part. Entre autres preuves, je vous en donnerai une qui m'a
fait beaucoup de bien, chaque fois que je suis venu en
vacances, et qui m'en fait encore beaucoup. Depuis trois
semaines, j'ai visité notre famille, et j'ai constaté avec joie
que l'esprit chrétien l'anime, que la bénédiction de Dieu
repose sur elle, et que, par suite, elle est dans les conditions
du vrai bonheur. J'ai vu plusieurs autres familles également
très chrétiennes; et presque partout j'ai trouvé la Croix sous
une forme ou sous une autre, mort, maladie, pertes matérielles; partout travail, labeur, fatigues; partout doléances
sur le présent, craintes, inquiétudes pour l'avenir. Et à la
vue de cette multitude d'âmes, toutes gémissantes, toutes

pliées sous le poids de la Croix, je suis tombé à genoux, et
j'ai dit, et vous direz avec moi : « Combien ma part est
« avantageuse! Combien mes croix sont moins lourdes!
« Les miennes sont des pailles, celles des autres des
« poutres. »

Le P. Cochet aborde alors le second point : la multiplicité
des secours spirituels dans la vie de communauté. Nous en
citons le début :

« Ici, ma chère Sœur, vous aurez plus de secours spirituels.

« Cela est évident, et qu'est-il besoin de le prouver? Ces
jours derniers, en parlant d'une jeune femme, mère de quatre
enfants et bien éprouvée, on disait devant moi : « Si, du
« moins, elle était près de l'église, elle pourrait alléger ses
« souffrances en les déposant au pied du Tabernacle; mais
« elle est loin, elle ne peut y aller que le dimanche, et bien
« peu de temps! » Ici vous avez, vous aurez toujours Jésus-
Christ près de vous, dans la clôture, sous le même toit, le
jour et la nuit. A toute heure, il vous donnera audience ; à
toute heure, vous pourrez aller répandre en sa sainte présence vos larmes avec votre prière. Ici, vous trouvez un
directeur pieux et éclairé, des supérieures expérimentées
et dévouées, toujours prêtes à vous écouter, à dissiper vos
doutes, à vous tendre la main. Qu'est-ce que cette communauté, sinon la réunion de tous les secours que peut désirer
la ferveur? Cette sainte harmonie des discours et des
exemples, ce bel ordre qui fait succéder le travail à la prière,
la prière à la récréation, cet ensemble de saints avis, de
monitions charitables, d'exercices multipliés, tout cela ne
respire-t-il pas la paix du ciel ? Tout cela ne conduit-il pas
à Dieu ? Entraînée par le mouvement commun, vous ferez le
bien presque sans y penser. »

Ces considérations amènent tout naturellement un appel
à la reconnaissance envers Dieu, l'auteur de tout bien,
envers la mère, dont l'active vigilance a protégé la jeune
Professe contre tant de dangers, envers la Communauté des
Ursulines, qui daigne la recevoir.

Puis vient cette péroraison vraiment émouvante dans sa
simplicité :

« Il faut enfin mettre un terme à ce trop long discours. En

vous donnant toute à Dieu par vos trois vœux, vous avez choisi la meilleure part, je vous l'ai dit. Mais, pour rester fidèle à ces vœux, il vous en coûtera, il vous faudra souffrir, je vous l'ai dit aussi. En parlant de croix, d'immolations, de sacrifices, en ce beau jour, suis-je allé trop loin ? Ai-je été trop austère ? Je tremble. Aurais-jeté le découragement dans votre âme de vingt ans ? A Dieu ne plaise ! Des sacrifices, toujours ; des luttes contre soi-même, des combats, toujours ; des défaites, souvent hélas ! mais du découragement, jamais ! N'avons-nous pas pour soutien, outre notre amour pour Dieu, outre notre désir d'expier nos péchés, outre notre envie de ressembler à Jésus-Christ, outre tout cela, n'avons nous pas, dis-je, pour soutien l'attente des récompenses éternelles ? Même sur la terre, la plus grande somme de vrai bonheur est le partage des âmes qui se donnent franchement à Dieu. Mais, qui nous dira le bonheur qui leur est réservé dans l'autre monde ? Si un verre d'eau donné au pauvre ne reste pas sans récompense, quelle sera la récompense d'une vie consacrée tout entière au service de Dieu ? Au soir de votre vie, quelle joie, quel torrent de délices inondera votre âme, lorsque Jésus, votre époux, le Dieu de votre Profession, s'avancera vers vous, le sourire sur les lèvres, et portant à la main pour la déposer sur votre front la couronne des Vierges ! Quel bonheur ! Quel beau jour !

« Pour une religieuse, les deux plus beaux jours de sa vie sont le jour de sa Profession et le jour de sa mort. Le jour de la mort est le plus beau de tous, parce qu'il est la fin du sacrifice, l'épanouissement des vœux dans le séjour de la gloire. Au second rang, nous plaçons le jour de la Profession : jour de bonheur pour la Professe, de bonheur pour la famille ici présente, de bonheur surtout pour notre mère, qui voit aujourd'hui s'accomplir un de ses désirs les plus ardents. Bientôt, je l'espère, un autre de ses enfants, le quatrième, se consacrera à Dieu : prosterné sur le pavé du sanctuaire, lui aussi, mourra au monde ; et, présentant au Pontife sa tête et ses mains, il recevra avec l'huile sainte la couronne royale du sacerdoce de Jésus-Christ. Ce jour-là sera beau pour notre frère, beau pour nous tous. Un jour plus beau encore serait celui où tous les quatre, les deux prêtres et les deux religieuses, nous aurions l'honneur, l'insigne honneur de mourir pour notre foi, pour nos vœux ! Ce jour, faut-il le craindre, faut-il le désirer ? Je penche pour le désir et pour l'espérance..... »

Quelle émotion pénétra les âmes sous cette parole puissante dans sa simplicité par les grandes et belles idées qu'elle éveillait dans les esprits, par les pieux sentiments qu'elle excitait dans les cœurs, on le sent facilement à la seule lecture. Aussi quelles douces larmes coulèrent des yeux des assistants durant la cérémonie de la Profession et durant la Sainte-Messe qui suivit ! On en garde précieusement le souvenir, et la Professe même en demanda le manuscrit à son frère, qui se fit un plaisir de le lui donner : pages saintes, conservées avec vénération, toujours relues avec fruit, et qui, pour quelques instants, font oublier la terre et vivre la vie du ciel !

Le Père Cochet revint à Rennes avec les divers membres de sa famille, et c'est là qu'il reçut, peu de jours après, une lettre de son supérieur général qui lui confiait la Préfecture des écoliers à l'Institution Saint-Martin. Il y avait huit ans qu'il était à Besançon, et, voyant tout le bien qu'il y faisait, on avait pensé que nul ne convenait mieux pour exercer cette charge, qui venait d'y être créée : il y avait là de nombreuses vocations sacerdotales et religieuses à cultiver et développer, à défendre et affermir parfois, par ses conseils et par sa vigilance. Le climat lui-même ne serait-il pas plus favorable à sa santé ? Et n'était-ce pas une juste satisfaction accordée à sa vieille mère, depuis si longtemps privée de sa présence ?

Le Père Cochet, avait, nous l'avons dit, quitté Besançon dans une parfaite indifférence, ne désirant ni ne craignant d'y rester. Il accepta de même le séjour de Rennes, tâchant d'étouffer en lui tout sentiment de joie naturelle, pour ne laisser subsister que le contentement de faire la sainte Volonté de Dieu, qui lui était manifestée par ses supérieurs.

Il fut à Saint-Martin ce qu'il avait été à Saint-François-Xavier, avec plus de perfection encore. Écoutons le témoignage d'un témoin :

« Tous les confrères qui ont vécu avec lui en 1880-1882, n'auront qu'une même voix pour louer sa piété sincère, sa simplicité, sa modestie, sa régularité, tout cet ensemble de vertus qui le faisaient estimer et vénérer de tous. Pour moi, il me semble qu'il avait au plus haut point, et comme peu l'ont eu à ma connaissance, le véritable esprit du Vénérable P. Eudes. »

Avec plus d'expérience, et dans un milieu plus en rapport avec son tempérament, il exerça, durant sa Préfecture à Rennes, une influence morale très sérieuse sur les écoliers, il y fit œuvre de prêtre et d'apôtre ; et ces fonctions, qui lui pesaient à Besançon, lui devinrent là, douces et même agréables.

« Plein de charité et d'amabilité avec tous ses confrères, nous écrit-on, il réussit admirablement avec les élèves, et il le dut surtout à son éminente piété : tous le regardaient et le respectaient comme un saint. Par nature, et plus encore par vertu, le P. Cochet n'avait rien de batailleur, mais il mettait constamment en pratique le *suaviter* et le *fortiter* de nos Saints Livres ; son autorité était ferme et douce. Un petit trait en passant. Un des élèves les plus turbulents de la division des grands, auquel le joug de la discipline pesait lourdement, écrivait du P. Cochet, dans une lettre à l'un de ses amis : « Nous avons pour préfet de discipline un charmant homme. » Ce qui prouve combien par sa simplicité, son égalité d'humeur, sa patience et sa longanimité, notre confrère avait su maîtriser ce caractère un peu revêche et impatient de toute règle. Vers la fin de janvier ou au mois de février 1882, le surveillant des grands fut appelé à un autre poste dans un autre de nos collèges, et, comme il était difficile pour le R. P. Supérieur de lui donner un successeur au milieu de l'année scolaire, le P. Cochet n'hésita pas à accepter la surveillance de cette étude. Malgré ce surcroît de travail, il suffisait à tout : présidant les études, le réfectoire, quelques récréations, la veillée, allant conduire et chercher les élèves à Saint-Vincent, et s'occupant même, comme Père spirituel, de l'œuvre de Saint-François-Régis. Il se trouvait partout où l'on réclamait sa présence. Et cependant, malgré les ennuis, les fatigues, les inquiétudes et les déboires inhérents à une telle situation, jamais il ne fit paraître la plus légère impatience, ni le moindre découragement.

« Un autre trait qui vous montrera l'affection, l'intérêt, la sollicitude qu'il avait pour ses élèves. Un jour d'hiver, où la neige couvrait la terre, et où la conduite des élèves à Saint-Vincent était fort difficile et fort pénible sous tous rapports, il dit confidentiellement au Père qui l'aidait: « les élèves, vu le mauvais temps, ne sont pas comme d'ordinaire, je n'ai pas dormi de la nuit. »

« Un mot, en terminant, sur ses rapports avec l'extérieur. Il n'en avait que très peu, même avec ses parents qui habitaient Saint-Laurent ou Rennes. Il se renfermait dans son obédience et ne paraissait au dehors que par une pressante nécessité. De là, sans doute, cette estime, ce respect, cette vénération et cette confiance qu'il inspirait à tous. »

On le voit par ces dernières lignes, bien que rapproché des siens, le P. Cochet ne se livra point à eux. Il allait voir sa mère par piété filiale, et elle-même venait le voir à Saint-Martin, il visitait de temps à autre ses frères et sœurs, ses oncles et tantes, mais en passant et sans perdre de temps, ne sacrifiant jamais une parcelle de ses devoirs aux affections de famille. Montfort est à quelques lieues de Rennes, et il ne trouvait pas toujours le loisir, même en vacances, de rendre visite à ses sœurs religieuses à l'Abbaye. « Si j'ai un moment à Pâques, je me propose d'aller vous voir; mais il est probable que je serai occupé, » lisons-nous quelque part, dans sa correspondance; et ailleurs « je n'ai point fait vœu de n'aller pas à l'Abbaye. Vous savez que je vous aime bien. En tout cas, j'irai par le train de 5 heures, et je reviendrai par le train de 9 heures. »

Pendant ces deux années de préfecture à Rennes, ses vacances furent consacrées presque entièrement à des travaux apostoliques. En 1881, il remplaça durant le mois d'août un des aumôniers du monastère Saint-Michel de Paris. « Ici je me porte bien, écrit-il à sa mère, à la date du 19, malgré le genre de travail tout nouveau pour moi. Ce n'est pas rien que de confesser chaque semaine plus de quatre-vingts religieuses. Depuis vendredi dernier, je n'ai pas eu un instant de libre. Lundi, on m'a fait prêcher l'Assomption. Qu'il faut crier fort pour se faire entendre à toutes ces grilles qui règnent autour du sanctuaire! Nous avons actuellement l'Adoration du Saint-Sacrement, pendant trois jours et trois nuits : j'ai dû prêcher encore une fois à la messe de 8 heures 30 : ce qui donne l'occasion de pratiquer un petit jeûne ; car on ne peut guère déjeuner avant 9 heures 30. Aujourd'hui il y a eu une prise d'habit, et, chose étrange, c'était une jeune personne de Besançon, et qui s'adressait à moi, quand j'étais au Collège. Cela m'a valu l'honneur de bénir son cierge, de dire la messe, et... de déjeûner après dix heures.

« De Paris je ne sais rien, je ne vois rien, puisque je ne sors guère. Mais j'ai une belle petite chambre au quatrième : on en mettrait bien quatre de cette dimension dans ma chambre de Saint-Martin. »

Le 29, il quittait Saint-Michel pour se rendre à Abbeville, où il devait prêcher deux retraites de religieuses, la première de ce même jour au 6 septembre, la seconde du 6 septembre au 13. De retour à Rennes pour le 15 au matin, il consacrait la dernière quinzaine des vacances à préparer toutes choses pour la rentrée.

En 1882, le programme était encore plus chargé. Le voici tel qu'il l'écrit à ses sœurs de Montfort : « Il est probable que je n'irai pas à l'Abbaye, ces vacances. Je dois quitter Rennes, le 14 août, pour me rendre à la maison du noviciat, près d'Hennebont, où je remplace le Maître des novices jusqu'au 10 septembre. Le 10 septembre, je vais donner les exercices de la retraite aux religieuses Augustines de Barenton, arrondissement de Mortain ; après quoi je reviens à Redon pour notre retraite annuelle. Du 1ᵉʳ au 3 octobre je prêche les Quarante Heures à Saint-Sulpice-la-Forêt, au delà de Betton. Priez et faites prier à ces diverses intentions.

« Vous me direz : « jusqu'au 14 août, il est facile de faire le voyage à l'Abbaye. » Oui, mais j'ai plusieurs courses obligatoires, et puis je consacre tous mes moments à la préparation de cette retraite de religieuses. »

Le programme, il est vrai, ne fut pas entièrement exécuté ; car, sur ces entrefaites, le choix de ses supérieurs le fixa à Saint-Joseph-de-Kerlois pour y prendre la direction du noviciat. Son intention n'en était pas moins de consacrer aux âmes tous ses loisirs, et d'éviter le séjour prolongé parmi les siens.

Dès la première année même de sa résidence à Rennes, sentant les liens qui l'attachaient à sa famille et à son pays

se renouer insensiblement, et les affections naturelles
renaître malgré lui, il avait sollicité de son supérieur général la faveur d'un second exil. « Je viens de dire à notre
Père que je me trouve trop près des miens, que je les aime
trop : j'ai un cœur de poule. »

Un moment il s'était cru exaucé, et avait regardé son changement comme chose faite. « On dit, paraît-il, que je ne
reste pas à Saint-Martin. Le R. P. Le Doré m'en a parlé. Je
crois que vous serez contente de la position qu'il a l'intention de me donner : elle me plaît beaucoup. » On songeait
dès lors à le placer à la tête du noviciat, d'autant que
le Père qui dirigeait cette maison de formation, faisait
mille instances pour être relevé de ses fonctions. Diverses
considérations retardèrent l'exécution de ce dessein, qui ne
se réalisa que l'année suivante.

Mais s'il ne perdait point le temps en visites oiseuses ou
de pure satisfaction naturelle, quel zèle et quel dévouement
affectueux il déployait, lorsqu'il s'agissait de consoler, de
soutenir, de réconforter dans l'épreuve et la douleur ! quel
intérêt puissant il prenait aux progrès spirituels de tous ceux
qu'il aimait, surtout lorsqu'ils étaient consacrés à Dieu.
Ecoutons-le parler à une de ces âmes, dont la vocation était
contrariée par la maladie et par un redoublement d'imperfections.

« Ma chère Enfant,

« Je dis « mon enfant », parce que la confiance que vous
m'avez témoignée dans votre lettre, et mon affection toute
spéciale pour vous, m'autorisent à vous donner ce nom.

« Les maux d'estomac, et les maux de tête qui en sont la
suite, portent à la tristesse, à la mélancolie, aux idées noires,
à la mauvaise humeur : c'est un fait d'expérience. Que
quelques signes ou paroles d'impatience ou d'ennui nous
échappent dans ces circonstances, je n'en suis pas surpris,
et je n'ose pas vous trop condamner. Je vous plains, je
prends part à vos douleurs et à ce malaise général, bien difficile à supporter joyeusement. Je suis convaincu que le
bon Dieu et vos supérieures vous pardonneront facilement
ces saillies maladives, pourvu que la volonté n'y conserve

pas d'affection, mais qu'elle les désapprouve et les condamne. Il faut réagir fortement contre cette tendance à la tristesse; il faut être gaie, joyeuse quand même, par devoir, par raison, par vertu.

« Pour les manquements à la Règle, les désobéissances, etc., etc., c'est bien plus grave ; car souvent, c'est consenti, voulu, réfléchi ; et vous savez que ces fautes faites de sang-froid contristent le cœur du bon Dieu et tarissent la source des grâces. Les fautes de ce genre sont un des principaux caractères de la tiédeur. Oh ! ne soyons pas tièdes ! Etre dans la disposition bien arrêtée de ne commettre aucune faute réfléchie, délibérée, est, comme vous le savez, une condition élémentaire, mais nécessaire de toute vie pieuse.

« Quand même une religieuse commettrait beaucoup de fautes, si ce sont des fautes de légèreté, de faiblesse, de surprise, si la volonté n'y a point d'affection, il n'y a que demi-mal. Mais si les fautes sont volontaires et qu'on ne veuille pas s'en détacher, cette âme est dans un état grave, elle est sur une pente dangereuse.

« Je ne veux pas insister sur la gravité, sur les dangers de cet état. Je veux plutôt vous prémunir contre le découragement. C'est un des pièges les plus perfides que le démon puisse tendre à une âme. Ne nous décourageons jamais, quoi qu'il arrive. Le découragement procède presque toujours du peu de connaissance que nous avons de nous-mêmes. Nous ne sommes point parfaits, nous ne le serons jamais. Jusqu'à la fin, nous traînerons une longue chaîne de misères ; c'est désolant pour notre amour-propre, mais c'est ainsi. Au reste, l'humilité trouve là son aliment, et l'humilité est le sel qui garde toutes les autres vertus.

« Tâchez de découvrir la cause ou les causes de votre maladie spirituelle. Votre santé y est sans doute pour quelque chose, mais elle n'en est pas l'unique cause. C'est une recherche à faire devant le bon Dieu et au flambeau de sa divine lumière. C'est peut-être, par exemple, l'immortification du goût, ou des yeux, ou du cœur, des négligences habituelles dans les prières, un manque de simplicité ou d'ouverture vis-à-vis des personnes chargées de votre conscience, etc., etc.

« La cause une fois connue, il faut vous armer de courage pour la combattre et la faire disparaître. C'est ici que vous avez besoin du secours du bon Dieu, de la force de son bras. Priez donc et demandez souvent ce secours extraordinaire dont vous avez besoin.

« Renouvelez vos vœux trois fois le jour, en récitant *l'Angelus*. A la sainte Messe, faites, aux deux évangiles, le signe de la croix sur le front, la bouche et le cœur, avec les intentions que je vous avais suggérées. Relisez les paroles qui vous ont été adressées au nom du bon Dieu, le jour de votre Profession. Faites quelques méditations sur les grandes vérités de la religion : la mort, le jugement, etc., ou sur quelques chapitres de l'Imitation de Jésus-Christ, par exemple, *Des exercices d'un bon religieux*, etc.

« Nous servons un bon maître, soyons généreux. Dieu est toujours bon pour nous, soyons toujours bons et dévoués pour Lui. Ne nous inquiétons pas des émotions de la sensibilité : ce que Dieu demande, c'est la bonne volonté : *Pax hominibus bonæ voluntatis*.

« Le bonheur parfait n'est point de ce monde. Plus je vois les âmes, plus je pénètre dans les consciences, plus je m'assure que nous, religieux et religieuses, nous avons la meilleure part. Que de déchirements, que d'amères douleurs sous les plus brillantes toilettes et sous les lambris dorés !... »

Et six mois plus tard, ces nouveaux enseignements, sur un ton mi-sérieux, mi-plaisant, mais si vrais et si pratiques.

« Je vais vous parler un peu au hasard, car je n'ai pas de votre état physique et moral une idée assez nette pour indiquer le remède. Puissé-je ne pas appliquer le remède à côté du mal !

« Vous êtes souffrante, et, quand on souffre, on pense à la mort. Cette pensée n'est pas agréable à la nature et répand parfois sur la vie je ne sais quelle teinte sombre.

« Je vous dirai donc :

« 1° Que nous mourrons *presque* tous, un peu plus tôt, un peu plus tard ;

« 2° Que vous ne mourrez pas de sitôt : votre infirmité ne va pas à la mort ; vous prendrez le dessus, comme tant d'autres. Vous doublez maintenant ce cap dangereux qu'on appelle le *Cap des Tempêtes*, mais qui s'appelle mieux encore le *Cap de Bonne-Espérance* ;

« 3° Que je me propose bien de ne pas autant pleurer à votre enterrement que j'ai pleuré à votre Profession. Mais je ne tiendrai guère à ma promesse : car en écrivant ceci, je me sens tout ému : j'ai un vrai cœur de poule.

« Ces souffrances d'estomac influent sur le caractère : on devient irritable, triste, sombre, susceptible, etc. Il faut réagir contre ces mauvais effets et rire beaucoup.

« La souffrance offre de nombreux avantages : elle fortifie l'âme, lui fait prendre de l'ascendant sur le corps, et l'empêche de se trouver trop à l'aise dans cette prison de l'exil. Plus tard, on comprend mieux les infirmités d'autrui. Depuis deux ans que ma santé corporelle est meilleure, je remarque que l'âme ne s'en porte pas mieux, au contraire.

« Et puis, combien de femmes de votre âge sont plus souffrantes que vous et n'ont pas les secours, les douceurs que la Communauté veut bien vous procurer ?

« Lisez et méditez le chapitre de l'Imitation intitulé : *Du chemin royal de la sainte croix*. Toutes les saintes ont eu beaucoup à souffrir.

« Enfin tout cela vous fera grand bien, quand vous serez guérie : on apprécie mieux, après la maladie, le prix de la santé.

« Ne vous préoccupez pas de l'avenir : quand vous mourrez, on vous enterrera certainement.

> « Gaieté, doux exercice et modeste repas,
> « Voilà trois médecins qui ne se trompent pas. »

« En voilà assez, trop peut-être ; cependant je vous dirai encore : dans vos oraisons, vos prières, vos communions, etc., demandez particulièrement au bon Dieu le courage et la force dont vous avez besoin, pour le moment présent, pour la journée, sans vous inquiéter du lendemain. Et, le lendemain, vous demanderez la même grâce pour la journée, et toujours ainsi. Faites comme ce bon solitaire qui jeûnait jusqu'au coucher du soleil. Il se disait d'abord : « Je ne vais « pas manger avant midi. » Midi venu, il disait : « J'attendrai

« bien jusqu'à trois heures. » A trois heures : « Il ne reste
« plus guère de temps jusqu'au coucher du soleil, je ferai
« bien encore ce petit sacrifice. »

« Développez en vous l'esprit de foi, et rendez vos vertus
bien pratiques. C'est maintenant l'occasion de montrer au
bon Dieu que vous voulez être à Lui, que vous ne voulez pas
reprendre en détail ce que, au jour de votre Profession,
vous lui avez donné en gros. »

Ces pages, et d'autres semblables que nous avons déjà
transcrites, montrent combien le P. Cochet était apte à
diriger les âmes dans les voies de la perfection. Aussi quand,
en 1882, ses supérieurs le placèrent à la tête du noviciat de
la Congrégation de Jésus et Marie, ils ne firent que répondre
à l'attente générale. Depuis longtemps la voix de ses confrères le désignait pour cette importante fonction.

TROISIÈME PARTIE

DIRECTION DU NOVICIAT

CHAPITRE PREMIER

LE MAITRE DES NOVICES

1882-1892

HENNEBONT ET SAINT-JOSEPH DE KERLOIS — VACANCES DE 1882 — LE P. COCHET
EST NOMMÉ MAITRE DES NOVICES ET SUPÉRIEUR DE KERLOIS — DIFFICULTÉS
DE CETTE CHARGE — LES QUALITÉS DU P. COCHET JUSTIFIENT LE CHOIX DE
SES SUPÉRIEURS.

ENNEBONT, à huit kilomètres de Lorient, est une jolie petite ville bretonne, très agréablement située, à droite du chemin de fer descendant. Ses rues en pente rapide courent sur deux collines séparées par le Blavet, et dominées dans leur ensemble par le clocher de Notre-Dame-de-Paradis, l'un des plus beaux de la Bretagne, si riche pourtant en monuments de ce genre.

A deux kilomètres environ de la ville, et à droite de la route qui conduit à Lorient, le voyageur aperçoit, au milieu de bois et de prairies, et au fond d'une terrasse verdoyante fermée par une grille, une gentille villa, comme enveloppée de silence et de mystère dans sa rayonnante blancheur: c'est Kerlois. Les P.P. Eudistes y ont établi leur noviciat depuis 1876 : et certes, avec ses grands arbres, ses jardins, ses ruisseaux, on ne peut rêver solitude plus délicieuse pour se donner à Dieu et se séparer du monde sans secousse et sans regret. La verdure, les fleurs, le chant des oiseaux, le bon air des champs ou de la mer, tout n'y dilate-t-il pas le cœur, tout n'y élève-t-il pas la pensée, en récréant les poumons, les oreilles et les yeux ?

En 1882, le noviciat Saint-Joseph de Kerlois était gouverné par le P. Gobert, de douce et sainte mémoire. Apôtre infatigable, les occupations et les labeurs de l'année n'épuisaient point son zèle ; il consacrait encore une grande partie du mois d'août et de septembre à des retraites dans les communautés religieuses, où sa parole était fort goûtée. Mais ces petites fugues apostoliques, il ne pouvait se les permettre qu'à la condition de trouver un remplaçant ; et ce remplaçant, vu sa position, devait être nécessairement un homme de choix.

Or, cette même année, le P. Cochet demandait à passer ses vacances loin de Rennes et de sa famille, et à les employer d'une façon pieuse et pour le plus grand bien des âmes. Il fut donc désigné par le R. P. Le Doré, comme gardien de la maison de Kerlois, du 17 août au 10 septembre, époque de l'absence du P. Gobert.

Il partit de Rennes le 14 au matin, après avoir dit rapidement « au revoir » à sa bonne mère, s'arrêta en passant à Redon et se rendit à La Roche-du-Theil, afin de consulter son ancien supérieur de Besançon sur l'emploi d'une somme d'argent, puis reprit le train du soir pour Kerlois, où il arriva sur les 9 heures. Le lendemain, il chantait la grand'-messe du noviciat, et assistait, l'après-dîner, à Hennebont, à la procession en l'honneur de la sainte Vierge. Il y admirait tout à la fois, et le nombre, la piété, le recueillement des assistants, et la variété des costumes, et le pittoresque de la ville. La beauté de l'église surtout le frappa, non moins que son clocher, aux gargouilles sculptées, aux meneaux élégants, qui s'élance vers le ciel léger et gracieux, entre deux flèches de même hauteur, soutenues par des arcs-boutants d'une grande délicatesse. Quant à la propriété de Kerlois, elle eut pour lui tout le charme de la nouveauté et de la surprise, elle le ravit. Il l'écrit à sa mère : « C'est un

joli château entouré d'arbres et de prairies. Tout cela me
paraît très beau. »

Ce qui le ravit plus encore, ce fut la vie de solitude, mê-
lée de quelques délassements, qu'il avait à y mener. Passer
la matinée dans le silence, l'étude et la prière, n'être
dérangé de ces douces et tranquilles occupations que pour
d'autres plus agréables encore, l'entretien et la direction
d'âmes jeunes et bonnes, avides de conseils et de perfection ;
le soir, une fois la chaleur tombée, faire en communauté
une promenade dans les campagnes voisines, à travers prairies et bois, ou sur les bords du Blavet, et cela, en devisant gaiement et pieusement, en entremêlant les jeux ou la
conversation de quelque exercice religieux, comme la récitation de l'office ou du chapelet : le P. Cochet n'avait pas
goûté depuis longtemps pareil agrément ; il revivait par la
pensée sa vie de la Roche-du-Theil ; le souvenir du passé
embellissait encore les charmes du présent.

Ainsi s'écoulèrent rapidement les semaines fixées pour
son séjour à Kerlois, semaines bénies, et dont malgré tout
il ne voyait pas arriver la fin, sans un léger serrement de
cœur. Cette vie convenait si bien à ses goûts et à ses aptitudes ! Il s'apprêtait donc à regagner Saint-Martin, pour
recommencer une nouvelle année de peines et de labeurs,
lorsqu'une lettre du R. P. Le Doré lui intima l'ordre de
rester au noviciat. Le projet formé l'année précédente allait
recevoir son exécution. Le P. Gobert, qui, dans son humilité,
trouvait sa charge trop lourde pour ses faibles épaules, avait
renouvelé ses instances près du Supérieur général afin d'en
être relevé, et celui-ci, agréant ses raisons, lui donnait le
P. Cochet pour successeur. Assurément nulle transition ne
pouvait être mieux ménagée dans le gouvernement de la
maison : ses habitants avaient appris, durant les vacances.
à apprécier, à vénérer et aimer celui qui devenait, en même
temps que leur supérieur, leur guide dans les voies du
ciel.

A cette nouvelle, le P. Cochet alla se prosterner devant le
saint Tabernacle, et adorer Notre Seigneur dans ses desseins
sur lui : il s'humilia, il demanda pardon, il remercia, il
renonça à son esprit et à sa volonté propres, il se donna à son
divin Maître, pour qu'il prît possession de son être tout

gare, et son départ causa autant de pleurs et de regrets
que l'événement de la veille avait apporté de consolation et
de joie.

La direction d'un noviciat est, à coup sûr, une charge
fort pénible et fort difficile : — pénible, car son exercice est
de tous les instants. Ne perdre de vue les novices, ni dans
leurs travaux, ni dans leurs jeux ; les entretenir fréquemment, pour s'enquérir de leurs progrès, les corriger de leurs
défauts, les inciter à la vertu ; être toujours à leur disposition pour entendre leurs confidences, et leur donner les avis
et les consolations dont ils ont besoin : voilà certes un assujettissement de toutes les heures bien crucifiant pour la
nature. Et quelle préparation ne demandent pas les nombreuses conférences et entretiens qu'il faut faire chaque
semaine ! — difficile, car elle exige de grandes qualités,
spécialement celle du discernement des esprits, qualité
d'autant plus importante qu'il s'agit à la fois et du bien
du sujet et de celui de la Congrégation. Pénible et difficile
toujours, elle l'était alors plus que jamais à Kerlois, le Maître
des novices étant presque seul pour suffire à l'ouvrage, parfois même sans conseiller pour l'aider de ses lumières.

« Que de fois, nous écrit-on, j'ai eu pitié du P. Cochet, à
cause de la situation délicate où je le voyais placé ! Pendant plusieurs années, il a dû porter seul la charge du noviciat. Etre seul pour prendre des décisions, qui intéressent
et le salut éternel des âmes et l'avenir d'une Congrégation,
c'est là, on l'avouera, une condition bien dure, et à laquelle
peu se seraient résignés. Il n'est donc pas étonnant qu'il se
servît pour s'éclairer de ceux de ses novices en qui il avait
plus de confiance. Je l'avoue, malgré toute la prudence qu'on
peut y mettre, la chose ne va pas sans inconvénients, et on
a pu le lui reprocher. Mais eût-on mieux fait à sa place ? »

Dans ces circonstances difficiles, le P. Cochet se montra
à la hauteur de sa tâche, et répondit dignement aux espérances de ses supérieurs. Nul d'ailleurs ne réunissait à un
plus haut degré les qualités requises par le Vénérable
P. Eudes pour l'exercice de la supériorité et la direction des
Jeunes : l'humilité, l'obéissance, la piété, la charité, la douceur, l'amour de la Congrégation et le dévouement aux
œuvres qui font sa fin, la dévotion à Jésus et Marie, l'atta-

chement à l'Eglise et à son chef. Il avait acquis une grande expérience des hommes et des choses dans ses fonctions de surveillant, professeur, préfet et économe, si simplement, mais si sagement remplies. Ses études et ses travaux ascétiques secondés par une bonne et solide intelligence le préparaient amplement à la direction des âmes : les lettres que nous avons citées plus haut nous en sont un sûr garant. Au dedans, comme au dehors de la Congrégation, l'estime qu'on avait pour sa personne, approchait de la vénération : tous le regardaient comme un saint, les moins favorables, comme un ascète outré. Maître de son extérieur et de sa langue, ne disant que ce qu'il voulait, il savait apprécier les personnes à leur juste valeur, parce qu'il se plaçait toujours pour les juger au point de vue de la foi.

On ne pouvait donc faire un meilleur choix : on ne pouvait placer sous les yeux des novices un plus parfait modèle de l'idéal tracé par le Vénérable P. Eudes dans ses Constitutions. C'est ce que répètent à l'envi dans leurs lettres ceux qui ont bien voulu contribuer par leurs renseignements à la glorification de leur ancien Maître. « Il me semble, dit l'un, que, pour écrire la vie du P. Cochet, le plus simple serait de prendre nos chères Constitutions et de le suivre dans le parfait accomplissement de chacune d'elles. »

« Si l'on examinait, dit un autre, toutes les vertus successivement, il me semble qu'on pourrait parler assez longuement de ce cher Père, car il les pratiquait toutes à un haut degré. »

Et un troisième : « Ce n'est pas sans raison que le P. Cochet avait été choisi pour former à la piété et à la régularité les Jeunes de la Congrégation : il avait en lui à un très haut degré toutes les vertus qui font le saint prêtre et le fervent religieux. »

Ce ne sont pas là de vaines paroles : voici un fait qui montre qu'elles répondent à la pensée générale de son entourage.

On lisait au réfectoire la vie du Bienheureux Perboyre. Or, avant de partir pour l'extrême Orient, le pieux missionnaire avait exercé dans sa société la charge de Maître des novices, et l'auteur racontait dans un chapitre la façon admirable dont il s'en était acquitté. En cela rien que de naturel.

Mais le surprenant, c'est que tous les traits du Bienheureux se rapportaient au P. Cochet. Les auditeurs riaient sous cape, en le regardant du coin de l'œil, et lui, manifestement gêné de l'application qui lui était faite de la lecture, de manger, les yeux baissés, dans l'attitude de l'humiliation et de la confusion.

Les chapitres qui vont suivre, montreront par le tableau des vertus éminentes dont il donna l'exemple à Kerlois, que les novices ne se trompaient pas.

CHAPITRE DEUXIÈME

SON ESPRIT DE RELIGION ET DE FOI
SA RECONNAISSANCE POUR LES BIENFAITEURS DU NOVICIAT

1882-1892

LE PRÊTRE, HOMME DE DIEU — ATTITUDE RECUEILLIE, PIÉTÉ ET DÉVOTION DU P. COCHET — SON AMOUR DES CÉRÉMONIES ET SON RESPECT DES RUBRIQUES — IL CONCOURT AUX FÊTES DES PAROISSES VOISINES — SON ZÈLE POUR LA MAISON DE DIEU : PROPRETÉ, ORNEMENTATION — ÉRECTION DE STATUES ET DE SANCTUAIRES — FABRICATION DE CADRES PIEUX — SA DÉVOTION AUX AMES DU PURGATOIRE — IL FAIT SALUER TOUS LES HABITANTS DU PAYS — SA CONVERSATION TOUTE CÉLESTE — SA VIE DE PRIÈRE — NÉCESSITÉ DE LA RECONNAISSANCE — RECONNAISSANCE DU P. COCHET A L'ÉGARD DES BIENFAITEURS DU NOVICIAT : VISITES ET LETTRES — LETTRES DE REMERCIEMENT, OCCASION DE NOUVEAUX DONS.

E prêtre est, avant tout, l'homme de Dieu, *homo Dei*. Spécialement député pour lui rendre, au nom des créatures, les hommages et le culte qui lui sont dus, l'oblation du Saint-Sacrifice et la récitation des prières liturgiques constituent ses premiers devoirs, comme ils sont la raison première de son existence : et par suite aussi, l'entretien et la décoration des temples, le soin respectueux des objets sacrés, la belle ordonnance des cérémonies religieuses. La fécondité de son ministère près des hommes dépend de sa fidélité à ces obligations fondamentales ; c'est là qu'il puise un amour véritable pour ses frères, c'est par là qu'il leur obtient les grâces de conversion, d'expiation, de sanctification, sans lesquelles sa parole et son action restent infructueuses.

Que le P. Cochet ait eu à un haut degré l'intelligence de cette doctrine et qu'il en ait fait la règle de sa vie, personne n'en peut douter, après ce qui précède ; ce que nous allons dire, l'établira mieux encore. Nulle part, en effet, plus qu'au noviciat, son esprit de foi et de religion n'eut occasion de se manifester sous toutes ses formes, et de frapper tous les regards.

« Je vénérais, nous dit un témoin de haute compétence, le P. Cochet comme un saint très rempli de l'Esprit de l'Evangile. Il en faisait la règle de sa vie, et il essayait par ses discours et par ses exemples de nous le faire comprendre et aimer. » Et un autre : « Même dans la congrégation, il est difficile que le Père fût apprécié à sa valeur réelle. Le soin constant qu'il mettait à s'effacer, l'habitude de juger de toutes choses et de se conduire en tout d'après les idées de la foi, l'empressement avec lequel il s'efforçait de profiter des moindres occasions de mériter et de procurer la gloire de Dieu, ont égaré plus d'un jugement. »

De nombreux témoignages, recueillis de divers côtés, et que nous fondons ensemble dans l'intérêt du récit, vont par des faits précis mettre ce point bien en lumière.

« Pas n'était besoin de vivre longtemps avec ce bon Père pour remarquer sa grande piété et son vif esprit de foi. Dès les premiers jours de mon noviciat, je fus frappé et profondément édifié de sa tenue à la chapelle. Toujours droit, ne se penchant jamais sur l'accoudoir, ne s'appuyant pas contre le dossier du banc, il paraissait si recueilli, si pénétré de la présence de Dieu, que sa vue seule portait à la dévotion et à la prière. Il y avait sur son visage quelque chose de calme et de pieux, indice certain de la paix de son âme et du bonheur qu'il goûtait dans ses entretiens avec Jésus. Quelquefois, pour nous aider à faire oraison, le bon Père exprimait à haute voix les divers sentiments et affections de son cœur ; nous n'avions qu'à nous unir à lui, et à nous laisser pénétrer par ses paroles si pleines d'onction. Ce n'étaient qu'oraisons jaculatoires, qu'actes d'adoration et d'amour envers notre divin Maître, qu'invocations ardentes pour obtenir ses grâces, que protestations d'humilité. Ces jours-là, l'heure de méditation me semblait bien courte, et quelle n'était pas l'émotion de mon âme !

« Rien de ce qui touche au service du bon Dieu ne lui semblait petit ; aussi avec quel soin il nous enseignait les cérémonies ! Avec quelle exactitude et quelle religion il les accomplissait lui-même jusqu'à l'*iota!* C'était admirable.

« L'observation des rubriques, nous répétait-il souvent, est pour le prêtre un aliment à sa piété, et pour les fidèles un sujet d'édification. » Rien ne lui coûtait pour nous y former ; il ne craignait pas de descendre dans les moindres détails. Je le vois encore m'indiquer la manière de prendre le surplis sans le froisser, de saluer le prêtre sans gaucherie ni mondanité, de présenter les burettes avec aisance, de verser le vin et l'eau sans en répandre sur l'autel, enfin de faire la génuflexion. Oh ! la génuflexion ! Qui ne se rappelle à ce sujet ses leçons théoriques et pratiques? Il relevait un peu sa soutane, appliquait lentement le genou droit près du talon gauche, et restait ainsi quelque temps, afin que nous eussions le loisir de bien saisir le mouvement. Il recommençait du reste autant de fois qu'il était nécessaire, et avec la patience la plus invincible.

« Notre chapelle était bien étroite, bien incommode. Le Père n'en voulait pas moins que toutes les cérémonies du chœur s'y exécutassent fidèlement et avec ensemble. L'initiative privée n'avait absolument rien à y faire : l'œil discret, mais clairvoyant, du P. Cochet avait vite aperçu les fautes ou les oublis : et, si l'on n'était pas repris sur le champ et à la chapelle, par respect pour le saint lieu, une petite observation, à la sortie, remettait toutes choses au point.

« Et lui-même donnait toujours l'exemple, là comme en tout le reste. Dans ses génuflexions, dans ses signes de croix, dans sa démarche, jamais de précipitation, jamais de routine; mais une gravité soutenue, qui révélait à tous combien il était pénétré de l'action qu'il accomplissait. Il est inouï qu'on l'ait vu lever les yeux en lisant son Bréviaire : il marquait même d'une inclination de tête tous les *Gloria Patri;* et cette pratique, il nous la recommandait, afin de nous habituer à faire exactement plus tard toutes les inclinations prescrites par les rubriques du Missel.

« Un de ses grands bonheurs était de concourir à rehausser la beauté des fêtes religieuses à Hennebont, à Saint-Caradec et autres paroisses voisines. Plusieurs fois nous sommes allés y chanter les offices : messes, vêpres ou saluts, suivant les occasions, c'est-à-dire, au temps des missions, retraites ou adorations. Nous contribuions même régulièrement à la décoration des rues de notre paroisse pour la procession de la Fête-Dieu ; et, le jour de la Très Sainte-Trinité, un Père et deux novices se rendaient à Calan pour y représenter la Communauté. Lui-même se proposait volontiers pour remplir les fonctions de diacre ou de sous-diacre, quand les autres prêtres s'y montraient peu empressés ; et cela, un jour, malgré les reproches affectueux d'un dignitaire ecclésiastique qui trouvait la chose peu convenable pour un supérieur. Et comme son visage rayonnait, dans le déploiement du culte, lorsqu'il voyait les bons paysans admirer l'ordre des cérémonies, le recueillement des divers officiers, l'harmonie du chant ! Il triomphait alors, mais à la seule pensée que les esprits s'élevaient vers Dieu, et, quittant les basses régions de la terre, rêvaient pour un instant des spectacles et des joies du Paradis.

« Son zèle pour la maison de Dieu s'étendait aux plus petites choses. Que de fois ne l'a-t-on pas vu, en entrant à la chapelle, passer le doigt sur le banc du sanctuaire, et, si quelque atôme de poussière s'y trouvait égaré, les sacristains en étaient bien vite avertis. « *Omnia ubique sint munda, nitida, et bene composita*, dit le Vénérable P. Eudes, dans ses Règles latines ; qu'en tout lieu tout soit propre, net, bien ordonné : » Le P. Cochet veillait partout à l'observation de cette prescription, mais nulle part plus qu'à la chapelle : il voulait que là tout fut reluisant de netteté.

« Un autre fait qui montre jusqu'où il poussait le scrupule sur ce point. Quand il allait à Hennebont ou à Saint-Caradec chanter ou dire la messe, si les chemins étaient mauvais, et ils ne le sont que trop souvent, il avait soin de porter sous son camail une paire de souliers bien cirés qu'il rapportait de la même façon, après s'en être servi au saint autel, et seulement là. »

Oui, le P. Cochet avait le culte du saint lieu : il aimait à l'embellir, à le décorer. A lui, si pauvre, si mal vêtu, rien ne semblait trop beau, quand il s'agissait de l'église et de l'hôte divin qui l'habitait. « Merci, écrit-il quelque part, du bonheur que vous me procurez en embellissant la maison de Notre-Seigneur Jésus ! Tout don pour mon usage personnel serait refusé : il est si doux en communauté de ne posséder absolument rien en propre ! Mais pour la beauté de la maison de Dieu j'ai un attrait indicible, c'est pour moi un bonheur de la voir propre et ornée. Cette année a été laborieuse, mais une de mes consolations a été d'avoir pu réaliser des améliorations en notre chère chapelle. » Tant que Kerlois n'eut pour chapelle qu'un très modeste appartement, il se contenta d'une ornementation également modeste ; mais quand, le nouveau noviciat étant bâti, on put célébrer les offices publics dans une salle plus vaste, il voulut lui donner une certaine splendeur. Il chargea un Père, fort ingénieux et fort habile, qui lui avait été envoyé pour adjoint, d'y placer des vitraux et d'en peindre les murs ; il quêta parmi ses amis et ses connaissances, afin de procurer à l'autel et au Tabernacle les ornements et la garniture convenables. La bonne Providence sembla vouloir récompenser son zèle, en le mettant en communication (nous verrons plus loin à quelle occasion) avec une pieuse demoiselle de Rennes, qui s'empressa, avec le concours d'autres personnes charitables, de satisfaire à tous ses désirs et souvent même de les devancer : heureuse de consacrer de son superflu à une œuvre si sainte et dans une si fervente communauté.

Tantôt c'est « pour le saint Ciboire, un pavillon, vrai chef-d'œuvre de goût artistique et de délicate piété, qui arrive à point, la veille de Noël, pour la messe de minuit, et que l'on réservera pour les plus grandes solennités ; » tantôt pour le Tabernacle « un conopée rouge, qui produit un très bel effet », ou bien encore pour l'autel « un lambrequin ravissant, » des chandeliers « qui, beaux en eux-mêmes, le sont davantage par contraste avec ceux qu'ils remplacent, » des fleurs artificielles « rosiers rouges et bouquets de lis blancs, œuvres de mains habiles, » des nappes d'un fin tissu « ornées de broderies ; » voire même, pour les Saluts, un voile huméral « qui fait l'admiration de tous », et, pour les novices, des surplis tels par leur simplicité, leur finesse et leur solidité « que le Vénérable P. Eudes les aurait choisis lui-même, » aussi « la vieille lingère du noviciat s'extasie devant eux » ; enfin des soutanes rouges pour les jeunes enfants qu'on instruit à Kerlois, en vue du sacerdoce, afin qu'ils puissent remplir les fonctions de céroféraires, « récompense fort enviée. » Lui-même s'ingéniait à réparer avec goût les ornements presque usés et à leur donner un certain lustre, qui leur permît de figurer aux grands jours. « Notre chape rouge était bien fanée. Par le Père B***, j'ai acheté chez M. C*** du galon, des croix de Malte et un agneau ; notre couturière a appliqué tous ces sujets, et la chape a paru avec un lustre qu'elle ne connaissait plus depuis longtemps. »

Il ne se contentait pas de demander pour Kerlois, il sollicitait encore pour la paroisse de Saint-Caradec. « Nous habitons une paroisse pauvre à tous égards. L'année dernière, nous avons fait plusieurs suspensions pour notre Fête-Dieu, que nous avons ensuite offertes pour la procession de la paroisse. Je pense que votre tarlatane pourrait être ainsi utilisée, l'année prochaine. » — « Pour la Fête-Dieu, je compte emprunter des soutanes à Hennebont et composer une phalange d'enfants et de jeunes gens que nous exercerons à former des figures et à jeter des fleurs devant le Saint-Sacrement, chose inconnue dans ce pays... Il n'y a plus d'angelots, il y en avait autrefois, m'a-t-on dit, et avec le costume que vous décrivez. Rétablir cet usage serait œuvre louable. La vue de ces petits anges exciterait le zèle de plusieurs mères, qui, je pense, ne demanderaient pas mieux, l'année suivante, que d'acheter un costume pour leurs enfants. »

En vrai fils du Vénérable P. Eudes, le Père Cochet avait fait placer dans « sa chère petite chapelle » une statue du Sacré Cœur de Jésus, une autre de la « Vierge Mère », et une autre de saint Joseph. Sa piété demandait davantage, et il voulut que tous les patrons principaux de la Congrégation eussent un sanctuaire, ou tout au moins une statue, soit dans le bosquet, soit sur la pelouse qui avoisinent l'ancienne maison. Il s'y employa tout entier, comme l'attestent les citations suivantes, extraites de ses lettres à sa mère.

La Congrégation de Jésus et Marie a été fondée sur *la Croix*, comme sur un roc inébranlable. Afin d'inculquer profondément cette idée à ses novices, il songea tout d'abord à établir un Calvaire qui, toujours sous leurs yeux, ramenât sans cesse leurs pensées vers ce principe et cette condition de leur vie eudistique. « Je pense à ériger dans notre enclos

un petit Calvaire avec la sainte Vierge et saint Jean au pied
de la Croix, si toutefois je le puis. Si vous le voulez, je con-
sacrerais à cette bonne œuvre les 25 francs que vous desti-
niez aux besoins de notre maison... Je songe aussi à avoir
une statue du Sacré Cœur de Jésus et une autre de saint
Gabriel. Cela fait du bien : les novices vont souvent prier
au pied de ces statues. » — Et six mois plus tard : « Je vous
remercie mille fois de votre généreuse offrande. La statue
est placée sur son piédestal et produit un bel effet. Chaque
soir, nous chantons à ses pieds des cantiques en l'honneur
du Sacré Cœur. » Après l'érection de la statue du Sacré-
Cœur, c'est une grotte qu'il fait construire à Notre-Dame de
Lourdes : « Nous utilisons le temps de la récréation à plusieurs travaux d'embellissement. L'année dernière, nous
avons élevé une statue au Sacré-Cœur. Cette année nous
nous proposons de construire une grotte à Notre-Dame de
Lourdes : grand travail ! Il nous faudra extraire de grosses
pierres, les amener et les placer les unes sur les autres.
Pour tout attelage nous n'avons qu'un petit âne, mais chacun tire devant, ou pousse aux roues. Et la récréation se
passe ainsi : on s'est échauffé, on a fait du travail, et l'on
n'a point dit de mal de son prochain. »

Le P. Cochet ne se bornait pas à ériger des statues ou
des oratoires : il y donnait à ses novices l'exemple de la
prière. Chaque matin, son bréviaire dit, on le voyait s'agenouiller pieusement et tour à tour devant ces images saintes,
et les invoquer de tout son cœur en faveur des âmes dont il
avait la direction, et des intérêts qui lui étaient recom-
mandés. Et l'une de ses joies les plus vives était de se savoir
imité par tous les membres de la Communauté.

C'est dans le même but qu'il faisait fabriquer au noviciat
de petits cadres, pour les distribuer ensuite dans les campagnes : cadres très primitifs, se composant d'une image,
principalement celle du Sacré-Cœur ou de la Vierge Mère,
collée sur un petit carton, et recouverte d'un verre, retenu
lui-même sur les côtés par un papier doré ou colorié ! Ces
cadres, reçus avec respect par les enfants ou leurs parents
et religieusement conservés dans les familles, devenaient
l'objet d'un culte spécial, et propageaient ainsi les dévotions
favorites du P. Cochet.

Sa piété ne s'adressait pas seulement aux saints du Paradis, elle allait encore, et très vive, aux âmes du Purgatoire. Il les vénérait, il les aimait, comme des amis de Dieu, il les invoquait dans ses besoins et engageait les autres à les invoquer : il s'apitoyait sur leur misérable sort et s'efforçait de les soulager. Pour elles il avait fait de très bonne heure le vœu héroïque, se privant en leur faveur de tous les fruits expiatoires de ses œuvres et de ses prières : et combien de ses novices ou de ses dirigés n'a-t-il pas déterminés à se dépouiller ainsi pour leur soulagement ou leur délivrance !

Sa religion s'étendait jusqu'aux simples chrétiens, en qui il honorait et voulait qu'on honorât les enfants adoptifs de Dieu, les membres de Jésus-Christ, les temples de l'Esprit-Saint : enfants dénaturés peut-être, membres paralysés, temples souillés, mais qui n'en avaient pas moins droit au respect et à la vénération des fidèles, en raison même de leur caractère, de leur consécration. Aussi avait-il porté la règle qu'on saluât sur le chemin tous ceux que l'on rencontrerait sans distinction de personnes et de condition. Et si quelqu'un s'étonnait d'avoir à se découvrir devant des gens en apparence méprisables et même indignes de tout respect, le Père répondait avec gravité que l'Église fait bien encenser à la Messe et aux Vêpres les assistants justes ou pécheurs ; et, qu'à tout prendre, si ces gens n'étaient pas dignes en eux-mêmes de cet hommage, il y avait toujours là une personne à le mériter : L'Ange commis à leur garde.

Très attentif à la présence de Dieu, il ne marchait, nous l'avons dit précédemment, qu'une main posée sur la poitrine, en signe d'amour et de donation parfaite à sa souveraine Majesté : Dieu et Dieu seul, voilà quel était son inspirateur et son guide dans toutes ses démarches. Cette sainte et féconde pratique, il la recommandait fortement à tous ceux qui vivaient sous sa conduite comme une excellente manière de se tenir toujours sous le regard de Dieu, et de tendre à la perfection. Dans les récréations, dans les promenades, il profitait de tout, et cela, le plus naturellement du monde, pour élever les âmes et les sanctifier. Sa conversation, sans apprêt, sans recherche, sans affectation, constituait une prédication des plus efficaces : on en sortait meilleur qu'on y était entré, plus décidé au bien, plus amoureux de la vertu. Passait-il près de quelque église de village, il y entrait avec ses compagnons pour adorer Notre-Seigneur, et saluer la Sainte-Vierge, les Anges et les Saints protecteurs du lieu. Pressé par le temps, il se découvrait tout au moins et récitait pieusement les prières prescrites par le Vénérable P. Eudes.

En un mot, la vie du P. Cochet était une vie de prière. Commencé dès le matin, son commerce avec Dieu se continuait incessamment durant tout le jour, quelles que fussent ses occupations, et se prolongeait bien tard dans la nuit. Le soir, avant son coucher, on l'entendait, des chambres voisines, s'entretenir comme avec quelqu'un : il parlait à mi-voix, puis se taisait, semblant écouter la réponse. Alors, sans doute, il confiait à Notre-Seigneur ses peines, ses inquiétudes, ses ennuis, il le consultait sur les affaires qu'il aurait à traiter le lendemain ; il lui demandait de disposer, durant leur repos, les cœurs indociles à mieux profiter de ses grâces. Le sommeil même ne suspendait pas cette union intime, et il aurait pu dire avec l'Épouse des Cantiques : « Je dors, mais mon cœur veille. » — « Quand on se réveillait au milieu de la nuit, rapporte un de ses voisins de chambre, on l'entendait gémir et soupirer à voix basse : il priait toujours. » Dès lors, quelle heureuse influence n'exerçait-il pas sur son entourage ! Entraînés par ses paroles et plus encore par ses exemples, les novices devenaient promptement des hommes de Dieu, s'appliquant avec zèle à tout ce qui regarde son culte et les cérémonies de l'église, remplissant avec une exactitude et une ponctualité amoureuses tous leurs devoirs de piété, s'efforçant en toutes choses de plaire à Jésus, leur maître et seigneur, et de marcher en sa présence. Aussi leurs années de noviciat leur ont-elles laissé à tous un impérissable et doux souvenir, celui d'années de progrès spirituels et de fervente dévotion ; années souvent regrettées et que plus d'un voudrait revivre, années dont la pensée reconfortante soutient au milieu des luttes et des difficultés, ranime et relève dans les défaillances passagères, reste un principe toujours actif de sanctification et de vertu.

A la religion se rattache très étroitement la reconnaissance. En effet, l'acte le plus signalé de la vertu de religion n'est-il pas le sacrifice ? Et de tous les sacrifices, l'un des plus grands n'est-il pas celui que nous appelons eucharistique ou d'actions de grâces ? Aussi n'y a-t-il rien de plus recommandé, dans les Saintes Écritures, que cette vertu. Dieu prescrit aux Juifs d'avoir toujours devant les yeux la mémoire de leur délivrance d'Égypte, d'en porter les marques dans leurs mains, d'en conserver le sentiment dans leur cœur, d'en parler sans cesse et d'en perpétuer le souvenir parmi leurs descendants. Après la guérison des dix lépreux, Notre-Seigneur se plaint que neuf d'entre eux n'aient pas pris la peine de revenir lui en témoigner leur gratitude. Saint Paul veut que nous rendions grâces à Dieu en toutes choses, car « c'est, dit-il, sa volonté que nous le fassions tous en Jésus-Christ. » Le Vénérable P. Eudes, âme reconnaissante entre toutes, se garda bien de manquer à ce devoir, et il en fit une prescription spéciale à ses enfants. Aucun n'y fut plus fidèle que le P. Cochet. Comme son père et son modèle, il était profondément entré dans les sentiments de l'Église qui chaque jour remercie Dieu de la gloire infinie qu'il possède ; il le bénissait et pour tout ce qu'il est en lui-même, et pour les effets de sa bonté à l'égard des créatures, de celles spécialement qui sont impuissantes à les reconnaître, vivent dans l'oubli de ses bienfaits ou même dans la plus noire ingratitude. Prêtre, il se regardait comme le député de tout l'univers pour rendre ses devoirs au créateur ; fidèle imitateur du Christ, qui s'est fait le supplément de notre religion envers son Père, il se chargeait et s'acquittait volontiers des obligations de tous les êtres créés, à l'égard de leur souverain. Les faveurs particulières qu'il recevait de sa divine Majesté ne le trouvaient pas moins sensible. Chaque année, il célébrait avec grand soin, et il engageait les autres à célébrer avec lui, les grands anniversaires de sa vie sacerdotale et religieuse. S'il demandait avec ferveur, il remerciait avec plus de ferveur encore, et il voulait que ses novices fissent de même. Neuvaines d'actions de grâces, composées de prières, sacrifices et communions, étaient, de son temps, choses communes dans la maison de Probation, soit pour les particuliers, soit pour la Communauté tout entière. La gratitude ne se borne

pas à Dieu, l'auteur de tous nos biens ; elle s'étend encore
à tous ceux qui nous ont rendu quelque bon office. Aussi
le P. Cochet marquait-il sa reconnaissance à toutes les personnes charitables dont il avait reçu quelque service ou
quelque don. Il envisageait cela comme un devoir de justice. En conséquence, il offrait souvent au Cœur sacré de
Jésus et au Cœur tout aimant de Marie les bienfaiteurs et
les amis de la Congrégation et de la maison de Kerlois, demandant pour eux grâces et bénédictions. Il indiquait régulièrement leurs noms aux novices, au commencement de
chaque conférence, et les recommandait à leurs prières. Il
se faisait un devoir de les visiter de temps à autre, et de leur
envoyer des fruits ou des primeurs du jardin, s'ils demeuraient dans ses parages ; il leur écrivait ou leur faisait
écrire, s'ils habitaient au loin. Parfois même il leur adressait d'ingénieuses et charmantes pièces de vers, ou la relation détaillée de quelque solennité, œuvre d'un jeune poète
ou littérateur du noviciat. Un novice passait-il par une ville
habitée par l'un d'eux, il recevait l'ordre de s'y arrêter et
d'aller lui présenter les hommages de la Communauté. Lui-
même, dans ses voyages, ne manquait jamais l'occasion de
les saluer et de les remercier de vive voix de leurs bienfaits. Nous avons entre nos mains toute une collection de
lettes des plus édifiantes à ce sujet ; mais nous n'en citerons que quelques-unes, d'une délicatesse exquise ; il n'y a
que les saints à sentir et parler ainsi.

Kerlois 26 décembre 1889.

Mademoiselle et Vénérée Bienfaitrice,

« Je ne sais comment vous remercier. Votre précieux envoi
m'a été remis, mardi soir, pendant la veillée de Noël. Jugez
de ma joie en ouvrant. Je trouve d'abord une fort belle et
dévote image. Puis, pour le saint Ciboire, un pavillon, vrai
chef-d'œuvre de goût artistique et de délicate piété. Il a servi
la nuit même, et nous le réservons pour nos plus belles
solennités.

« Et les bas, nombreux, doux, forts ! Sur-le-champ j'allai

en porter une paire à un novice nouvellement arrivé, et qui, faute de bas noirs, était obligé de porter de longs pantalons, ce qui ne va pas avec la soutane.

« Oh ! combien dans cette touchante et longue cérémonie de Noël, qui a duré dans notre chapelle de 10 heures et un quart à 2 heures, combien nous avons prié pour nos charitables bienfaitrices ! Soyez, je vous en prie, Mademoiselle, notre interprète auprès de vos dignes coopératrices que je n'ai pas l'honneur de connaître. Nous prierons en communauté pour toutes et pour chacune. Que le divin Jésus, de sa crèche et de son tabernacle les comble de ses plus précieuses bénédictions ! Qu'Il prolonge des existences si saintement employées ! Qu'Il soit leur consolation dans le temps, et leur joie dans l'éternité !

« Une de nos pratiques est d'unir toujours le souvenir des morts à celui des vivants. Nous prierons donc aussi pour les parents défunts de ces personnes qui nous ont fait du bien. Et j'espère que Dieu, ami de la reconnaissance, leur appliquera à ces chers défunts, dans une large mesure, les fruits de l'acte héroïque pour les âmes du Purgatoire en honneur au noviciat... »

Kerlois, 7 février 1890.

Mademoiselle,

« J'ai reçu hier en même temps et votre si bonne lettre et la boîte contenant dix paires de bas, bien forts, bien chauds, et parfaitement tricotés... Le soir même, le noviciat tout entier a récité le chapelet et les litanies pour nos charitables bienfaitrices, pour vous, Mademoiselle, et pour vos dignes tricoteuses.

« Nous n'oublions point Mademoiselle votre nièce. Nous réservons pour les jours de fête le magnifique velarium dû à sa piété et à son talent, et il me semble que Jésus, dont elle a si bien orné le ciboire, répandra ses bénédictions sur elle et sur ses excellents parents.

« Pendant l'Octave du Saint Cœur de Marie, le Vénérable P. Eudes nous prescrit de célébrer une messe pour nos

bienfaiteurs et bienfaitrices vivants et défunts. Cette messe
sera célébrée solennellement au noviciat, jeudi prochain, 13 ;
et nos bonnes pourvoyeuses de bas y auront large part.
Mardi prochain, 11, je dois faire aux novices une conférence
sur la reconnaissance envers les bienfaiteurs, et je leur lirai
le nom de ces bienfaiteurs que nous conservons dans un
registre spécial. Ne craignez point, Mademoiselle, de trouver ici-bas votre récompense : le bon Dieu aime la reconnaissance et il hait l'ingratitude... »

Kerlois, 28 juin 1890.

Mademoiselle,

« J'ai reçu hier votre pieuse et aimable lettre, et j'ai fait
prendre à la gare le colis que vous m'annonciez. Tout me
plaît, et beaucoup, dans cet envoi : d'abord le choix du présent, des surplis ; nous en avions bien besoin, car le nombre
des novices a doublé depuis huit ans, et nous n'avons point
acheté de surplis, de sorte que nous étions dans la gêne.
Puis ces surplis que nous devons à votre charité sont d'un
tissu fin et solide ; ils sont très beaux, et la façon en est parfaite : ce que j'aime surtout, c'est leur simplicité ; point de
dentelles, ni de vains ornements ; ils sont tels que le Vénérable Père Eudes les eût choisis lui-même, je vous en remercie doublement. Je les ai bénits, et ils serviront demain pour
la fête de Saint-Pierre. Hier soir, la Communauté a récité le
chapelet pour nos charitables bienfaitrices, et nous conti-
nuerons de prier le bon Dieu de vous bénir.

« Veuillez remercier la bonne personne qui a offert les
trois douzaines de chapelets. Ils sont forts, et tout semblables à ceux que font les novices. Car la distribution des
chapelets est une de nos industries. Rarement nous les donnons directement aux enfants. Nous les offrons plutôt aux
religieuses des campagnes, ou aux personnes qui réunissent
un groupe d'enfants pour leur apprendre le catéchisme. Ces
chapelets, images, médailles, brochures deviennent ainsi
des récompenses qui encouragent ces petits à bien apprendre, et propagent la piété dans les familles. Aujourd'hui

même, je vais, après les avoir bénits et indulgenciés, les porter à des religieuses du Saint-Esprit, qui font la classe dans une paroisse de plus de 6.000 âmes, et qui, depuis plus de trente ans qu'elles se dévouent ainsi, n'ont pas encore eu une seule vocation pour la vie religieuse. C'est assez vous dire que ces populations bretonnes ne sont pas toutes si chrétiennes qu'on le croit.

« Combien je vous suis reconnaissant de vos saintes prières! Que pourrais-je faire sans le secours du bon Dieu? Mais avec la grâce divine sollicitée par des prières ferventes, on peut, malgré sa faiblesse, rester fidèle à ses devoirs, et être l'instrument du bien pour les âmes confiées à sa garde... »

Kerlois, 17 mars 1892.

Mademoiselle,

« Votre précieux et sympathique présent est arrivé en parfait état. Les lis sont même engagés dans les supports en bois qui leur servent de vases. Tout le noviciat s'unit à moi pour vous remercier, et aussi pour prier à votre intention, spécialement pour l'amélioration de votre santé et celle de Mademoiselle votre sœur, ainsi que pour la conversion des malades que vous nous recommandez. Hélas! il y en a tant qui s'éloignent ainsi de la source de la force et du bonheur! Nous donnons toutes nos Indulgences aux âmes du Purgatoire, les priant en retour d'intercéder pour la conversion des pécheurs. J'ose recommander à vos charitables prières une retraite d'hommes que je dois prêcher à Questembert du 27 mars au 2 avril... »

La reconnaissance appelle de nouveaux dons, surtout quand elle est délicatement formulée et qu'elle part d'un cœur sincère. Aussi chaque présent fait à Kerlois en amenait-il comme fatalement un autre : donateurs et donatrices prenaient plaisir à y répandre et à y redoubler leurs bienfaits. Ils en vinrent même à solliciter le P. Cochet de leur exprimer ses désirs, très heureux s'ils pouvaient y satisfaire. Le Père accéda volontiers à cette proposition, et il leur exposa ses besoins avec une simplicité charmante, toujours exaucée.

On ne sait trop ce qu'admirer le plus dans ces lettres, ou de l'inépuisable générosité des bienfaiteurs, ou de la sainte et touchante confiance de l'obligé. Tel fut même le charme qu'il exerça sur ces âmes charitables que leurs bons offices le suivirent au-delà des mers, et jusqu'en Acadie : nous aurons occasion de le montrer plus loin.

CHAPITRE TROISIÈME

CHARITÉ DU P. COCHET A L'ÉGARD DU PROCHAIN

1882-1892

SA CHARITÉ POUR SES CONFRÈRES ; POUR LES NOVICES ; POUR LE CLERGÉ ; POUR LES PERSONNES DU MONDE, LES PAUVRES, LES MALADES.

ARLER en ce chapitre de l'amour du P. Cochet pour Dieu, serait à peu de chose près répéter le précédent, où il éclate de toutes parts dans l'exercice de la vertu de religion. Si l'amour se traduit nécessairement par des actes de plus en plus fréquents et désintéressés, une vie constamment et entièrement dirigée vers Dieu, avec l'unique préoccupation de lui plaire, de le glorifier et de le faire glorifier par les autres, n'est-elle pas la plus grande preuve d'amour qu'on puisse lui donner ? Nous nous contenterons donc de parler de la charité du Père envers le prochain, thème du reste assez ample et assez varié : car ici les faits abondent, pieusement recueillis par ceux qui eurent le bonheur d'en être les objets ou les témoins. Très active déjà, à Rennes comme à Besançon, mais placée au noviciat dans des conditions plus favorables à son exercice, cette charité multiplia ses actes au grand jour. Supérieur, le P. Cochet devait l'exemple à sa communauté ; il lâcha donc en quelque sorte la bride à son cœur. De là, dans la pratique de cette vertu, un essor plus libre, des inspirations plus héroïques, comparables à celles que relate la vie des saints.

Humble, cordiale, attentive, prévenante, empressée, dévouée et patiente, telle s'était toujours montrée, à l'égard

de ses confrères, la charité du P. Cochet. A Kerlois, ces qualités jetèrent encore un plus vif éclat. Qui donc l'a visité
dans cette solitude et ne se rappelle ce bon et franc sourire
qui l'accueillit à son arrivée, ces attentions délicates qui
l'entourèrent durant son séjour, ces marques d'affection
vraie qui lui furent prodiguées à son départ? Le Père, s'il
était prévenu, ne manquait point d'aller en personne à la
gare : en cas d'empêchement, il y dépêchait un père ou un
novice, suivant les circonstances. Il chargeait ensuite un des
jeunes, et des plus soigneux, de veiller sur les besoins de
son hôte ; mais il ne s'en rapportait pas entièrement à cette
vigilance, toujours quelque peu sujette à distraction ; et il
venait voir lui-même chaque jour, ou s'enquérait de personnes sûres si rien ne manquait dans l'installation de la
chambre. Et au départ qui donc accompagnait à la gare et
portait le sac du voyageur ? Lui encore, et il y mettait tant
d'insistance, et de si bonne façon, qu'on se laissait faire,
dans l'assurance de lui causer un très grand plaisir.

De graves préoccupations lui interdisaient-elles cette satisfaction, il reconduisait tout au moins jusqu'aux limites
de la propriété ou jusqu'au portail d'entrée, et là confiait à
un autre membre de la Communauté le reste de la conduite.
Ceux même dont il redoutait la présence pour ses novices
(car le novice est une plante délicate qu'il faut soustraire à
toute influence délétère ; on ne saurait trop prendre de
soins pour cela; et l'Eglise l'entend ainsi puisqu'elle interdit tout contact entre lui et les autres membres de la
Société), ceux-là, dis-je, recevaient le même cordial accueil,
mais le Père, gardien jaloux de son troupeau, s'arrangeait
habilement pour les en écarter ou pour leur faire diminuer
le temps de leur séjour.

Et quelle aménité, quelle bonté, quelle ouverture de cœur
avec ceux qui l'aidaient dans son administration ! Ils furent
trop peu nombreux, mais ils en ont conservé un ineffaçable
souvenir, l'un des meilleurs de leur vie; aussi tous répé-
teraient volontiers ce témoignage ému, que nous lisons
dans une lettre : « Je me rappelle et me rappellerai toujours avec quelle cordialité il m'accueillit lorsque, jeune
encore, je quittai à regret l'agréable animation des collèges
pour aller me renfermer avec lui et ses novices. Quelle dou-

ceur présida en toute circonstance à nos rapports journaliers ! Et, depuis que nous fûmes séparés, avec quelle assiduité il profitait des moindres occasions pour me renouveler son affectueux souvenir ! »

Toute fraternelle, mais de la plus sainte et ravissante fraternité à l'égard de ses confrères, la charité du P. Cochet avait, à l'égard de ses novices, quelque chose de doux, de tendre, de délicat, de vraiment maternel, sans pourtant nuire à la force et à la fermeté. Son abord les séduisait dès la première heure : « Le 19 octobre 1889, écrit l'un d'eux, j'arrivais au Noviciat. La crainte envahissait mon âme : elle fut bien vite dissipée, lorsque j'abordai le R. P. Cochet, alors supérieur de la Probation. Il me reçut à bras ouverts ; l'aménité de son visage avait déjà gagné mon cœur. Il m'encouragea par quelques bonnes paroles, m'annonça que le lendemain avait lieu la fête du Sacré-Cœur de Jésus, et m'invita à me jeter tout entier dans cet abîme de miséricordieuse bonté.....

« J'étais en retraite. Les entretiens que le Père me fit durant ce temps de silence et de prières me montrèrent clairement que j'avais devant moi un saint. Combien j'en fus impressionné ! Il ne cessa de m'exhorter à la perfection et de m'affermir dans la volonté de servir le bon Dieu de toute l'ardeur de mon âme. En pareille compagnie les heures s'écoulèrent rapidement : heures du ciel, heures bénies que je ne puis me rappeler sans une profonde émotion ! »

Un autre ajoute : « Avant d'entrer à Kerlois, nombre de postulants se représentaient le P. Cochet comme une sorte d'ascète aussi sévère pour les autres que pour lui-même. Mais le seuil du Noviciat à peine franchi, tous les préjugés s'envolaient devant l'accueil simple et cordial du bon Père. »

Rien de plus doux que son gouvernement : rien de plus sage ; on n'y pouvait trouver à redire. Exigeant l'exacte observation du règlement, surveillant partout, voyant tout, surprenant tout, il n'était à charge à personne. On ne le craignait pas : on l'aimait, on le vénérait, on regardait ses conseils comme des ordres. N'était-il pas le modèle constant du novice, et ne faisait-il pas le premier ce qu'il recommandait aux autres ?

Rien de plus agréable d'ailleurs que sa conversation durant les récréations ou les promenades, qu'il ne manquait jamais de présider, aussi attentif à égayer, et d'une façon fort plaisante, qu'à placer de sages conseils. Jouait-on, il se livrait très activement au jeu, et semblait y prendre autant d'intérêt qu'à seize et dix-huit ans. Entreprenait-on des travaux d'embellissement ou d'utilité, il s'offrait le premier pour y concourir, maniait à volonté la pioche ou la brouette, toujours plein d'entrain, réjouissant tous ses compagnons par d'amusantes réflexions. En un mot, il s'ingéniait de toutes manières à répandre la joie autour de lui. .« Il ne comprenait pas, disait-il souvent, que des frères en religion pussent vivre côte à côte sans s'aimer, sans s'aider à porter le fardeau de la vie présente. »

Avait-il à reprendre, à gronder, et le cas ne peut être rare dans une maison de formation, il disait la vérité sans amertume, sans aigreur ; il ne froissait pas, il n'aigrissait pas ; on sentait qu'il pansait une blessure ou bandait une plaie. Il n'avertissait du reste qu'au moment propice ; encore ne grondait-il, même dans les cas graves, qu'après certaines précautions oratoires. Qui ne se rappelle la phrase traditionnelle : « Vous êtes un bon homme, n'est-ce pas ? Mais... » Cette entrée en matière bien connue mettait le délinquant sur ses gardes, et le préparait à entendre la leçon.

Mais où cette affection surnaturelle devenait plus vive, plus assidue, plus admirable de délicatesse et de dévouement, c'était avec les malades. Le souvenir en est resté gravé dans tous les cœurs ; et le P. Cochet mérite d'être cité comme modèle à tous les supérieurs de communauté. Un novice éprouvait-il quelque malaise ou quelque indisposition, le P. Cochet arrivait aussitôt, proposait ses soins ou bien ceux de l'infirmier ou du médecin, suivant les cas, revenait de temps en temps prendre de ses nouvelles, et n'épargnait rien pour lui adoucir son mal, racoommodant son lit, balayant et rangeant sa chambre, lui apportant lui-même, en l'absence de l'infirmier, les potions prescrites.

En lui envoyant un Père, atteint d'une paralysie particlle, la Providence lui fournit pendant plusieurs années l'occasion de montrer toute l'étendue de sa charité pour les malades. On ne pourrait dire de quelles attentions, de quelles

prévenances il l'entoura, jusqu'au dernier moment : une
mère n'eût pas fait davantage, elle n'eût pas veillé sur lui
avec plus de sollicitude, compàti à ses souffrances avec plus
de tendresse, cherché à le réjouir avec plus d'ingéniosité. Il
ne faut donc pas s'étonner, encore une fois, si dans cette
maison de Kerlois tous l'aimaient et le vénéraient comme le
meilleur des pères, et si leur amour, leur vénération se tournaient en une sorte de culte public, où les louanges se
mèlaient aux témoignages d'inaltérable affection.

Il est dans la charge d'un maître des novices un devoir
très pénible et dont l'exécution demande autant de tact que
de fermeté : le renvoi. Qu'il est difficile de déclarer à un
sujet qu'on ne le trouve pas apte à la société où il prétend,
et qu'il doit aller frapper à une autre porte ! Le découragement, l'aigreur, la rancune, voilà autant de sentiments
funestes, qui s'éveillent comme naturellement dans l'àme
soumise à cette épreuve. Le P. Cochet y mettait tant de
prudence, tant de bonté, un esprit si surnaturel, que tous
le quittaient, tristes sans doute, mais résignés, dans la per-
suasion qu'ils n'avaient pas trouvé leur voie. Loin de lui, du
reste, la pensée de les abandonner à ce moment suprême,
ou le désir d'en être au plus tôt débarrassé. Tout au
contraire, il les plaignait, il s'apitoyait sur leur sort, il
cherchait à l'adoucir par de bonnes paroles, il les conduisait
lui-même à la gare ou, s'il ne le pouvait en personne, il les
faisait accompagner par celui des novices qui leur agréait
le plus.

Encore n'arrivait-il à cette dure nécessité qu'après de
longues prières et de mûres réflexions, qu'après avoir pris
conseil de ceux qui étaient le plus en mesure de l'éclairer.
Pour procéder à une exclusion, il lui fallait être très convaincu que le sujet ne convenait pas à l'Institut. Il l'étudiait
avec soin, observait ses actes, ses discours, ses moindres
gestes, tâchait de faire le plus scrupuleusement possible le
partage des qualités et des défauts, d'en prévoir les conséquences à venir dans les emplois divers qui pourraient lui
être confiés ; et si alors il y avait espoir ou bien d'amendement sérieux, ou même que les qualités l'emportassent sur
les défauts, surtout si ces défauts n'étaient que de surface,
il attendait avec grande patience, priant, reprenant, corri-

geant, sans jamais se lasser. « Que de fois, écrit un de ses novices, j'ai admiré sa douceur à mon égard ! Rieur à l'excès, le Père devait me mettre à la porte de la chapelle, du réfectoire, ou de la salle des réunions : il m'y a toujours mis le sourire sur les lèvres. Et pourtant, je le vois maintenant, il y avait de quoi impatienter les anges ! » Le Père avait deviné là une âme généreuse et appelée à faire beaucoup de bien : il laissa à Dieu le temps de produire son œuvre.

Cette affection, ce dévouement à toute épreuve, le P. Cochet les continuait à ceux qu'il avait formés, bien au-delà du noviciat. Ses anciens novices pouvaient toujours recourir à lui dans leurs embarras, dans leurs difficultés, ils étaient sûrs d'être écoutés et de recevoir une réponse non seulement affectueuse, mais pleine de sages conseils et de paroles réconfortantes. Il écrivait à l'un d'eux, en janvier 1896 : « Soyez assuré que vous avez une place à part dans mon cœur, et que je ne laisserai passer aucune occasion sans vous en donner des preuves. » Cette assurance, il aurait pu la donner à beaucoup d'autres, car la charité du Christ dilate le cœur, et les saints savent aimer uniquement chacune des âmes qui leur sont confiées. Pour nous, nous nous rappelons le cri d'un jeune novice, nouvellement arrivé dans un collège pour y remplir une fonction assez pénible, et qui, dans un moment d'ennui, ne put retenir ses larmes et cette plainte touchante : « Eh bien ! je vais écrire au P. Cochet, pour qu'il me tire d'affaire. » Plusieurs lui écrivaient d'ailleurs régulièrement pour lui rendre compte de leur état d'âme ; et le bon Père prenait sur ses nuits pour leur tracer à la hâte quelques lignes, sinon quelques pages d'encouragement ou de réconfort. Surtout quelle tendresse, quelle compatissance vraie, émue, toute paternelle à la nouvelle de quelque malheur imprévu ou de quelque mort ! Citons-en quelques exemples, rien ne montrera mieux la bonté de son cœur :

3 octobre, 9 heures du soir.

« Mon bien cher Frère,

« Je viens d'apprendre après souper le malheur qui vous frappe ! Le bon Dieu a donc rappelé à lui votre excellente mère ! Mon pauvre frère ! Combien je prends part à votre douleur ! Et combien nous allons prier pour celle que vous pleurez ! Que je voudrais être près de vous ! Du moins, je prierai très spécialement pour vous et pour votre sœur. Courage et confiance ! Votre bonne mère, purifiée par de longues souffrances, est au ciel, ou du moins, nos prières y hâteront son entrée.

« Et vous, vous voilà constitué chef de famille ! Lourde charge, que la piété, la sagesse, l'affection de votre sœur vous rendront plus légère !

« Vous le dirai-je? Vous m'êtes devenu encore plus cher, en devenant orphelin ! Le départ d'une mère laisse dans le cœur d'un fils un vide immense ! Voilà brisé le lien le plus fort, le plus doux qui vous retenait à la terre : désormais, vous direz avec plus de vérité encore : « *conversatio nostra in cœlis est.* » Là, votre mère attend ses enfants ; de là, elle veillera sur vous deux : et le frère et la sœur marcheront, comme leur mère bien-aimée, dans le sentier de la vertu qui est le chemin, le seul chemin du vrai bonheur, même ici-bas.

« Laissez-moi me dire plus que jamais votre frère et ami en N.-S. »

Et quelques jours plus tard, trouvant une occasion favorable, il réitérait encore ses charitables condoléances.

Kerlois, 8 octobre 1888.

« Mon bien cher Frère et ami,

« Je ne sais si vous êtes de retour à la Roche-du-Theil. Quoi qu'il en soit, je profite de l'occasion que m'offre le P. L*** pour vous exprimer de nouveau mon affection, et vous redire combien je partage votre douleur. Nous avons prié en communauté pour votre bonne mère. Bien des fois j'ai eu, au *Memento*, un souvenir particulier et nominal pour celle que vous pleurez. Je sais par expérience ce qu'est la perte d'une mère ! « On devient vieux à partir du jour où l'on n'a plus sa mère », disait Mgr de Ségur. Il y a beaucoup de vrai dans cette parole.

« Je prie aussi pour vous et pour votre sœur. Je vois d'ici combien sa position va être délicate et difficile. A ce sujet, je vous fait part d'une pensée. Vous m'avez dit que, par suite de maladie de votre sainte mère, l'éducation de votre sœur avait été un peu tronquée : elle avait dû rentrer un peu plus tôt à la maison. Maintenant qu'elle est libre, si elle pouvait, si elle voulait passer quelque-temps dans un pensionnat, ses idées se mûriraient, son instruction et son éducation se perfectionneraient. Je sais que les Ursulines de R*** prennent en pension de grandes jeunes filles : si votre sœur venait chez les Ursulines de R***, vous pourriez la voir souvent.

« Je vous livre cette idée pour ce qu'elle vaut. Que faire, pendant ce temps, de la maison paternelle ? Vous trouveriez sans doute quelque bonne personne pour la garder en l'habitant.

« Je vous sais très occupé : ne vous gênez pas pour me répondre. D'un autre côté, comme je vous porte un sincère intérêt, je serai heureux de savoir comment s'arrangeront vos affaires. »

La charité du P. Cochet ne se renfermait point dans les limites du noviciat : elle étendait son champ d'action au dehors, et les prêtres en avaient la meilleure part. Ils le trouvaient toujours prêt à leur rendre service. Qu'il s'agît de chanter la messe ou de prêcher, jamais d'hésitation, dût-il payer lui-même de sa personne, et ajouter de nouvelles fatigues aux fatigues journalières du noviciat. Hennebont et Saint-Caradec ont gardé le souvenir de ce dévouement sans bornes, qui ne savait rien refuser, même au prix de la plus grande gêne. Et combien d'autres paroisses, qu'il serait trop long d'énumérer ! « Si quelqu'un s'est dépensé pour notre ville, nous écrit-on d'Hennebont, c'est bien le P. Cochet. Manquait-il un prédicateur ? Avait-on déjà frappé vainement à plusieurs portes ? On ne craignait point de recourir en dernier lieu à sa charité, et il acceptait de bonne grâce ce que plusieurs avaient refusé. Avait-on besoin d'une messe dans la semaine, ou d'un grand messier le dimanche ? On lui écrivait un billet, on lui dépêchait le sacristain, et il arrivait lui-même à l'heure dite, sous prétexte qu'il était le plus valide des prêtres de sa communauté. Jamais il n'eût voulu dire *non* à notre Pasteur : il préférait s'imposer de lourds sacrifices. »

Son affabilité, sa serviabilité, gagnaient tous les cœurs, même les plus rebelles. Il y avait alors dans une paroisse voisine un recteur d'un caractère très difficile, avec lequel on avait peine à s'entendre, et qui ne cachait point son hostilité envers le noviciat. Or, un jour, on le voit arriver, l'air assez embarrassé. Il demande le Père supérieur. Celui-ci prévenu descend aussitôt. Après les compliments d'usage, le recteur entre en matière, et avoue l'objet de sa visite : « il est en quête d'un prédicateur : il ne trouve personne qui veuille prêcher sa retraite de première communion. Peut-être à Kerlois pourrait-on le tirer d'affaire ? » — « Qu'à cela ne tienne, répond aimablement le P. Cochet, j'irai moi-même prêcher votre retraite. » Il y alla en effet, et il y mit tout son zèle : bien plus, il se chargea des enfants entre les instructions, et les confia à des novices, qui les amenèrent jouer dans la propriété. Le recteur fut enchanté, et plus encore la population, si bien que le conseil de Fabrique lui offrit des honoraires pour ce service que les prêtres du Morbihan ont coutume de se rendre gratuitement. Ainsi le noviciat gagnait l'affection et la reconnaissance du seul opposant qu'il comptât dans les environs.

Sa charité éminemment chrétienne n'excluait personne de ses délicates attentions et de ses marques de respect. Au jour de l'an, il allait avec quelques novices dans toutes les fermes et les villages avoisinants porter ses souhaits et ceux de sa communauté : mais il allait de même dans les châteaux et dans les maisons bourgeoises. Il voulait qu'on saluât les gens du peuple et les pauvres que l'on rencontrait sur les chemins, c'était une règle pour les novices ; mais cette règle s'appliquait aussi aux riches et aux gens de meilleure condition. Il prodiguait aux uns et aux autres ses visites les plus affectueuses au temps de l'épreuve. Écoutons là-dessus le témoignage d'une âme qui lui dut de supporter avec courage et constance les plus cruelles afflictions.

« Je venais d'être éprouvée par une perte bien douloureuse, quand, sur le conseil d'un ami, je m'adressai au Révérend Père Cochet. Avec quelle bonté il me reçut ! Comme il

sut toucher mon cœur et l'incliner à la sainte résignation!
De combien de moyens n'usa-t-il pas pour me faire reprendre
cœur à la vie, car je ne désirais que mourir! Il m'employa,
il m'obligea en quelque sorte aux œuvres de miséricorde
envers le prochain. Puis il m'engagea à suivre le désir
exprimé par celui que je pleurais si amèrement, et à m'occuper de plus en plus de mes neveux et nièces. Combien de
fois, accablée, découragée, prête à renoncer à la lutte, et à
laisser la tâche que je m'étais imposée, le P. Cochet m'a
consolée, relevée, soutenue par ses encouragements, fortifiée par l'ardente charité de son cœur, et déterminée à de
nouveaux sacrifices!

« Dans les difficultés de tout genre, dans les tentations, dans
les tristesses et les épreuves, il trouvait toujours une parole
réconfortante; et, s'il ne fermait pas entièrement la plaie, il
l'adoucissait du moins par le baume de la grâce, qu'il portait avec lui. Il en était de même dans les embarras maté-
riels : s'il ne pouvait en délivrer, il montrait tant de bonne
volonté, il s'imposait pour être agréable tant de démarches
et de sacrifices, que son dévouement était déjà un adoucis-
sement et une consolation, dût-il ne pas aboutir.

« Et en cela je ne parle pas seulement de moi. Je l'ai vu à
l'œuvre dans notre bonne ville d'Hennebont et en Saint-
Caradec. Dès qu'il y avait une épreuve dans une famille
qu'il connaissait, il accourait immédiatement, et y prenait
autant de part que s'il se fût agi des siens. Lorsqu'il ne la
connaissait pas, il demandait discrètement si on voulait bien
le recevoir, ce qui ne manquait jamais, et sa bonne visite
portait inévitablement son fruit.

« Et ce n'était pas seulement près des riches, des fortunés,
qu'il remplissait ce ministère de charité. Sans doute, il allait
vers eux, quand il en était besoin, et il ne leur refusait point,
dans leurs nécessités, les consolations dont son cœur était
rempli. Mais il était par excellence le père des petits, des
humbles, des pauvres, des abandonnés. Combien de fois je
l'ai vu venir en ville (et sacrifier ainsi ses seuls moments de
récréation) sous une pluie battante ou sous un soleil de
feu, et cela, pour porter quelques secours ou même quelques douceurs à de pauvres vieux infirmes! Disciple fidèle
de Notre-Seigneur Jésus-Christ, il s'oubliait, se renonçait,

s'immolait pour ainsi dire, afin de soulager ses membres souffrants. Plusieurs fois, il m'est arrivé de lui dire : « Mon Père, c'est trop. Pourquoi vous fatiguer ainsi et compromettre votre santé par ces œuvres de charité auxquelles vous n'êtes nullement tenu ? » Il me répondait : « Quand je sais quelqu'un souffrant ou dans la peine, il n'y a rien que je n'entreprenne pour le soulager, si c'était en mon pouvoir, ou tout au moins pour le consoler. Aussi, ce que vous appelez sacrifice, ne me coûte point. Que voulez-vous ? Puisque nous ne pouvons donner notre vie ou verser notre sang tout d'un coup pour être martyrs, donnons-le au moins par fractions, par parcelles, versons-le goutte à goutte, jusqu'à ce que la mort vienne consommer notre sacrifice. » C'est bien là ce qu'il a fait jusqu'à son dernier soupir : on peut dire de lui qu'il a été dévoré, consumé par l'amour de Dieu et du prochain. »

Oui, le Père Cochet ne pouvait voir une souffrance sans chercher à la soulager. Ici les faits abondent, et des plus édifiants.

Aux pauvres qu'il rencontre sur sa route et qu'il ne peut secourir faute d'argent, il adresse de bonnes, d'affectueuses paroles et ne les laisse point aller sans leur avoir indiqué le chemin du noviciat : qu'ils frappent à la porte, et on leur donnera un bon morceau de pain.

Un malheureux sollicite-t-il de lui quelque service, il s'empresse de le lui rendre dans la mesure de son pouvoir. Il obtient ainsi l'entrée de plusieurs vieillards dans les hospices d'Hennebont ou de Lorient, après avoir pris à sa charge toutes les démarches.

Aux malades indigents des environs de Kerlois, il fait porter ce dont ils ont besoin : du pain, du lard, du vin, jusqu'à des fraises et des cerises en la saison. Et ce pain qu'il donne est du pain blanc, car « du pain noir, dit-il, ils en mangent assez d'ordinaire ; il faut les traiter, comme on traiterait Jésus-Christ. » Souvent, il va les visiter en personne et leur rend les services les plus rebutants, balayant, lavant, nettoyant, mettant tout en ordre, faisant jusqu'à leur lit, et les embrassant dans une étreinte d'une infinie tendresse.

Aperçoit-il dans les champs voisins des ouvriers qui peinent et suent sous le soleil, sans avoir autre chose que de l'eau pour se rafraîchir, il leur envoie aussitôt par un novice quelques bouteilles de cidre, qui les soutiendra mieux dans leur travail.

A l'approche de la Première communion de Saint-Caradec, il ne manque point de parcourir les villages avoisinants et de s'enquérir des malheureux qui n'ont pas de quoi vêtir leurs enfants pour le grand jour : puis, il expédie ses novices distribuer à chacun de vieilles soutanes pour en faire « des habits neufs ».

Une fois, c'est une vieille femme qui gravit péniblement une côte, toute courbée sous le poids d'un énorme fagot : le Père l'accoste, la décharge, prend le fagot sur ses épaules et franchit ainsi un bon bout de chemin, jusqu'à ce que les novices qui l'accompagnent et le lui disputent, finissent par le lui arracher des mains et le porter à destination, au grand contentement de la pauvre vieille, qui ne sait comment remercier « d'aussi bons messieurs ».

Une autre fois, c'est un vieillard qui traîne péniblement, dans une méchante charrette, sa récolte de bois mort : après quelques paroles de compassion, le Père le force à monter dans la charrette, et s'y attelant avec quelques novices, il le conduit jusqu'à sa maison. Dire les effusions de joie et de reconnaissance du bonhomme est chose impossible.

Un autre jour, il rencontre, sur la route de Lorient, un ouvrier harassé de fatigue et n'en pouvant plus. Il l'arrête : « Mon ami, lui dit-il, que vous devez être lassé! Donnez-moi votre charge, je suis jeune et fort, et j'ai besoin d'exercice. » Confus de tant de bonté, le voyageur ne sait que penser tout d'abord. Mais il lui faut bien céder aux pressantes instances de ce prêtre humble et charitable ; il lui donne son paquet, et le Père le lui porte plusieurs kilomètres, entretenant conversation avec lui, et tâchant de faire quelque bien à son âme.

Et ces faits se sont répétés vingt fois ; nous n'en finirions pas, si nous voulions tout raconter.

Terminons par un trait qui montre combien la charité du P. Cochet s'élevait au-dessus des sentiments de la nature pour atteindre même ses ennemis.

La chapelle de Kerlois avait été fermée sous son prédécesseur sur l'ordre du sous-préfet de Lorient, par le commissaire de police d'Hennebont, aidé dans cette vilaine besogne par un garde champêtre et un serrurier, objet de la réprobation universelle. Que devint le commissaire? Nous l'ignorons. Mais le serrurier étant tombé dangereusement malade reçut plusieurs fois la visite du Père Cochet, et, au moment de mourir, il voulut lui demander publiquement pardon de sa conduite sacrilège: scène touchante autant qu'édifiante, où le bon Père épuisa toute l'éloquence de son cœur à rassurer le pauvre moribond et à le jeter plein de confiance entre les bras de la miséricorde divine. Quelques jours après, il l'accompagnait presque seul à sa dernière demeure.

Quant au garde champètre, voici ce que nous en écrit un témoin oculaire : « Il y a sept ans environ (la lettre est datée de 1896), étant de passage à Kerlois, j'allais avec le P. Cochet à Saint-Caradec. A un détour du chemin, nous rencontrons le garde-champêtre qui avait aidé à la fermeture de notre chapelle. Je le reconnais, et le Père lui adresse immédiatement la parole de cette voix douce et compatissante, qui ne sort plus du souvenir, quand on l'a une fois entendue :

« Vous avez l'air bien triste, mon pauvre ami : avez-vous encore quelque peine ?

« — Ah ! mon Père Cochet, répond le misérable en pleurant, priez pour moi, demandez au bon Dieu d'avoir pitié de moi. Depuis la fermeture de votre chapelle, vous savez bien que le malheur me poursuit. Comment cela finira-t-il? Ah ! que je suis malheureux ! Je suis si coupable ! »

« Et ses larmes redoublaient, et le Père Cochet lui affirmait que personne ne lui en voulait, que lui tout le premier il le considérait comme son meilleur ami ; et, en lui serrant affectueusement la main, il lui répétait : « Courage, mon ami, courage, nous prions pour vous. » Et le pauvre homme s'éloigna en s'essuyant les yeux. »

En vérité, n'est-ce pas là cette charité suréminente que le Saint-Esprit nous décrit par la bouche de Saint-Paul, et que le Vénérable P. Eudes demande à chacun de ses enfants de réaliser dans leur conduite ? « La charité est patiente, et il n'y a point de douleur ni de traverse qui la puisse faire murmurer. Elle est pleine de douceur, et, quelque injure qu'on lui fasse, elle ne conçoit jamais de dessein de vengeance. Elle n'est ni malicieuse, ni précipitée, ni violente dans ses actions. Elle ne se laisse point aller à la vanité ; l'ambition ne l'aveugle jamais. Ce ne sont pas ses intérêts qui la touchent davantage : elle est plus sensible à ceux du prochain. Rien ne la peut aigrir, rien ne la met en colère. Elle ne songe point à faire du mal. Quelqu'un commet-il une faute, elle ne s'en réjouit point ; au contraire, elle reçoit un extrême plaisir des bonnes œuvres qu'elle voit faire. Elle supporte tous les fardeaux qu'on lui veut donner, sans qu'elle ploie sous le faix. Elle croit ce qu'on lui dit, non par faiblesse, mais par une sainte simplicité ; si son prochain ne s'amende pas, elle espère aisément qu'il le fera, et, dans cette attente, il n'y a rien qu'elle ne supporte de lui. »

CHAPITRE QUATRIÈME

ZÈLE DU P. COCHET POUR LE SALUT DES AMES

1882-1892

SON ZÈLE POUR LA SANCTIFICATION DES NOVICES — IL SUSCITE DES VOCATIONS SACERDOTALES — LE JUVÉNAT A KERLOIS — SES PRÉDICATIONS AU PEUPLE ET AUX RELIGIEUSES — IL EST LE CONFESSEUR DE LA HAUTE SOCIÉTÉ ET DES AMES D'ÉLITE — SON AMOUR DES ENFANTS — SON DÉVOUEMENT AUX OUVRIERS, AUX PÉCHEURS — NOMBREUSES CONVERSIONS OPÉRÉES PAR LUI.

A Congrégation de Jésus et Marie a été établie pour travailler au salut des âmes, et, dit le Vénérable P. Eudes, « ses enfants doivent repasser souvent dans leur esprit qu'ils n'y sont point venus pour y mener une vie oisive, ni pour y chercher tous leurs intérêts et satisfactions, mais pour y coopérer avec Dieu à ce grand œuvre qui est l'œuvre des œuvres et la plus divine de toutes les choses divines.

« Cet emploi étant apostolique, chacun s'efforcera, avec l'aide de Dieu, d'acquérir les qualités d'un homme apostolique, qui sont un ardent amour de Dieu, une grande charité, douceur, affabilité, mansuétude et bénignité à l'égard du prochain, une profonde humilité, une modestie et une pureté angéliques, une force et une puissance infatigables, un dégagement entier du monde, de ses parents, de soimême, de tous ses intérêts et inclinations, une vie tout à fait exemplaire, et une dévotion particulière à la Bienheureuse Vierge. »

A s'en tenir aux pages qui précèdent, on ne peut nier que le P. Cochet ne fût plus que personne apte à ce ministère apostolique, puisqu'il pratiquait toutes ces vertus et réunissait toutes ces qualités à un degré remarquable. Celles qui vont suivre attesteront sa puissance sur les âmes, en même temps que le zèle admirable qu'il déploya en toute circonstance pour les sauver. Sauver les âmes, voilà quelle fut la grande préoccupation de sa vie, le but constant de ses pensées et de ses efforts. « Que de fois, écrit un novice, ne nous a-t-il pas répété que nous devions nous mettre en quatre, si cela était nécessaire, pour sauver une âme! Oh! qu'il connaissait bien l'amour de Jésus pour les pauvres pécheurs, et comme il le partageait! »

Or le principal moyen de gagner beaucoup d'âmes à Dieu, dit le Vénérable P. Eudes, c'est de faire de bons prêtres, et il veut que ses fils s'appliquent de tout leur cœur, selon le pouvoir que Dieu leur en donnera, « à former les ecclésiastiques, qui viendront dans les séminaires, par les exercices marqués dans les règlements, » qu'il a établis à leur usage.

Chargé par ses supérieurs de former non pas de simples prêtres, mais des éducateurs même du clergé, le P. Cochet ne négligea rien pour remplir sa tâche, joignant toujours l'exemple à la leçon, ou pour mieux dire, appliquant le précepte ou le conseil dans sa vie avant de l'exprimer dans ses discours. Qui pourra peindre avec fidélité son assiduité aux exercices, sa ponctualité à la Règle, sa surveillance ferme et douce, son dévouement de toutes les heures, ses enseignements substantiels et vivants? Nul autre assurément que ceux qui en furent l'objet ou les témoins : et ici encore nous leur cédons la plume.

« Avant d'entrer au noviciat, nous écrit l'un d'eux, on m'avait dit que le P. Cochet était un saint. J'ai pu le voir à l'œuvre pendant deux ans, et tout ce qu'il m'a été donné de remarquer, m'a pleinement convaincu de la vérité de cette assertion. Oui le P. Cochet était réellement un prêtre selon le cœur de Dieu, un eudiste dans toute la force du terme, un saint. Il se montrait en toute occurence l'*homme des Constitutions et de la Règle*, que nous apprenions à le regarder : règle vivante, dont l'image ne nous faisait jamais défaut. Aussi à son école, ne pouvait-on puiser qu'un grand amour de la Congrégation et un puissant désir d'en réaliser la perfection.

« Il avait, à mon sens, un talent admirable comme Maître

des novices ; il savait profiter des moindres occasions pour nous donner de bonnes leçons de charité, de mortification, ou de pauvreté. Toutes les vertus défilaient devant nous, suivant les circonstances et les individus. Car il connaissait merveilleusement son monde, et imposait l'épreuve au vrai moment, de façon à ce qu'elle profitât. »

Un autre se donne lui-même en exemple de ce parfait discernement des esprits et de leurs besoins. « Toujours bon pour nous, il savait à l'occasion nous mortifier, et de la manière la plus propre à nous guérir de nos défauts : sacrifices pénibles, très pénibles même parfois, mais que nous accomplissions avec bonheur, tant nous étions persuadés qu'ils ne nous étaient commandés que pour notre bien. En ce qui me concerne, j'avais une peur instinctive des morts, et rien ne me répugnait autant que d'aller près d'un lit funèbre. Le Père qui savait mes répugnances, et qui voulait m'aguerrir, ne manquait jamais de me désigner, pour représenter la communauté, chaque fois qu'il mourait quelqu'un dans les environs. J'avais tendance à l'empressement, et parfois il m'arrivait de courir pour ne pas arriver en retard aux exercices et pour éviter ainsi une petite humiliation. Le Père l'eut tôt remarqué ; et, un jour que j'avais traversé la pelouse en courant pour rejoindre les novices, il m'en fit faire le tour, à pas comptés, en présence de toute la communauté. Je sais aussi un de mes confrères d'humeur susceptible, irritable, quelque peu attaché à sa personne, et qui se vit condamner à plusieurs reprises à porter à Hennebont, soit des fraises, soit d'autres fruits, dans une assiette découverte, avec l'ordre d'attendre sur le pont le retour de son compagnon, dépêché lui-même ailleurs pour semblable commission. Excellente manière de rabattre l'amour-propre, corriger la vanité, former au support des mépris et à la pratique de la patience.

Le Père Cochet avait éminemment le don de discerner les esprits. Il en est de bien disposés et qu'il n'y a guère qu'à suivre, semblables à ces coursiers généreux, auxquels un habile conducteur ne fait pas sentir les rênes. Il y en a d'autres qui, tout d'abord rebelles à une direction trop sentie, s'instruiront eux-mêmes par l'expérience et comprendront plus tard, après certaines fâcheuses écoles, les avantages de la docilité : sujets utiles quand même dans leur jeunesse aux âmes et au service de Dieu, et qui, mûris par le temps, feront d'excellents ouvriers de l'Évangile. Ceux-là, il y a grande sagesse et presque divination à les attendre patiemment. Enfin le plus grand nombre a besoin d'être suivi, éclairé, soutenu pas à pas. Le P. Cochet savait proportionner son action à ces natures diverses et se faire tout à tous pour les donner à Jésus-Christ.

Seul ou presque seul à Kerlois pendant de longues années, le bon Père faisait absolument tout à la Probation : conférences et entretiens, explication des Constitutions, classes de politesse, de lecture, de liturgie, d'archéologie, de cérémonies, etc., et avec quel soin ! quelle exactitude ! nul ne saurait l'imaginer, tant cela passe la croyance : assujettissement de toutes les heures, accepté avec amour et pratiqué avec joie ; jamais la moindre impatience, jamais d'inégalité d'humeur. Les novices pouvaient à tout instant, et pour le moindre motif, s'adresser à lui, le jour et la nuit, sûrs d'être accueillis comme des fils par un père aimant et heureux de les voir et de les entretenir. Et dans ces tête-à-tête intimes, que d'affection, de bonté prévenante, de compatissance sincère !

Rien de ce qui les intéressait ne le trouvait indifférent : il s'associait à leurs peines comme à leurs joies. Aussi le cœur s'ouvrait-il tout naturellement sous sa parole : que dis-je ? il avait bonheur à s'ouvrir, semblable à la fleur des champs qui tend sa corolle presque flétrie par la chaleur pour recevoir la goutte de rosée vivifiante. En sorte que tous accouraient filialement chez lui pour lui confier leurs tristesses, leurs ennuis, leurs chagrins ou leurs tentations. Souvent même le Père n'attendait pas leurs confidences, et, s'il distinguait sur une physionomie quelque signe de préoccupation ou de mélancolie, il allait trouver le novice dans sa chambre il s'enquérait de l'état de son âme, et par quelques paroles aimables, mais toujours pleines de raisons et d'aperçus surnaturels, il réconfortait, ranimait, rendait joie et activité.

« Les novices, répétait-il fréquemment, sont mes enfants à moi », et ce n'était point là une vaine flatterie faite pour les gagner. Aux flots de charité qui se répandaient également sur tous, suivant les occasions et suivant les besoins,

on reconnaissait la vérité de ses sentiments, puisés dans un
incessant commerce avec Dieu.

Mais où le P. Cochet agissait le plus sur les intelligences
et sur les volontés, c'était dans ses belles et surtout substan-
tielles conférences, qu'il faisait plusieurs fois la semaine à
ses novices.

« On n'y trouvait point, dit un auditeur fort expert en la
matière, ce qu'on appelle éloquence, dans le sens littéraire
du mot, mais des pensées, des sentiments qui ne se rencontrent point dans les livres et qui ne peuvent être inspirés que
par la plus divine charité. Aussi, ai-je toujours vu les novices
émus et touchés par ces instructions. »

« Ce qui frappait dans ces instructions, dit un autre, c'était
leur simplicité, leur solidité, leur but pratique. Le P. Cochet
les préparait avec grand soin, « il les travaillait beaucoup »,
nous affirmait-il lui-même, jusque dans les dernières années.
Pour mieux se rappeler la marche des idées, et pour ne rien
oublier de ce qu'il avait à nous dire, il ne manquait jamais
d'apporter son cahier de notes et de le consulter en temps
opportun.

« L'heure venue, on entendait d'abord les petites remarques inscrites avec soin sur le carnet dont il ne se séparait
point, et toujours intéressantes. C'était un défaut qu'il avait
surpris dans un novice et auquel il appliquait un remède efficace. On n'était pas repris deux fois. Ou bien, il avait aperçu
certains manquements à la chapelle, au réfectoire. Il nous
disait aussi les dons qu'il avait reçus de personnes charitables, et nous invitait à les remercier par des chapelets et par
des communions. Il nous entretenait de ses projets, il nous
invitait à prier pour une conversion.

« Les observations faites, la conférence commençait. Le
Père Cochet ne cherchait point à satisfaire l'oreille par des
phrases bien agencées, bien cadencées, par des périodes
sonores et agréables : ce qu'il voulait atteindre, c'était l'intelligence et les cœurs, et il y réussissait à merveille. Qui de
nous l'a entendu sans se sentir profondément touché ? Ses
paroles me sont encore présentes à l'esprit et me font toujours
beaucoup de bien. Dans les moments difficiles, je n'ai qu'à
me les rappeler pour savoir ce qu'il faut faire, et pour avoir
le courage de le faire.

« Vers la fin de la conférence, le ton de sa voix s'animait, sa phrase devenait plus vive, sa parole plus chaude, plus convaincante ; et, pour terminer, il trouvait un trait frappant qui remuait profondément et triomphait des dernières hésitations, s'il y en avait encore dans quelques cœurs. »

Citons un dernier témoignage qui corrobore les précédents, en y ajoutant quelques détails significatifs.

« Le P. Cochet avait le plus grand soin de l'avancement spirituel de ses novices. Longtemps on gardera le souvenir de ses conférences, si charmantes de simplicité, si pénétrantes d'émotion. On sentait parler un saint, et on l'écoutait avec un cœur docile et respectueux, très attentivement. Il répétait souvent qu'il ne fallait pas se plaindre du petit nombre des prêtres, mais du petit nombre des prêtres saints. « Si tous « répondaient à la grandeur de leur vocation, disait-il, le « monde serait bien vite transformé. » Il insistait fréquemment sur le devoir de la reconnaissance, et c'était pour lui un vrai bonheur de rappeler les noms des bienfaiteurs, soit de la Congrégation, soit de la maison de Kerlois. Il avait une dévotion spéciale aux âmes du purgatoire, et il s'efforça, dans plusieurs conférences, de nous inspirer une dévotion semblable à la sienne. Surtout et très fréquemment, il nous exhortait à agir par esprit de foi, pour plaire à Dieu et non aux hommes, nous rappelant et nous invitant à nous rappeler que si l'œil du maître ne voit pas tout, rien n'échappe au regard du souverain Juge.

« Pour graver plus profondément ses enseignements dans l'âme des jeunes novices, il avait recours, comme Notre-Seigneur, aux comparaisons les plus familières. Voici ce qu'il disait des amitiés : « Ceux qui s'aiment d'une amitié « où Dieu n'a point de part, sont semblables à deux bâtons « de cire en fusion et que l'on a rapprochés : on ne peut les « séparer l'un de l'autre sans fracture, parce que rien ne « s'est interposé entre eux. Au contraire, mettez un peu « d'étoffe ou de papier entre ces deux morceaux de cire, et « vous les séparerez sans peine. Et ici le bon Père exhibait deux bâtons de cire et une bougie, joignant à ses paroles une démonstration toute pratique. Puis il continuait : « Mettez « Dieu entre ces deux amitiés, la séparation est moins dou-

« loureuse, parce que Dieu lui-même en adoucit l'amer-
« tume. »

Le P. Cochet ne se contenta pas d'inculquer l'esprit et
les vertus sacerdotales aux novices que la Providence lui
envoya, nombreux et fervents, durant les dix années de son
séjour à Kerlois : il travailla bientôt à susciter des vocations
eudistiques dans le pays d'Hennebont, et il se chargea de
leur première instruction. D'abord les enfants vinrent des
environs ; nourris et entretenus par leurs parents, ils ne demandaient au noviciat que l'enseignement. Mais ceux qui
leur succédèrent, furent amenés par des recteurs de paroisses plus éloignées; et il fallut trouver des ressources
pour subvenir aux frais de leur nourriture et de leur entretien, car ils appartenaient en général à des familles peu
aisées. Le P. Cochet se fit alors quêteur.

Il connaissait à Rennes une bienfaitrice du Juvénat de
Plancoët : il résolut de s'adresser à son inépuisable charité.
Nous citons sa lettre :

16 octobre 1889.

« Mademoiselle,

« Votre grande bonté et la grande confiance que vous
m'inspirez me portent à vous adresser une demande délicate certainement, peut-être même indiscrète ; mais je la
fais sans intérêt personnel, uniquement dans la vue du
bien.

« Parmi les novices, il y a cinq prêtres, anciens professeurs, très aptes à l'enseignement. Or, on nous propose un
enfant intelligent, pieux, désirant être prêtre et offrant les
caractères d'une vraie vocation. Notre Père Général m'autorise à lui faire donner des leçons de latin; mais, faute de ressources, il ne peut se charger de la nourriture.

« Or, je trouve une famille très chrétienne et voisine du
noviciat, qui veut bien, pour 25 francs par mois, nourrir
l'enfant, le blanchir etc. : somme modique assurément, mais
que l'enfant, qui est de plusieurs lieues d'ici et pauvre, ne
peut fournir. Si je le pouvais, je lui aiderais ; mais je n'ai

16

rien, puisque mon petit patrimoine est vendu et distribué ; et, comme eudiste, je ne possède absolument rien.

« Si donc, Mademoiselle, vous pouviez, pour cette année seulement, .nous aider en quelque chose, vous feriez une œuvre excellente et d'un grand prix devant Dieu. Ayant contribué à la formation d'un prêtre, vous auriez une grande part à tout le bien qu'il fera en toute sa vie. Pendant un an, avec les leçons particulières que nous lui donnerions, l'enfant ferait certainement plusieurs classes, et, à la rentrée prochaine, nous le mettrions en cinquième ou en quatrième, soit à Plancoët, soit à Redon.

« Je n'insiste pas. Vous connaissez les avantages et les mérites de l'aumône : nous n'emporterons avec nous devant Dieu que l'argent que nous aurons consacré aux bonnes œuvres.

« Je sais qu'il est toujours pénible de refuser. Si donc vous ne pouvez rien faire, ne me répondez pas, je vous en prie : de votre silence je conclurai, n'est-ce pas, que vous ne me savez pas mauvais gré de ma démarche, et que si la bonté de votre cœur est inépuisable, vos ressources ne le sont pas. »

La demande fut exaucée, et au-delà de toute espérance, comme le témoigne cette lettre du 7 novembre suivant :

« Mademoiselle,

« Vous ne sauriez croire quelle douce surprise m'a causée votre si bonne lettre ! Elle m'est une preuve de plus que la Providence ne fait jamais défaut à qui se confie en Elle.

« Je vous l'avoue, j'ai une extrême répugnance à tendre la main, et rarement j'ai assez de vertu pour vaincre cette répugnance. Ce n'est que par occasion que j'avais sollicité le concours de Mlle L***, si dévouée, elle aussi, à toutes les bonnes œuvres.

« Donc nous confiant en la Providence qui nous les envoyait, nous avons accepté trois enfants auxquels nous donnons des leçons de latin : ils appartiennent à des familles chrétiennes et nous ont été amenés par les prêtres de leurs paroisses; ils sont vraiment pieux et bons. L'un demeure à la Communauté et prend ses repas avec les Frères; les deux

autres ont été mis en pension dans deux familles du voisinage, où ils n'ont certainement sous les yeux que de bons
exemples : ils viennent le matin et s'en vont à midi moins
un quart; ils reviennent après leur dîner et restent jusqu'à
la tombée de la nuit.

« Ils ont une récréation au milieu de la matinée; après-
midi, deux novices jouent avec eux jusqu'à une heure et
demie. Le dimanche, avant vêpres, ils font une petite promenade en compagnie d'un novice, et de même le mercredi.
Ils se lèvent à cinq heures. Je leur recommande de ne pas
veiller le soir, après huit heures et demie.

« Chacun d'eux a un maître particulier qui s'en occupe
activement et lui consacre au moins trois heures par jour,
ordinairement quatre. Nous espérons qu'avec ces leçons
particulières ces enfants feront de rapides progrès, sans
nuire à leur santé.

« Les résultats obtenus les années précédentes ont de
quoi satisfaire. Le R. P. Général a placé au collège de
Redon deux enfants instruits au noviciat : l'un est entré en
seconde, après deux ans de latin, et, sur 20 élèves, il a été
le 10me en version latine, le 1er en anglais, le 2me en thème
latin ; l'autre est, en troisième, le premier de la classe, après
une seule année de latin. Nous ne pouvons espérer pareils
succès de nos élèves actuels, mais nous pensons leur faire
faire trois classes et les envoyer dans un an à Plancoët, à
Saint-Martin, ou à Redon, selon l'avis du R. P. Général.

« Reste la question d'argent pour laquelle je compte sur le
bon Dieu et sur les bonnes âmes.

« Votre dévouement à nos œuvres, Mademoiselle, m'est
bien connu et je vous remercie d'avance, au nom du bon
Dieu, de tout ce que vous ferez. Il est bien certain que contribuer à faire un prêtre est une œuvre de charité excellente :
vous aurez part à tout le bien que fera ce prêtre en toute sa
vie. »

La Congrégation du reste ouvrit de ce côté un champ
plus vaste au zèle du P. Cochet, en exprimant le désir,
dans l'assemblée générale de 1891, que, en seconde et
rhétorique, les Juvénistes fussent réunis au noviciat sous la
direction de maîtres choisis, afin d'y recevoir une formation
vraiment sacerdotale et religieuse.

Le P. Cochet applaudit à cette mesure, qui offrait alors de grands avantages, et l'on peut dire qu'il partagea sa vigilante affection entre les juvénistes et les novices, sans que pourtant ces derniers eussent le moindrement à souffrir, et s'aperçussent même du partage.

Sa réputation de sainteté, sa charité qui ne savait refuser aucun service, lui permirent aussi d'étendre puissamment son action sur les âmes. Les prêtres des paroisses, les aumôniers des communautés voisines, l'appelaient fréquemment pour annoncer la parole de Dieu à leurs ouailles : et toujours il répondait gracieusement à leur appel, si tardif qu'il pût être. Les fidèles aimaient cette parole simple, toute pénétrée de l'esprit de Notre-Seigneur Jésus-Christ, et surtout si bien appropriée à leurs besoins : les religieuses y trouvaient des enseignements de haute spiritualité, qu'elles n'avaient point coutume d'entendre. Sa venue était toujours bien accueillie, ses conseils avidement écoutés, comme ceux d'un saint. Les pasteurs eux-mêmes se mettaient sous sa conduite, sollicitant et recevant ses conseils avec docilité, soit pour eux, soit pour leurs paroisses : et quel bien n'en résultait-il pas pour leur perfection et celle des fidèles confiés à leurs soins ! Plusieurs même venaient chaque année suivre à Kerlois les exercices de la retraite, et puiser auprès du Père, du « saint », comme ils l'appelaient, les lumières, la force, la constance, la prudence nécessaires à leur mission.

Charmés par sa vertu, les maîtres des châteaux voisins, et les âmes pieuses d'Hennebont, ne tardèrent pas à lui confier la direction de leur conscience. Sentant l'importance de ce ministère, le Père y consacra une bonne partie de ses rares loisirs : il savait si bien ménager son temps qu'il semblait être à tous, et que personne ne souffrait de ce qu'il donnait aux autres. Les novices eux-mêmes ne se plaignirent jamais de ces occupations extérieures; ils le sentaient toujours et tout entier à eux, et il l'était réellement, ne sacrifiant jamais rien de leurs exercices ni de ses devoirs. Très simple, très accueillant, très ouvert, très patient, très compatissant, il gagnait vite la confiance de ceux qui s'adressaient à lui : sa connaissance profonde des âmes, sa science de la spiritualité, la sagesse de ses conseils, une

sorte de divination, dominait et subjuguait : tant l'action
de Dieu se faisait sentir dans celle de son ministre! Et ce
n'était pas seulement au confessionnal qu'il agissait ainsi
sur les cœurs, mais encore dans ses visites de politesse ou
de charité. Toujours calme, toujours digne, toujours prudent, sans cesser d'être aimable, il portait jusque dans les
salons la grâce et la vertu de Jésus-Christ, et ne se retirait
point de la société des riches, sans laisser dans les esprits
des pensées salutaires, dans les volontés de bonnes et
saintes résolutions.

Malgré tout, c'était vers les petits, les humbles, les déshérités de la fortune, les pauvres pécheurs que l'inclinait le
penchant de son cœur. Qui pourra dire ses tendresses pour
les enfants ? Il n'allait à la campagne que les poches bour-
rées d'images pour les leur distribuer. Mais cette distribution
n'avait pas pour unique but de leur faire plaisir : ce qu'il
cherchait avant tout, c'était le bien de leurs âmes. Il accompagnait donc son petit cadeau de pieuses explications : il
posait des questions sur le catéchisme ou sur la religion ; il
commentait les sentences écrites au bas des images : il dé-
veloppait le sens des scènes qui y étaient figurées :
il faisait réciter les prières. Et les enfants enchantés se
pressaient autour de lui, le fêtaient comme un père bien-
aimé, présentant à sa main leur front candide, afin qu'il y
traçât le signe de la croix, en l'accompagnant d'une caresse.
Aussi, dès qu'ils l'apercevaient, accouraient-ils vers lui, en
criant : « Bonjour, père ! bonjour Père ! une image, une
image! » Et le Père se rendait aussitôt à leurs désirs. On
croyait voir le Sauveur au milieu des petits enfants de la
Judée : seulement les novices se gardaient bien d'imiter les
apôtres et de les écarter. Au contraire, ils tâchaient, quoique un peu timidement, de faire comme leur maître; mais,
il faut l'avouer, ils n'inspiraient pas le même attrait.

C'est dans le même esprit que le P. Cochet s'intéressa
puissamment à la création d'une école libre à Saint-Caradec.
L'enfance, faute de Frères, n'y recevait presque aucune
éducation chrétienne, les parents n'ayant pas le temps de
s'en occuper. Il fallait à tout prix sortir de cet état de
choses, si l'on voulait sauvegarder l'avenir. Le recteur de la
paroisse, qui entrait pleinement dans ces vues, s'en entre-

tenait fréquemment avec lui. La création de l'école fut donc résolue, et le Père se mit aussitôt en quête de ressources. Il adressa des lettres de divers côtés, il alla tendre la main dans les châteaux voisins et plaider près des riches la cause de ces enfants abandonnés. Sa prière fut entendue. « Je me souviens spécialement, raconte un témoin oculaire, que dans une promenade au Guidel, il recueillit à cette fin plusieurs centaines de francs, 500, je crois. Comme son visage rayonnait de joie au retour ! Jamais je ne l'avais vu si joyeux ni... si fatigué ; car il avait fait plus de dix lieues à pied pour obtenir cette aumône. » Dieu lui tint compte de sa bonne volonté. Mais l'école ne fut pas bâtie.

Après les enfants, les pauvres gens, les ouvriers. Pour gagner ces cœurs souvent hostiles et haineux, par suite de préjugés, il les saluait le premier, les abordait amicalement et leur témoignait en toute rencontre le plus grand respect et la plus cordiale affection.

« Au coin du pont d'Hennebont, raconte une habitante de cette ville, se tiennent souvent des ouvriers, des bateliers, des flâneurs, gens sans ouvrage et sans désir d'en trouver, sans religion pour la plupart, et mal disposés pour les prêtres. Le Père Cochet s'en était fait adorer. Il allait à eux quand il passait, leur serrait la main, s'informait de leur santé, de leurs besoins, s'intéressait à leurs affaires. Aussi pas un n'aurait voulu lui faire de la peine, ni mourir sans l'appeler. Pour eux, c'était « un bon prêtre, pas fier, pas pareil aux autres, un saint. »

Ce que le Père Cochet se proposait, en effet, par ces marques de sincère et respectueuse charité, c'était sans doute de consoler ces cœurs aigris, de leur venir en aide dans leurs nécessités temporelles, mais aussi et surtout de gagner leurs âmes à Dieu et d'assurer leur salut.

Voilà pourquoi il prescrivait à ses novices non seulement de se découvrir sur leur passage ; mais encore de lier conversation avec eux. « Cela ne nuit jamais, disait-il, et peut faire beaucoup de bien. » Et il ajoutait : « Dites ce qui vous passe par la tête, parlez de la température, des récoltes; peu importe le sujet, pourvu que vous parliez. » Son mot à lui, en abordant un paysan, était d'ordinaire celui-ci : « Il fait beau temps aujourd'hui ? » ou : « Fera-t-il beau temps ? »

Plus d'une fois, il faut bien l'avouer, notamment au début, les saluts furent mal reçus dans les environs des usines, ou aux abords de Lorient. Les « couacs » et les « sacs à charbon » répondirent trop souvent aux coups de chapeau. Mais le P. Cochet tint bon et finit toujours par imposer le respect de la soutane. « A ce propos, écrit un ancien novice, je me souviens d'une rencontre assez curieuse. Nous venions de partir. A quelques pas à peine du noviciat, nous sommes dépassés par deux officiers à cheval qui regagnaient au pas de leur monture la ville de Lorient. Le P. Cochet, suivant son habitude, se découvre et les salue ; nous l'imitons. L'un des cavaliers répond au salut, tandis que l'autre éclate de rire, en se moquant visiblement des « curés ». Tous deux partent au grand trot. Mais voilà que l'officier moqueur laisse tomber sa cravache au premier bond de son cheval. Triomphe du P. Cochet qui se précipite, la relève, et la présente à son propriétaire interdit et se confondant en excuses : « Ne vous donnez pas la peine, monsieur l'abbé, etc., etc... » Il s'éloigna tout honteux, le plus rapidement possible, jurant sans doute, mais un peu tard, qu'on ne l'y reprendrait plus. »

Le peuple, lui, fut vite gagné par ces marques de politesse, et l'on disait vulgairement dans les environs d'Hennebont ou de Lorient : « poli, comme un Père de Kerlois ». Non seulement les gens de la campagne, les ouvriers, répondaient au salut, mais ils saluaient les premiers et engageaient conversation.

Ces procédés, joints à la charité et au dévouement bien connus du Père pour les malheureux, lui acquirent dans toute la contrée une autorité incontestable, dont on usa maintes fois pour la conversion des pécheurs, et toujours avec plein succès.

En voici un exemple bien frappant.

« C'est surtout dans la mission de Saint-Caradec, nous écrit-on, qu'il s'est montré édifiant et admirable de zèle apostolique. Il a eu le dévouement, la constance, la piété et l'humilité, de faire visite à chaque ménage, et même à des individus mal famés, quinze jours avant l'ouverture des saints exercices, afin de leur annoncer la bonne nouvelle et de les préparer à recevoir la grâce de Dieu. Je connais maintes maisons où tout d'abord il ne fut pas reçu poliment. Mais à l'aide de la petite image du Sacré-Cœur qu'il laissait partout, beaucoup furent touchés, et lui promirent en pleurant de bien suivre la mission.

« Je sais une maison entre autres où l'accueil avait été rudoyant et même insultant. Alors le Père, sans se déconcerter ni se décourager, se jette à genoux devant cet homme rebelle, et le supplie instamment et avec larmes d'avoir pitié de son âme, et de ne point laisser passer la grâce sans en profiter. Il le conjure, au nom du Sacré-Cœur, d'aller au moins entendre quelques instructions. Le sceptique qui l'écoutait fut surpris, puis touché de cette attitude et de ces larmes ; il promit enfin. Il tint parole, et, si cette fois, il ne se rendit pas encore à Dieu, le P. Cochet le retrouva peu de temps après et le prépara lui-même à son éternité.

« Et combien d'autres hommes, combien de femmes de cette petite paroisse lui ont dû leur salut ! Quand ils ne voulaient point se reconnaître ni même voir le prêtre, à leur dernière heure, on allait chercher le P. Cochet, et la partie était gagnée.

« Éconduit, il ne se rebutait pas ; il revenait, en montrant le même intérêt pour le malade, la même amabilité, le même zèle et la même humilité de cœur : comment lui résister ?

« Ce n'est pas qu'il eût un grand talent oratoire, mais ce qu'il disait, en particulier surtout, était si juste, si pieux, si convaincant, si marqué au coin de la plus tendre charité qu'on ne pouvait que se rendre à ses pieuses et pressantes sollicitations ; il avait par excellence le ton d'émouvoir et de persuader. Il semblait, du reste, lorsqu'il entreprenait de consoler ou de convertir quelqu'un, que c'était là la seule chose qu'il eût à faire : il s'identifiait tellement à la peine ou au malheur d'autrui qu'il paraissait les faire siens. Aussi avec quels accents affectueux, et cependant toujours dignes, il donnait l'assaut aux cœurs endurcis, ou prodiguait d'efficaces consolations ! Avec quelle délicatesse de touche il maniait les volontés. C'est bien de lui qu'on pouvait dire qu'il n'éteignait pas la mèche encore fumante, mais qu'au contraire il la rallumait à la grâce et à l'amour de Dieu. »

Plusieurs faits que nous tenons de sources sûres confir-

ment pleinement ces paroles. Nous les rapportons, tels que
nous les avons recueillis.

Un habitant d'Hennebont était sur le point de mourir. Sa
famille très chrétienne insistait pour qu'il se confessât, à
tout le moins pour qu'il reçût un prêtre. On lui proposa
successivement les différents prêtres de la paroisse : il refusait toujours. On était désespéré. Mais soudain on pense
au P. Cochet, et on prononce son nom : « Oh! oui, fait le
malade, je veux bien le voir, celui-là, il me salue. »

Le Père averti arrive en toute hâte, reste seul avec le moribond, le confesse et le laisse dans les meilleures dispositions. Quelques heures après, cet homme expirait pieusement,
heureux de s'être réconcilié avec Dieu.

A Saint-Caradec, il y avait un vieux marin, endurci, qui
n'était point allé à confesse depuis sa première communion,
et qui, très malade, ne voulait pas entendre parler du prêtre.
Informé de la gravité de son état, le P. Cochet se fit intro-
duire près de lui : il en fut naturellement assez mal accueilli.
Le Père lui parla avec douceur, et, en se retirant, il promit
de lui envoyer quelques secours; car le pauvre malheureux
manquait à peu près de tout. Chaque jour, un ou deux
novices étaient députés pour lui porter du bouillon, du
vin, des pruneaux, ou telle autre chose qui pouvait le
soulager ou lui faire plaisir. Le malade recevait ces dons
avec reconnaissance, et disait un bon merci à ses visiteurs,
c'était tout. Le Père Cochet qui tenait à la conversion de
cette âme, ne se représentait point, mais il faisait prier de
toutes parts, au noviciat d'abord, puis dans onze monastè-
res de Carmélites, joignant lui-même la mortification à la
prière. Il triompha ainsi des résistances du vieux loup de
mer, il reçut sa confession, et lui administra les derniers sacrements. La chose pressait, car, quelques jours après, on le
trouvait mort dans son lit.

« Connaissez-vous, nous écrit-on, la conversion de M. et
Mme P***, propriétaires de la buvette de la gare ? On a dû
vous la raconter. En tout cas, en voici le récit :

« Le mari étant malade, le P. Cochet l'apprend, et demande à le voir : il est mis à la porte. Quelques jours après,
il se présente de nouveau : cette fois, on l'introduit dans le
salon, mais on ne le laisse pas pénétrer près du malade. Le

P. Cochet a recours alors à ses grands moyens : il se condamne au jeûne pendant trois semaines (ce jeûne consistait à ne boire que de l'eau et à manger très lentement, tout en mangeant très peu, afin de ne pas éveiller l'attention) ; il s'impose de rudes flagellations ; il sollicite la coopération d'âmes généreuses qui feront pénitence avec lui.

« Au bout de quinze jours, il retourne à la buvette, réitère sa demande, et cette fois est admis près de M. P***. Il s'informe de son état, lui adresse quelques bonnes paroles et, au moment de sortir, annonce qu'il reviendra sans tarder. « Ah ! monsieur l'abbé, répond le malade, faut pas vous déranger. » Et sa femme, en le reconduisant, ajoute pleine d'effroi : « Monsieur, mais vous allez faire mourir mon mari ! » Quelques jours s'étaient à peine écoulés que le pauvre homme se mourait, mais en réclamant un prêtre. Le vicaire, dont il ne voulait à aucun prix auparavant, arrive et lui administre les derniers sacrements. Sa conversion était due aux prières et aux paroles du P. Cochet, qui, après avoir sauvé le père, ramena toute la famille dans le droit chemin. Mme P*** aime beaucoup Kerlois depuis, elle écrivait souvent au P. Cochet en Amérique, et lui envoyait des Messes à dire pour son cher défunt. »

Voici un autre fait plus significatif encore : nous le donnons tel qu'il se trouve relaté dans une lettre d'un Père qui en fut témoin.

« Il y avait à Saint-Caradec un ancien commis voyageur qui ne se souciait guère des prêtres ni de la religion. On l'appelait le *Vieux Juif*. Le P. Cochet avait depuis longtemps des vues sur cette âme, et nous recommandait toujours de saluer le bonhomme, quand nous le rencontrions ; nous n'y manquions pas, et il répondait à nos saluts. Il vint à tomber gravement malade. Le P. Cochet est aussitôt prévenu et demandé par les personnes qui l'entourent. Il se rend près du moribond qui, dans un accès de fièvre, déclare n'avoir pas peur de se confesser, et se confesse effectivement.

Le P. Cochet, durant la maladie, de se mortifier plus que jamais, pour donner entièrement ce pauvre homme au bon Dieu. Il me dit un jour : « Je souffre pour les âmes du Purgatoire, il faut qu'elles m'obtiennent la conversion complète de mon malade, ou sans cela elles y perdront. » J'ignore en quoi le bon Père se faisait souffrir.

« Le lendemain de la première entrevue avec le bonhomme, le P. Cochet retourne le voir. C'était le soir. Il le trouve dans un accès terrible (j'assistais à cette scène), il propose l'Extrême-Onction. Le malade de le repousser brusquement : « Laissez-moi, je ne veux point de ces jérémiades-là. » Le Père et moi redescendons à la cuisine, et là nous attendons une heure et demie, épiant le moment favorable. Inutile ; et, de guerre lasse, nous rentrons au noviciat. Les mortifications de continuer ; le lendemain, nouvelle visite. Le malade se confesse à nouveau dans un état très calme et accepte le sacrement des mourants. Restait à lui donner le Saint-Viatique. « Oh! dit-il, je ne suis pas digne de recevoir le bon Dieu après tant de péchés commis! » Le P. Cochet lui répond que Notre-Seigneur est venu sauver les pécheurs et non les justes. Le malade se rend à ses raisons. Le Père va prendre à l'église le Très Saint Sacrement et traverse tout Saint-Caradec, pour donner une leçon à la paroisse et prouver à tous que le vieux pécheur est revenu à résipiscence.

« Cela fit une profonde impression. Vous ne pourriez concevoir la joie du pauvre malade à l'arrivée du Saint-Viatique ; il se mit à chanter d'une voix éteinte les vieux *Noëls* latins de sa jeunesse : « *O Jesu mi, Jesu mi, Deus meus!* » Le soir, il avait rendu son âme à Dieu, et le P. Cochet me dit qu'à la même heure, étant bien éveillé, il avait entendu frapper à sa porte et avait dit : « entrez », mais que personne n'était entré : « c'était, ajoutait-il, le vieux juif qui m'annonçait son départ pour le ciel. »

« Un détail que j'oubliais, et qui montre combien le Père avait été bien inspiré en nous recommandant de saluer ce vieux pécheur. Après la réception du Saint-Viatique, il lui tendit les mains et dit avec émotion : « Voudriez-vous me permettre de vous embrasser ainsi que vos deux jeunes gens : ils sont si gentils! Toujours ils me saluaient! »

Pour prendre « ses gros poissons » c'était son expression favorite, le Père usait d'autres moyens plus humains, mais qui produisaient leur effet sur certaines natures plus grossières : Dieu se sert de tout pour amener à la conversion. A l'époque des Pâques, il les appâtait, ces pauvres vieux, par des douceurs, des friandises. Le jour venu, il les invitait à dîner, les confiait à un novice et, à son premier moment libre, il entreprenait leur confession, à moins que le novice, un peu naïf, ne les laissât échapper. Témoin le trait suivant.

« Un dimanche, écrit l'auteur d'un pareil méfait, le Père me pria de rester, pendant la promenade d'avant les vêpres, avec un gros pécheur qu'il avait fait dîner. Le bonhomme avait fini, et le jeu de boules auquel je l'occupais, ne lui plaisait guère. Aussi, au bout d'une demi-heure, d'une heure tout au plus, il me demanda à s'en aller. Ne soupçonnant rien, je le laissai partir... Mais, au retour de la promenade, la première chose que fit le P. Cochet fut de le chercher. Il ne le trouva point, comme de juste. Et quand il apprit ce que j'avais fait, il me gronda fortement ; jamais il ne me gronda plus fort que ce jour-là. Ce ne fut toutefois que partie remise, Dieu merci. »

Inutile d'insister davantage. Telle était sa réputation de *convertisseur* d'âmes, que les prêtres, en désespoir de cause, l'envoyaient toujours chercher pour les malades récalcitrants, et que le peuple même n'hésitait pas à lui attribuer une puissance surnaturelle.

C'est ainsi qu'une nuit où il avait eu le bonheur d'aborder le chevet d'un moribond, sourd jusque-là à tous les appels de la grâce, on l'accusa, très sérieusement, dans la contrée, d'avoir suscité une tempête effroyable qui se déchaîna cette même nuit, uniquement dans le but de terrifier le malade et de le forcer à se convertir.

En tout cela le P. Cochet mettait admirablement en pratique cet article de ses Constitutions : « Chacun tiendra pour une faveur spéciale de Dieu de rencontrer quelque occasion de travailler au salut d'une âme, et fera grand scrupule d'en laisser passer aucune, et s'emploiera avec joie et de tout son cœur en toutes celles qui se présenteront, tant par son exemple que par ses prières et par ses instructions. »

CHAPITRE CINQUIÈME

SA DIRECTION SPIRITUELLE

1882-1892

RETRAITES — CONFESSIONNAL — LETTRES.

OUT ce que nous venons de dire du zèle apostolique du P. Cochet, laisserait inachevé le portrait de ce directeur éclairé et profondément instruit des voies de la perfection, si nous ne le montrions en contact plus intime avec les âmes, soit dans les retraites, soit au confessionnal, soit dans ses lettres de direction.

Les travaux du noviciat, si nombreux qu'ils pussent être, ne suffisaient pas à épuiser son ardente charité pour le salut de ses frères ; et, chaque année, au temps des vacances, il se faisait une joie, après avoir rapidement salué les siens en passant, de consacrer le meilleur de ses loisirs à de fructueuses prédications. Paris, Barenton, Coutances, Rennes, Saint-Etienne-de-Montluc, Redon, et d'autres villes, le virent ainsi tour à tour donner les exercices de la retraite à leurs communautés religieuses : avec quel fruit ! Les deux lettres suivantes, adressées, l'une au T. H. P. Le Doré, l'autre à l'une de ses sœurs, religieuse à Montfort-sur-Meu, nous l'apprendront : les autres ne font que répéter en d'autres termes les mêmes éloges, que constater les mêmes résultats.

10 décembre 1891.

Mon Très Révérend Père,

Je vous dois mes remerciements pour la bienveillance que vous avez eue de m'accorder le R. P. Cochet pour prêcher la retraite des religieuses dont je suis l'aumônier. Cette retraite, qui s'est terminée hier, comptera parmi celles qui laisseront le plus de souvenir. Cette union de la simplicité de la forme avec la solidité du fond a ravi nos bonnes sœurs; elles ont parfaitement apprécié en lui l'homme de Dieu qui ne saurait parler si pertinemment des vertus qu'il prêche s'il ne les avait pratiquées lui-même de longue date. Le zèle du bon Père avait peine à se limiter dans le programme ordinaire, et il trouvait moyen d'ajouter quelques allocutions qui montraient la soif dont son âme généreuse est dévorée pour la gloire de Dieu et le bien des âmes : on se souviendra particulièrement d'un pieux exercice du chemin de la Croix où il leur montrait à chaque station le parti que l'on peut tirer de la méditation des souffrances du Sauveur, pour exciter en nos âmes la contrition, l'amour de N.-S. la générosité dans le sacrifice.

La Mère Supérieure générale et les autres religieuses m'ont fait sur le choix du prédicateur des remerciements expressifs que je me fais un devoir de vous transmettre, mon Très Révérend Père, en vous offrant mes respectueux hommages en N.-S.

      Ma Révérende Mère,

« Je suis heureuse de vous transmettre les quelques souvenirs qui nous sont restés de votre regretté frère, le R. P. Cochet. Son passage à la Communauté a été trop court pour qu'il nous ait été possible de l'apprécier comme il convient : cependant nous avons eu le temps de le connaître assez pour nous convaincre que c'était un saint religieux et qu'il était à même de faire beaucoup de bien aux âmes qui avaient le bonheur de vivre sous sa direction. Il avait le don de gagner les cœurs pour les donner au divin Maître.

« Dans un de ses premiers entretiens, durant la retraite qu'il nous fit, il établit les rapports qui existent entre notre famille religieuse et la sienne, depuis leur fondation, et s'il paraissait heureux d'avoir été appelé à nous évangéliser, nous n'étions pas moins heureuses de l'entendre nous parler de Dieu et de nos devoirs. Il étudia nos Constitutions avec attention pour nous en expliquer, avec un zèle vraiment apostolique, et la lettre et l'esprit. Ce qui nous frappait surtout dans ses instructions, c'était la simplicité, en même temps que la précision et l'à propos de sa parole. On sentait qu'il voulait instruire, faire du bien, et, après l'avoir entendu, on voulait être meilleure : il excitait dans les âmes le désir de pratiquer la vertu. C'est dire que ses instructions n'étaient pas seulement spéculatives, mais qu'elles contenaient toujours des conseils fort sages et fort utiles, parfaitement appropriés aux diverses circonstances de la vie. Bon nombre de nos sœurs en ont tiré grand profit, et continuent chaque jour de s'enrichir pour le ciel, grâce aux petites industries du bon Père.

« C'est ainsi qu'il nous engageait à renouveler nos vœux, en récitant l'*Angelus*, comme il suit :

« *Angelus Domini nuntiavit Mariæ, et concepit de Spiritu Sancto*, renouveler le vœu de chasteté ;

« *Ecce ancilla Domini : fiat mihi secumdum verbum tuum*, renouveler le vœu d'obéissance ;

« *Et Verbum caro factum est, et habitavit in nobis*, renouveler le vœu de pauvreté et de détachement. »

« Il disait aussi : « En faisant à l'Évangile le signe de la croix sur le front, il est bon d'ajouter : « *Mon Dieu, mettez vos pensées et votre jugement dans mon esprit;* » sur la bouche : « *Mon Dieu, mettez vos paroles dans ma bouche;* » sur le cœur : « *Mon Dieu, mettez vos sentiments et votre amour dans mon cœur.* »

« Il nous disait encore : « Ne vous couchez jamais sans votre chapelet à votre cou ou à votre bras. Cette pratique qui ne demande pas de temps, est très salutaire ; c'est un moyen de témoigner votre amour à Marie et de dormir sous sa sauvegarde. Si le démon venait la nuit pour vous tenter, votre chapelet serait pour vous une arme puissante, et, si la mort venait vous frapper, vous seriez heureuses d'avoir un bouclier pour vous défendre de l'ennemi : Marie, soyez-en sûres, vous obtiendrait une grâce spéciale pour cet acte de piété filiale. »

« Il nous enseigna également quelques méthodes pour faire avec fruit le chemin de la Croix. Aussi les religieuses qui ne pouvaient suivre les exercices de la retraite à cause du service de la maison, redoublaient de zèle pour avancer leur tâche et se ménager le bonheur d'assister à ses instructions. C'était un réel sacrifice, quand le devoir exigeait qu'elles en manquassent quelqu'une.

« Il fallait entendre ce bon Père parler du détachement universel, pour savoir jusqu'où il pouvait aller. Il ne voulait pas qu'une Religieuse tînt à quoi que ce fût. « Il faut de temps en temps, disait-il, faire la visite de sa cellule, et, si on y trouve quelque objet pour lequel on ait une attache secrète, on doit, sans rémission, s'en défaire aussitôt. Il ne faut pas garder d'images auxquelles on tienne trop, ni en donner sans nécessité, ou du moins sans une véritable utilité; il ne faut pas en accepter non plus, et, si les convenances nous forcent à le faire, notre premier soin doit être de les remettre au plus tôt à notre Supérieure, afin qu'elle en dispose comme bon lui semblera. »

« Il ne voulait pas qu'on écrivît de lettre non motivée; surtout il conseillait d'y supprimer absolument toute expression trop tendre, et cela avec toutes sortes de personnes. « Il aurait même désiré qu'on se détachât de ses propres mérites expiatoires, tout à la fois par motif de pauvreté et de charité : aussi nous invitait-il fortement à faire le vœu héroïque en faveur des âmes du Purgatoire. A ce sujet, il nous disait : *Pour moi, je l'ai fait et je m'en trouve bien; je ne possède rien, pas même une épingle, mais je suis quand même heureux; je sais que je puis compter sur la libéralité de Dieu qui me rendra au centuple ce que je lui aurai donné pour les pauvres âmes.* »

« La religieuse, disait encore le bon Père, doit être une âme toute remplie de l'amour de Dieu, ne tenant à la terre que par son corps, mais nullement par son esprit ni par son cœur. »

« Il semblait bien que c'était là sa vie à lui. Son allure simple, son visage un peu austère, quoique doux et modeste, son air recueilli, tout son extérieur enfin portait le cachet de la sainteté. C'est la réputation qu'il s'est acquise pendant le peu de temps qu'il a passé au milieu de nous.

« En parlant de lui, nous ne le nommions que *le bon Père des novices.* « *C'est un saint,* disaient les sœurs, *il en a bien l'air aussi.* » Austère pour lui-même, il savait, comme les saints, être miséricordieux pour les autres. Sévère dans sa doctrine, il était très doux envers les âmes qui lui donnaient leur confiance : on reconnaissait en lui l'image vivante du bon Pasteur. Comme il indiquait sagement les remèdes qui convenaient à chacune de ses pénitentes ! Aussi son confessionnal était-il assiégé, et il fallait attendre longtemps son tour. Quand on voulait avoir une solution nette sur quelque point, on allait la demander au « *bon Père des novices* », qui n'hésitait jamais, et montrait clairement le chemin qu'il fallait suivre, « *avec l'aide de Marie*, » ajoutait-il.

« Nous espérions qu'il nous serait donné de l'entendre plus d'une fois, et chacune s'estimait heureuse de penser qu'elle pourrait prendre un jour part à quelqu'une de ses retraites. Mais, vain espoir ! nous apprîmes de sa bouche même que nos prévisions ne se réaliseraient pas : il venait d'être désigné pour l'Amérique du Nord. Il en reçut la nouvelle pendant notre retraite. Il nous l'annonça tout simplement, avec le calme d'une âme qui s'attend à tout, est contente de tout, parce qu'elle veut toujours la Volonté de Dieu. « *Quand on reçoit une obédience*, nous dit-il, *il faut commencer par mettre l'obéissance et l'abnégation au fond de sa malle, puis ses habits par-dessus ; ensuite, être content de tout ce qui arrive, quand même il faudrait traverser les mers et aller au Canada.* »

Ecoutons maintenant une âme, qui lui a dû sinon sa vocation à la vie religieuse, du moins de la voir aboutir de la plus heureuse manière.

« Je m'adressais au P. Gobert, si bon, si dévoué, si charitable, lorsque ce bon Père me fut soudainement enlevé par l'obéissance. Avant son départ, je lui demandai à qui remettre le soin de ma conduite. Dans sa grande humilité, il me répondit ces paroles que je n'ai point oubliées : « Allez au « P. Cochet, qui me remplace : il est bien meilleur que moi : « c'est un saint. »

« J'étais, il faut le dire, à un de ces moments difficiles et pénibles, d'où dépend souvent la vie entière. Je suivis le conseil qui m'était donné. Tout d'abord le nouveau Supérieur me parut hésiter à prendre la charge de mon âme, et me dit qu'il y avait à la résidence de Kerlois d'autres Pères qui me conviendraient sans doute mieux que lui. Si j'avais été une petite mendiante, il est à croire que le bon Père

m'eût acceptée sans difficulté : car sa prédilection marquée
était pour les pauvres, les humbles, les petits, les déshérités de ce monde. Sur mes instances, il consentit cependant
à prendre la direction de mon âme.

« Au premier abord, je le trouvai froid, un peu austère,
et surtout très réservé. Cette apparente froideur, cette
grande réserve, n'étaient que vertu, sagesse et prudence. Le
bon Père voulait m'éprouver afin de me mieux connaître : il
avait vu clairement d'ailleurs ce qui me convenait. J'étais
jeune, et cette sainte réserve, dont il ne s'est jamais départi,
ne faisait qu'augmenter ma confiance et mon admiration.
J'éprouvais cependant un peu de peine à m'y faire : je le lui
dis simplement, en lui ouvrant bien mon âme ; et, dès lors,
je trouvai en lui non seulement un guide sûr, prudent,
éclairé, mais un apôtre zélé et dévoué, mais un père charitable et compatissant. Que de fois j'ai dû le déranger de plus
graves occupations ! Jamais sa patience ni sa bonté ne se
sont démenties : il est toujours venu aussitôt sans me faire
la moindre remarque, toujours calme, égal à lui-même, le
visage serein. Prévoyait-il une absence, il m'en avertissait,
afin de m'éviter tout dérangement inutile.

« Au confessionnal, il m'écoutait avec une patience angélique, m'accordant tout le temps que je désirais, comme s'il
n'eût pas eu autre chose à faire. Il répondait à toutes mes
questions, à toutes mes objections, dissipait mes illusions,
me montrait mes torts, me conseillait, sans jamais contrain-
dre ma volonté, se contentant de m'exposer le pour et le
contre des choses, et me laissant libre d'agir à ma guise. Il
est vrai que, par ce moyen, il était à peu près sûr de me faire
abonder dans son sens.

« Mes tentations, mes fautes même ne l'étonnaient pas.
Au lieu de me gronder, il répétait toujours que nous étions
capables d'en faire bien d'autres, si Dieu ne nous assistait
de sa grâce, lui tout le premier. Et là-dessus, il s'abaissait,
il s'humiliait devant moi. A l'entendre, je valais mieux que
lui, qui n'était qu'un misérable pécheur. Inutile d'ajouter
que je n'en croyais rien ; j'avais trop le sentiment de ma faiblesse et de ma misère. Cette humilité confondait mon orgueil ; et je me prenais à envier presque cette sainteté
consommée.

« Une première fois, je partis pour entrer dans une Communauté où j'étais très connue, y ayant été élevée. Le P. Cochet crut inutile de m'écrire, et ne m'écrivit pas. Au bout de quatre mois, je dus revenir au foyer domestique, bien triste et bien découragée. Le bon Père se trouva là pour relever mon courage abattu. Il vit combien je souffrais hors de ma voie, et ce fut assez pour m'assurer sa tendre et paternelle sollicitude. Que de bontés durant le temps que je passai dans le monde! Que d'attentions délicates et de tout genre! Je ne les oublierai jamais. Dans la petite chapelle où j'allais souvent m'agenouiller et verser des larmes brûlantes, que de fois n'ai-je pas trouvé à ma place un livre, soit ouvert, soit marqué à des pages bien faites pour me consoler! Ce bon Père poussait la charité jusqu'à m'attendre en disant son Bréviaire, à certains jours et à certaines heures désignés. Et quand je partis une seconde fois pour le cloître, seule et dans un pays lointain, allant vers l'inconnu, confiante en sa parole, oh! alors comme il me soutint de ses conseils et de ses encouragements! Il m'écrivit fréquemment d'abord, et avec qu'elle délicatesse! me parlant des miens, de mes amis, de tout ce qui pouvait m'intéresser, afin de m'aider à faire mon sacrifice. Puis ses lettres devinrent plus rares; il voulait me détacher de lui-même qui me faisait pourtant tant de bien! »

C'est dans ces lettres, où il est surtout question de la famille afin de fermer la blessure ouverte par la séparation, que nous glanerons quelques pensées, admirables d'élévation, et vraiment dignes d'un saint.

— « Donc, mon enfant, soyez joyeuse et toute à Dieu. O mon Dieu, vous avez rompu mes liens, je vous chanterai un continuel cantique de louanges !

« Tout le monde est bon pour vous et vous aime bien, parce que tout le monde à S*** est vertu, et aime bien le bon Dieu. Ouvrez donc votre cœur à la confiance, et aimez ces Mères qui vous aiment tant.

« Je vous trouve toujours la même : pessimiste à l'excès en tout ce qui vous concerne. Je lis : « Je ne connais rien, je ne sais rien. » Sans doute vous ne connaissez pas tout, mais le « je ne connais rien » est trop fort, et la preuve en

est dans votre lettre même. Vous écrivez en tête : « De notre
monastère... Vive Jésus et Marie ! » Vous avez donc déjà
appris quelque chose !

— « Continuez de goûter combien il est doux d'être toute
à Dieu ! Nous avons certainement choisi la meilleure part,
ou plutôt, c'est le bon Dieu qui nous a choisis par un pur
effet de son amour pour nous. Il y a des croix partout, sans
cela il n'y aurait point de mérite ; mais dans le cloître, les
croix sont des pailles légères, dans le monde, elles sont des
fardeaux accablants. O mon Dieu, vous avez brisé mes
chaînes, je vous redirai éternellement le cantique de ma reconnaissance ! Je vous recommande beaucoup la joie spirituelle, la dilatation de l'âme, l'épanouissement du cœur, et
une grande, très grande confiance en Notre-Seigneur et en
sa très-sainte Mère.

« Allons, ma bien chère enfant, courage et confiance ! Que
la pensée du ciel vous soutienne dans les moments pénibles.
Il est beau, le ciel ! Combien nous y serons heureux ! Et
pour toujours ! Sans fin, à jamais ! Quelle pensée conso-
lante ! Et n'est-il pas bien juste d'acheter par quelque souffrance, sacrifice ou privation, une telle récompense ?

« Et puis, même ici-bas, nous, prêtres, vous, religieuses,
sommes-nous bien malheureux ? Ne sommes nous pas au
contraire les plus heureux des mortels ? »

— « Je ne sais si vous pouvez recevoir des lettres, en
carême. Quoi qu'il en soit, je ne veux pas tarder à vous dire
ma joie de votre future Profession ! Oh ! quelle grâce ! Préparez-vous à ce grand acte avec générosité, bonne volonté,
mais avec paix et calme. La sensibilité n'a rien à y faire.
Ce que le bon Dieu demande, c'est une bonne volonté
sincère.

« Que j'aime votre attention ! « Nous étions trois novices,
nous sommes reçues toutes les trois : notre joie n'eût pas
été complète, si l'une ou l'autre avait manqué. » Continuez,
mon enfant, toute votre vie religieuse, de vous oublier ainsi
pour penser aux autres. Mettez votre bonheur à procurer le
bonheur d'autrui.

« Les sentiments qui vous animent sont bons : *humilité*,
à la vue de vos misères ; mais *reconnaissance* et *confiance* :
le bon Dieu qui vous a choisie, vous aidera. Oh ! je désire

que vous mouriez une bonne fois à vous-même et à tout
ce qui n'est pas Dieu. Mais hélas ! la nature ne meurt
point, et il faudra jusqu'à la fin combattre nos mauvais penchants ! »

— « Vous ne croirez donc jamais que Dieu est bon et
qu'il est votre Père, et qu'il vous aime ? La dévotion du
Sacré-Cœur, les statues du Sacré-Cœur, mais n'est-ce pas
l'affirmation solennelle et publique de cette vérité si douce
et si féconde : « le bon Dieu m'aime ? » Cet esprit de crainte,
de tremblement, est-ce l'esprit du Vénérable Père Eudes ?
Est-ce l'esprit de Kerlois qui vous plaisait tant ? Est-ce l'esprit de S*** ? Non. Aviez-vous donc à dix-huit ans si peur
d'être battue par votre bon Père ? Est-ce que vous ne cherchiez pas plutôt à lui dire votre amour, à lui être agréable,
bonnement, simplement ? S'il vous arrivait de lui manquer
en quelque chose, vous répariez votre faute par un regard,
par un baiser, par un petit service demandé ou rendu. Pourquoi ne pas faire de même à l'égard du bon Dieu ? »

— « Je sais qu'il faut obéir, même sans comprendre les
raisons du *commandement*. Mais ce n'est pas le cas en ce
qui concerne mes lettres. Je ne *commande* pas, je *propose*, je *soumets* à votre *jugement* des remarques, des observations, qui me semblent *vraies* et *utiles*. Mon désir est
que vous vous en pénétriez bien, et que vous agissiez ensuite
par vous-même, comme de vous-même. J'ai confiance dans
votre jugement : il est droit et juste. Si donc ce que je dis,
ne vous paraît pas bon pour vous, vu les circonstances où
vous vous trouvez, vu vos dispositions, il ne faut pas en
tenir compte. Du reste je vous autorise à montrer ma
lettre à votre Maîtresse. Priez-la aussi de lire ce que
vous m'écrivez, ce sera un moyen de vous faire mieux connaître.

— « Ma chère enfant, je n'ai rien à vous pardonner, mais
c'est de tout cœur que je vous bénis, et que je vous bénirai,
le 4 juin, à la messe que je célébrerai à 6 heures.

« Prions bien l'un pour l'autre.

« Vous avez bonne volonté. Ayez la paix, le calme que le
bon Dieu a promis aux âmes de bonne volonté. Ne vous
attendez pas à éprouver de douces émotions, le jour de
votre Profession. Donnez-vous au bon Dieu sans réserve,

tout entière, pour toujours, bien tranquillement. Paix, confiance ! »

— « Jésus est à moi, et je suis toute à Lui !

« Enfin voici arrivé ce jour si désirable et si désiré de votre âme, où vous allez vous donner toute à Dieu, jour redouté aussi de votre nature timorée et craintive ! Ah ! que désormais la crainte cède tout à fait à la confiance et à la joie ! Car bienheureuse êtes-vous, mon enfant, de prendre Jésus pour votre virginal époux ! Et comme de grand cœur je m'unirai à vous en ce jour à jamais mémorable qui, par des liens indissolubles, vous attachera à votre Dieu ! Ma bénédiction, je vous la donne de tout cœur ! Paix, confiance, joie spirituelle, maintenant et dans tout le cours de votre vie religieuse ! Amen ! Amen ! »

Voici maintenant d'autres conseils adressés à des religieuses, dont il suivait avec grand intérêt les progrès spirituels.

« Je me réjouis que mes lettres précédentes vous aient fait du bien ; c'est pour cela uniquement que je vous les ai écrites. Relisez-les, et rappelez-vous les, car je ne réponds pas de l'effet que produiront mes paroles d'aujourd'hui. Elles ne seront ni pompeuses, ni sonores ; mais pour être encourageantes, oui et toujours. Le découragement est la pire des choses. Une âme découragée est une maison sans portes, un corps sans âme, une montre sans ressort. Ni les richesses, ni les tentations, ni même les fautes, ne doivent décourager. Si nous ne pouvons courir, marchons ; si nous ne pouvons marcher, traînons-nous ; mais ne nous arrêtons pas, ne nous laissons pas abattre. Dans la vie religieuse, des combats, des luttes, des sacrifices, toujours : des défaites, des blessures, souvent : du découragement jamais, jamais ! Un bon remède contre le découragement, c'est l'humilité. Souvent le découragement vient de l'amour-propre froissé, ou d'une trop grande confiance en nous-mêmes déçue.

« Pour ces « certains défauts », n'y conservez pas d'affection, pas d'attache, ce serait très mal, et incompatible avec tout progrès. Quant aux manifestations de ces défauts qui nous déplaisent, dont nous gémissons, il faut les combattre, nous en humilier, renouveler souvent notre bon propos de nous en corriger. Mais il est possible que nous ne nous en corrigions qu'en mourant, et il est possible aussi que ces petits défauts plus ou moins ridicules soient pour notre vrai et solide bien. Telles ces petites indispositions d'estomac, fort ennuyeuses, mais qui nous forcent à prendre des précautions très salutaires, et avec lesquelles on vit quatre-vingts ans, et l'on fait plus de travail que si l'on se portait bien. »

— « Ordinairement les réponses aux vœux de fête commencent à peu près ainsi : « je suis heureux de votre lettre, ou, votre lettre m'a fait un véritable plaisir ». Ma chère enfant, je n'en puis dire autant de la vôtre. Non que je doute de vos sentiments à mon égard, je crois vos souhaits très sincères et je vous en remercie ; priez bien pour moi, car la charge est à la fois douce et lourde à porter. L'obéissance a placé sur ma tête une immense responsabilité. Quel compte j'aurai à rendre ! Merci donc de vos prières et de vos vœux ! Jusque-là tout est bien.

« A la deuxième page, je lis : « Ma Mère du noviciat vous offre ses vœux ». Je l'en remercie, je l'estime et la vénère. J'ai de la joie de savoir qu'elle prie pour moi. Tout est encore pour le mieux. Mais vous ajoutez : « Elle craint beaucoup que je ne fasse fausse route : elle a beaucoup d'inquiétude à mon sujet. Ce n'est guère honorable pour moi. Pourtant j'ai mieux aimé vous le dire tout simplement, afin qu'avec votre charité ordinaire, etc... »

« Peut-être mon affection pour votre âme est trop prompte à s'alarmer. Mais ces lignes m'ont fait de la peine. Vous avez eu raison de me le dire ; mais la chose en elle-même me désole. Votre Mère, ma chère Sœur, a des craintes à votre sujet, et beaucoup ! Pourquoi donc ? Non pas parce que vous êtes faible de santé, non pas parce que vous avez des défauts : car avec la prière et la bonne volonté on vient à bout de tout. Ce qui alarme votre Mère, qu'est-ce donc ? Je ne vois de possible que la mauvaise volonté de votre part, le refus de suivre la sage direction qu'elle vous donne, de reconnaître les défauts qu'elle vous signale, de fuir les dangers qu'elle soupçonne pour vous. Oh ! mon enfant, ma chère enfant, s'il en était ainsi, prenez garde. Ne soyez pas plus sage que votre Mère. Nous nous aveuglons sur notre propre compte : laissez-vous diriger et conduire. Votre Mère du noviciat vous aime, elle veut le bien de votre âme, vous n'en pouvez douter; elle a l'expérience, la prudence, le jugement: abandonnez-vous donc, les yeux fermés, à sa conduite. S'il y a des sacrifices à faire, des opérations douloureuses à supporter, elle y mettra la délicatesse et la douceur d'une mère. Et puis, ma bonne enfant, la vie religieuse, c'est pénible, c'est dur, non en soi, mais à raison de notre faiblesse et de notre inconstance. Notre mauvaise nature se trouve à l'étroit sous le joug, si doux pourtant, de Notre-Seigneur, et elle regimbe. C'est le sacrifice, le sacrifice toujours, tantôt sous une forme, tantôt sous une autre : c'est la réalisation de ce que le bon Dieu vous a dit à votre Profession par la bouche de son ministre.

« Enfin, je veux vous dire encore : il est possible que vous ayez été un peu gâtée, flattée, adulée, d'abord dans votre famille, où vous étiez l'enfant chérie, étant la plus jeune. Plus tard vous avez été un peu gâtée pour le spirituel, pour la direction, c'est du moins ce qui me semble. Dans vos premières années de Communauté, on a eu aussi pour vous, je crois, beaucoup d'égards, de condescendance, comme pour une enfant. Mais voilà que vous avancez en âge; on vous traite comme une grande fille, et on a raison: c'est une marque de véritable et sainte affection. Peut-être me trompé-je, mais je vous dis ce qui me paraît être la vérité.

« Allons, courage, mon Enfant, humilité, obéissance ! Comprendre la vie en général, et la vie religieuse en particulier, telle qu'elle est, c'est-à-dire, comme un perpétuel sacrifice, voilà ce qu'il faut. En cela consiste la piété solide, la seule durable. »

— « Que vous deveniez pire en avançant en âge, c'est possible, mais peu encourageant, et, en ce cas, je vous souhaiterais de mourir sans tarder. Mais ce pire n'est pas un article de foi, et se sentir pire, mieux connaître ses défauts, c'est souvent un progrès : ces fautes, nous les commettions autrefois, mais nous ne nous en apercevions pas. Savoir qu'on est misérable, est une chose excellente, et rare. Je prie le bon Dieu de vous détacher de plus en plus de vous-même. Qui est plus heureux que celui qui ne tient à rien sur la terre? Oui, Dieu seul! Dieu seul! Et beaucoup de gaieté. Nous avons la meilleure part. Combien je me réjouis de votre sainte clôture ! Depuis dix ans, j'ai vu beaucoup de religieuses qui courent le monde, comme garde-malades ou institutrices des campagnes : à Paris, à Abbeville, dans les diocèses de Coutances, Rennes, Vannes, Nantes. Oh ! de combien de dangers vous préservent vos murs ! »

— « Continuez de vouloir être toute à Dieu ! le bon Dieu ne demande que la bonne volonté. Paix à ceux qui l'ont ! Et vous l'avez. J'ai ri en lisant : « parfois j'éprouve en moi-même une grande opposition à ce dessein. » Croyez-vous donc être la seule à éprouver ces oppositions ? Ne sommes-nous pas tous pétris d'amour-propre et de boue ? Il n'y aurait pas grand mérite à se donner au bon Dieu, s'il ne nous en coûtait rien.

Vous avez de la chance de ne ressentir ces oppositons que *parfois* : nombreux sont ceux qui les ressentent *toujours*, *sans cesse*, et ils avancent quand même.

« Allez puiser force et courage au Sacré Cœur de Jésus. c'est-à-dire, ayez une foi vive à l'amour de Dieu pour vous. Croyez fermement que Dieu vous aime, car c'est le fond de la dévotion au Sacré Cœur. Le Sacré Cœur, c'est l'amour de Dieu pour nous, rendu visible et palpable. Soyez persuadée que Dieu vous aime, et tout naturellement vous l'aimerez, et l'aimant, vous serez généreuse à son service. »

— « J'ai bien prié pour vous le jour de votre fête, continuez d'être une bonne religieuse.

« Je me réjouis de cette pensée de votre lettre : « Comme je désire me dépêtrer de moi-même pour me donner toute a Jésus ! car le désir tient de la volonté : vous désirez, vous voulez désirer ! Or le bon Dieu prend en considération cette bonne volonté. Vouloir aimer Dieu, c'est déjà l'aimer. Vouloir se donner toute à Jésus, c'est déjà se donner à lui. Mais je comprends qu'il y a un abîme entre la théorie et la pratique. On se donne à Dieu, on veut être à lui sincèrement, le matin à l'oraison. Et puis, dans la journée, un sacrifice se présente, la nature se trouve soudain froissée, contrariée, et voilà que les bonnes résolutions s'envolent en fumée, et on se retrouve faible et misérable comme par le passé ! Que faire alors ? S'impatienter contre soi-même ? S'attrister ? Cela ne mène à rien, c'est le fruit de l'orgueil. Non, non ; mais s'humilier profondément et regagner ainsi

par l'humilité ce que l'on a perdu par sa lâcheté. Détestons
nos fautes et nos défauts, mais acceptons, aimons l'humiliation qui nous en revient ! »

— « Je le sais, les maux d'estomac influent beaucoup sur le
caractère. Mais il faut tâcher de réagir par vertu. Considérez toujours les personnes et les choses par leur bon côté.
Un prêtre est sourd d'une oreille, ce qui le gêne au confessionnal et dans la conversation. Eh bien ! cette infirmité lui
procure un avantage. Lequel ? Quand il passe la nuit en
wagon, il prend un coin, appuie sa bonne oreille contre le
coussin et dort parfaitement, malgré le bruit que l'on fait
autour de lui. N'est-ce pas ingénieux ? »

Et cette lettre à l'une de ses sœurs, un peu paresseuse à
écrire, comme elle apprend à surnaturaliser un de nos actes
les plus vulgaires! Comme elle trace nettement les règles
d'une sainte correspondance !

« Je suis très honoré d'avoir l'unique lettre que Votre
Révérence a daigné produire à ce nouvel an, et très flatté
de savoir que cette unique lettre, parce qu'elle était adressée à ma digne personne, ne vous a pas coûté un effort sur-
humain.

« Ma bonne chère petite Sœur, tu sais que je t'aime bien,
et c'est ce qui me donne le droit de te parler en toute sincérité. Or, crois-tu, là, franchement, en bonne conscience,
que la répugnance que tu éprouves à écrire des lettres soit
une raison de t'en dispenser ? De même, le grand attrait de
telle religieuse pour écrire des lettres, serait-il une raison
pour elle d'en écrire beaucoup et à toutes sortes de personnes?

« Malgré la trop bonne opinion que ta Révérende Mère
Supérieure a de moi, je ne voudrais pas me poser en modèle : je n'ai d'attrait ni de répugnance marquée pour les
lettres (pas plus du reste que pour autre chose ; je suis un
peu indifférent à tout); j'aurais plutôt de la répugnance, car
j'ai par ailleurs assez de travail. Eh bien, j'ai cru bon cette
année d'écrire, non seulement à la famille, mais à nos oncles et tantes, à M. Brassier, à M. de Léon. Par les réponses
que j'ai reçues, je me suis persuadé que mes lettres avaient
fait plaisir. Nous ne sommes pas tout à fait dans la même
position, c'est vrai. Mais tu pourrais difficilement te figurer

combien les vieux oncles et les vieilles tantes sont heureux de recevoir une lettre du *Révérend Père* ou de la *Révérende Mère!* Je me fais un devoir de répondre le plus tôt possible à toutes les lettres.

« Vois-tu, ma bonne Sœur, il en est des lettres comme de tout le reste, il faut considérer non ce qui nous plaît ou nous déplaît, mais ce qui est bon, ce qui est juste et raisonnable. « *Christus non sibi placuit*, » Jésus-Christ n'a pas recherché sa propre satisfaction. Que je ne sois pas allé vous voir, en voilà une affaire! « Il est allé voir les autres, et il nous a oubliées, nous! moi! l'épouse du Seigneur! » Là là! Quel crime! Dis donc une bonne fois : « Si le Père vient, tant mieux... s'il ne vient pas, c'est égal. *Deo gratias!* toujours et en tout! » Est-ce que dans le ciel nous n'aurons pas bien le temps de causer et de rire? La vraie famille c'est la Communauté. »

C'est ainsi que ce prêtre, vraiment selon le cœur de Dieu, menait avec patience et charité les âmes à la plus haute perfection, par la voie du renoncement et de l'abnégation, de l'obéissance, de l'humilité, de la défiance de soi, et de la confiance en Dieu. Et guidées par ses conseils, soutenues par ses saints enseignements, elles y marchaient avec courage et persévérance, sans se laisser déconcerter par les obstacles et les épreuves dont cette voie est semée.

CHAPITRE SIXIÈME

AUTRES VERTUS DU P. COCHET

1882 - 1892

E P. Cochet, nous l'avons dit, pratiquait le premier ce qu'il prescrivait ou conseillait aux autres : comme son divin Maître, il commençait par faire. avant d'enseigner « *cœpit facere et docere* » l'exemple ajoutant beaucoup à l'autorité de la parole ; et l'on peut affirmer qu'à Kerlois nul n'était plus obéissant, plus humble, plus pauvre, plus mortifié, plus simple, plus modeste, plus recueilli. La perfection de sa vertu jetait dans le ravissement les étrangers qui en étaient témoins ; elle faisait l'orgueil de ses novices, justement fiers d'avoir un tel maître, et les stimulait à la sainteté.

La supériorité expose souvent à se relâcher sur l'obéissance. Quand on commande, on se déshabitue d'obéir ; quand on a la charge d'une nombreuse Communauté, à laquelle s'ajoute un ministère extérieur assez étendu, on trouve parfois dans ses occupations une dispense légitime de certaines règles. Le P. Cochet se garda bien d'agir ainsi : il se montra partout et toujours le fidèle observateur de la Règle ; il voulait qu'on l'appliquât, et il l'appliquait lui-même, à la lettre et dans son intégrité. « Quand on ne le peut, répétait-il souvent avec une grande sagesse, il faut en respecter l'esprit, et s'en rapprocher le plus possible dans la pratique. »

« Une fois par semaine, rapporte un de ces novices, le bon Père nous expliquait les Constitutions, et avec quelle compétence, avec quel zèle ! Mais le moyen le plus simple de les connaitre et de les aimer, était de considérer sa conduite : toutes les vertus recommandées par le Vénérable P. Eudes s'y réflétaient l'une après l'autre, ou plutôt toutes ensemble. »

Voici un trait qui montre combien la Règle avait de prix à ses yeux, et combien il tenait à en inspirer le respect et l'estime aux autres, dès qu'ils avaient mis le pied dans le noviciat.

Un postulant arrive un jour. Celui qui avait été désigné pour l'assister en qualité d'ange gardien, l'ayant conduit chez le P. Cochet, au retour de la gare, la réception fut très cordiale. Mais à peine sortis ange gardien et protégé, se mettent à parler dans le corridor, d'une voix assez basse du reste, et sans y voir de mal. Le P. Cochet quitte aussitôt sa chambre et réprimande nos deux causeurs, au grand étonnement du nouveau venu. « Hein ! bon homme, dit-il au novice, on ne parle pas ici. »

Non seulement le P. Cochet veilla scrupuleusement à l'application intégrale de la Règle, non seulement il donna un constant exemple de parfaite régularité, mais il sut découvrir de nouveaux moyens de s'imposer des actes d'obéissance, sans faillir à sa charge de supérieur. Dans les travaux d'embellissement ou d'utilité qu'entreprenaient les novices, il constituait un chef ; puis, se rangeant sous sa conduite parmi les simples travailleurs, il exécutait ses ordres avec une admirable ponctualité, ne faisant rien sans le consulter, sans avoir obtenu son consentement. Il allait de même à la cuisine, au jardin ou aux champs pour aider, soit seul, soit en compagnie de ses novices, aux divers travaux qui s'y exécutent ; et les Frères, chargés du temporel, n'avaient pas d'aide plus respectueux et plus soumis. Enfin les nouvelles constructions du noviciat ayant amené à Kerlois la présence du P. Pinas, pour diriger et surveiller l'entreprise, le P. Cochet sollicita aussitôt et obtint du R. P. Le Doré d'être déposé de la supériorité, qui fut confiée à ce Père, plus âgé que lui.

Est-il nécessaire après tout ce qui précède, de parler de son entière soumission à la Volonté Divine ? On peut dire qu'il avait sans cesse les yeux fixés sur Elle pour se gouverner et se conduire en toutes choses, suivant son bon plaisir, pour en accepter avec joie toutes les manifestations dans les divers événements de la vie. Il n'eût rien voulu ni penser ni faire qui pût y contrevenir, même légèrement : son bonheur était de la suivre avec fidélité, renonçant pour cela à son esprit propre et à sa propre volonté.

La pratique de l'humilité ne semble guère au premier abord s'accorder avec l'exercice du commandement : et pourtant, si peu qu'on y réfléchisse, on s'aperçoit qu'elle y est plus nécessaire qu'en aucune autre situation. Elle l'est surtout dans une Congrégation où son Vénérable fondateur veut que l'on gouverne « plus par charité que par autorité, par prières que par commandements » ; que les supérieurs se regardent « comme les derniers de la maison », obligés « de servir les autres », et qu'ils s'emploient « volontiers aux ministères les plus abjects et aux actions les plus basses, se tenant devant Dieu sous les pieds de tous les autres, et les plus petits de tous » selon ces paroles de Notre-Seigneur : « *Qui major est in vobis, fiat sicut minor ; et qui præcessor est, sicut ministrator, et, quicumque voluerit in vobis primus esse, erit omnium servus.* » Le P. Cochet n'oublia point ces divines leçons, et il en fit la règle de son gouvernement. Nous avons déjà raconté maints faits qui dénotaient chez lui une extrême humilité ; car ni la charité, ni le zèle des âmes, au point où il les portait, ne peuvent exister sans une éminente pratique de cette vertu. En voici d'autres qui en achèveront la peinture.

D'abord, dans sa correspondance, des passages, tels que ceux-ci : « Hélas ! vous n'êtes pas la seule à sentir que les progrès ne vont pas aussi vite que les années. Du moins que nos imperfections et nos misères nous servent à acquérir un peu d'humilité. Aimons l'humiliation qui nous revient de nos fautes, bien que nous devions les détester. » — « Combien vous avez raison de parler de l'importance et aussi de la difficulté de l'emploi que la Providence m'a confié pour la huitième année ! Que de fois j'ai lieu de m'humilier, quand j'entends lire au réfectoire l'éloge de nos anciens Pères ! Enfin le bon Dieu m'y a placé, j'y reste puisqu'il le veut. » Le P. Cochet aimait à reconnaître devant Dieu son indignité et son néant ; et cette pensée, ce sentiment de sa faiblesse, le préparaient à tout entreprendre pour la gloire de son maître et pour le bien des âmes ; se défiant beaucoup de lui-même, il ne comptait que sur le secours d'En-Haut, mais il y comptait absolument : de là sa force et son indomptable énergie. Citons ensuite ces traits recueillis avec soin, et dignes d'exciter l'admiration.

« A le voir, nous écrit-on, au milieu de ses novices, on l'eût pris facilement pour l'un d'entre eux. Au jeu, il était le premier à relever les quilles ou à courir après la boule pour la ramasser et la passer aux autres. Dans les travaux, il se condamnait aux plus humbles emplois, à ceux qui étaient les moins bien acceptés de nous. Tantôt il s'attelait aux brancards de la voiture à âne, tantôt il suivait la fourche sur l'épaule, tantôt il étendait du fumier sur la prairie, tantôt il aidait à sécher le foin ou à le mettre en meules. Les étrangers qui l'apercevaient parmi nous, comme l'un de nous, n'y pouvaient croire : « C'est là votre supérieur, » nous disaient-ils ! et ils étaient aussi étonnés qu'édifiés d'un pareil spectacle. »

« Un jour, ajoute un autre, il chargea un novice, qui avait quelque peu étudié l'espagnol, d'enseigner cette langue à ceux qui désireraient l'apprendre. Or quel ne fut pas l'étonnement du professeur improvisé, lorsqu'à l'heure fixée il vit le P. Cochet venir s'asseoir parmi ses élèves ! Dire ce qu'il fut confus et troublé ne serait pas chose facile. Le bon Père continua de nous donner cet exemple d'humilité pendant les trois mois que dura le cours. — Une de ses grandes joies était la cérémonie du lavement des pieds, le Jeudi saint. Sans doute il était heureux d'adresser aux douze enfants choisis dans le voisinage quelques paroles dictées par son cœur et sa piété ; sans doute sa charité se réjouissait de leur servir un bon repas, et de leur faire goûter quelques instants de bonheur dans la chapelle et au réfectoire ; mais ce qui le charmait surtout, c'était de se prosterner à leurs pieds, de les laver et de les baiser comme il eut fait ceux de Notre-Seigneur. C'était là, pour son humilité, une fonction de choix qu'il réclamait comme un des privilèges de la supériorité et qu'il ne voulait céder à nul autre. »

Il cirait lui-même ses souliers, nettoyait et raccommodait ses vêtements, ne recourant aux ouvrières qu'à la dernière extrémité. Durant les retraites qu'il donnait aux religieuses, au temps des vacances, il ne souffrait pas qu'on le servit en quoi que ce fût ; il faisait lui-même son lit et sa chambre, et tout son ménage. « Le premier jour de la retraite, nous écrit-on d'une de ces communautés, la religieuse, chargée du soin de son appartement, lui avait fait son lit ; mais, le lendemain, elle trouva un billet à son adresse, où il la remerciait et l'invitait à ne pas recommencer. »

Cette humilité profonde l'amenait comme naturellement à la pratique de la plus stricte pauvreté, et il en donna à Kerlois les plus beaux exemples.

Tout d'abord, sur l'avis de sages conseillers, il réserva la part de son patrimoine et les divers héritages qui purent lui échoir, afin d'assurer la rente de sa mère : « On est d'avis, lui écrit-il, que je conserve le capital, tant que vous vivrez », et il la charge de le gérer de concert avec l'oncle Julien : « car, ajoute-t-il, je ne veux pas faire usage d'un centime pour moi. Je ne veux rien conserver pour un avenir pourtant si incertain. Jusqu'à présent, j'ai bon pied, bon œil ; si je deviens malade, la Providence veillera à ne pas me laisser mourir de faim. » De ce capital, en effet, il versa les revenus, soit à quelques membres de sa famille qui se trouvaient dans la gêne, soit à des œuvres pies, soit à la caisse de la Congrégation. Mais vint un jour où il lui fut permis d'y renoncer entièrement, et dès lors il put écrire en toute vérité : « Pour moi, je n'ai plus rien, absolument rien ; j'ai tout donné ce que je possédais. »

Voici deux faits qui montrent à quel point il poussa le détachement des biens de la terre. Ayant reçu, comme part d'héritage d'une de ses tantes, quelques milliers de francs, il les remit au Père économe de Saint-Martin, en le priant de les distribuer lui-même entre ses frères et sœurs, comme il le jugerait bon. Pour lui, il n'en voulait rien savoir.

Quand il venait passer quelques jours en vacances dans sa famille, il déposait dans les mains du même économe la petite somme qu'on lui avait remise pour son voyage, afin de n'avoir pas d'argent à sa disposition et d'être obligé de demander à chaque fois ce qu'il fallait pour payer ses légères dépenses.

Et que dire de son habillement ? Durant les dix années qu'il vécut à Kerlois, il ne demanda que deux soutanes neuves, qu'il portait dans les grandes occasions. Le reste du temps il en vêtait de vieilles, choisies parmi celles que l'on envoie des diverses maisons de la Congrégation pour servir aux novices dans leurs travaux. Encore choisissait-il les plus sales, les plus râpées. Il est vrai qu'il avait l'art de les nettoyer et de les raccommoder si bien qu'on n'y voyait ni tache ni trou ; au contraire, elles reluisaient de propreté. On lui a reproché d'avoir outré sur ce point la pratique de la pauvreté, et, pour donner une leçon à des novices trop portés au luxe, trop soucieux de l'élégance et de la qualité de leur vêtement, de s'être produit dans le monde avec une soutane rapiécée. C'est oublier que saint Vincent de Paul n'a pas craint de paraître de même à la Cour de France et dans les Conseils de la reine. Ne faut-il pas que le monde et le clergé apprennent à estimer et à vénérer une vertu dont, nous dit le Vénérable P. Eudes, « le roi et la reine de l'univers et les plus grands saints du paradis ont fait leur ornement et leur gloire ? » L'exemple était bon à donner, d'autant qu'il n'y avait guère d'excès à craindre de ce côté. La pauvreté rigoureuse n'a que de rares sectateurs.

Son mobilier était des plus simples, pour ne pas dire des plus pauvres. Chez lui ni photographies des siens, ni même aucune image sainte, en dehors des réglementaires : celles qu'il recevait en cadeau, il les distribuait dans les campagnes. Pas de meubles inutiles ; tout était réduit au strict nécessaire ; encore se dépouillait-il du meilleur pour le donner à ses novices, se contentant pour lui du rebut des autres. Pour rédiger ses conférences, ses sermons, ses avis, il n'usait ni de cahiers, ni de papier écolier ; il les écrivait sur des enveloppes ou sur le *verso* des circulaires ou autres communiqués qu'on lui adressait ; il ramassait avec soin les feuilles de papier éparses çà et là, ou qu'il trouvait inutilisées dans les cahiers et dans les lettres, pour les coudre ensemble et s'en servir au besoin. Il prenait un soin extrême de tout ce qui était à son usage, et le conservait dans un état de netteté qu'on ne saurait imaginer. Aussi n'eut-il jamais qu'un bréviaire, celui de son sous-diaconnat, et, grâce à de minutieuses précautions, les pages de ce bréviaire, quoique un peu jaunies par le temps, restèrent toujours immaculées.

Notre Seigneur recommandait à ses Apôtres, lorsqu'il les

envoyait en mission, de ne porter ni bâton, ni besace. Le P. Cochet se conformait à cette prescription, autant que les circonstances le permettaient, et d'une façon assez originale, qui mérite d'être rapportée. Ecoutons un témoin.

« L'esprit de pauvreté lui faisait négliger en voyage l'usage de valise ou de sac. Je me souviens de son installation au départ, un jour qu'il devait passer deux ou trois semaines en dehors de Kerlois. Comme je devais partir avec lui, je cherchais des yeux son sac pour le joindre au mien. Ne le voyant pas, je lui demandai s'il ne l'avait pas oublié. Le Père se mit à rire, et me répondit qu'il portait sur lui tout ce qui lui fallait : moi, je ne voyais que son bréviaire et son camail, et cela me paraissait un peu court. Je remarquai, il est vrai, que le Père avait pris un certain embonpoint pendant la nuit (nous étions à cinq heures du matin), il y avait un peu de quoi, et le paquetage du voyage en était la cause. Dieu ! quel paquetage ! Deux chemises enfilées l'une par dessus l'autre ; autour des reins une ficelle en guise de ceinture (ça ne se voyait pas, disait le P. Cochet), et sur cette ficelle deux paires de bas et trois ou quatre mouchoirs pendants accrochés, tandis que deux soutanes superposées tâchaient à dissimuler le ventre improvisé du saint voyageur. C'était au mois d'août. Le P. Cochet avait bien un peu chaud et n'était pas trop à son aise, mais ses bagages étaient simplifiés. Quand aux bas et à la ficelle, le bon Père s'était bien gardé de m'en parler, et je n'en aurais rien su sans l'indiscrétion de l'un d'eux qui, en chemin de fer, mis le nez à l'ouverture de la poche. Je prévins le Père, qui m'expliqua alors l'agencement invisible. Remarquez bien qu'en agissant ainsi il ne nous obligeait pas du tout à en faire autant. Il prétendait seulement que c'était plus commode. Et tout cela se disait et se faisait avec une telle simplicité que nous ne *songions qu'à admirer*. »

Son esprit de mortification reporte à ce qu'on lit dans la vie des plus grands saints. Ici les faits parlent éloquemment, et nous n'avons qu'à citer.

« Il avait beau dissimuler son lit dans une alcôve fermée par des rideaux ; quelques novices curieux, et j'ai eu l'avantage d'être du nombre, firent tant et si bien qu'ils purent enfin tâter son matelas, si cela peut s'appeler un matelas.

Les Trappistes sont moins durement couchés. Je ne sais où le Père s'était fait fabriquer ce matelas. La couverture qui le recouvrait, était tendue raide pour dissimuler à l'œil indiscret le vide du milieu. La main qui s'égarait sur le bord, pouvait croire presque à un bon lit. Mais à 0ᵐ,20 des bords, on sentait un vide à peu près complet, c'est-à-dire que la place exacte où le Père prenait son repos n'avait d'autre fond que les tringles du lit de fer. Et, je le répète, tout cela était si habilement dissimulé qu'il fallait mettre la main dessus pour s'en apercevoir.

« Oh ! le P. Cochet, savait bien ce que c'était que se mortifier, et il y prenait plaisir. Les saints ont vraiment une façon originale de se crucifier là où les autres ne pensent qu'à jouir. »

En voici d'autres exemples :

« Le P. Cochet était un marcheur émérite, un entraîneur dans ces longues et belles promenades que nous aimions tant. Il en revenait parfois très pâle, très fatigué, c'est qu'il ne se demandait point, avant de partir, s'il était bien portant ou non, et sa santé, minée par une foule d'austérités qui nous échappaient, avait parfois à subir de rudes assauts. Rien n'y faisait pourtant, et nous l'avions toujours à notre tête dans nos petites excursions aux environs de Kerlois. Il devait être avec ses novices, et il y était ; il devait leur donner l'exemple en tout, et il le leur donnait, même dans la marche. Ne l'avons-nous pas vu partir à pied pour Lorient, afin de se faire soigner les dents, et revenir de même à pied, à temps pour nous conduire aux bords du Blavet prendre notre bain accoutumé ? Il avait d'ailleurs des moyens pour rendre pénibles ses meilleures promenades, lorsque la maladie ne l'assiégeait pas.

« Je me souviens d'une course vivement menée de Kerlois à Quimperlé, au moins six bonnes lieues. Au retour, le Père boitait terriblement, et il y avait de quoi : une pierre très pointue s'était enfoncée dans son talon, et son soulier était plein de sang. La route se fit quand même : et, à nos questions, le Père répondait par un : « ne faites pas attention! » plein de simplicité et de sincérité.

« A table, je ne sais s'il avait des préférences pour quelques mets : en tout cas, on ne pouvait s'en apercevoir. Il se brûlait indignement, sans faire de grimace, en avalant des potages que nous laissions nous autres refroidir. Les assaisonnements l'inquiétaient fort peu. Pendant une période de deux mois environ, je crois, le noviciat fut privé de son frère cuisinier que le service militaire avait réclamé. Notre T. H. P. Général n'ayant personne sous la main pour le remplacer, avait écrit au P. Cochet de se débrouiller avait ce qu'il avait de monde. Quelle bonne aubaine pour les novices ! Deux ou trois d'entre eux furent chargés du service des sauces. Ah ! le bon temps ! Les imaginations fertiles en inventions s'en donnèrent à qui mieux mieux, autant du moins que le comportait notre modeste budget. Mais quand on est jeune, on peut être étourdi. Remarquez bien que ce n'est pas là une nécessité, mais une simple possibilité. Et, ma foi, il faut bien l'avouer, certains maîtres en l'art culinaire se permirent d'être distraits. Parfois le sel faisait totalement défaut, d'autres fois au contraire le chef s'était vengé d'une vieille poignée qui produisait son fort effet. Nos Constitutions, je le sais, nous commandent de ne point parler de ces choses, soit pour nous plaindre, soit pour nous y complaire. Si je me permets de rappeler ces faits, c'est uniquement pour citer des exemples de la mortification de ce bon P. Cochet. Car, quel que fût dans un sens ou dans l'autre l'excès de l'assaisonnement, le Père prenait son repas avec la même impassibilité. Nous le guettions, c'est mal pour des novices, nous le guettions de l'œil, un certain vendredi de carême, où le plat de morue avait conservé toute l'âcreté de son sel. C'était ferme, vous savez. Chacun s'en tirait de son mieux. Quant au P. Cochet, je crois que rarement il avait mangé avec autant d'appétit. Dans une autre circonstance, nous avions affaire à une compote de pommes. A l'œil, c'était très bon : rien n'y manquait, le sucre n'avait pas été ménagé, on en trouvait encore sur les bords du plat. Mais, au goût, c'était autre chose. Le premier qui en prit s'aperçut qu'il y avait désaccord complet entre la vue et le goût : l'œil nous montrait du sucre, le goût nous révélait du sel ! Oh ! les bonnes compotes pour le P. Cochet ! Il en reprit plusieurs fois ! »

Nous pourrions multiplier les citations : elles nous montreraient le bon Père — n'ayant pour dormir que des planches ou même le plancher de sa chambre, jusqu'au jour où il reçut du R. P. Général l'ordre de se traiter plus doucement, et d'accepter un lit ! Mais quel lit ! on vient de nous le dire — partant en promenade, un jour de grand congé, avec des souliers aux semelles traversées par des clous, et forcé, au retour, d'intercaler une ardoise entre son pied et la semelle, afin de pouvoir marcher — se donnant dès le matin la discipline, au point d'épouvanter et de mettre en fuite un jeune novice, entré par hasard, avant l'oraison, dans une sacristie voisine de sa chambre — au réfectoire, se servant après tous ses novices, et mangeant du plat, s'il en restait. « Autant moi qu'un autre, » disait-il en riant, et cette phrase, il la répétait à chaque instant dans ses ennuis, ses difficultés, ses fatigues. Mais ce serait étendre beaucoup ce récit. Le mieux est de conclure avec l'un des témoins : « Ah ! si l'on pouvait tout se rappeler, que de choses merveilleuses à raconter ! quel prêtre ! quel eudiste ! quel saint que le P. Cochet ! Quel homme de renoncement et quel modèle vivant pour tous ceux qui reçurent de lui les premières leçons d'éducation religieuse ! »

Ainsi pensaient non seulement ses novices et ses confrères, mais le clergé, mais toutes les personnes qui l'abordaient ou le voyaient passer. Sa candeur et sa droiture, sa simplicité de bon aloi dans ses relations, son attitude modeste et recueillie, la sérénité de son visage, un je ne sais quoi de divin qui se dégageait de toute sa personne, pénétraient de respect en sa présence : on se sentait devant un saint.

« Quand il passait dans nos rues, nous écrit-on, il attirait à lui par son attitude et sa bienveillance les plus hostiles eux-mêmes. »

Une autre personne ajoute : « son humilité, sa charité, sa modestie, son grand recueillement, toutes ses autres vertus le faisaient admirer, respecter, vénérer partout et de tous.

« En le voyant traverser la ville, les yeux habituellement baissés, et comme plongé dans une sorte de méditation, on pensait naturellement à Dieu, et chacun se disait : « Voilà le saint qui passe ! ».

Ainsi pensaient, ainsi parlaient les personnes pieuses : le peuple n'avait pas d'autre pensée, d'autre langage : « c'est un saint, un vrai saint, répétaient les petites gens, » et cela, avec conviction, mais aussi avec un sentiment d'affection reconnaissante et de profond attachement. « Ah! Monsieur, disait un brave charcutier d'Hennebont, en apprenant plus tard la mort du P. Cochet, quel malheur! », et il pleurait à chaudes larmes. C'est le même qui, lors de l'incendie du presbytère de Church' Point, où le P. Cochet, nous le verrons plus loin, avait tout perdu, lui envoya une montre d'or avec la chaîne également en or, en disant: « Il a perdu jusqu'à sa montre : eh bien! je veux qu'il ait celle de mon fils. »

CHAPITRE SEPTIÈME

DIVERS ÉVÉNEMENTS

1882-1892

PROSPÉRITÉ DU NOVICIAT — UN MIRACLE DU VÉNÉRABLE JEAN EUDES — MORT
DE MADAME COCHET — MORT DE L'ONCLE JULIEN — CONSTRUCTION DE NOU-
VEAUX BATIMENTS — DÉPART POUR LA NOUVELLE-ÉCOSSE,

ous le prédécesseur du P. Cochet, le noviciat avait
été très peu nombreux : en trois ans, trente novi-
ces à peine, dont la moitié seule avait persévéré.
Cette pénurie de vocations tenait sans doute à la
difficulté des temps, l'ère de la persécution ne venait que
de s'ouvrir, et l'on n'était pas encore aguerri contre les me-
naces et les coups des persécuteurs.

Avec le P. Cochet, les choses changèrent de face : le
nombre des novices s'accrut notablement, et dépassa même
toutes les espérances. Dès sa seconde année de supériorat,
il pouvait écrire à sa mère : « Nous sommes ici 27 ecclésiastiques, dont 24 novices, les non-valeurs éliminées ; vous
voyez que ma famille grandit, sans compter que « mes
petits » sont encore plus gentils que nombreux. » Et l'année
suivante : « Nous sommes en ce moment 30 ecclésiastiques
dans notre maison qui n'est pas grande : les chambres sont
doublées et triplées. Il a fallu utiliser tous les petits coins,
et j'en ai logé deux dans un escalier. » Telle fut même l'a-
bondance des vocations qu'on dût songer à bâtir : le P. Pinas
fut appelé de Plancoët, et, grâce à son intelligente direction,
de 1888 à 1890, s'éleva derrière l'ancienne habitation un
nouveau bâtiment, large, spacieux, admirablement compris.
« Oui, nous sommes en construction, écrit quelque part le

P. Cochet, pour l'expiation de mes péchés. Tout ce bruit ne porte guère au recueillement. Enfin nous apprécierons mieux après les douceurs de la solitude et du silence. » Le P. Cochet ne se laissait pourtant point aller à l'inclination qu'on a trop souvent de se multiplier : conformément aux avis du Vénérable P. Eudes, il demeurait « ferme dans la résolution de n'admettre que peu de personnes, qui soient bien choisies. »

Les lignes suivantes nous en convaincront pleinement.

« Merci de vos vœux et de vos prières surtout ! J'ai bien besoin du secours d'En-Haut, en mon important et délicat emploi. Le bon Dieu a certainement béni le noviciat depuis cinq ans. Les prêtres de la dernière ordination étaient mes premiers enfants. Ils étaient nombreux certainement ; mais, ce qui est beaucoup mieux, ils sont bons, très bons même. Dans une Communauté le nombre, la quantité, est chose très secondaire : ce qui importe, ce à quoi il faut tenir absolument, c'est à la qualité. Oh ! qu'il faut faire attention au fond de la nature ? Car elle ne meurt point, et à la longue, elle fait toujours son coup. Rarement un mauvais naturel se convertit d'une manière durable : rarement aussi un bon naturel se pervertit. J'élimine sans pitié toutes les vocations incertaines et douteuses : il y a des années plus heureuses que d'autres, à ce point de vue. L'an dernier, j'ai remercié au moins les deux tiers de ceux qui se sont présentés, et de tous ceux que j'ai renvoyés depuis cinq ans, je n'en regrette pas un. »

Cette parole montre évidemment qu'il n'agissait pas à la légère, mais après avoir mûrement réfléchi devant Dieu. L'expérience prouva, du reste, que son jugement n'était pas seulement réfléchi, mais sage. Sur les 80 novices environ qu'il congédia, durant ses dix ans de séjour à Kerlois, il n'en est aucun qu'on ait eu l'occasion de regretter, et les deux ou trois exceptions, qu'on crut devoir faire en faveur de certains sujets, n'eurent d'autre effet par leur fâcheux résultat que de mieux mettre en relief la sûreté de ses vues et la sagesse de sa décision.

Dieu le visitait encore par d'autres bénédictions que celles du nombre et de la qualité de son cher troupeau. A ses prières et à celles de ses novices, il accordait, et presque dès le début, un miracle éclatant, en faveur d'un jeune Frère Servant, subitement guéri de cécité par l'intercession du Vénérable P. Eudes.

Voici le fait dans son exacte vérité.

Le 23 mai 1883, les élèves de l'école apostolique de Plancoët (Côtes-du-Nord) prenaient leurs joyeux ébats dans une magnifique propriété gracieusement mise à leur disposition. Les plus âgés, voulant montrer leur adresse, essayaient d'abattre des fleurs de marronnier, et Louis B***, âgé de quatorze ans, mettait à ce jeu un entrain extraordinaire, quand tout à coup un caillou, lancé par une main inhabile, vint le frapper à l'œil droit. Il n'y avait aucune lésion apparente ; mais bientôt une forte irritation se déclara, et la paupière se gonfla d'une manière inquiétante.

Les soins les plus empressés lui furent aussitôt prodigués. Puis le médecin de l'école apostolique, voyant ses efforts inutiles, conseilla de conduire Louis à Dinan chez un oculiste renommé. Les remèdes prescrits n'eurent aucun résultat.

A cette époque, un spécialiste éminent se trouvait en station de bains à Dinard. Le Supérieur profita de cette occasion qui semblait offerte par la Providence. Au moyen d'instruments spéciaux, le prince de la science médicale examina longuement, et avec le plus grand soin, l'œil de l'enfant. D'un regard inquiet, le bon supérieur suivait tous les gestes du docteur, et ses signes de mécontentement le pénétraient jusqu'au fond de l'âme.

— L'œil est-il perdu ? demanda-t-il enfin.

— L'œil droit l'est pour toujours : veillez de près sur l'autre, mais il est probable qu'il se perdra aussi. J'ordonne de cesser désormais tout travail intellectuel.

— N'y a-t-il aucun remède ?

— Je n'en vois qu'un : supprimer le principe du mal, et il indiquait l'œil droit.

Cette condamnation si imprévue rendait le présent bien triste, l'avenir bien effrayant. L'enfant ne pouvait continuer ses études, il fut décidé qu'il retournerait dans sa famille. Avant le départ, le Supérieur lui demanda :

— Mon enfant, avez-vous pensé à votre avenir ?

— Oui, Père, je crois que Dieu m'appelle à la vie religieuse; mon vœu le plus ardent est d'être eudiste. Puisque je ne puis être prêtre, je serai frère. Je vous en prie, implorez pour moi cette faveur du Très Révérend Père Supérieur général.

La famille ayant témoigné le même désir, la demande fut faite et accordée. Ce ne fut pas sans regret que le pauvre enfant se vit forcé de renoncer pour toujours au sacerdoce, qui lui montrait de jeunes intelligences à former et des âmes à convertir. Quand ses condisciples apprirent son départ, la consternation fut générale. Sa piété, l'aménité de son caractère, sa belle et vive intelligence, lui avaient conquis l'estime et l'affection de ses maîtres et de ses jeunes camarades.

Au noviciat de Kerlois, près Lorient, où l'obéissance l'avait envoyé, Louis reçut le nom de frère Cyprien. Dès les premiers jours, il se fit remarquer par son humilité, son obéissance et sa douceur.

Il s'appliquait avec beaucoup de zèle à ses modestes fonctions, lorsque, le samedi 15 décembre, les douleurs redoublèrent d'intensité. L'œil gauche lui-même était atteint. A six heures, le petit patient avait à offrir au bon Dieu un sacrifice bien pénible : il était complètement aveugle.

Le 18, frère Cyprien fut conduit à un oculiste de Lorient, qui, comme ses collègues, condamna pour toujours l'œil droit et ne laissa qu'un bien faible espoir pour l'œil gauche.

La science humaine se déclarant impuissante, on résolut de s'adresser au céleste médecin par l'entremise du Vénérable Jean Eudes. Le soir même on commença une neuvaine. Chaque jour, deux novices devaient faire la sainte communion, et la Communauté réciter les litanies de son saint fondateur.

On était arrivé à la belle fête de Noël, et il n'y avait encore aucune amélioration dans l'état du jeune aveugle. Il eut le bonheur de communier, et, à ce moment, ressentit une douleur si vive qu'il fut sur le point de quitter la chapelle. Sa confiance sans bornes dans la puissance du Vénérable P. Eudes n'en fut nullement ébranlée. Le soir, un novice lui dit :

— C'est donc après-demain que vous retournez chez l'oculiste ?

— Je n'en aurai pas besoin, répondit-il, je serai guéri.

— Qui vous l'a dit ?

— J'en suis sûr. C'est jeudi que se termine la neuvaine, c'est jeudi que je serai guéri.

Plus le jour désiré approchait, plus Cyprien sentait croître sa confiance. Le mercredi, il répétait avec conviction à tous ceux qui lui parlaient :

« Demain, je serai guéri!... J'écrirai ma guérison à ma famille et aux Pères... Cette nouvelle leur sera très agréable. »

Enfin arriva le jeudi matin. L'enfant descend dans un petit oratoire, à l'intérieur de la maison, pour assister à la sainte Messe. Les douleurs reviennent plus vives que jamais. A la communion, il reçoit avec une piété angélique le corps de Notre-Seigneur, puis, dans un doux et confiant entretien, il demande à Jésus de le guérir au nom du Vénérable P. Eudes.

Cependant les douleurs redoublent d'intensité, elles deviennent même si aiguës qu'il lui semble que les nerfs se détendent et s'allongent. Tout à coup les souffrances cessent : Cyprien, agréablement surpris, peut fixer ses regards sur un portrait du Vénérable P. Eudes, suspendu en face de lui. Pendant quelques instants, il le contemple avec un saint étonnement et une vive émotion.

Il avait prié pour obtenir, il prie pour remercier.

Puis il se lève, calme, sans la moindre surexcitation physique ou morale, mais tout rayonnant encore du contact divin. Frappant sur l'épaule de son voisin :

« Frère, lui dit-il, je vois. »

Le cher frère ne pouvait croire un tel prodige. Ce qui s'accomplissait en ce moment lui semblait impossible.

Sur l'ordre du P. Cochet, un novice vient chercher le frère Cyprien pour le conduire à Lorient.

— Préparez-vous, lui dit-il, dans quelques instants nous partons.

— Ce n'est pas la peine, répond l'enfant en regardant fièrement son guide. Je suis guéri!

— Vous voyez?

— Oui, je vois, *et des deux yeux.*

Le novice quitte précipitamment l'oratoire et court ra-

conter le prodige à tous ceux qu'il rencontre. Bientôt toute
la Communauté est réunie. Le P. Cochet, pour s'assurer de
la guérison, soumet le jeune miraculé à un grand nombre
d'épreuves. Celui qui, il n'y a qu'un instant, était aveugle,
distingue tous les objets, lit couramment des textes impri-
més en caractères très fins.

Tous alors tombent à genoux et remercient Dieu d'avoir
rendu la vue à ce jeune homme et fait éclater la puissance
de son fidèle serviteur, le Vénérable Jean Eudes.

Dieu comblait aussi le bon Père de ses grâces spirituelles et
temporelles dans cette atmosphère toute de piété : et ses
lettres à ses sœurs religieuses en contiennent d'éclatants
témoignages. Que de fois ne leur parle-t-il pas du poids, du
fardeau de sa charge! Mais en constatant d'une âme reconnaissante que Dieu proportionne avec une bonté toute paternelle les secours aux besoins. Et à sa mère, cette lettre, qui
nous montre de quelle vénération, de quels respects on l'entourait de toutes parts : « Vous savez que Notre-Seigneur a
promis le centuple en ce monde et la vie éternelle à ceux qui
abandonnent tout pour le suivre. J'admire souvent comment
cette promesse se vérifie en moi. Je voulais être simple fermier ; il m'en a coûté beaucoup pour renoncer à mes projets
et suivre ma vocation. Et voilà que de fait j'habite ici non
une maison de ferme, mais une maison de maître, un château. Je ne quitte guère ma solitude, mon devoir et mes
goûts me retiennent avec les novices ; mais enfin dans les
quelques relations que je suis obligé d'avoir, on me place
toujours aux premiers rangs, on fait de grandes révérences
à Monsieur le supérieur. Tout cela me touche très peu. Mais
je vois que réellement je reçois cent fois plus d'honneur et
de marques de respect et de considération que j'aurais pu en
espérer dans le monde. C'est la réalisation littérale de la
première partie de la promesse de Notre-Seigneur : « Vous
recevrez le centuple en ce monde. » Espérons que je réali-
serai aussi la seconde : « et la vie éternelle en l'autre. »

A ces joies Dieu mêlait bien quelques épreuves. Et d'abord
la fermeture brutale de la chapelle, placée à l'entrée de la
cour. Cette chapelle, très modeste, où les gens du voisinage
pouvaient entendre la sainte Messe, le dimanche, avait été
déjà fermée en 1879 par les ordres du sous-préfet de Lorient,

malgré les protestations indignées de la population entière.
Puis les scellés étant tombés par le fait d'un bon paysan qui,
voulant y prier, avait secoué et forcé la porte, sans penser
à mal, on y avait bientôt recommencé le culte public, après
en avoir averti du reste l'autorité civile. Ce petit groupement
d'âmes pieuses, dans un pauvre sanctuaire d'apparence misérable, constituait sans doute un danger pour la République,
et la vigilance du sous-préfet de Lorient y mit bon ordre.
Une seconde fois, il fallut brusquement y interrompre l'exercice du culte, retirer à la hâte Jésus-Christ de son Tabernacle
et le porter dans une chambre, rapidement aménagée pour
le recevoir, et les portes de la chapelle furent condamnées.

Puis, ce fut la mort de sa mère et celle de son oncle Julien,
arrivée la première, en 1885, la seconde, en 1891.

Madame Cochet, nous l'avons vu, s'était retirée depuis
plusieurs années dans une maison voisine de celle de son
frère; elle y vivait seule, occupée des soins de son ménage
et de la sanctification de son âme. Plusieurs fois ses enfants
l'avaient pressée de prendre une domestique, qui lui tînt
compagnie et lui prêtât assistance, en cas de danger ou de
maladie. Elle s'y était toujours refusée. Une mort soudaine
vint la frapper dans son isolement, et ses enfants en ressen-
tirent une profonde tristesse. Le P. Cochet accourut en toute
hâte d'Hennebont : il ne put que lui rendre les derniers
devoirs et consoler ses frères et sœurs bien affligés. Ecoutons-le à son retour en écrire à ses sœurs, religieuses à Montfort.

« Il n'y a point d'inquiétude à avoir sur notre mère : elle
était bien préparée. A mon dernier séjour chez elle, au mois
de septembre, elle m'avait longuement parlé de son âme, et
j'admirai la solidité de sa vertu.

« Pour la perfection comme pour la conduite des affaires
temporelles, à l'entendre, elle ne savait rien, elle n'était
capable de rien; et, de fait, elle était bien au-dessus du commun.

« Sa mort a été subite, mais prévue; le bon Dieu lui a
épargné les angoisses de l'agonie. D'après le docteur, la
mort a été instantanée; par conséquent elle aurait eu quelqu'un près d'elle que ce quelqu'un n'aurait pu lui être d'aucun secours.

« Au point de vue spirituel, dans les circonstances où elle s'est produite, cette mort ne m'inspire pas la moindre crainte. Le salut éternel de notre mère est pour moi une croyance qui approche de l'évidence ; il me semble qu'elle avait au plus haut point tous les signes de la prédestination.

« Au point de vue du monde, pour le décorum, pour ce qu'on appelle honneur, convenances de position, il eût été préférable que notre mère eût pris une domestique. On le lui avait dit souvent, elle en convenait elle-même, sans pouvoir se résoudre à en venir à l'exécution...

« Pour les frères, installés à Rennes, et pour tous ceux qui sont dans le monde, ce genre de vie érémitique et cette mort isolée ont pu avoir quelque chose de contrariant ; personne toutefois ne m'en a parlé. Mais pour nous, qui avons renoncé au monde et à son faux honneur, peu importe. Notre mère n'est pas morte abandonnée, puisqu'elle ne s'est pas vu mourir. Elle était bien préparée ; c'est le principal, l'unique nécessaire en pareil cas !

« Vous avez été averties tard et mal, c'est vrai ; mais ici encore admirez la bonté de Dieu ! Il s'est servi d'une crainte exagérée, dénuée de fondement, pour me faire écrire à votre bonne Supérieure et lui apprendre ainsi la nouvelle que je supposais connue depuis longtemps.

« Pour moi, je fus prévenu par télégramme, le jeudi soir, pendant notre souper. Je partais le lendemain à 7 heures et demie, et à 11 heures j'étais près du corps de notre vénérée mère, avant ceux de Laillé et de Betton, qui ne furent avertis que plus tard. »

Ses frères et sœurs tinrent à ce que le P. Cochet assistât à leur règlement d'affaires. Il s'y prêta de bonne grâce, les priant seulement d'agir promptement, car on réclamait sa présence à Redon, ce qu'ils firent avec empressement. Il eut lieu dans cette circonstance « d'admirer l'esprit de droiture, de charité, de foi, qui animait toute sa famille : « Tout a « été fait, dit-il lui-même, de bonne foi et sous l'œil de « Dieu. »

Il lui restait son bon oncle Julien, qu'il aimait à visiter chaque année, durant les quelques jours qu'il consacrait à Rennes ou aux environs à voir ses proches. La vie de cet homme de bien était faite de piété envers Dieu, de justice et de charité envers le prochain, de travail, de simplicité, de sobriété et d'austère vertu envers lui-même. Sa mort fut digne de sa vie : chrétienne et calme. Atteint de cécité depuis 18 mois, en proie à d'intolérables douleurs, supportées avec une héroïque constance, il rendit doucement son âme à Dieu, le samedi 17 janvier 1891, quelques jours avant l'achèvement de sa 78ᵐᵉ année, après avoir demandé et reçu pieusement le Saint-Viatique et l'Extrême-Onction. Mais écoutons le P. Cochet épancher son cœur dans celui de ses frères et sœurs, et les réconforter par les hautes pensées de la foi.

« Ce chrétien, modèle de régularité et de ferveur, ne laisse pas de payer son tribut à l'humaine faiblesse ; qui de nous est parfait ? Dieu sachant qu'il couronnera au ciel une vie si vertueuse, lui fait, dès ici-bas, expier ses moindres fautes dans la douleur et dans les larmes. La vie future éclaire les obscurités de la vie présente; c'est là que le vice, triomphant ici-bas, trouvera son éternel châtiment ; c'est là que la vertu purifiée par les souffrances de la terre, recevra son éternelle récompense.

« En Celui que nous pleurons, la cécité et la douleur ont achevé ce que la piété et la charité avaient commencé : elles ont ajouté de nouveaux fleurons à sa couronne.

« Je quittais le Bois-Rondel en 1867. En février 1868, j'entrais au Noviciat. Depuis, rares et courts ont été les moments que j'ai pu passer près de notre oncle vénéré.

« Mais ni le temps, ni la distance n'avaient relâché les liens de respectueuse et filiale affection qui m'unissaient à lui : nos âmes étaient restées en parfaite communauté d'idées et de sentiments.

« La nuit de sa mort, du samedi 17 au dimanche 18 janvier, je fus éveillé par deux coups forts et distincts frappés à la porte de ma cellule. — « Entrez. » Personne. — Ma pensée se reporta aussitôt vers l'oncle Julien. Je demeurai intimement convaincu de sa mort, et je priai longtemps pour le repos de son âme. Je ne chercherai point à expliquer ce fait, je ne puis qu'en garantir l'authenticité; ce que j'atteste encore, c'est que les deux coups que j'ai entendus, ressemblaient singulièrement à ceux que l'oncle Julien frappait jadis à ma porte pour m'avertir de l'heure du repas. Et si ma raison reste hésitante, mon cœur ne saurait douter que l'âme du saint homme n'ait voulu inviter la mienne à prier pour elle !...

« Quoi qu'il en soit, je me suis fait un devoir d'accourir au plus vite devant sa dépouille mortelle, et dans la chambre funèbre j'ai prié longtemps comme devant une relique. J'ai baisé avec un religieux respect ses mains, instruments de tant de charités ; dans le cercueil, conformément aux instructions qu'il avait données, j'ai disposé son chapelet et un crucifix qu'il tenait de sa mère.

« Nous l'avons tous accompagné à sa dernière demeure, en répandant des larmes et des prières. N'oublions pas devant Dieu celui à qui nous sommes redevables de tant de bienfaits !...

« Pour moi, chaque fois que l'obéissance me permettra de passer à Rennes et de m'y arrêter quelques heures, on me verra prendre la route du cimetière. J'irai sur la tombe de l'oncle Julien Texier, comme je vais sur la tombe de ma mère, comme on va dans un sanctuaire. Agenouillé sur la pierre tumulaire, je prierai... Mais aussi j'écouterai les voix qui sortent de ce tombeau. Oh ! qu'ils sont graves et salutaires les enseignements de la mort ! Ouvrons l'oreille de notre cœur ! Écoutons bien : « Aujourd'hui mon tour... demain le tien ! Tout passe dans le monde, Dieu seul demeure et ne change point.

« La mort n'est pas la fin, elle est un commencement. — La mort est moins un crépuscule qu'une aurore.

« Sur la terre le travail et la peine... Au ciel la récompense éternelle !...

« Ah ! oui, bienheureux les morts qui meurent dans le Seigneur, car leurs œuvres les suivent ! »

Cependant il était de temps en temps question d'enlever le P. Cochet à la direction du noviciat, et de l'envoyer sur d'autres points consolider les œuvres de la Congrégation. En 1889, on songea, et assez sérieusement à le faire partir pour la Colombie : « Vous me dites, écrit-il à ses sœurs, que je reste à Kerlois, je n'en sais rien. L'intention de notre Père serait, je crois, que je parte pour la Colombie ; mais il ne trouve pas celui qu'il me destine pour successeur assez âgé. Donc à la grâce de Dieu ! La jeunesse est un défaut dont on se corrige, peut-être même le seul. Je me plais bien ici. J'y pourrais faire du bien, si j'étais ce que je devrais être. Je ne demanderai point à m'exiler, mais j'accepterai volontiers. Que voulez-vous ? Il faut cette année 6 à 7 Pères pour la Colombie. Autant moi qu'un autre ; autant un autre que moi ; je m'efforce d'être dans une complète indifférence. »

L'obédience ne vint pas, et le P. Cochet exerça durant trois années encore, son zèle au noviciat, pour le plus grand bien de la Congrégation. En 1892, le projet fut repris, non plus cette fois pour la Colombie, mais pour l'Acadie. Un collège avait été fondé à Church'Point, dans la baie Sainte-Marie, pour l'éducation des populations françaises de ce pays. Plusieurs Pères y avaient été envoyés, et parmi eux de très jeunes, plus aptes à apprendre la langue anglaise, qui est la langue des transactions commerciales et doit être connue de tout Acadien. Il fallait un directeur expérimenté pour maintenir et diriger leur formation religieuse. Puis l'idée d'un séminaire à Halifax, ou dans quelque autre ville de la Nouvelle-Ecosse, commençait à se faire jour, et il était bon d'envoyer d'avance un homme capable de présider à cette fondation, afin qu'il se mît peu à peu au courant de la langue et des mœurs du pays. Le P. Cochet offrait pour cela les meilleures garanties : nul ne paraissait plus propre à inculquer aux jeunes Pères l'esprit et les idées du Vénérable P. Eudes. Il fut donc choisi. Il était, nous l'avons vu, au Carmel d'Avranches à prêcher une retraite, lorsqu'il en reçut la nouvelle : il l'annonça simplement aux religieuses, en se recommandant à leurs prières. La retraite achevée, sans rien déranger à ses travaux de vacances, il partit pour une petite localité de l'Ille-et-Vilaine, Saint-Georges-de-Raintambault, où l'attendait M. l'abbé B***, celui-là même qui avait décidé sa vocation. Voici ce que nous en écrit ce vénérable prêtre : « J'avais souvent invité le P. Cochet à venir se reposer quelques jours chez moi, pendant ses vacances. Mais son repos, c'était de prêcher par-ci par-là. Il ne pouvait consentir à être un jour à rien faire. Ce que voyant, je lui demandai de donner une petite retraite à mes petits enfants de l'orphelinat. Il accepta avec bonheur. Les exercices étaient commencés depuis un jour, quand il reçut une lettre de son supérieur général, lui annonçant que son départ pour la Nouvelle-Ecosse était fixé à la semaine suivante. Je le suppliai de laisser là cette retraite peu importante et d'aller voir sa famille dispersée. Il n'en voulut rien faire et acheva tranquillement cette retraite de trois à quatre jours à des enfants de huit à treize ans. Aucun prédicateur n'a fait plus de bien à des enfants. La grâce qui était en lui, sortait par sa bouche et atteignait le cœur de ces petits. »

Le P. Cochet profita de son passage à Rennes pour prendre congé de sa famille ; puis il mit ordre à ses affaires, et procéda aux préparatifs du départ. Quelques jours plus tard il s'embarquait au Hâvre pour sa nouvelle destination.

QUATRIÈME PARTIE

SÉJOUR EN NOUVELLE-ÉCOSSE

CHAPITRE PREMIER

MINISTÈRE A CHURCH'-POINT

1892-1895

LES ACADIENS DE LA BAIE SAINTE-MARIE — LA CONVENTION D'AOUT 1890 — LE COLLÈGE SAINTE-ANNE — ARRIVÉE DU P. COCHET : SES PREMIERS EMPLOIS, SES SOUFFRANCES. SON DÉVOUEMENT — INCENDIE DU PRESBYTÈRE ; NOUVELLES ÉPREUVES — FONDATION DU JUVÉNAT — TRAVAUX APOSTOLIQUES — IL EST NOMMÉ SUPÉRIEUR DU SÉMINAIRE-SCOLASTICAT D'HALIFAX.

A quelques heures de traversée de Boston, s'étend, au nord-ouest, une terre aussi intéressante pour l'historien que pour le romancier ; car là, toute pointe de terre, tout cap, le long des plages rocailleuses, parle poésie, injustice et douleur : l'Acadie et son héroïque petit peuple, les fils de ces Français, qui, après le traité d'Utrecht, préférèrent l'exil et les tortures à la perte de leur nationalité et de leur foi. Rien de noble, rien de dramatique, comme son passé. Pendant un siècle et demi, son histoire, comme celle de l'Irlande et de la Pologne, ne présente que des récits de persécutions atroces, et l'exemple d'une incomparable force d'âme. C'est une nation de martyrs. Longfellow l'a chanté dans son poème d'*Évangéline* : quelques-uns de ses plus illustres enfants ont raconté les épisodes les plus émouvants de sa longue agonie; il s'en trouvera bien quelqu'un dans l'avenir pour nous en décrire tous les détails mouvementés et grandioses, dans une œuvre faite d'émotion et de sincérité.

De ce peuple, nous ne pouvons ici rappeler ni le long et cruel exil, ni le prodigieux retour au pays de ses aïeux. Qu'il nous suffise de dire que sur les plages de l'Atlantique morne et brumeux, où les Acadiens ont bâti leurs maisons, n'apparaît plus la hutte grossière du pêcheur vivant du produit incertain de sa pêche, mais la coquette et commode habitation du fermier et du pêcheur, où règne, sinon la richesse, du moins l'aisance. Si brûlante, si intense, si victorieuse y est dans les cœurs la flamme de la foi catholique, qu'elle force le doute des critiques et surprend les visiteurs d'aventure; si profond l'amour et le souvenir de la belle France, qu'on en garde la langue aussi fidèlement qu'il est possible en pays anglais. C'est en français que l'on prêche et que l'on prie: c'est en français que l'on exprime ses pensées et ses espérances, sur les bancs de l'école ou dans l'intérieur de la famille: français classique et correct d'une époque qui n'est plus, français suranné peut-être en certains de ces termes, mais qui permet aux petits enfants de suivre et de comprendre tout ce qu'il y a de parlé ou d'écrit dans la mère-patrie. Quant à la pureté et à la simplicité des mœurs, une seule observation en dira plus que de longues phrases. Un recensement officiel, dressé en 1767, ne compte que 1.068 acadiens pour la Nouvelle-Écosse, le Nouveau-Brunswick et l'île du Prince-Édouard. Aujourd'hui, après cent ans, ils sont plus de 140.000. Le nombre des enfants est considéré par eux comme une bénédiction du ciel; et ils savent leur donner une éducation virile et chrétienne, faite d'austérité et de travail.

Or, au mois d'août 1890, tout ce peuple de héros et de martyrs, que la persécution a disséminé dans les Provinces Maritimes du Canada, se trouvait réuni dans sa troisième Convention ou assemblée générale, à la Pointe de l'Église (Chuch'Point) sur la baie Sainte-Marie, dans la Nouvelle-Écosse. Là, comme la vieille France catholique de Louis XIII, les Acadiens célébraient leur fête nationale, l'Assomption. Mais s'ils étaient accourus en foule des extrémités du Nouveau-Brunswick, de l'île du Prince-Édouard et du cap

Breton, ce n'était pas uniquement pour se revoir et se rejouir quelques jours ensemble, afin de resserrer les liens qui les unissaient : ils venaient pour délibérer sur une affaire qui intéressait au plus haut point leur foi, leur langue et leur nationalité.

Sans doute, ils possédaient déjà quelques couvents et quelques écoles françaises à l'île du Prince-Édouard, et de même quelques écoles, quelques couvents et le collège Saint-Joseph de Mamrankook, au Nouveau-Brunswick, mais ils n'en avaient pas encore en Nouvelle-Écosse, et ils voulaient autant qu'il dépendait d'eux, y établir des institutions semblables pour leurs frères de la baie Sainte-Marie. Ils avaient même prélevé sur leurs modiques ressources une centaine de mille francs pour commencer cette entreprise, sans que toutefois leurs requêtes et leurs efforts eussent abouti jusque-là. En vain sa Grâce Mgr O'Brien, archevêque d'Halifax, désireux de venir en aide à ces chrétiennes populations et de satisfaire leur légitime désir, s'était lui-même entremis pour favoriser le succès ; ses démarches près de diverses Congrégations étaient restées infructueuses. Oblats de Marie, Maristes, Salésiens, avaient décliné l'offre : les Eudistes n'avaient pu donner de réponse ferme.

Mais cette fois, tout le pays de Clare, mêlé aux délégations des trois Provinces, s'adressait à Marie pour vaincre tous les obstacles. A deux genoux sur le terrain qui s'étend devant l'Église paroissiale trop petite pour la contenir, cette foule immense chantait à pleine poitrine son hymne national « l'*Ave Maris stella* », suppliant avec confiance sa toute puissante patronne de ne pas abandonner cette portion de l'Acadie française : Marie entendit sa prière. Car c'est à ce moment-là même, août 1890, que le conseil de la Congrégation de Jésus et Marie, sans attendre les nouvelles propositions de Mgr O'Brien, donnait aux PP. Blanche et Morin l'ordre de partir pour la Nouvelle-Écosse. Il les envoyait, sans s'en rendre compte, fonder à la Pointe de l'Église, dans le district de la Baie Sainte-Marie, à l'endroit précis où se tenait la Convention et où la foule priait agenouillée, un collège pour les Acadiens du pays de Clare. Comment Mgr l'Archevêque d'Halifax rompit, à la nouvelle de leur arrivée, des négociations entamées avec les PP. de la Miséricorde, et leur

confia la paroisse Sainte-Marie ; comment les classes s'ou-
vrirent dès novembre 1890 dans la maison curiale ; c'est ce
qu'il serait trop long de raconter en détail. Contentons-nous
de dire qu'un an après le collège était bâti : collège magnifique, véritable monument pour la contrée, et où, pour parler le langage d'un de ses publicistes, « le flambeau de la
science sera constamment tenu allumé à travers les âges,
phare glorieux destiné à diriger la marche de la race acadienne. » On pourra juger des merveilles accomplies pour
sa construction et son aménagement par ce passage d'une
adresse des élèves à leur vénéré Supérieur, en 1894. « Alors
depuis l'église jusqu'au rivage, l'œil avait beau chercher,
il n'apercevait partout qu'un spectacle désolant : peu d'herbe
et beaucoup de pierres. Seul un bois de sapins et de mélèzes
rompait la monotonie de ce sol aride. En cinq ans, tout a été
transformé. Les habitants de la contrée ont vu s'élever,
comme par enchantement, ce beau collège qui abrite aujour-
d'hui plus de 75 élèves, ce gracieux presbytère (l'ancien
avait brûlé) dans lequel on ne sait ce qu'il faut le plus
admirer, de sa structure si élégante, ou de sa disposition si
commode. Et quand reviendront le doux soleil et les beaux
jours, nos regards se reposeront avec bonheur sur ces vertes
pelouses, égayées de corbeilles de fleurs, qui s'étalent devant
le collège et tout autour du presbytère. Ce n'est pas tout :
derrière le collège s'étend maintenant jusqu'à la mer une
belle et vaste prairie, qui rappelle celles qu'a chantées en
vers si gracieux le poète d'*Evangéline*.

« Pour donner au paysage son dernier charme, n'avons-
nous pas un grand bois de pins, d'épicéas et de mélèzes,
tapissé de génevriers et de rosiers sauvages, et traversé par
un ruisseau qui coulera bientôt jusqu'à la mer? Mais tous
les yeux n'ont pas encore vu les merveilles qui se préparent
dans l'ombre. Avant peu nous seront offerts de doux et frais
ombrages, durant les chaleurs de l'été ; et, pendant l'hiver,
des promenades à l'abri de ces bises glaciales qui nous
viennent du nord. Une grande allée, des sentiers de chèvres,
des sièges rustiques, des ronds-points superbes, de belles
vues sur la Baie Sainte-Marie, et, dans un avenir qui ne semble pas très éloigné, un étang aux eaux limpides, où l'ombre
des bois et la lumière du soleil se réflèteront dans les beaux

jours, et où nos successeurs patineront dans la saison des glaces : voilà des merveilles, qui ne sont pas un rêve, mais réalisées déjà, ou en train de se réaliser. »

C'est donc pour aider au solide établissement de ce collège que le P. Cochet y arriva, le 30 août 1892. Il devait là, comme en France, prodiguer son dévouement et ses forces, et, donnant à tous l'exemple de la plus stricte obéissance et de la plus parfaite régularité, offrir à Dieu les sacrifices les plus pénibles pour le bien de l'œuvre et le salut des âmes.

Quels furent ses impressions, ses sentiments et ses préoccupations à son arrivée, les deux lettres que nous insérons ici vont nous le dire éloquemment : l'une adressée à ses sœurs, l'autre à ses bienfaitrices de Kerlois.

« Mes chères Sœurs,

« Je ne vous ai point parlé de mon départ pour une bonne raison, c'est que je l'ignorais absolument : le R. P. Général ne m'avait jamais parlé de l'Amérique du Nord. Mon obédience m'arriva comme une bombe au milieu de la retraite d'Avranches, le 8 août. Je fis quand même du 11 au 13 la retraite promise chez M. B***. Ces enfants-là sont ravissants ! Je n'oublierai jamais ces quelques jours. M. B*** est un vrai saint, et il fait les œuvres des saints.

« Nous sommes ici en pays dépendant de l'Angleterre. Or l'Anglais américain est tout à fait pratique. Ainsi les feuilles de papier à lettres sont simples : à quoi bon en mettre deux, si une me suffit ? Ils sont calmes : en chemin de fer on ne dit pas un mot ; chacun lit son journal.

« Les distances sont immenses en Amérique. Les trains sont organisés pour ces longs voyages : on y trouve tout, dîner, lit, etc. Le prêtre catholique est très respecté, même des protestants ; nos catholiques ont en lui une confiance illimitée ; ils viennent lui présenter les malades, lui demander d'arrêter le feu, de retrouver les objets perdus, etc. Il n'y a point d'auberge, point de gendarmes. Le linge reste étendu nuit et jour sur le bord du chemin, et rien n'est volé. Les familles sont nombreuses ; nous en comptons plusieurs de 14 enfants vivants, une de 18. Dans presque toutes les maisons la prière se dit en commun, tous les soirs. Quand une mère laisse des orphelins, les parents ou les voisins les prennent et les élèvent. Il y a des personnes qui en ont ainsi élevé cinq, six ou plus. La terre est presque inculte, et il n'y a d'habitées que quelques lieues près de la mer, tout autour de la Nouvelle-Écosse : le reste, ce sont des forêts désertes : le pays pourrait nourrir dix fois plus d'habitants.

« Notre chapelle du collège est misérable, c'est une simple salle nue ! Que je voudrais pouvoir l'orner un peu ! La pauvreté est ici très réelle.

« Nous sommes à la campagne, tout près de la mer ; les Pères sont logés, les uns au presbytère, les autres au collège. Le climat est rude, le froid très intense, le vent fréquent et violent ; le plus beau temps est l'automne. L'hiver dure jusqu'au mois de mai.

« De mémoire d'homme, il n'y a pas eu de prêtres du pays : parmi nos élèves, plusieurs promettent ; je dois leur faire la retraite ainsi qu'aux Pères, à la fin d'octobre : priez pour le succès de cette œuvre.

« Notre collège est organisé selon la mode anglaise : les élèves ont quatre classes par jour, deux le matin, deux le soir ; plusieurs classes se font en anglais, car un certain nombre d'élèves ne comprennent pas le français, ce qui est gênant et pour eux et pour nous. Oh ! si le bon Dieu voulait me donner le don des langues ! J'aime bien les élèves dont j'ai la charge ; ils sont sensibles aux reproches, et accessibles à la raison et à la piété... Ne me plaignez pas. Comme le disait votre savant et saint Supérieur, M. Michel : « Vous « avez le Tabernacle, c'est le tout de l'homme ici bas ! » Que c'est vrai ! De plus je ne suis plus supérieur : grande joie pour moi ! J'ai un supérieur excellent : autre joie bien grande ! »

Mademoiselle.

« Vous avez toujours été si bonne pour moi que je me fais un devoir et un bonheur de vous donner de mes nouvelles.

« Après avoir fait quelques jours de retraite à Versailles, je m'embarquai donc au Havre le 20 août, et, le 30, j'arrivais ici sans trop de fatigues.

« Nous avons deux paroisses et un collège en formation. Je suis employé au collège en qualité de surveillant et de professeur de français. En outre, je fais de la théologie à de jeunes Pères, et chaque semaine une conférence aux confrères et une autre aux religieuses de Paramé qui font l'ouvrage du collège et dont j'ai la direction. Le bon Père Blanche désire aussi que j'établisse une Congrégation parmi les élèves les plus pieux. A tous ces titres, l'on m'a confié le soin de la chapelle. Or notre chapelle est d'une nudité déplorable. Les sœurs la tiennent très propre ; c'est beaucoup, mais c'est tout aussi. Un autel des plus simples, surmonté d'une statue de Sainte-Anne, et deux chandeliers, un harmonium, rien de plus. Ni chemin de Croix, ni statues, ni vitraux. Le Père supérieur gémit, comme moi, de cet état de choses : « mais impossible d'y remédier maintenant, me dit-« il, nous commençons, je n'ai pas de ressources. »

« Et de fait la pauvreté religieuse n'est pas un vain mot ici ; nous sommes à la campagne, à trois ou quatre kilomètres d'une gare. J'ai dû renoncer à l'usage du cidre, du vin, du café, tout cela est trop cher ; je prends comme les habitants du pays de l'eau et du thé. Cela du reste importe peu ; je ne suis pas difficile, et ma santé ne fut jamais meilleure. Mais qu'il en coûte à un cœur de prêtre de voir Dieu si mal logé ! Il serait aussi plus facile de porter les enfants à la piété, si la chapelle disait quelque chose à leurs yeux. N'est-ce pas par les sens qu'on arrive à leur âme ? Oh ! si je possédais encore quelque chose ! Mais non, j'ai donné tout ce que j'avais : c'est ce qui m'oblige à demander ; et ce qui m'en donne le courage, c'est qu'il s'agit de la maison du bon Dieu. — Oui, c'est pour le bon Dieu que je demande, parce qu'enfin c'est lui le Maître, et, comme il ne se plaint point, on est bien tenté de procurer aux élèves ce qui leur est nécessaire, et de remettre à plus tard ce qui le regarde, Lui ! Chaque matin, au « *Lavabo* », le Père prononce ces paroles : « *Domine, dilexi decorem domus tuœ* ; Seigneur, j'ai aimé la beauté de votre maison » ; il est vrai que ces paroles ont plusieurs sens, mais je craindrais des reproches de sa part, si je ne faisais mon possible pour embellir sa maison matérielle.

« Le Père Supérieur a approuvé mon plan que nous réaliserons peu à peu, j'espère. Nous aurons d'abord un chemin de Croix, c'est de première nécessité pour une Communauté ; puis de faux vitraux que nous placerons nous-mêmes, comme nous avons fait à Kerlois. Enfin, plus tard, deux anges adorateurs et deux statues d'un mètre, le Sacré-Cœur de Jésus et le Saint Cœur de Marie.

« Nous sommes vraiment ici en pays de Mission. Ainsi nous n'avons qu'une seule chape ; du linge d'autel, juste ce qu'il faut, et qu'il est nécessaire de laver souvent ; aucune dalmatique : nous ne pourrons avoir de ministres sacrés pour la fête du 20 octobre. Pourtant, ce jour-là, se terminera la retraite des élèves et des Pères, dont j'ai été chargé et que je recommande à vos prières. Assurément, Mademoiselle, je ne voudrais aucunement faire tort à vos autres œuvres. Mais vous voyez que bien pressants sont nos besoins : si vous pouviez nous venir en aide, combien le bon Dieu vous en serait reconnaissant ! »

Disons dès maintenant, pour n'y plus revenir, que ses prières furent entendues à Rennes et à Hennebont : les cadeaux arrivèrent promptement, et la chapelle du collège perdit son affreuse nudité.

Mais dans ces lettres qui serviront à éclairer plus d'une page de ce chapitre, le P. Cochet n'apparaît-il pas dans son vrai jour : d'une obéissance, d'une charité, d'une abnégation, d'un dévouement qui ne calculent avec aucun sacrifice, plein de foi et de piété, tout consumé du zèle de la maison de Dieu.

A son arrivée, le collège de Sainte-Anne fonctionnait déjà depuis près d'un an. Les cours en avaient été, en effet, officiellement inaugurés au mois de novembre 1891 ; toutefois, malgré la prodigieuse énergie déployée par le R. P. Supérieur, l'intelligence, l'activité et le dévouement des Pères, ils étaient loin d'être définitivement organisés. On discutait non seulement sur les méthodes, mais encore sur le genre d'enseignement. Dans un pays où l'on vise bien plus au côté utilitaire et pratique de la vie qu'à la culture des lettres et des arts, on ne pouvait raisonnablement songer à faire comme en France : l'enseignement classique n'était pas la part de tous. D'un autre côté, des plaintes amères, fondées ou non, commençaient à se produire. Les journaux étaient remplis de discussions assez vives. On y répétait sur divers tons que les Acadiens des autres parties des Provinces Maritimes avaient eu leurs prêtres, tandis que les familles de la baie Ste-Marie n'avaient pas encore vu un seul de leurs enfants gravir les degrés de l'autel. Si l'on désirait voir former à Sainte-Anne des hommes pratiques, ceux qui avaient mission et autorité pour parler au nom de leurs compatriotes, demandaient surtout que l'on donnât à la population de Clare des ministres de Jésus-Christ. « Car enfin, disaient-ils, les Acadiens de ces rivages ne sont-ils pas eux aussi les fils des martyrs de 1755? Ne descendent-ils pas en ligne directe de ces vaillants qui, après un long et douloureux exil sur les côtes de la Nouvelle-Angleterre, ont surmonté tous les obstacles pour revenir au pays des aïeux? N'ont-ils pas assez lutté, assez souffert pour mériter d'avoir des prêtres de leur race, parlant leur langage et vivant de leur vie? » Le Père Cochet se rendit bien vite compte de la légitimité de leurs revendications, et il pesa de tout le poids de son autorité sur les résolutions qui furent prises de maintenir pour toute une catégorie d'enfants choisis les études classiques, en vue de former des prêtres, tout en donnant une grande extension à l'enseignement moderne. Avec sa grande expérience des hommes et des choses, ses vues toujours si surnaturelles et si sacerdotales, il comprit du premier coup d'œil toute l'importance de l'œuvre à laquelle il était appelé à travailler, et il résolut de lui consacrer tout ce que Dieu et plus de vingt années de ministère apostolique lui avaient communiqué de lumière, de courage et de force. Sachant que la croix est inhérente à toute œuvre divine, que rien ne se fait de solide et de durable dans l'Église que par la souffrance et le sacrifice, il se soumit d'avance à tous ceux qui lui seraient demandés, ne reculant pas même devant l'épuisement de la santé et la perte de la vie. Il ne tiendrait aucun compte de sa personne, il ne viserait en tout que le bien des âmes et la gloire de Dieu.

Certes, les sacrifices ne lui manquèrent pas. Le premier fut un de ceux qui affectent le plus profondément les gens habitués à commander : celui de se tenir à l'écart et de se faire oublier. Il s'aperçut qu'il y avait à Church'Point des activités en plein exercice; et, si les desseins et les actes n'étaient pas toujours selon ses vues, le bien demandait cependant qu'il laissât agir, quitte à risquer quelques conseils, lorsqu'il serait consulté. S'effacer le plus qu'il pourrait, s'appliquer à donner l'exemple de la régularité et de la vertu, soutenir par sa parole et sa bonté les volontés chancelantes, procurer en tout l'union et la concorde, prier, prier surtout, tel fut le programme qu'il se traça et qu'il observa facilement durant ses trois années de séjour au collège Sainte-Anne. Une telle conduite n'a rien d'agréable pour la nature, et la mieux mortifiée ne laisse pas d'en souffrir. Le P. Cochet en souffrit, et vivement. On le devine dans cette lettre qu'il écrit à un confrère de France : « Votre lettre m'a fait du bien, car nous avons un peu à souffrir, comme vous, mais moins que vous. Cela m'encourage à porter vaillamment cette petite croix. Du reste, là où il y a moins de naturel, il y a plus de surnaturel, et il est bon d'être forcé d'obéir par des vues surnaturelles, et contre les visées de notre esprit propre...

« Il est difficile qu'on transplante un vieux arbre, sans qu'il en souffre : ainsi en est-il d'un vieux homme. Car ici, on m'appelle « le vieux », paraît-il. Je dis « paraît-il », parce que je ne vois absolument personne. A mon arrivée et depuis, je n'ai pas fait une seule visite. Je vis donc retiré au collège. Tous les jours, j'ai classe de théologie, classe francaise, matin et soir, d'une heure un quart chacune, et à 8 heures du soir, j'assiste à la classe anglaise. Avec cela, cinq conférences par quinzaine, sans compter les sermons à la paroisse, ce qui arrive de temps en temps, une récréation chaque jour, le dortoir, etc... Voyez si nous avons le temps de nous ennuyer.

« Le froid m'a gêné; il y a plusieurs autres choses qui m'ont coûté davantage. Mais à prendre les choses du bon côté, tout cela est excellent; et ce qui plaît le moins à la nature est ce qui favorise le plus la grâce. Je crois vraiment que cette année me sera profitable pour le ciel. Après dix ans de direction du noviciat, ce qui a été fait est très bon pour moi. Je suis logé tout près de la chapelle, ce qui m'est une grande consolation. »

D'autres lettres trahissent également cette souffrance intime que personne ne soupçonna à Church'Point.

« Je suis sûr, écrit-il à une nouvelle supérieure, que vous avez pour la Révérende Mère Déposée tous les égards possibles. Mais enfin, cette année, j'ai moi-même mieux compris les difficultés de cette position : je les ressens ici ; combien plus, si j'étais resté à Kerlois, déposé sur place! Il est nécessaire que les Supérieures soient changées; il est bon et salutaire pour moi de l'avoir été!... » Et une autre fois à la même : « Les deux années que je viens de passer ici ont beaucoup mûri mes idées au sujet du Généralat. J'ai eu de la peine à n'être rien dans une maison, après avoir été tout à Kerlois pendant dix ans, et souvent je me suis dit : « si j'étais resté sur place, combien j'aurais gêné! Combien j'aurais souffert et fait souffrir! »

Le P. Cochet savait du reste adoucir ses ennuis et ses souffrances en les unissant à ceux de Notre Sauveur ; et voilà pourquoi on le voyait chaque jour faire le chemin de la Croix avec la piété la plus édifiante, afin de se donner du cœur et d'attirer sur les entreprises de ses confrères les bénédictions du ciel.

Il avait été tout d'abord établi préfet du collège ; et certes, il possédait toutes les qualités requises pour en remplir les délicates fonctions. Malheureusement il ne savait pas l'anglais ; et l'ignorance de cette langue le mettait dans l'impossibilité d'adresser directement la parole à un assez grand nombre d'élèves qui n'en parlaient pas d'autre. Il céda donc la place à un confrère, plus jeune mais déjà mieux outillé, et accepta avec une humilité profonde et une héroïque abnégation la surveillance de l'étude et le professorat dans une modeste classe de français, où les enfants savaient à peine lire couramment. Lui qui venait de former dix générations d'Eudistes, ne chercha qu'à se faire oublier de plus en plus, suivant la parole de l'Imitation qu'il aimait tant à citer : « *Ama nesciri et pro nihilo reputari* ». Dès lors il porta toute son attention sur la préparation de cette classe dont il s'appliquait à prévoir les moindres détails. Chargé en même temps d'enseigner la théologie à quelques ecclésiastiques, professeurs au collège, et à trois jeunes confrères, venus de France, il y mettait tant de soin et de dévouement qu'on eût dit qu'il n'avait pas autre chose à faire. Chaque mardi, il donnait, en outre, (une de ses lettres vient de nous le dire)

une instruction aux religieuses des Sacrés-Cœurs de Jésus et
Marie de Paramé, qui desservent la maison, et chaque vendredi, une autre aux Pères, sans compter maint sermon, soit
aux fidèles, soit aux élèves. On se demandait, dans son entourage, comment il pouvait suffire à la besogne, et ne succom-
bait pas sous le faix. Mais lui, toujours gai, souriant, aimable,
prétendait qu'il avait peu, trop peu à souffrir, et trouvait
encore le temps d'assister chaque soir à la classe d'anglais,
afin d'apprendre au plus vite cette langue, qui est la langue
officielle du *Dominion*, et sans laquelle le ministère d'un
prêtre en Acadie est nécessairement fort restreint. Il voulait
arriver à la parler d'une façon convenable et il y parvint,
malgré son âge, à force d'étude et de labeur, nous le verrons plus loin. Il y consacrait tous ses loisirs, y passant durant le congé de Noël, ou durant les vacances qui suivent
l'année scolaire, jusqu'à dix heures par jour, sans se
rebuter devant les difficultés de la prononciation et les
efforts de mémoire qu'exigeait l'acquisition d'un idiome si
riche en mots. Les humiliations lui coûtaient peu à supporter
dans ce but. Comme il riait de bon cœur, quand, mésaven-
ture fréquente au début, un interlocuteur auquel il s'efforçait
d'adresser une question en anglais, lui répondait par cette
excuse : *I dou not understand French, Father* : Père, je ne
comprends pas le français ! »

Durant cette première année, le Père chargé du dortoir
des élèves plus âgés, vint à tomber malade : grand était
l'embarras pour le remplacer, vu le nombre très restreint
du personnel. Le P. Cochet se proposa aussitôt pour cette
surveillance, et, comme si la chose eût été la plus naturelle
du monde, il la continua jusqu'à la fin de l'année, au grand
étonnement de tous et même des enfants qui ne savaient
que penser d'un pareil dévouement, d'une aussi grande
abnégation.

Nous venons de le voir, les occasions ne lui manquèrent
pas non plus, durant cette même année, d'adresser la parole
de Dieu aux deux paroisses de Sainte-Marie et de Saulnierville. Sa bonté lui eut vite gagné les cœurs, et la touchante
familiarité qu'il apportait dans ses instructions afin de se
mieux faire comprendre, agit profondément sur les âmes de
ses auditeurs. Certes les familles acadiennes professent

pour le prêtre en général un respect tel qu'on n'en pourrait
trouver de semblable, même dans les milieux les plus chrétiens de notre France. Mais quand elles voyaient venir chez
elles, ou seulement passer auprès de leurs maisons, ce prêtre, ou plutôt ce saint, qui dirigeait les promenades des élèves à son tour, et parlait avec tant d'amabilité à tous ceux
qu'il rencontrait, elles s'inclinaient encore avec plus de respect et d'amour.

Bref, après une année, le P. Cochet s'était acquis la sympathie universelle ; et, de plus, il s'était rendu un compte
exact des besoins du pays, des moyens d'action à employer
pour faire le bien, des espérances magnifiques que l'on
pouvait concevoir pour le développement de notre Congrégation sur cet immense territoire canadien. Sa foi et sa
confiance en Dieu lui découvraient, en effet, de vastes horizons où pourrait, dans un avenir prochain, s'exercer le zèle
de ses confrères, et il aimait à les indiquer aux autres. Pour
lui, toujours plus dévoué à l'Acadie à mesure qu'il la connaissait mieux, il n'avait qu'un désir, celui de dépenser à
son service le peu qui lui restait de vie, soit pour ranimer
et développer en elle l'esprit de Jésus-Christ, soit pour lui
susciter des prêtres parmi ses enfants.

Au début de l'année scolaire 1893-1894, le P. Cochet
donna les exercices de la retraite à ses confrères de
Church'Point ainsi qu'aux prêtres français du diocèse
d'Halifax que Sa Grâce Mgr O'Brien avait invités à se joindre à eux. Il y mit tout son cœur, tous les trésors de son
expérience, et l'on ne saurait dire combien les âmes furent
remuées et réconfortées par ses discours, quelle générosité
et quel élan elles puisèrent dans ses conseils et à son
contact, pour le bien du collège et la sanctification des populations voisines.

Déchargé dès lors de la surveillance de l'étude et du dortoir,
n'ayant plus à professer que sa petite classe de français, le
P. Cochet s'appliqua, dans le presbytère paroissial dont il
faisait presque exclusivement sa résidence, aux sciences
théologiques et ascétiques : il demeurait, en effet, toujours
chargé de l'enseignement et de la formation de ses jeunes
confrères, et il s'était vu confier la fondation et la direction
de la Confrérie des mères de famille de la paroisse, connue

sous le nom de *Congrégation des Dames de Sainte-Anne*.

Cet allègement dans ses fonctions permit à son supérieur de l'envoyer en mission pendant quelques semaines, au début de l'année. Halifax possède un monastère de religieuses du Bon-Pasteur d'Angers, filles du Vénérable P. Eudes et de la Vénérable Mère Sainte-Euphrasie Pelletier. Que d'instances n'avaient-elles pas faites déjà près du P. Blanche pour obtenir qu'un Père de Church'Point vînt leur prêcher la retraite! Leur demande jusque-là n'avait pu être exaucée, faute d'ouvriers disponibles et, aptes à pareil ministère. Voyant la possibilité de leur donner satisfaction, le Père leur députa le P. Cochet qui, du 24 octobre au 8 novembre, prêcha deux retraites consécutives. Il y constata avec bonheur combien il avait fait de progrès dans la langue anglaise. « Le bon Dieu, écrit-il au retour, a couronné mes efforts pour l'anglais ; cette étude a de l'attrait pour moi maintenant. Je comprends facilement l'anglais écrit, et je puis suivre une conversation et me faire entendre. Au Bon-Pasteur d'Halifax, j'ai parlé quatre fois en anglais aux enfants. Ici, j'ai confessé plusieurs de nos élèves anglais, et, ces jours derniers, quatre anglaises. Tout cela est encourageant, et je crois que, dans deux ou trois ans, je pourrai parler passablement. Je ne pouvais guère espérer mieux à mon âge. »

A peine était-il rentré à Church'Point, que sur lui et sur ses confrères fondit une grande épreuve, ainsi relatée dans le journal du pays : « Dans la nuit de samedi à dimanche dernier (27 novembre), un terrible désastre mettait en émoi le personnel du collège Sainte-Anne ainsi que les habitants du village de Sainte-Marie de Clare. Le presbytère paroissial, situé à une centaine de verges à peu près du collège, devenait la proie des flammes. C'était une jolie habitation dont le corps principal avait deux étages et fournissait onze chambres, habitées par la plus grande partie du personnel enseignant. Samedi soir, le R. P. Blanche, ayant été appelé auprès d'un malade à Saulnierville, résolut, contrairement à son habitude, de passer la nuit au presbytère de cette Mission, afin de s'éviter une nouvelle course le lendemain, puisqu'il devait y célébrer la grand'messe. Il est difficile de dire ce qui serait arrivé, mais le Rév. Père dut peut-être la vie à cette absence. Vers dix heures, tout le monde était couché au presbytère de Sainte-Marie, où l'on observe strictement la règle du séminaire. A 11 h. 30, le P. Bourgeois, qui couchait au premier, fut soudainement réveillé par la fumée qui s'introduisait dans sa chambre au moyen du ventilateur de la cheminée et par le plancher. Déjà s'entendait de toutes parts le crépitement du feu dans les lambris, poutres et parquet, où l'élément destructeur régnait en maître. Il courut éveiller le P. Cochet. et, un instant plus tard, le sinistre cri « au feu » mettait sur pied tous les habitants du presbytère. Après un moment de recherches, il fut constaté que le foyer de l'incendie était la chambre même du R. P. Supérieur. Or il y avait là, depuis une semaine environ, une forte somme d'argent que l'on devait prochainement placer à la banque. Plusieurs le savaient. Aussi tous les efforts s'y portèrent-ils pour sauver cette somme avec les livres de compte, les registres de la paroisse et autres documents précieux qui s'y trouvaient déposés. La fenêtre fut enfoncée par le dehors, car la porte était fermée à clef. Mais impossible de pénétrer à l'intérieur ; la fumée, l'intensité du feu s'y opposaient. On courut alors aux chambres pour en retirer les principaux objets : il était trop tard ; les flammes avaient tout envahi. L'imminence du danger devenant visible pour tous, l'ordre fut signifié de sortir de la maison. Quelques minutes étaient à peine écoulées qu'on entendait les planchers s'effondrer. Une heure après, le bâtiment entier s'écroulait. pour se perdre dans les caves en brasiers ardents.

« Il s'est fait là des pertes irréparables : beaucoup d'écrits du P. Sigogne, toute la bibliothèque du collège où se trouvaient des documents qu'on ne saurait remplacer, sont devenus la proie des flammes. Le P. Cochet regrette avec raison un grand nombre de cahiers où il avait consigné toutes ses conférences, sermons, allocutions, etc., depuis plus de vingt ans. »

Oui, c'était là pour le P. Cochet une perte irréparable : il le constate lui-même dans plusieurs lettres adressées en France, mais avec une admirable soumission à la Volonté de Dieu, sans murmure, ni plainte. « Je commence par te rassurer sur ma santé, écrit-il à l'une de ses sœurs, elle n'est pas mauvaise. Je ne souffre pas trop du froid ! j'ai tout juste ce qu'il faut en fait de vêtements, mais enfin je ne manque pas du nécessaire. Ce qui me manque le plus, ce qui est irréparable pour moi, c'est la perte de mes cahiers, notes, sermons, retraites, etc. Qu'y faire ? Le bon Dieu n'avait pas besoin de mes travaux ; et il pourra bien, s'il le juge bon, m'aider à refaire d'autres instructions et d'autres retraites. »

Et à une autre, il écrit à la même date : « Je vous remercie de votre sympathie et de vos vœux. Recevez les miens, qui sont pour votre bonheur et votre avancement spirituel. Car il n'y a que cela de vrai et de solide : tout est vanité, excepter aimer Dieu et le servir. La perte de mes cahiers et instructions m'a été très sensible, et j'ai besoin d'en renouveler souvent le sacrifice : c'est ce que je tâche de faire. Je prie beaucoup le bon Dieu, et je fais de fréquentes visites au Saint-Sacrement, huit à dix par jour. D'abord je loge avec trois confrères un peu loin du collège dans une maison qu'on nous a louée ; j'ai le temps de prier en allant et en venant. Nous faisons notre oraison le matin tous les trois ensemble, et je vais à six heures et demie célébrer la Messe dans la communauté des sœurs de la Charité, peu éloignée du collège. Après le déjeûner, je fais une petite visite à la chapelle du collège, puis ma classe de théologie. Ensuite, mes Petites-Heures, et une visite à l'église de la paroisse, dont je suis le proche voisin. A midi moins un quart, examen particulier à la chapelle du collège. Après le dîner, nous allons devant le Saint-Sacrement, de même après le souper : dans l'après-midi, plusieurs visites aussi. » Est-il manière plus sage et plus sainte de supporter les épreuves ? Mais ce qu'il ne dit pas, et ce que l'on sait pourtant, c'est qu'à l'annonce de l'incendie, sa première pensée avait été de mettre en lieu sûr le fruit de tant d'années de labeur : déjà même il avait saisi le précieux paquet et se précipitait vers la porte, quand il se reprocha soudain de penser ainsi à lui-même au lieu de penser aux autres. Laissant donc là ses cahiers, il courut avertir les habitants du village et réclamer des secours. A son retour, il n'y avait plus d'espoir de rien sauver, et, de tout son trésor, il ne lui resta qu'une très minime partie, une centaine de pages à peine. Cette perte l'affecta vivement, nous venons de le voir, et l'impression douloureuse que lui avait causée cette nuit terrible, ne sortit jamais de son souvenir; il n'en pouvait parler sans émotion, et il l'appelait « la grande épreuve » de sa vie, par exemple, dans cette lettre du 17 suivant décembre à une de ses anciennes bienfaitrices : « Nous aussi, nous avons été visités par la justice divine. Dans la nuit du samedi au dimanche de la Dédicace, le feu a pris au presbytère, dans la chambre du Révérend Père Supérieur, qui était aux malades. Les registres de la paroisse, notre bibliothèque, la caisse, tout a été consumé. Je n'ai plus que quelques cahiers. Tous mes vêtements, ma montre, mon bréviaire, mes sermons, mes retraites, j'ai tout perdu. Ça a été pour moi une rude épreuve, et dont j'ai peine à me remettre. Je tâche maintenant d'en tirer mon profit spirituel, mais c'est dur.

« Rien de bon ne se fait sans traverses ni sans croix : je le comprends mieux encore depuis que je suis ici. Assurément je ne suis pas malheureux; je remercie même le bon Dieu de m'avoir envoyé en Amérique, car j'espère qu'il m'en récompensera. Nous semons dans les larmes, d'autres viendront après nous qui moissonneront dans la joie. »

De ses souffrances il ne transpirait rien à l'extérieur. Toujours calme, toujours souriant, s'oubliant lui-même pour ne songer qu'aux autres, il relevait les courages abattus, il ranimait la confiance dans les Sacrés Cœurs de Jésus et de Marie ; et, de concert avec le R. P. Blanche, consolait, réconfortait ceux qu'une telle épreuve poussait à désespérer. « Je le vois encore, nous écrit un des témoins du sinistre, nous ranimant, nous relevant par d'affectueuses paroles. Je l'entends encore, lorsqu'il se croyait seul, prononçant le « *Fiat* » à la Volonté de Celui qui nous frappait parce qu'Il nous aimait et qu'Il voulait fortement asseoir l'œuvre de Sainte-Anne sur la Croix. Désormais d'ailleurs cette année scolaire ne sera plus pour lui qu'une suite d'actes héroïques qu'il m'est impossible de mentionner en détail.

« L'incendie qui nous avait ravi toutes nos ressources nous avait visités à l'entrée de l'hiver : il n'y avait pas à songer à rebâtir aussitôt ; il fallait pour cela attendre le retour du printemps. Afin de remédier, dans la mesure du possible, à une situation, humainement parlant, presque désespérée, des cellules provisoires furent établies au collège dans le dortoir des petits. Le P. Cochet, loin de solliciter, comme son âge et sa charge d'assistant semblaient lui en donner le droit, l'une des quelques chambres dont nous pouvions disposer, alla s'installer, comme il put, dans l'une de ces cellules faites de planches grossières et où l'on respirait le mauvais air du dortoir. Il préféra laisser un étranger occuper la chambre qui lui revenait de droit. Ce ne fut que plus tard et à l'instante supplication du Révérend Père Supérieur, qu'il accepta une cellule plus confortable, dans une maison située en face du collège. »

Malgré les difficultés de la situation, les classes se poursuivirent comme l'année précédente. Le Père, privé des livres les plus indispensables et n'ayant en main que son Gury, continuait avec un zèle infatigable les cours de théologie qu'il faisait aux jeunes confrères, venus de France, et à quelques ecclésiastiques du pays, ainsi que ses conférences aux religieuses et aux Pères du collège. Il est vrai que ses amis et ses parents eurent pitié de sa détresse, et qu'ils lui expédièrent en mars toute une caisse de livres qui lui furent d'un précieux secours. Entre temps, il donnait des instructions au peuple de Sainte-Marie et des paroisses voisines : au congé de Noël, il fit même une mission dans une bourgade assez éloignée. Tout cela, joint à l'étude de l'anglais n'allait pas sans fatigue, et la fatigue était d'autant plus grande qu'il lui fallait retrouver et refaire une foule de travaux antérieurs, disparus dans l'incendie. De là, une grave maladie qui faillit le conduire au tombeau. Écoutons-le nous en faire le récit :

« Le 25 janvier, vers 9 h. 30, au moment où je me mettais au lit, j'entendis (ou crus entendre) un gros coup frappé dans le haut de ma porte. — « Entrez ! » — Personne. — Cela me fit une certaine impression et, le lendemain soir, j'étais encore tout rempli d'une vague appréhension. Toutefois, je n'entendis rien. Était-ce quelque chose de réel, ou seulement imagination ? Je ne sais.

« Ce qu'il y a de certain, c'est que, le 2 février, je dus me coucher, et, pendant plusieurs jours, je fus bien malade. J'étais persuadé que j'allais mourir ! Je me confessai, je fis mon testament spirituel, je communiai. Sans m'en rendre bien compte, je me disais : ce coup est un avertissement de ma mort prochaine. Le bon Dieu m'a demandé le sacrifice de ma patrie et de tout ce que j'aimais ; il m'a demandé, au mois de novembre, le sacrifice de tous mes sermons, écrits et notes ; maintenant, il me demande le sacrifice de ma vie. J'étais donc bien décidé à mourir. Le bon Dieu n'a pas voulu me prendre encore, et même je me rétablis assez promptement ; actuellement, je suis bien.

« Cette maladie m'a été très profitable, surtout pour me faire aimer la vie cachée. Que de fois je me suis dit depuis : « Si j'étais mort alors, qui maintenant se souviendrait de moi ici ? Je ne tiendrais pas une grande place dans ce cimetière. De tout ce qu'on aurait pu penser et dire de moi, que me resterait-il ? Rien. Oh ! tout est vanité, excepté aimer Dieu et le servir. »

Ses confrères et tous ceux qui l'approchèrent eurent, durant cette maladie, une occasion de plus d'admirer son courage, sa patience, sa résignation, son invincible charité. « En proie aux douleurs les plus aiguës, nous dit l'un d'eux, il s'inquiétait beaucoup plus des autres que de lui-même, il s'informait à chaque instant de la santé de tel et tel confrère, atteint d'influenza, sans jamais laisser échapper aucune plainte sur ses propres souffrances. » Une fois rétabli, le P. Cochet, loin de ménager ses forces très ébranlées, redoubla de zèle et d'occupations. « Le prêtre, disait-il, ne doit pas chercher à vivre longtemps, mais à consumer sa vie, en sauvant ses frères. » Telle était la règle de sa conduite : il ne laissait échapper aucune occasion d'être utile au prochain. Sermons, missions, retraites, il acceptait tous les travaux qu'on lui demandait, pour peu qu'ils fussent possibles : il se serait fait un crime de dire « non ». Jamais il ne paraissait plus heureux qu'après s'être bien dépensé au service des âmes.

D'ailleurs son zèle lui faisait concevoir et exécuter des projets qui en eussent effrayé de plus jeunes. C'est ainsi qu'en mai de cette même année, il résolut de composer et d'apprendre de mémoire un sermon en anglais pour le donner aux élèves à la clôture du mois de Marie ; il le fit et s'en tira avec honneur, ce qui n'est pas un petit mérite, devant un auditoire d'écoliers, même acadiens. Du reste, ses progrès en anglais et sa volonté bien arrêtée de le parler, lui permettaient depuis un certain temps déjà de confesser les élèves et les personnes du dehors qui ne connaissaient que cette langue.

Puis, en voyant le presbytère se reconstruire rapidement dans de plus vastes proportions, la pensée lui venait, ainsi qu'au P. Blanche, d'y établir un juvénat qui assurerait le recrutement de la Congrégation dans ces pays lointains. « N'y seraient admis que des sujets d'élite et de vertu éprouvée; ils suivraient les cours du collège, mais vivraient à part et sous sa direction pour tout le reste : il les formerait d'avance à la vie religieuse. » Déjà même il jetait les yeux sur d'excellents jeunes gens qu'il dirigeait, pour en faire des recrues. Il s'efforçait de les former à une solide piété, et surtout de les amener à la communion hebdomadaire, peu en usage encore parmi les écoliers. Ce projet, lentement élaboré, s'exécuta à la rentrée de 1894, dans les meilleures conditions.

En attendant, il s'occupait de l'organisation définitive de la *Congrégation des Dames de Sainte-Anne*. Pour en assurer le développement et inspirer à tous ses membres, déjà au nombre de plus de deux cents, l'esprit qui devait les animer, il résolut de leur prêcher une retraite du 22 au 26 juillet, au milieu de ses vacances. Sachant le bien qu'elle devait produire, il ne craignit pas de consacrer à en payer les frais une somme d'argent qui lui était venue de France. La retraite fut excellente : ses conseils, bien écoutés, produisirent de grands fruits, et la société, constituée sur de solides bases, avec des statuts pratiques et sages, permit de concevoir d'elle les heureuses espérances qu'elle a depuis réalisées.

Quelques jours après, le Père Cochet partait pour Halifax, remplacer le P. Morin, mandé à Church'Point pour prêcher la retraite des Pères et des élèves. Celui-ci, aumônier du Bon-Pasteur, avait, en outre, mission de surveiller la construction du scolasticat-séminaire, qu'y faisait bâtir la Congrégation pour la formation de ses propres sujets, et celle du clergé indigène. Le P. Cochet y resta une bonne partie du mois d'août, heureux de constater autour de lui l'amour des vertus et des œuvres tant recommandées par le Vénérable P. Eudes.

A la rentrée de septembre, il se retrouva à Church'Point, chargé d'une façon spéciale de l'installation et de la direction du Juvénat, en plus de ses autres occupations. « Il rentrait ainsi peu à peu, disait-il lui-même, dans ses anciennes fonctions, les plus appropriées à son caractère. »

« Je vous remercie de l'offrande qui est contenue dans votre lettre, écrit-il à une de ses bienfaitrices. Pour comprendre combien elle m'est agréable, il est bon que vous sachiez que j'ai été chargé de l'œuvre du Juvénat que nous avons commencée ici. J'ai sept enfants, quatre anglais et trois français : ils sont gentils comme des anges, je les appelle les sept péchés capitaux ! Je n'ai aucune, aucune ressource personnelle. Si j'avais prévu venir ici et être chargé de cette œuvre, j'aurais gardé quelque chose de la succession de mon oncle T***. Mais tout est parti d'un seul coup. Jugez si je suis heureux de recevoir quelque chose. un Père se prive facilement, mais quand il voit souffrir ses enfants !... »

Et ailleurs : « Notre Juvénat, composé de sept enfants, continue de bien aller. J'aime beaucoup ces petits, et je me plais à leur parler chaque jour à la lecture spirituelle. Le chapelet, la lecture, les avis, tout se fait ou se donne en anglais. Cet exercice journalier m'est salutaire, et je constate de plus en plus que le travail persévérant surmonte beaucoup de difficultés. »

Comprenant mieux que personne l'importance de cette œuvre pour l'avenir de la Congrégation en Acadie, il s'efforçait de l'établir sur des bases solides : il n'y admettait que des sujets de choix, et il mettait tout son zèle à leur inspirer de bonne heure l'esprit ecclésiastique et religieux, surtout l'esprit eudistique, veillant avec diligence sur tous leurs déportements, étudiant leurs aptitudes et leur caractère, prenant bien garde d'ailleurs à leur créer des délassements convenables, afin de leur éviter l'ennui : car ces enfants demeuraient avec les Pères au presbytère et séparés des autres élèves.

Le mois de novembre ramenait le P. Cochet à Halifax, où il donnait aux religieuses du Bon-Pasteur et à leurs enfants les exercices de la retraite, et sa parole y produisait plus que jamais dans les âmes des fruits de sanctification.

De retour à Church'Point, tout en continuant ses soins aux diverses œuvres qui lui étaient confiées, il forma de nouveaux projets pour la gloire de Dieu. La retraite des Dames de Saint-Anne l'avait convaincu de la nécessité d'une retraite pour les hommes et pour les jeunes filles. Il résolut de faire la première aux approches de Pâques, l'autre durant les grandes vacances, en juillet ou en août. La permission lui en fut gracieusement octroyée par le R. P. Supérieur. Il commença par Saulnierville, le jeudi de la Passion, et Dieu seul sait le bien accompli durant les trois jours qu'il consacra à cette paroisse. Le soir du Dimanche des Rameaux, il était revenu à Sainte-Marie, et il y commençait les mêmes exercices.

L' « *Evangéline* », journal du pays, parlait en ces termes de ces deux retraites : « La retraite de Saulnierville, commencée jeudi dernier, s'est terminée dimanche. Le P. Cochet, directeur des ecclésiastiques et des congrégations de Sainte-Anne, a fait chaque jour plusieurs instructions. Avec l'expérience acquise dans un long ministère en France, le Rév. Père n'a pas eu de peine à se faire accepter de son auditoire. Sa grande bonté, son éloquence persuasive, lui ont concilié tous les cœurs. D'ailleurs il en a toujours été ainsi. Dieu bénit toujours les travaux de son fidèle serviteur !... La retraite de Saulnierville est venue, une fois de plus, donner raison à cette vérité. Pendant trois jours, le Rév. Père n'écoutant que son zèle s'est montré très assidu au confessionnal. Il y est demeuré samedi jusqu'à onze heures du soir. Mais il a dû se trouver amplement récompensé de ses fatigues, en voyant, le lendemain dimanche, plus de 300 hommes s'approcher de la Sainte-Table. Tout semblait réuni pour rehausser l'éclat de la cérémonie. Le temps était magnifique, la charmante église était comble ; le chœur, parfaitement dirigé, faisait entendre les chants les plus harmonieux. Pendant la Grand'Messe, célébrée par le R. P. Le Doré, les paroissiens ont été heureux d'entendre, pour la première fois, le chœur solennel de la Passion. L'assistance fut également très nombreuse aux Vêpres, après lesquelles chacun se retira, emportant dans son âme un doux souvenir de ce beau jour. »

— « Très belle, très édifiante avait été la retraite des hommes à Saulnierville, dont nous avons parlé la semaine dernière. Non moins belle, ni moins édifiante a été la retraite de Sainte Marie, prêchée comme la première par le Vénérable Père Cochet. Elle commençait le dimanche soir, et, dès le premier jour, l'église était pleine. Cette nombreuse assistance est demeurée fidèle au prédicateur jusqu'au dernier jour : bien plus, elle est allée grossissant sans cesse, malgré le mauvais temps. Il était vraiment admirable de voir ces hommes braver la pluie et la tempête pour venir, soir et matin, entendre la parole de Dieu. Beaucoup restaient toute la journée et profitaient ainsi du chapelet médité et du chemin de Croix prêché, exercices qui ont produit tant de bien, et fait verser tant de larmes. A Sainte-Marie, comme à Saulnierville, le prédicateur a rencontré le même recueillement, la même sympathie. Le cœur humain est ainsi fait. Quand on peut lui dire : je vous aime ! je vous aime, dans le sens le plus noble, le plus élevé, je vous aime comme Dieu vous aime, c'est-à-dire, je désire votre bien ; quand on peut parler ainsi et agir en conséquence, le peuple est gagné, et le ministre de Jésus-Christ peut dire la vérité, toute la vérité, même la plus austère. Il est écouté, il est obéi. Le Jeudi Saint plus de 400 hommes recevaient la sainte communion. La foi est vive parmi nous. Puisse-t-elle être toujours pratique ! »

A propos de ces exercices, le P. Cochet écrivait lui-même : « J'ai distribué des images-souvenirs aux deux retraites que j'ai prêchées : près de 800 hommes ont suivi ces exercices qui m'ont fatigué beaucoup, mais consolé encore plus. Que ces braves gens étaient satisfaits avec leurs images ! »

Et il ajoutait : « Depuis, je suis allé voir un bon nombre de ceux qui n'étaient pas venus à la retraite : plusieurs ont fait leur devoir pascal, j'espère que quelques autres suivront cet exemple. »

Un si beau succès ne pouvait que l'engager à renouveler ce genre de ministère. Il y consacra une bonne partie de ses vacances. Ecoutons-le lui-même.

« Ici, depuis un mois, nous sommes en vacances. Pour moi, elles ont été bien occupées. J'ai dû faire une retraite d'ordination, prêcher devant Monseigneur le jour de la Confirmation, dans une paroisse voisine, faire une retraite de

quatre jours pleins aux jeunes filles et aux femmes de
Church'Point, remplacer pendant une semaine le Père Supérieur absent, et me voici maintenant occupé toute la
semaine à la retraite des confrères. Le jour même où elle
finira, je dois en ouvrir une autre à la jeunesse de notre
seconde paroisse qui se terminera le 8 août. La fatigue
m'est salutaire. Pendant la retraite des confrères, il y a
quatre instructions par jour, mais dans un petit local. Les
retraites dans les paroisses demandent six instructions par
jour, et il faut parler fort, avec des confessions tout le jour.
depuis 6 h. 1/2 jusqu'à midi, et depuis 1 heure jusqu'à
7 h. 1/2, sans même sortir de l'église ou de la sacristie. » On
comprend qu'une telle série de travaux ne pût aller sans
grande fatigue et que le P. Cochet s'en trouvât quelque peu
épuisé. Mais que lui importait la santé, quand il s'agissait
du salut des âmes ? N'était-il pas prêt à donner sa vie pour
chacune d'elles ?

Déjà pourtant, il n'appartenait plus au personnel du
collège Sainte-Anne : le 25 juillet au soir, il avait reçu son
obédience pour le scolasticat-séminaire d'Halifax : il en
était nommé supérieur.

CHAPITRE DEUXIÈME

PRÉDICATION ET CORRESPONDANCE

1892-1896

 E simple exposé que nous venons de faire des travaux du P. Cochet à Church'Point et dans les environs, de 1892 à 1895, suffit assurément à donner une haute idée de son zèle ardent pour le salut des âmes, qu'il aima, dans toute la vérité de l'expression, jusqu'à l'épuisement de ses forces et au sacrifice de sa vie. Il n'en montre pourtant que l'extérieur, et il nous semble qu'il y aurait pour tous intérêt et profit à pénétrer à fond dans l'action même de ce saint prêtre, et à le voir agissant par une parole toujours vivante et appropriée sur ses divers auditoires.

Recueillons tout d'abord le jugement que le R. P. Lecourtois en porte dans son oraison funèbre ; il l'a vu à l'œuvre dans ses missions, il est plus apte qu'aucun autre à apprécier son éloquence :

« Si l'on définit l'orateur un homme dont le style est impétueux, la phrase savamment construite et harmonieusement cadencée, la voix sonore et retentissante, le geste étudié et puissant, le R. P. Cochet n'était pas un orateur, et il n'aurait pas voulu l'être à ce prix. Mais si l'orateur est un homme qui sait instruire, plaire et toucher, qui sait convaincre l'esprit, remuer le cœur, tourner la volonté au bien, le R. P. Cochet était éminemment orateur. Il était méthodique, simple, clair, instructif, intéressant. Et, comme il était intérieurement dévoré d'un grand zèle, souvent il trouvait des accents de la plus haute éloquence, et il touchait jusqu'aux larmes. Il nous parlait un jour de la pureté. Il le fit avec tant de zèle et de feu que je ne pouvais plus contenir l'émotion qui me gagnait. Surtout, il savait si bien s'adapter aux circonstances et au milieu dans lesquels il avait à prendre la parole que j'ai entendu peu de prédicateurs parler avec autant d'à-propos. Son dernier entretien fut admirable sur ce point. Il le fit le Jeudi-Saint, avant la cérémonie du lavement des pieds. Malgré la fatigue qui l'épuisait déjà et une forte grippe qui lui permettait à peine de se faire entendre, il adressa aux treize enfants venus pour cette circonstance l'allocution la plus touchante sur le rôle du sacerdoce dans le monde et sur la confiance qu'il doit toujours inspirer aux âmes. »

« La conférence du P. Cochet, lisons-nous d'autre part dans le compte-rendu d'un journal du pays de Clare, fut une de ces instructions où plusieurs sourient, où tous écoutent, et où personne ne dort. Le charme de cette parole apostolique est son à-propos, son parfait ajustement aux circonstances de temps, de lieu et de personnes. Les discours du P. Cochet ne sont point de ces manteaux qui vont un peu à tous parce qu'ils ne vont bien à personne; ce sont des habits taillés à la mesure de ses auditeurs. Chacun se dit : ça me convient! c'est fait tout exprès pour moi. »

Le Père Cochet le déclarait lui-même dans la conférence à laquelle il est ici fait allusion, et qu'il prononça à Comeauville, le soir de la Pentecôte 1894, à une réunion du mois de Marie : « Ce n'est point un sermon que je viens faire, mais une causerie, une conversation spirituelle, simple et familière, car je désire être compris de tous, même des petits enfants. » Et de fait, rien de plus simple, rien de plus familier que sa prédication, mais aussi rien de plus saisissant et de plus pratique, parce que rien n'est plus vivant. Images, comparaisons abondent à l'appui de solides considérations théologiques, et toujours puisées dans la vie quotidienne de ses auditeurs, dans ce qu'ils voient, entendent, sentent et touchent. Ils les force à rentrer en eux-mêmes, à réfléchir, à se rendre compte de leurs actes, de leur valeur, de leurs motifs et de leurs conséquences : et personne ne peut l'écouter sans reconnaître la vérité de la leçon, sans prendre pour l'avenir la résolution de conformer sa conduite aux enseignements qu'il vient de recevoir. Le seul moyen d'échapper à cette action convertissante, c'est de ne pas assister aux réunions : et plusieurs, en effet, s'abstiennent de parti-pris, quoique souvent en vain : la parole du P. Cochet va les trouver jusque chez eux, pour les convaincre et les terrasser.

Que ne pouvons-nous citer ici tout ce qui nous reste des notes ou des sermons écrits du Père? Cette lecture, nous osons le dire, agréerait à tous, en même temps qu'elle leur serait grandement profitable. Mais les bornes de cet ouvrage ne nous permettent que des extraits, et en petit nombre : du moins les choisirons-nous avec soin, prenant, non les meilleurs, car tout y est bon et très bon, mais ceux qui semblent le mieux convenir à notre but.

Écoutons-le tout d'abord parler aux élèves de Sainte-Anne, à l'ouverture du mois de Marie, 1894. Il prend pour texte ce verset du *Magnificat* : « Voici que toutes les générations me proclameront Bienheureuse », et il débute ainsi :

« Ne trouvez-vous pas, mes enfants, ces paroles bien étranges? Je vous prédis, je vous affirme que toutes les générations chanteront mes louanges, proclameront mon bonheur? Qu'un homme de génie, un Christophe Colomb ou un Washington, dise : « mon souvenir ne descendra pas avec moi dans la tombe : les générations à venir rediront le nom de celui qui a découvert l'Amérique, ou conquis l'indépendance des États-Unis », je le comprends. Mais sur les lèvres d'une jeune fille inconnue, dans un village de la Judée, c'est étonnant, c'est merveilleux, parce que c'est surnaturel, c'est divin. Ce qui le prouve, c'est la manière dont s'est accomplie cette prophétie ; voilà bientôt 1900 ans que la Vierge Marie a quitté la terre, et sa mémoire, son culte, son amour, y sont toujours et partout vivants. Ah! les morts ordinaires, on les oublie bien vite ; le temps affaiblit tout, le temps ronge tout, détruit tout. Mais il n'a point détruit le culte de Marie ; au contraire, il l'a répandu et développé. Partout où le missionnaire porte la foi catholique, il y porte le culte de Marie. Partout où l'on dit : « *Notre Père qui êtes aux cieux* », on dit aussi : « *Je vous salue, Marie* ». Partout où une mère chrétienne apprend à son enfant le nom de Jésus, elle lui apprend aussi le nom de Marie. Jésus ! Marie !

« Et ceux qui connaissent ainsi Marie, ceux qui l'aiment, ceux qui proclament son bonheur, ce ne sont pas seulement les pauvres, ce sont aussi les riches, les grands, les rois : ce ne sont pas seulement les ignorants, mais les savants, les philosophes, les docteurs ; ce ne sont pas seulement les hommes d'une vertu médiocre, mais les saints ; et plus ils sont saints, plus ils sont ardents à louer Marie !

« Et de combien de manières ne chante-t-on pas les louanges de Marie ? Dans toutes les langues, sous toutes les formes, en prose et en vers ! Que de livres composés en son honneur ! Que de cantiques, que d'hymnes, que de prières ! Et l'Église universelle, l'Église infaillible applaudit à ces efforts ! Elle approuve ces cantiques, elle chante ces hymnes, elle enrichit d'indulgences ces prières ! Voyez donc que d'actes de piété, chaque jour, envers Marie : l'*ave Maria* de la prière du matin et du soir, l'*Angelus* ou le *Regina cœli*, les litanies, le chapelet ! Chaque semaine, le samedi est consacré à Marie. Est-il un mois qui n'ait plusieurs fêtes en l'honneur de Marie ? Entrez dans n'importe quelle église catholique, vous y trouverez l'autel de Marie, à côté de l'autel de Jésus, le Saint Cœur de Marie, près du Sacré Cœur de Jésus. Et les Souverains Pontifes, les vicaires de Jésus-Christ en terre ? Pie IX a proclamé le dogme de l'Immaculée Conception de Marie, et ajouté à ses litanies l'invocation « *Regina sine labe originali concepta* » ; Léon XIII a établi le mois du Rosaire, et ordonné des prières à Marie après chaque Messe basse, ceci est très significatif. Le pape dit au prêtre : « ô prêtre, vous avez consacré et mangé le corps de Jésus-Christ, vous avez bu son sang, vous possédez en vous le fils de la Vierge Marie : eh bien, avant de quitter l'autel de son fils, agenouillez-vous, saluez sa mère, priez-là ! *ave, Maria ; salve Regina.* »

« N'est-ce pas là encore l'accomplissement de la prophétie :
« *Ecce beatam me dicent omnes generationes ?* »

Puis, après avoir montré à son jeune auditoire les Anges,
Sainte Elisabeth, Jésus, s'inclinant devant la Vierge : après
lui avoir exposé les raisons et raconté l'origine du mois de
Marie, le P. Cochet conclut par ces conseils pratiques, bien
à sa portée :

« Mais comment se traduira votre amour ? Premièrement
par l'exercice du mois de Marie. Vous y serez fidèles, ici dans
la chapelle, ou dans la famille ; et cet exercice, vous le ferez,
non par force, mais volontiers, avec modestie extérieure et
piété intérieure.

« Comment encore ? En faisant à votre Mère une offrande
et une demande. Vous lui apporterez un présent, vous lui
adresserez une requête. Tout ce mois est la fête de Marie, la
fête de votre Mère, une fête de 31 jours ! Vous ne vous pré-
senterez pas à Elle les mains vides. Que lui offrirez-vous
donc ? Un bouquet, un joli bouquet. Les fleurs ont leur langage ; celles de votre bouquet diront en même temps et les
vertus de Marie et vos sentiments pour Elle ; à leur manière,
elles aussi chanteront ses louanges, suivant la prophétie :
« *ecce enim beatam me dicent etc.* »

« Au centre de notre bouquet, à la place d'honneur, mettons
de belles roses, aux couleurs vives et écarlates. La rose,
reine des fleurs, représente la reine des vertus, la charité.
L'amour ! Oh ! Quel ne fut pas l'amour de Marie pour Jésus,
son fils et son Dieu ! Marie nous aime tous, comme la
plus tendre mère aime ses enfants : aimons-la donc nous
aussi. Oui, ô Marie ! je vous aime !! Voilà le langage des
roses !

« Maintenant, entourons nos roses d'un rang de lis. Le lis
a la blancheur de la neige. Nos lis proclameront la pureté
sans tache de la Vierge immaculée. Vierge très pure !
Vierge immaculée ! O lis, dites aussi notre inaltérable attachement à la vertu des anges ! Mourir, oui, s'il le faut,
mais me souiller, jamais ! O Marie, gardez mon esprit, mon
cœur et mon corps !

« Sur cette blancheur du lis, les teintes bleu-foncé de
la violette se détacheront parfaitement : entourons donc
nos lis d'une couronne de violettes. Marie très humble, la

plus humble des créatures! Ce n'est que par l'humilité que nous pourrons conserver la pureté!

« Ajoutons-y maintenant des œillets : l'œillet au parfum si doux, si suave, si pénétrant, est l'image de la douceur. *Virgo mitissima*, Vierge très douce, qu'à votre exemple, je sois calme, doux, bienveillant! Le lis, la violette, l'œillet, comme ces trois fleurs s'harmonisent bien ensemble! La pureté, l'humilité, la douceur, trois vertus sœurs! Qu'elles font bien dans une âme!

« À notre bouquet ajoutons encore du lilas : le lilas à l'odeur forte, puissante, qui s'étend au loin, le lilas est l'image du bon exemple. O Marie, nous courrons à l'odeur du parfum de vos vertus! Enfin, pour finir, du feuillage, de la verdure. Le vert, symbole de l'espérance, redira à Marie sa confiance en Dieu, notre confiance en Elle : oui, ô Marie, nous avons confiance en votre puissance et en votre bonté!

« Voilà certes un joli bouquet et bien agréable à Marie. Présentons-le lui. O ma Mère, veuillez recevoir ce bouquet! Mais comment? Le déposerez-vous là simplement sur l'autel? Non, il se fanerait, il se dessécherait bien vite, et vous voulez, n'est-ce pas, que le vôtre demeure frais et odorant tout le mois? Que ferez-vous donc? Vous prendrez un vase, mais très net, très propre; autrement, ce serait tout gâter. Notre bouquet dans un vase sale serait pour la Vierge si pure, un objet de dégoût. Ce vase, c'est votre cœur : purifiez donc votre cœur, qu'il ne soit point souillé par le péché mortel, ni même par le péché véniel délibéré. Dans le vase de votre cœur, entretenez l'eau pure et limpide des bons sentiments, que vous renouvellerez fréquemment.

« Ayant fait à Marie ce beau présent, vous lui demanderez à votre tour. On est plus hardi à demander, quand soi-même on a donné quelque chose. Proposez-vous d'obtenir quelques grâces particulières. »

Suivaient de sages conseils, très conformes aux divers besoins de cet auditoire d'écoliers.

On comprend qu'une telle parole fût écoutée et comprise de tous, et qu'elle produisît chez tous d'abondants fruits de salut. Disons mieux, elle se gravait pour toujours dans les mémoires et dans les cœurs, malgré la légèreté de l'âge, et ses distractions.

Ecoutons maintenant le P. Cochet ouvrir la retraite pascale des hommes en 1895, et nous comprendrons comment il savait se faire accepter de tous, sans résistance.

« Mon premier mot est celui-ci : je vous aime ! Je vous aime, parole douce, parole agréable à dire et à entendre, parole qui exprime beaucoup de choses, parole qui se prend dans des sens bien différents. Dans la famille, le mari aime sa femme et la femme son mari, c'est l'amour conjugal ; le père et la mère aiment leurs enfants, c'est l'amour paternel et maternel ; la sœur, le frère aiment son frère, sa sœur, c'est l'amour fraternel. Voici deux jeunes gens, voisins, à peu près du même âge, même caractère, mêmes goûts : « Nous nous aimons bien, » disent-ils, c'est l'amitié. Tous ces amours sont bons, honnêtes, raisonnables.

« Je vous aime ! ces mots expriment aussi une passion, c'est-à-dire un sentiment vif, violent, exclusif et dominant, un attachement exagéré, déraisonnable. C'est ainsi que l'on dit : il aime à boire, il aime l'argent, il aime à se battre, à disputer.

« Quand cette passion de l'amour a pour objet, non un être inanimé, insensible, comme la boisson, ou l'argent, mais une créature, vivante, comme nous, quand on dit de quelqu'un : « il aime telle personne, il est épris d'elle, il est passionné pour elle », c'est une passion très violente, tyrannique, dangereuse, cause de beaucoup de péchés. Ces amours sont intéressés, égoïstes ; c'est soi-même qu'on aime et qu'on recherche.

« Dans quel sens donc, moi, prêtre de Jésus-Christ, ai-je pu dire que je vous aime ? Ce n'est pas dans ce sens vulgaire, bas, coupable. Je vous aime en vérité, sincèrement. Je vous aime sans intérêt, sans recherche personnelle, je vous aime pour vous : je vous aime, comme les anges vous aiment, comme la Vierge Marie vous aime, comme Dieu vous aime. Or, Dieu vous aime, la Vierge Marie vous aime, qu'est-ce que cela veut dire ? Cela veut dire que Dieu et la Vierge Marie vous veulent du bien, désirent votre bonheur, et qu'ils travaillent à vous faire du bien, à vous rendre heureux. Voilà aussi comme je vous aime, c'est dans le sens le plus noble, le plus élevé du mot, je vous aime, je vous veux

du bien, je suis venu, je viens pour vous faire du bien, je
ne vous parlerai que pour votre bien.

« Mais en vous, en chacun de vous, comme en moi-même,
il y a deux choses, deux éléments, deux parties : le corps et
l'âme. Nous ne sommes ni un corps seul, ni une âme seule ;
nous sommes corps et âme, unis ensemble. A quelle partie
veux-je faire du bien ? Au corps ou à l'âme ? Oh ! je voudrais
pouvoir faire du bien au corps ; je voudrais soulager les
souffrances des malades, guérir leurs infirmités. Oui, je le
désire, et je crois que, si pour vous faire du bien, il fallait
prendre sur moi la moitié de vos douleurs, avec la grâce de
Dieu, je n'hésiterais pas! Cependant, je ne suis ni assez
habile, ni assez saint pour opérer des miracles. Mais c'est surtout à vos âmes que je viens faire du bien. Je suis un médecin, mais un médecin des âmes. Or, votre âme a ses facultés,
comme votre corps a ses organes. Les yeux! oh! quel bonheur j'aurais à rendre la vue à un aveugle! Il est si triste de
ne point voir la clarté du jour! Mais que d'âmes aveugles!
Que d'âmes qui ne voient ni la gravité du péché, ni les bontés
de Dieu, ni la laideur du vice, ni la beauté de la vertu! A
ces âmes aveugles je veux ouvrir les yeux... »

Et il continuait sa comparaison entre les organes du corps
et les facultés de l'âme, entre la vie corporelle et la vie spirituelle, puis il ajoutait :

« Je vous veux du bien, je viens vous faire du bien. L'âme
de chacun de vous est comme un champ, comme un jardin,
que nous allons labourer, engraisser, ensemencer. Je suppose que vous n'avez pas d'attelage ; vous ne possédez ni
cheval ni bœufs, mais vous avez un champ, et voilà qu'un
beau matin vous voyez venir votre voisin, il laboure, il met
de l'engrais, il sème des patates, gratuitement, sans frais
pour vous.

« N'est-il pas bon, ce voisin ? Ne vous aime-t-il pas ? Ne vous
veut-il pas du bien ? Cet homme là, c'est moi, qui viens semer
dans le champ de votre âme la bonne semence de la parole
du bon Dieu. »

Et après leur avoir déclaré qu'il n'est que le valet, l'envoyé
de leurs prêtres, qui ont eu l'heureuse idée de cette retraite
préparatoire à la Pâque, après en avoir fait remonter l'inspiration dernière à Dieu, comme à la source de tout bien, il

leur donne des preuves non équivoques de son amour dans les prières qu'il adresse sans cesse au ciel pour eux :

« Que de fois, j'ai prié pour vous, que de fois j'ai demandé à Dieu de vous bénir ! Quand, dans mes promenades du jeudi et du dimanche, je passe sur les routes, que de fois, récitant mon bréviaire ou mon chapelet, j'ai prié Notre-Seigneur de verser ses grâces à droite et à gauche sur les maisons devant lesquelles je passais ! Qui demeure-là ? Je l'ignore. Mais ce sont des âmes immortelles, des chrétiens et des chrétiennes. O Jésus, bénissez-les !

« Je vous aime, je vous veux du bien, je vais vous le prouver en étant tout à vous depuis le matin jusqu'au soir. Je suis à vous, je vous appartiens, servez-vous de moi comme de votre serviteur à tous. Plus je travaillerai, plus je me fatiguerai à votre service, plus je serai content. Donc, puisque je vous aime, puisque je ne viens pas pour vous faire du mal, mais au contraire pour vous faire du bien, mes Frères, n'ayez pas peur, ouvrez vos cœurs à l'espérance et à la joie. Ayez confiance ! Je suis convaincu que vous direz : « Ce petit prêtre n'est point méchant, *il n'est point malin en tout*, il nous aime, il veut notre bien. »

L'instruction roulait ensuite sur la retraite dans un solide commentaire de la parabole de la semence. Elle se terminait par l'évocation saisissante de Jésus et Marie, et du P. Sigogne, l'apôtre vénéré du pays de Clare, penchés au haut du ciel sur l'église Sainte-Marie, et y déversant les grâces les plus efficaces. Quoi de plus propre à gagner les sympathies, et à bien disposer les cœurs ?

Voici maintenant quelques pages extraites d'autres sermons : elles nous paraissent du plus haut intérêt.

Et d'abord à propos des Faux Docteurs S. Math. XII. 15. cette réfutation très simple, mais très solide, de maintes erreurs qui courent les villes et les campagnes, même en Acadie.

« Des faux docteurs, des faux prophètes. est-ce donc chose si rare ? N'y a-t-il point parmi vous de ces personnes qui parlent, sans savoir, pour critiquer. pour dénigrer les exercices de piété, les associations pieuses ?

« N'en est-il point qui parlent contre la confession ? — Ceux qui se confessent, dites-vous, ne sont pas meilleurs que moi qui ne me confesse pas? — Je vous réponds d'abord qu'il y a beaucoup d'orgueil dans cette parole : « je vaux bien les autres ». Il y a aussi un peu de jalousie, et c'est un vilain défaut. Je n'ai pas le courage de m'élever, alors je tâche d'abattre les autres sous mes pieds. — Ils ne sont pas meilleurs. — Qu'en savez-vous ? Vous ne voyez pas l'intérieur. C'est pour le moins douteux. Eh bien, moi, je crois qu'ils valent mieux que vous, parce qu'ils se purifient plus souvent, qu'ils prennent de meilleures et plus fréquentes résolutions, et qu'ils sont plus sous l'influence de la grâce. — Mais enfin, un tel se confesse, et il se fâche, il jure même quelquefois. — Il a tort. Mais vous, qui n'allez pas à confesse, est-ce que cela ne vous arrive pas ? Et, s'il n'y allait pas, lui, cela ne lui arriverait-il pas plus souvent ? Puis, vous accomplissez, dites-vous, vos devoirs envers le prochain ; vous êtes fidèles observateurs de la justice ; vous menez une vie régulière, honorable. C'est bien et je veux le croire. Mais de quoi traitent les trois premiers commandements ? Des devoirs les plus importants, des devoirs envers Dieu. Il les accomplit, lui, et vous ne les accomplissez pas. Prenons un exemple. Vous êtes père et vous avez un fils. Ce fils est bon pour sa mère : par ailleurs, il ne boit pas, il travaille, il est juste envers autrui ; mais à vous, il ne vous parle pas, quelquefois même il se moque de vous. Seriez-vous satisfait ? Serait-ce là un bon fils ? Non, certainement. En parlant, comme vous le faites, vous êtes donc des faux docteurs.

« Faux docteurs, faux prophètes également ceux qui disent : « A quoi bon la société des Enfants de Marie, la Congrégation des Dames de Sainte-Anne ? Autrefois il n'y en avait pas, et cela allait tout aussi bien. » — D'abord je vous fais remarquer qu'on ne peut condamner une chose, parce qu'elle est nouvelle ? autrement vous condamneriez le chemin de fer, le télégraphe, puisque autrefois il n'y en avait point. — Mais les filles et les femmes n'en valent pas mieux ? — Qu'en savez-vous ? Moi je prétends le contraire. Vous n'êtes pas obligés d'en faire partie, c'est chose libre, de pur conseil. Mais vous devez respecter ce qui est respectable : sans quoi vous péchez. C'est un péché de s'en moquer, d'en rire, de déverser le ridicule sur ces confréries, et un péché d'une espèce qui touche au sacrilège : c'est profaner une chose sainte. De même, dire le chapelet, porter le scapulaire, est absolument libre ; mais en rire, s'en moquer, c'est un péché. En agissant ainsi, vous êtes des faux docteurs.

« Faux docteurs, faux prophètes, ceux qui disent encore : « le père un tel, il est exagéré, il en fait trop, il est trop strict. » — En parlant ainsi, ils nuisent à son ministère, ils détournent de lui des âmes auxquelles il pourrait faire du bien. Et puis qu'a dit Notre-Seigneur Jésus-Christ ? « Que la porte qui conduit au ciel est étroite. » Ce sont là de mauvaises paroles, dont vous répondrez devant Dieu.

« Vous le voyez, il peut donc se rencontrer même ici, parmi vous, de faux prophètes, de faux docteurs. Mais vous pouvez en trouver aussi au dehors, à Weymouth, aux Etats, qui vous diront que la religion protestante est tout aussi bonne que la religion catholique. Qu'aucune secte n'enseigne directement le mal, je l'accorde. Mais enfin, ouvrons l'Evangile. Combien Jésus-Christ a-t-il fondé d'églises ? Il a dit : « tu es Pierre, et sur cette pierre je bâtirai *mon* Église, et non pas *més* Églises. »

Et le Père continuait en montrant ce qui distingue l'Église catholique des sectes protestantes, surtout la fécondité et la sainteté, et il en profitait pour indiquer à ses auditeurs les signes auxquels ils discerneraient facilement les vrais et les faux prophètes : « *a fructibus eorum cognoscetis eos :* ils se font connaître par leurs fruits. »

Que d'autres pages mériteraient d'êtres citées sur le péché et les diverses sortes de péché, sur la contrition, sur le ferme propos, etc. ! Reproduisons au moins celles-ci sur les mauvaises conversations et sur la fuite des occasions prochaines.

1. — *Tort que les mauvaises paroles font aux âmes.* — « Elles sont causes de pensées, de désirs et d'actions... C'est un double désordre, un double assassinat.

« Et d'abord, celui qui parle (nous passons ce développement, malgré sa vigueur d'analyse).

« Et celles qui écoutent ! Elles rient, elles savourent, c'est un poison sucré, on l'avale avec plaisir, « *intrabit... postea mordebit, sicut coluber.* » Vos paroles font des blessures inguérissables, vous êtes des meurtriers, des assassins. — Mais, direz-vous, celles qui écoutent sont coupables. — Oui, certainement, elles ne devraient pas écouter, rire, savourer ; elles sont coupables. Mais vous, êtes-vous innocents ? N'êtes-vous pas plus coupables qu'elles ? Et quand ce sont des enfants, de petits, de jeunes enfants, des âmes innocentes ! Ah ! le massacre des Saints-Innocents ne se renouvelle-t-il pas sans cesse ? Pauvres petites créatures, les prendre par le pied, leur briser la tête contre la pierre ! Que dis-je ? ce serait un moindre mal. Oui, tuez plutôt le corps. Au coin d'un bois, brandissez votre couteau, plongez-le dans leur sein ; vous serez arrêtés, emprisonnés, pendus... Eh bien ! ce serait un moindre mal. Je ne sais vraiment comment dire. Voilà des enfants, vous allumez dans ces âmes un feu qui ne s'éteindra plus, et sur lequel un confesseur impuisssant et inconsolable versera des larmes amères ! Et vous voudriez que je ne dise rien, vous voudriez que je me croise les bras, et que je laisse faire, spectateur impassible de ces crimes affreux ! Non, je ne puis me taire, je suis le défenseur des faibles, je suis le sauveur des âmes. Et de quel droit venez-vous m'arracher ces âmes pour les livrer au démon par vos paroles abominables ? Les mauvaises paroles, oui, je les hais, je les exècre, je les maudis.

« — Mais, Père, je n'y voyais pas tant de mal ; c'était uniquement pour m'amuser, c'était pour rire. — Quoi ! vous amuser à martyriser les âmes, à les égorger ! Bel amusement ! Autrefois Néron, lui aussi, s'amusait à faire mourir les chrétiens ; les couvrant d'huile et de résine, il les faisait brûler comme des torches. C'était une cruauté affreuse. Et pourtant n'a-t-il pas d'imitateurs ?...

« Oui vraiment, vous avez raison de le dire : ce sont des sottises, des paroles de sots ; ce sont des bêtises, des paroles d'un être sans raison...

« Vous vous amusez ! Eh bien amusez-vous, mais écoutez la parole de Jésus-Christ : « Celui qui aura scandalisé un de ces petits, il vaudrait mieux qu'on lui eût suspendu au cou une meule et qu'on l'eût jeté au fond de la mer. »

II. — *Fuir les occasions du péché.* — « J'attire toute votre attention sur ce point : il est très important. Évitez les occasions prochaines, dangereuses, c'est-à-dire ce qui vous conduit au péché. Autrement, vous n'avez pas le ferme propos, vous n'avez pas la contrition. Vous me dites : Je ne veux plus aller à Meteghan-River. — Mais vous en prenez la route ! — C'est vrai, mais je ne veux pourtant pas y aller — Insensé, si vous continuez, vous y arriverez. Si vous ne voulez pas y aller, prenez un autre chemin.

« De même : quand j'ai du wisky dans ma maison, j'en bois, j'en abuse. J'en achèterai pourtant, j'en aurai dans ma cave, mais je n'en boirai pas. Ou encore : Quand je vais dans telle compagnie, nous disons des sottises, nous faisons du mal. J'y retournerai, nous ne dirons pas de sottises, nous ne ferons pas de mal. Erreur! Qui aime le danger, y périra. Vous vous exposez sans raison, vous périrez. Réfléchissez plutôt à la folie d'un telle conduite.

« Voici un *boat* avarié, faisant eau ; un peu plus vous couliez à fond : retournerez-vous dessus ? Vous aviez ramassé un serpent, il vous a mordu : le prendrez-vous encore par la queue? Le mettrez-vous dans votre poche ? Un employé vous a volé : le garderez-vous à votre service? Lui donnerez-vous encore la clef de votre caisse? Ici, en face, vous voyez un écueil appelé *gros rock* ; un bâtiment a failli y périr, le second s'est noyé ; direz-vous : je vais retourner auprès de ce roc, seulement je n'irai pas dessus! Non, vous n'irez pas ; mais voilà un coup de vent qui vous y pousse, et vous vous abîmez dans les flots. Quand vous portez une lampe dans votre grange près du foin, vous prenez des précautions, vous recommandez à vos enfants de bien veiller, autrement le foin prend feu. »

Et venant à l'application, le Père montrait qu'une occasion de péché fréquente, dangereuse pour les jeunes gens et pour les hommes, c'était la fréquentation imprudente des personnes de l'autre sexe. Puis il continuait en ces termes :

« Il y a des occasions, innocentes en elles-mêmes, mais dangereuses pour vous : évitez-les, c'est votre devoir. Telle compagnie, telle personne est pour vous cause de tentations violentes, de pensées mauvaises, de péchés graves, fuyez-la. — Mais les autres y vont bien. — Possible. C'est nuisible à votre âme, et vous ne pouvez en conscience y aller. Faites comme vous feriez pour votre corps. Vous aimez les homards, vous en mangez, ils ne vous font pas mal : très bien. Je les aime aussi, mais chaque fois ils me rendent malade : que dois-je faire ? M'en abstenir, autrement je serais déraisonnable. De même, au spirituel.

« Une maison est défendue pour tous : y aller, c'est mal. Telle maison est bonne, mais j'y trouve, moi, une occasion de péché, elle est défendue pour moi ; je ne dois pas, en conscience, y aller. Vous devez être décidés à cela, autrement votre confesseur ne peut vous donner l'absolution, et, s'il vous la donne, elle n'est pas valide, et vos péchés ne vous sont pas pardonnés.

« Une des ruses du démon les plus redoutables est celle-ci : je suis bien disposé, je ne veux plus offenser Dieu, je veux sauver mon âme : je ne retournerai pas actuellement en telle compagnie, avec telle personne, mais plus tard, dans quinze jours ou trois semaines ; et alors je ne ferai pas de mal, le feu sera éteint. Erreur ! non, il ne sera point éteint, il aura couvé sous la cendre, il se réveillera.

« Vous me direz : « Père, vous êtes bien sévère ! Vous assuriez pourtant que vous n'étiez pas méchant. » Voici ma réponse. Votre docteur voit que vous vous empoisonnez, que vous ruinez votre santé. Est-il méchant, s'il vous dit : « Ne mangez pas de ce mets, je vous le défends ; ne buvez pas telle boisson, c'est votre mort ? » N'est-ce pas plutôt vouloir votre bien ? Faire plaisir et faire du bien ne sont pas la même chose : il faut avoir le courage, quand on aime, de déplaire à quelqu'un, de le gronder pour son bien.

« Je suis sévère ! Ecoutez-donc Notre-Seigneur Jésus-Christ : « Si votre main droite vous scandalise, coupez-la ; si votre œil vous scandalise, arrachez-le. » C'est dur, oui, mais c'est votre salut. Il vous est permis de vous marier : sinon, séparez-vous, éloignez-vous ; sans cela point de pardon. Pensez-y sérieusement, la chose en vaut la peine. »

Avec les Dames de la Congrégation de Sainte-Anne, ou avec les Enfants de Marie, le P. Cochet suivait une méthode assez ingénieuse qu'il avait déjà employée avec ses novices à Kerlois. La conférence mensuelle était précédée d'une sorte d'entretien familier, où, sous la rubrique : « *passé, présent, futur* », il passait en revue les principaux événements qui avaient eu ou devaient avoir lieu, ou qui étaient en train de s'accomplir, et il en tirait pour son auditoire les plus salutaires leçons. Voici, entre autres, le plan de l'entretien du dimanche, 6 janvier 1895, qui nous donnera une juste idée de ce mode d'instruction.

PASSÉ : Noël. Nouvelle année : visite à la Congrégation dans la personne de la Présidente ; mais prière pour toutes. Concert au collège : Juniorat. Jeux de cartes chez les voisins. Vendredi vous aurez des *Imitations de Jésus-Christ*, et quelques images : M. Brassier.

PRÉSENT : Epiphanie : hypocrisie d'Hérode, parler contre l'hypocrisie. Etoile : 1° de la Foi ; 2° de la vocation (mon histoire). L'étoile pour les pécheurs, pour les protestants.

FUTUR : Jusqu'au carême, temps de réunions, fêtes, *froliks*... n'y prenez pas part, vous, congréganistes : 1° vous-mêmes, ne les aimez pas ; 2° n'en faites pas chez vous ; 3° détournez-en vos enfants, surtout vos filles. — Apologue de la femme, grande, forte, ayant une plaie à la jambe. Elle devient pâle, elle s'affaiblit. Au docteur elle ne parle pas de sa jambe : les remèdes prescrits produisent un peu d'effet, mais peu. Elle retombe... A la fin, le docteur s'aperçoit qu'elle a mal à la jambe. — Qu'avez-vous donc là ? — Rien. — Quoi ! Rien ? — Pas grand chose. — Comment, pas grand chose ? C'est la cause de tout le mal : soignons la jambe, elle guérie, tout ira bien. Cette femme, c'est la paroisse de Saulnierville. Elle a bien des qualités. Je vous estime et je vous aime beaucoup. Mais ne croyez-vous pas que bien des gens ont à la jambe une plaie, qui compromet leur santé : ces visites du soir ? N'est-il pas commis là plus de péchés que dans tout le reste de la journée ? Combien de personnes, bonnes d'ailleurs, y ont trouvé leur perte ! Et cependant on aime ces veillées, on y tient. Vous, congréganistes, soyez plus sérieuses. Passez le temps d'une manière chrétienne. Dans quinze jours, la Fête du Saint nom de Jésus ; vous incliner quand on le prononce, habituer vos enfants à s'incliner. Le 2 février, la Purification : fête de la Congrégation. Cierges bénits. Réunion le 3.

Parfois le P. Cochet s'en tenait là, lorsque l'abondance des avis ou l'ampleur des développements occupait toute l'heure consacrée à la réunion. D'autres fois, il n'en faisait qu'un prologue, suivi d'une bonne et solide conférence sur quelque sujet pratique, ou d'un commentaire de l'évangile. C'est ainsi qu'il appliquait aux Congréganistes la tentation du Christ, la parabole du semeur, de la femme qui enfante dans les douleurs, etc., ou qu'il leur rappelait ce qu'était et n'était pas leur société, les devoirs, les obligations qu'elle leur imposait, les avantages qu'elle leur procurait. Dans cette dernière conférence, il posait et résolvait d'une façon très nette les objections que l'on a coutume d'élever contre ces sortes d'institutions, et il y a intérêt pour tous à lire cet exposé et cette réfutation. Qu'on nous permette donc de les reproduire.

« Il faut vous attendre à ce qu'il y ait des oppositions, il y en aura toujours aux œuvres de Dieu.

« On ne manquera pas de vous dire :

« 1° Mais la Congrégation n'est pas nécessaire. — Réponse : non, heureusement ; autrement, comment auraient fait celles qui ont vécu avant son établissement ?

« 2° Nous avons bien été sans Congrégation jusqu'à présent. — Réponse : autrefois, il n'y avait pas de messe ici : maintenant vous en avez trois fois la semaine. N'est-ce pas un avantage ?

« 3° Nous avons bien assez de sermons. — Réponse : Oui, vous en avez plus qu'autrefois. Mais ces petites instructions, faites pour vous seules, sont plus utiles, mieux appropriées à vos besoins. Vous comprenez qu'on peut mieux vous expliquer vos devoirs en particulier que devant tout le monde.

« 4° Je n'ai pas envie qu'on aille parler de moi au prêtre. — Réponse : On ne me parlera point de vous. Quand vous demanderez à entrer, puis à prendre la médaille, je demanderai seulement aux conseillères si elles vous connaissent, et ce qu'elles pensent de votre admission. Certainement, si une congréganiste se conduisait mal, si elle se livrait à la boisson, si elle fréquentait de mauvaises réunions, si elle s'oubliait à des disputes scandaleuses, on devrait m'avertir par charité, pour le bien de la personne et de la Congrégation. Je parlerais à cette congréganiste en particulier, mais bien doucement. Je l'engagerais à changer, et j'y réussirais, je l'espère.

« 5° Cette Congrégation est une invention des Pères. — Réponse : 1° Ce n'est pas par intérêt au moins ; c'est pour le bien des âmes; 2° Je prie et prierai beaucoup pour les congréganistes.

« 6° La Congrégation mettra la division entre les femmes de la paroisse : une telle est congréganiste, une telle ne l'est pas. — Réponse : C'est tout le contraire. 1° La Congrégation est ouverte à toutes les personnes qui le désirent; 2° Les congréganistes seront des modèles d'humilité, de charité : elles ne se croiront pas meilleures que les autres, loin de là; elles tâcheront d'aimer le bon Dieu; elles supporteront les petites contrariétés des voisins, elles leur rendront service.

« 7° Nous ne pourrons plus faire comme auparavant ; nous ne pourrons plus aller chez nos voisins, le soir. — Réponse : Que ce soit nécessaire, non : bien utile, non : — aller chez les bons voisins, causer un peu ensemble, puis rentrer chez soi, fort bien — mais aller chez les voisins pour dire du mal du prochain, ou des sottises, des plaisanteries inconvenantes, cela n'est pas permis. Aimez le bon Dieu de tout votre cœur, évitez ce qui serait mal, ce qui serait péché, voilà tout ce qu'on vous demande. Est-ce donc, pour votre mal, cela ? C'est au contraire pour votre bien. Un tel à la gale, une telle a une mauvaise fièvre, je vous défends d'aller avec eux; n'est-ce pas à votre avantage ?

« 8° Mon mari ne veut pas. — Réponse : Il a tort, vous ne ne recevrez ici que de bons conseils, d'excellents avis.

« 9° Ma mère n'est pas de la Congrégation, ma sœur non plus ; si j'y entre, moi, cela paraîtra drôle. J'aurai l'air de vouloir être meilleure qu'elles. — Réponse : Elles n'en ont peut-être pas besoin pour être bonnes, tant mieux. Mais vous, vous en avez besoin. De même votre mère, votre sœur ne vont pas trouver le docteur, tant mieux : elles se portent bien. Mais vous, vous êtes malade, faible, vous en avez besoin, et vous allez le consulter. Vous devez avoir de l'autorité sur vos enfants, vous leur devez le bon exemple : étant congréganiste, vous ferez l'un et l'autre. Vous obtiendrez aussi des grâces pour votre famille. Enfin c'est un bienfait de Dieu, je vous exhorte à ne pas le laisser tomber à terre. »

A cet apostolat par la parole, le P. Cochet en joignait un autre par la plume. « Je me permets, nous écrit-on, de vous signaler un côté de sa vie apostolique qui m'a le plus

frappé, je veux dire sa correspondance. Elle était énorme.
Il écrivait pour un rien, semble-t-il ; et pour qui ne l'aurait
pas connu à fond, ces lettres envoyées de toutes parts, à
toutes sortes de personnes, auraient paru une exagération
véritable et une perte de temps. Pourtant Dieu sait s'il était
homme à gaspiller le temps et l'argent! Mais c'est qu'il voyait
là une autre forme d'apostolat et un puissant moyen de faire
du bien. Quand il n'avait pas de raisons surnaturelles pour
écrire, il ne se gênait nullement pour ne pas répondre et
même pour prévenir qu'on n'eût pas à insister, que c'était
inutile.

« Deux jeunes sœurs acadiennes partaient pour Paramé,
il y a quelques mois, après avoir été un an sous sa direction. Quand elles vinrent lui faire leurs adieux, il leur dit :
« Maintenant, mes sœurs, priez pour nous là-bas, s'il vous
plaît ; mais que ce soit tout. Vous vous croiriez obligées de
m'écrire peut-être ; eh bien, non, ne le faites pas. »

« Si au contraire il jugeait qu'une lettre pouvait être de
quelque utilité, il n'hésitait pas à l'envoyer, lors même
qu'il semblait à peine autorisé à le faire. Que d'âmes égarées ont ainsi reçu tout étonnées l'appel de Dieu, en Acadie
ou en France! Je l'ai vu écrire d'ici à Hennebont à des
hommes qu'il avait ramenés de bien loin au bon Dieu et
qu'il voulait maintenir dans la fidélité à leurs devoirs. Quelques-uns lui répondaient parfois pour l'assurer de leur re-
connnaissance, le remercier du bien que leur avait fait sa
lettre, et lui promettre de continuer à aller à confesse.
Comme, en pareille circonstance, il s'estimait payé de sa
peine !

« Quelques jours avant de se mettre au lit pour ne plus
se relever, il reçut une lettre qui ne lui était pas destinée,
mais qu'il ouvrit, rien n'indiquant qu'elle fût pour un autre.
Elle était écrite par une pauvre âme bien à plaindre, mais
aussi très peu généreuse dans sa vocation qui est de souffrir. A cette lettre était joint un mot de la Supérieure :
« Grondez-la bien fort, s'il vous plaît. » Le bon Père n'avait
guère de loisir assurément, et il était déjà bien souffrant.
De plus il en avait assez lu pour comprendre qu'il n'était
point le destinataire de la lettre. Qu'importe ! Il y a un bon
conseil à donner, une verte remontrance à faire, l'occasion

est excellente, et, en dépit de son tempérament si doux, il écrivit une lettre énergique et ferme qui produisit son effet, je l'ai su. La pauvre religieuse, qui ne connaissait nullement le P. Cochet, fut très étonnée d'abord, puis très touchée. Elle lui écrivit quelques jours après pour lui demander pardon et le remercier. Quand la lettre arriva à Halifax, il était mort de la veille. »

Dans les lettres de cette époque que nous avons pu recueillir, il y aurait de nombreuses et belles pages à citer ; mais, pour ne pas nous étendre outre mesure, nous n'en reproduirons ici que quelques-unes qui nous paraissent propres à faire plus de bien.

Commençons par cette réponse à une nouvelle supérieure qui l'avait informé de son élection et réclamait ses conseils : « Ce n'est point à moi à vous donner des conseils. Je suis persuadé que vous ferez beaucoup de bien dans votre Communauté, que je crois bonne, aussi bonne et même meilleure que plusieurs autres. Vous serez bonne, très charitable, toute pleine d'égards envers la Mère Déposée. Envers vos sœurs et envers les enfants, vous serez bonne, patiente, douce, encourageante, montrant de toutes manières que vous ne voulez que leur bien. Quand vous aurez un reproche à faire, faites-le précéder d'un compliment. « Vous êtes une bonne sœur, je vous estime, en général vous ne remplissez pas mal votre emploi, mais il y a tel et tel point qui laisse à désirer. » Enfin, quand vous aurez été obligée de gronder, de reprendre plus fortement, cherchez l'occasion de relever, d'encourager, de montrer que tout est fini. Un autre excellent moyen d'action : soyez très large, très bienveillante, très zélée pour les infirmes, pour les personnes âgées, pour les malades. Allez les visiter, les récréer, leur dire des mots aimables. Je ne sais pourquoi je dis ces choses à votre Charité, car vous les savez et les accomplissez beaucoup mieux que moi. »

Et une autre fois : « Votre bonne lettre m'a été remise juste la veille du nouvel an. Comme toujours elle m'apportait dans les meilleurs termes l'expression de votre reconnaissance pour le peu que j'ai fait en votre faveur. C'est une exagération, mais c'est le propre des âmes bonnes de se souvenir des moindres bienfaits : les âmes communes au contraire oublient les faveurs les plus signalées. Vous n'êtes point de ce nombre, et votre constante affection pour moi m'est un gage de votre amour pour le bon Dieu, auteur de tout bien.

« Combien je me réjouis des bonnes nouvelles que vous me donnez de votre Communauté ! Oh ! que, pendant la nouvelle année, l'Esprit de Dieu repose de plus en plus sur vous, ma Mère, et sur toutes vos chères sœurs ! Il est si beau, il est si bon de voir une communauté n'ayant qu'un esprit et qu'un cœur dans l'œuvre admirable de la conversion des âmes !

« Modération, patience, charité, silence, bonté, sont une grande force dans une supérieure. Savoir attendre est une grande sagesse. Le temps adoucit tout, et il est peu d'âmes qui résistent longtemps à des procédés vraiment francs, charitables et religieux. Continuez, ma bonne Mère, continuez dans cette voie, et le bon Dieu vous bénira de plus en plus. De plus en plus aussi soyez l'exemple de votre Communauté : l'exemple entraîne, l'exemple est la plus éloquente des prédications. Jésus commença par faire, puis il enseigna. Aussi le Vénérable P. Eudes met-il l'exemple avant tout, même avant la prière ; à plus forte raison, avant les instructions orales. Travaillons donc à notre sanctification : ce sera le meilleur moyen de travailler à la sanctification des autres. »

Voici maintenant des conseils adressés à une Religieuse enseignante : « Vous êtes occupée à l'enseignement, et moi aussi. Avec les enfants, soyez ferme, calme, uniforme, et surtout dévouée et bonne. Il faut beaucoup les aimer en Dieu, c'est-à-dire, désirer vivement et efficacement leur bien corporel, intellectuel, et surtout moral et spirituel. Si vous vous fâchez, vous aurez tort, il ne vous restera plus qu'à vous défâcher. Il faut beaucoup de patience envers les enfants et encore plus envers vous-même : pour beaucoup de religieuses institutrices, ce doit être le sujet de leur examen particulier. Continuez de prendre le temps, comme il se présente, sans vous préoccuper de l'avenir, tâchant seulement de bien employer et de sanctifier le jour présent. Je vous souhaite la continuation de votre bonne santé : mais si vous souffrez, vous vous consolerez en pensant que souffrir n'est pas un péché : c'est comme avoir froid, cela fait grand bien, quand c'est fini ! »

Cette religieuse lui ayant écrit qu'elle éprouvait parfois de grandes répugnances à obéir, il lui répondit en ces termes : « Ne vous étonnez pas d'éprouver des tentations et des répugnances que vous ignoriez autrefois. L'obéissance est facile et toute naturelle dans l'enfance et dans la jeunesse religieuse. Mais, quand on avance en âge, on a ou l'on croit avoir plus d'expérience, on voit mieux ou l'on croit mieux voir le fort et le faible des supérieures. Si vous aviez été supérieure, ce serait bien pis encore. Heureusement les tentations ne sont pas des péchés : renoncez-y généreusement, et efforcez-vous d'être d'autant plus respectueuse, affectueuse et dévouée envers les supérieures. Surtout ne parlez point imprudemment de ces répugnances. Parlez-en beaucoup à Notre-Seigneur dans vos visites et dans vos oraisons ; parlez-en à votre directeur, si vous en éprouvez le besoin ; et, si votre cœur était trop plein, comme soupape de sûreté, vous pourriez peut être en parler sérieusement et confidentiellement à une sœur âgée, mûre, pieuse, prudente, qui vous remonterait le moral. Prenez garde : vos maux d'estomac vous portent à la sévérité, à la tristesse ; soyez gaie quand même. Que nos croix sont légères comparées aux croix des gens du monde. »

Une communauté ayant perdu son aumônier et en ressentant un vif chagrin, il lui écrivit les sages avis que nous allons lire : « Maintenant une autre question, qui vous intéresse beaucoup, vous et la Communauté tout entière, c'est la question de votre aumônier. Je crois en effet qu'en M. M*** vous avez perdu un excellent aumônier ; je sais aussi qu'un bon, très bon aumônier est un trésor pour une communauté ; il peut y faire un bien très réel. Moi-même je m'efforce de tendre à cet idéal, et par rapport aux neuf sœurs du collège dont j'ai la charge ordinaire, et par rapport au couvent où je vais chaque jour dire la sainte Messe. Cependant, quand le bon Dieu ordonne un changement, c'est pour le plus grand bien : cela détache de tout élément humain et fait mieux pratiquer le « Dieu seul ! Dieu seul ! » Puis, avec la direction, avec les solutions reçues de M. M***, vous pouvez pendant un certain temps former votre conscience et vous diriger vous-mêmes.

« Ne pensez pas trop à ce que vous avez perdu : ce serait inutile et cela vous empêcherait d'apprécier ce que vous avez maintenant. Il faut toujours se tourner vers le soleil levant. Le roi est mort, vive le roi! Ce n'est point de l'ingratitude, c'est de la prudence, c'est de l'ordre. C'est absolument comme quelqu'un qui quitte le Noviciat de Kerlois et est envoyé à Church'Point. Ce n'est pas le plan de pleurer ce qu'on a quitté ; il s'agit plutôt d'oublier le passé, et de se mettre à aimer, à estimer son emploi, le pays, etc., etc. En un mot, tirer le meilleur parti de ce qu'on a, est une grande sagesse : puis éviter de faire des comparaisons entre l'ancien et le nouveau. Il y a, il y aura nécessairement des différences, c'est inévitable : il y en a même entre deux supérieurs qui se succèdent dans une communauté. Léon XIII est très différent de Pie IX. Mais toute différence n'est pas infériorité. L'un dit : « Bonnet blanc », l'autre préfère « blanc bonnet » ; que voulez-vous ? ce n'est pas une affaire. — En fin de compte, vous avez toujours le bon Dieu, Notre-Seigneur, dans le Tabernacle, dans la sainte Messe, dans la sainte Communion! Détachement! Dieu seul! Quoi de plus libre que celui qui ne tient à rien ici-bas ? *Amen!* Voilà un long sermon! »

La lettre suivante, adressée à une nouvelle économe, mérite également d'être lue et méditée : « J'accepte bien volontiers vos vœux dont je connais toute la sincérité. Recevez aussi les miens. D'abord pour votre santé physique, je ne vous souhaite que la continuation. Au moral, je vais demander pour vous beaucoup de bonté et de douceur. Dans la position où vous êtes, vous pouvez et devez rendre à vos sœurs beaucoup de petits services. Appliquez-vous donc à prévenir leurs besoins et leurs légitimes désirs. Soyez bien persuadée qu'il est toujours désagréable et pénible de demander. Si donc vos sœurs vous demandent quelque chose, c'est qu'elles en ont un besoin véritable. Il y a des économes qui s'imaginent que les autres demandent sans besoin, que leur rôle à elles consiste à serrer les cordons. On aurait ainsi deux partis : celles qui veulent prendre, c'est le gros de la communauté, et les économes qui veulent empêcher : « Attention! n'y touchez pas! » L'esprit d'ordre, d'économie, de pauvreté, doit au contraire vivre dans le cœur des sœurs; l'économe a pour mission de fournir charitablement à chacune ce dont elle a besoin.

« Surtout, quand vous donnez, faites-le de bonne grâce. Ne gâtez pas vos dons par la façon désagréable dont vous les faites. Soyez pour vous-même austère, serrée, sévère, mais large et bienveillante pour les autres. L'économe doit, autant que cela dépend d'elle, pourvoir largement aux besoins de ses sœurs, sans examiner de trop près si elles font ces besoins plus grands qu'ils ne sont, de peur de manquer à celles qui ont des besoins réels.

« Ceci va peut-être vous paraître étrange ; mais c'est vrai pourtant : il est désirable que chaque sœur s'impose des privations par vertu, plutôt que d'en souffrir par nécessité. Quelle doit être la plus mal vêtue, la plus mal nourrie, etc., etc.? C'est la seconde économe. En voilà une rude morale! »

Il fait bon lire aussi ces lignes écrites à une religieuse, dont il avait dirigé la vocation, et qu'il soutenait d'au delà des mers dans ses luttes quotidiennes : « Appliquez-vous largement cette parole des anges sur le berceau du Sauveur : « *Pax omnibus bonæ voluntatis*, paix aux âmes de bonne « volonté! » Vous êtes certainement de ces âmes-là : donc paix à vous ! Vous êtes dans le bon chemin. Il est fort possible que, dans tel ou tel cas particulier, vous constatiez que vous avez manqué de bonne volonté et de courage, que faire alors ? Vous attrister ? Vous dépiter ? Vous décourager ? Nullement, mais vous humilier doucement devant Dieu, vous étonnant, non pas d'avoir mal fait, mais de n'avoir pas plus mal fait, vous disant : « Si Dieu ne m'avait pas gardée, j'aurais fait pis encore. » Ne vous écartez point de cette règle de conduite.

« Il est bien entendu que vous vous efforcerez d'observer votre Règle, que vous serez toute dévouée à votre emploi, que vous vous y affectionnerez, parce que Dieu vous y a placée. De même, aimez vos supérieures et vos sœurs, leur voulant du bien, leur obéissant volontiers, leur rendant service, quand l'occasion s'en présente. Soyez bien persuadée qu'on vous aime et qu'on ne cherche que le vrai bien de votre âme. Ne vous laissez point aller volontairement à la tristesse et à je ne sais quel ennui vague !

« Ayant, en ma qualité de chapelain de nos sœurs du Bon-Pasteur, à leur faire la conférence tous les dimanches de l'Avent, j'en ai fait une contre la tristesse, une autre sur la joie spirituelle ; enfin dimanche dernier, leur parlant pour la nouvelle année, je leur ai souhaité encore cette joie spirituelle. Aujourd'hui dans une lettre d'une personne du monde, je lis : « Pour travailler, il faut du courage, de la santé, de l'entrain, une bonne joie qui dilate le cœur et illumine l'horizon. Ayez donc tout cela, mon Père, et mille autres douces choses ! » Je vous dis la même chose, ma chère enfant, et vous savez combien je porte intérêt à votre âme. Vous aurez à combattre la timidité, la défiance excessive de vous-même, une tendance à la mélancolie, qui vient de votre tempérament et du milieu où vous avez été élevée. Encouragez-vous, remontez-vous souvent. Ouvrez votre âme aux pensées douces et consolantes. Pensez, par exemple, aux bienfaits que vous avez reçus du bon Dieu, aux saintes espérances de l'autre vie. Les avis de votre confesseur, en vous rassurant, doivent apporter la joie et la paix à votre âme.

« Pratiquez l'amour de complaisance : « Mon Dieu, mon Jésus, est infiniment heureux, infiniment loué, adoré, aimé! Quelle consolation pour moi ! »

« Vous faites bien de ne point demander à changer d'emploi. Plus tard, profitant de votre expérience, vous tâcherez d'épargner aux autres les souffrances que vous avez endurées. On se fait souffrir ainsi sans le vouloir et sans le savoir : ce n'est qu'au ciel que nous trouverons des âmes sans défaut, et le bonheur parfait! Oh! oui, soyez joyeuse et heureuse de plus en plus en votre sainte vocation! Elle est belle, elle est admirable. »

Et dans une autre lettre, revenant sur le même sujet, à cause de son importance, il disait à cette religieuse : « Votre lettre m'a causé un vrai plaisir : quand on est loin, il est doux de recevoir quelque chose du pays natal. Surtout, ce qui me comble de joie, c'est de savoir que votre âme fait des progrès dans la vertu. Votre désir d'être parfaite est un excellent signe; vous avez certainement bonne volonté : ayez donc aussi la paix, cette paix qui a été annoncée par les anges aux bergers de Bethléem. Continuez de marcher gaiement dans la voie de la perfection religieuse, vous défiant de vous-même et surtout ayant confiance en Dieu. Oh! quelle force dans cette vérité bien comprise, bien méditée : « Je suis dans cette classe par la Volonté de Dieu; c'est de sa part que je parle à ces enfants; c'est en son nom que je leur commande, je suis son lieutenant! Je veux donc m'efforcer de gouverner ces âmes, comme le bon Dieu lui-même les gouverne, avec force et avec douceur, avec force dans le fond, avec douceur dans la forme. » Oh! ayez foi, ayez confiance dans votre mission divine ! »

A une pieuse demoiselle qui, après avoir consacré une bonne partie de sa fortune à l'éducation de ses neveux et nièces, se voyait soudain frustrée dans ses espérances et mal récompensée de ses sacrifices, il écrivait, quelques mois avant de mourir, ces paroles de consolation :

« Ne croyez pas perdus tous les soins que vous avez pris de ces jeunes âmes. Oh! non. L*** n'oubliera pas, il ne peut oublier vos bontés, votre dévouement, vos exemples. Il est possible qu'il y ait pour un temps une sorte de réaction : mais soyez assurée que les bonnes semences déposées par vous dans son cœur porteront leurs fruits en leur temps. Bien souvent on nous a dit et répété : pour voir les fruits d'une éducation chrétienne, il ne faut pas regarder le jeune homme de vingt à trente ans; peu nombreux, hélas! sont ceux qui ne dévient pas du bon chemin! Mais, après cela, devenus maris et pères de famille, ils se retrouvent chrétiens, et chrétiens convaincus et pratiquants. Tout cela n'est pas complètement rassurant, je le sais, mais aussi ce n'est pas de nature à vous faire regretter vos sacrifices. Pour moi, j'ai confiance au salut éternel de L***, et ce salut, c'est à vous qu'il le devra. Je prierai pour lui, je prierai pour les autres. Ces enfants ont eu le grand avantage d'être élevés par une tante chrétienne; mais aussi ils ont le grave désavantage d'avoir une mère mondaine, indifférente; et il est difficile qu'ils n'en ressentent pas quelque chose. Il y a des exceptions, mais la foi, la piété, le sens chrétien se transmettent avec le sang, avec le lait. »

Toutefois, dans cette correspondance, rien de plus admirable, rien de plus élevé que les lettres adressées à l'abbé Guillemé, prématurément condamné au repos par l'état de

sa santé profondément atteinte. Aumônier de l'hôpital général, dit des Catherinettes, il avait attiré autour de sa
chaire une foule nombreuse, captivée par le charme d'une
parole spontanée, familière avec abandon, négligée même,
mais qui lançait parfois des flammes d'une chaude éloquence et allait droit au cœur. Il excellait à émouvoir, mais
ces émotions, il les ressentait avant de les communiquer.
« Quand je luis, je me consume. » Ce mot de Joubert semblait avoir été écrit pour lui. Sa lampe allait s'éteindre pour
avoir fait une trop grande dépense de combustible. Une
sorte de congestion cérébrale l'avait frappé au printemps de
1893, laissant amoindrie, non l'intelligence, mais la faculté de s'exprimer. Le mal augmentant, il fallut que le
pauvre abbé se résignât, en juillet 1894, à donner sa démis-
sion, puis à ne plus dire de bréviaire, à ne plus monter à
l'autel : douloureux martyre, immolation cruelle de deux
longues années, où il eut pour le soutenir les visites
et les consolations de fidèles amis et, par-dessus tout, les
lettres si affectueuses de son « cher petit Cochet ». Celui-ci
se fit, en effet, un devoir de l'assister dans cette suprême
épreuve.

« 8 janvier 1895. — Je me suis souvent reproché de ne
t'avoir pas écrit plus tôt. J'ai su et ta longue maladie et l'o-
bligation où tu as été pour un temps d'abandonner le saint
ministère. J'aurais dû te dire la part que j'ai prise à tes souffrances. Il est si dur, dans toute la force de l'âge et la maturité de l'intelligence, de ne pouvoir plus travailler ! Ah ! que
de fois j'ai pensé à tes ennuis ! Que de fois j'ai prié le Dieu de
toute consolation de visiter, de reconforter le plus ancien, le
plus constant, le meilleur de mes amis ! Tu me diras, n'est-
ce pas ? tout ce qui te concerne, l'état actuel de ta santé, tes
espérances pour l'avenir. Tu me parleras de ta vénérable
mère et de ton excellente sœur. Dans ta maladie, ça été une
grande consolation pour toi d'être entouré de leur soins si
délicats et si dévoués. C'est un trésor qu'une mère ! La
tienne est un trésor entre tous les trésors ! Et ta chère
sœur ! Dis-leur bien mon admiration et mes vœux. Ah ! combien sont sincères ceux que je forme pour toi ! »

« 3 juin 1895. — Le 24 de ce mois va ramener la fête de
saint Jean-Baptiste ; je ne veux pas être un des derniers à

t'offrir mes vœux. Oh ! puisse cet anniversaire te rendre une santé parfaite, comme il arriva à Zacharie auquel fut rendu l'usage de la parole ! Je le demanderai instamment à Notre-Seigneur et à son saint Précurseur.

« Tu fais bien de conserver l'espoir d'une santé meilleure, l'espérance soutient ; et puis, à notre âge, il y a vraiment espoir fondé de retrouver un regain de force qui permette de travailler encore. Oui, certainement, la souffrance, la langueur, sont une terrible épreuve : c'est une des raisons pour lesquelles, nous, prêtres, nous devons avoir beaucoup de charité et de compassion pour les pauvres malades. Etre réduit à l'impuissance par la maladie, c'est pénible : mais je crois qu'être disgracié, interdit, réduit à l'impuissance par la calomnie, serait chose plus dure encore : car, dans la maladie, l'honneur est sauf.

« Pourtant, mon très cher, en nous établissant bien sur le terrain surnaturel, nous voyons que la maladie, si elle est dure, est aussi bien sanctifiante. Or, quel doit être, quel est notre désir le plus profond ! N'est-ce pas de procurer la gloire de Dieu ? Et des trois manières d'honorer Dieu, la prière, le travail, la souffrance, celle-ci n'est-elle pas la plus parfaite, d'autant qu'elle s'allie fort bien avec la prière ? Je prie, je souffre : ainsi je puis rendre gloire à Dieu, et travailler efficacement au salut des âmes. Exercer le ministère est plus honorable, c'est aussi plus humain, plus selon la nature ; souffrir est plus surnaturel. Dans le succès, nous courons risque de nous attribuer une partie du bien réalisé, et nous oublions trop que les conversions sont le fruit des souffrances cachées, des prières ignorées de tel ou tel confrère.

« A un autre point de vue, notre grande affaire ici-bas, n'est-ce point de faire la Volonté de Dieu ? Les choses qui nous occupent, importent assez peu en soi ; l'essentiel, c'est qu'elle soient en conformité avec la Volonté de Dieu. Car enfin Dieu est le maître, et il peut commander à son gré. Or, dans la maladie, nous sommes sûrs d'accomplir sa Volonté. N'est-ce pas là une grande consolation ? Oh ! sans doute nous pouvons bien dire avec Notre-Seigneur : « *transeat a me calix iste!* » mais à condition d'ajouter aussitôt : « *verumtamen non mea voluntas, sed Tua fiat!* »

« Quand on a été quelque chose, c'est dur de n'être rien. C'est ce qui arrive au temps de la maladie, et c'est un grand service qu'elle nous rend. Faut-il que je te dise ce qui m'est arrivé à moi-même ? Franchement je ne crois pas que l'orgueil soit mon défaut dominant. Néanmoins, à Kerlois, par la force des choses, et sans m'en rendre bien compte, je me complaisais un peu dans une certaine popularité ! Connaître, être connu, être consulté, etc. ! Pouf ! je tombe ici dans un village dix fois pire que Saint-Sulpice-la-Forêt, ne connaissant rien, tenu à l'écart de tout. Etre le dernier après avoir été tout, ce n'était pas amusant, je t'assure, mais cela m'a beaucoup profité. Au fond, je vaux ici ce que je valais à Kerlois ; je suis jugé, apprécié autrement, voilà tout ; je n'en reste pas moins le même. Combien donc sont vains les jugements des hommes ! Combien je serais insensé de chercher à plaire à ce fantôme qu'on appelle « l'opinion ! » Plaire à Dieu, à Dieu seul ! O Jésus, vous êtes mon ami toujours fidèle ! Et qui vous a, ô Jésus, n'a-t-il pas tout ? Ma première année ici, ayant peu de ministère, j'ai pu m'occuper davantage de moi-même, me tenir plus uni à Dieu, étudier davantage, et étudier sans danger le terrain si neuf où j'étais placé.

« Puis, en toutes choses, il y a du pour et du contre. N'est-ce pas sagesse de considérer longuement les avantages de la position qui nous est faite ? Quand on n'a pas ce que l'on aime, que faire ? s'impatienter ? à quoi cela mènerait-il ? Il faut aimer ce que l'on a. Eh bien, mon cher, tu as en partage la maladie, j'ai en partage l'exil : aimons le lot qui nous est échu. Dieu l'a voulu, c'est pour notre notre plus grand bien. Jésus-Christ, mon Sauveur, a souffert pour moi : ne voudrais-je pas souffrir un peu pour lui ? Combien de prêtres plus jeunes que nous sont morts ? N'avons-nous pas dépassé la moyenne de la vie humaine ? Désirer vivre est chose naturelle ; cependant c'est la sainte vie qu'il faut estimer bien plus qu'une longue vie. Est-ce que pour plusieurs il n'eût pas été avantageux de vivre moins longtemps ? Pour toi, j'espère bien fermement que tu sortiras rajeuni de cette longue épreuve, et que, mûri par la souffrance, tu donneras une riche moisson de bonnes œuvres ; c'est mon vœu le plus ardent, mon espérance la plus profonde... »

— « 9 juillet 1895. Te voilà donc tout à fait sur la Croix! Oh! combien je prie pour toi! C'est si dur, la Croix! mais c'est si sanctifiant aussi! Oh! remets-toi bien entre les mains de la Providence. Comme Jésus au Jardin des Olives, dis : « *transeat a me calix iste !* » mais ajoute, comme Jésus aussi : « *verumtamen non mea voluntas, sed Tua fiat !* »

« Ici j'ai été bien malade. Il y a trois semaines, je pensais beaucoup à la mort que je regardais comme prochaine, et je tâchais de l'accepter de tout cœur. Je me disais : « La mort, c'est : 1° La séparation de toute créature. Eh bien, mon cœur ne veux-tu pas te décoller de tout pour t'attacher à Dieu seul ? — 2° Le jugement, le compte-rendu de ma vie de chrétien et de prêtre ? Mais plus longtemps je vivrai, et plus long, plus difficile sera ce compte : si je ne suis pas prêt maintenant, le serai-je plus tard ? — 3° La mort, c'est le repos après le travail, c'est la victoire définitive après la bataille, c'est le retour éternel après l'exil : O mon âme, ne veux-tu pas te reposer ? Ne veux-tu pas ceindre enfin la couronne du triomphe ? Ces pensées m'ont fait beaucoup de bien. Oh! quel bienfait que la foi! Au ciel, on se revoit, on se reconnaît! Que nous serons bien là, et que de choses nous aurons à nous dire ?

« Je porterai chaque matin ton souvenir au saint autel. Tu offriras tes souffrances, en partie, pour deux retraites que je dois faire, la première du 21 au 25 juillet, l'autre du 28 juillet au 4 août. Priant pour le frère et le fils, je prie aussi pour la sœur et la mère. Comme vous allez tous trois avancer vite en la sainteté, au milieu de ces souffrances continuelles ! »
— « 28 septembre 1895… La santé ne te revient point et tu es toujours sur la Croix, mon pauvre cher ami, c'est dur, très dur. N'avoir pas encore cinquante ans, dans toute la force de l'âge, en plein épanouissement de la maturité et de l'expérience, se voir réduit à l'inaction, oh! que c'est pénible! Et puis, l'incertitude de l'avenir! Comme autrefois à saint Joseph partant pour l'Égypte, l'ange te dit : « *et esto ibi usque dum dicam tibi !* »

« Au moins, si mon état était utile à quelque chose! mais il est inutile à moi et aux autres. — Si cela était, ce serait une nouvelle et lourde Croix, car nous avons horreur de l'inutilité. Travailler, nous dépenser, souffrir, oui ; mais au moins que cela serve à quelque chose! Eh bien, il est certain que ton état est sanctifiant pour toi, plus sanctifiant que la vie la plus occupée, la plus brillante, la plus féconde en succès. 1° C'est cent fois plus dur ; 2° la nature n'y porte pas, elle y répugne au contraire. Donc tout y est facilement surnaturel et pur de tout mélange humain. Oh! que dans la maladie on goûte bien le « *vanitas vanitatum,* ματαιότης ματαιοτήτων », comme nous disions autrefois ensemble! Dieu seul! Dieu seul! *Deus meus et omnia!*

« Ton état maladif peut être très utile, très fécond pour le salut des âmes. Dans ce céleste métier de sauveur d'âmes, il y a deux classes : les semeurs et les moissonneurs. Tu as été moissonneur, tu as envoyé au ciel beaucoup de gerbes d'élus. Eh bien! pendant que nous prêchions, que nous obtenions quelques succès, que nous faisions quelque bien, il y avait des prêtres, des fidèles, des religieux, des religieuses, qui priaient, qui souffraient en silence, inconnus du monde, inconnus à nous-mêmes : ces âmes saintes et crucifiées, voilà les semeuses, voilà celles qui nous obtenaient les grâces de conversion pour les pécheurs. Maintenant, mon cher ami, le bon Dieu t'a retiré de la classe des moissonneurs, et il t'a appelé à la classe plus élevée des semeurs, des souffrants, des victimes. Oh! certainement tu peux beaucoup par tes souffrances pour ta sanctification personnelle, pour le bien de l'Eglise, pour la conversion des pécheurs. Pour moi, combien de temps resterai-je encore dans les rangs des moissonneurs? J'ai été assez malade pendant un mois, et il n'y a que deux semaines que je suis mieux.

« Surtout ne va pas croire que Dieu ne t'aime pas. Qui a été plus aimé du Père Eternel que Jésus et Marie? Et pourtant qui a plus souffert ? Quelle obscurité, quelle inutilité apparente dans la vie de Jésus et dans la vie de Marie! Ce qui nous soutiendra, ce qui nous consolera à nos derniers moments, ce seront nos souffrances bien plus que nos travaux. J'ai lu hier sur une image cette pensée de la Vénérable Mère Barat : « regardez comme perdu le jour où vous n'aurez pas souffert pour Jésus. » Donc regardez comme bénis, comme féconds, les jours où vous aurez souffert pour Jésus. C'est ton cas. Comme Jésus, le Souverain Prêtre, nous devons être tout à la fois prêtres et victimes : te voilà victime, victime agréable à Dieu, au bon Dieu! C'est ton vendredi saint, mais la gloire du dimanche de Pâques suivra de près. »

« 17 décembre 1895. — Je viens t'offrir mes vœux de bonne année. Oh! que je te souhaite une meilleure santé, une pleine et entière guérison! Si je pouvais partager avec toi ce qui me reste de santé, comme je le ferais volontiers! Ces vœux dont tu connais la sincérité, ils sont pourtant, ils doivent être subordonnés à la Volonté du bon Dieu. Car enfin, au fin fond, ce que tu veux, ce que nous voulons tous, avant tout, par-dessus tout, c'est l'accomplissement de cette divine Volonté.

« Si donc, mon très cher, la santé se fait attendre, ce que je te souhaite en attendant, c'est une forte dose de patience et de résignation. C'est que tu tires ton profit spirituel de l'étal pénible où tu es. Tu aimes certainement le bon Dieu : or, *Diligentibus Deum omnia cooperantur in bonum.* T'abandonner à la tristesse, à l'ennui, au découragement, ce serait un mal ajouté à un autre. La résignation au contraire, la patience, est un bien qui adoucit la souffrance, en la rendant méritoire.

« Oh! certainement, la nature gémit, la nature souffre, c'est dans l'ordre des choses ; mais au-dessus de la nature, il y a le surnaturel ; au-dessus de la raison, il y a la foi. Eh bien, la foi, la grâce, le surnaturel, nous procurent une joie indicible, même au milieu des souffrances. Les apôtres s'en allaient joyeux, *ibant gaudentes,* de quoi ? d'avoir souffert pour Jésus-Christ. Et saint Paul nous dit qu'il surabonde de joie au milieu de ses tribulations. Oh! que je demande pour toi ces consolations, ces joies célestes qui transforment en délices spirituelles les souffrances les plus aiguës!

« Pour faire naître en nous la joie, il faut réfléchir à ce qui est propre à la produire! Songe donc au bonheur que tu as dans ta maladie d'avoir près de toi une mère et une sœur, et toutes deux si affectueuses, si dévouées! Combien de prêtres sont abandonnés à des mains mercenaires! Et à Rennes, combien d'âmes qui t'aiment, qui prient pour toi! Et l'espérance, L'espérance de guérir! car, à notre âge, il y a plus de ressources qu'à soixante-dix ans! Espérances aussi pour le ciel ! Dire que chaque souffrance offerte à Dieu me procure un rayon de gloire de plus, et cela pour l'éternité ! Chaque acte de résignation que je fais, chaque acquiescement à la Volonté de Dieu, chaque « mon Dieu, je vous aime », chaque « mon Dieu, je vous offre mes souffrances », est un nouveau fleuron ajouté à la couronne de gloire qui ceindra ma tête pendant les siècles des siècles ! Ces vérités-là ne sont elles pas consolantes, ravissantes ?

« Et puis, tu n'es pas le seul à souffrir : n'y a-t-il pas des croix pour chacun ? Il est vrai, le mal de l'un ne guérit pas le mal de l'autre ; mais cela nous fait comprendre que la douleur est une des lois de l'humanité. Ici je sue à baragouiner quelques mots d'anglais, et j'ai les oreilles et le nez à moitié gelés, ce n'est pas amusant. — Adieu. »

« 21 janvier 1896. — Tu as été bien gentil de me faire écrire pour la nouvelle année. Tu vas te dire en toi-même : « Voilà le P. Cochet parti pour se faire des compliments à lui-même, puisque lui aussi m'a écrit, et que nos deux lettres ont pu se saluer, quand les deux transatlantiques se sont rencontrés. » Je t'ai écrit, en effet, mais tu as eu beaucoup plus de mérite en m'écrivant ; car tu es malade, malade depuis longtemps, et la maladie, en nous repliant sur nous-mêmes, tend à nous rendre égoïstes. Mais ton cœur ne connaît pas l'égoïsme, et tu as pensé à ton ami d'outre-mer, j'en suis bien touché et bien reconnaissant.

« Eh bien, mon pauvre cher ami, tu es donc toujours attaché à la Croix ! Oh ! combien je serais heureux d'apprendre un jour que tu es guéri, et que tu as repris rang dans l'armée active de Jésus-Christ ! Cependant il y a quelque chose de mieux que l'action, c'est la souffrance, et c'est la part que la Providence t'a faite ! C'est dur, mon bien cher ami, c'est très dur ; c'est très triste aussi, considéré au point de vue naturel et humain. Mais ce n'est pas de ce côté-là qu'il faut considérer les choses. Ce serait regarder un tableau de Michel Ange par le dos. Que verrait-on ? Une grande toile couverte de poussière et d'araignées ; tandis que, vue en face, par le vrai côté, c'est splendide. De même, vue du côté de la terre, ta longue maladie est quelque chose d'affreux ; mais, du côté du ciel, considérée des hauteurs sereines de la foi, rien de plus consolant. Par mon état actuel de souffrance et de faiblesse, je puis rendre gloire à Dieu, je puis me sanctifier, embellir ma couronne, travailler même indirectement, mais efficacement au salut des âmes : tout cela, qui est très vrai, n'est-il pas bien réconfortant ?

« Et puis, on prie beaucoup pour toi ! Tant d'âmes que tu as dirigées dans le chemin du salut, à qui tu as ouvert les portes du cloître, crois-tu qu'elles t'oublient maintenant ? Oh ! non, et c'est par de fréquentes et ferventes prières qu'elles traduisent leur reconnaissance !

« Le physique ayant toujours beaucoup d'influence sur le moral, il est possible que de temps en temps tu sois un peu abattu et découragé. Que faire alors ? Ce qu'on fait, après une chûte : se relever. Ces défaillances partielles et transitoires ne sont point des péchés, car elles ne sont point le fait de la volonté libre. Il n'y a donc qu'à les désapprouver, quand tu t'en aperçois, et à redire encore : « *Fiat voluntas Tua !* »

« 18 mars 1896. — Les malades ne peuvent lire de longues lettres, de même qu'ils ne peuvent faire de longues prières. Un mot seulement pour te dire que je t'aime toujours bien, toujours de plus en plus, te sachant malade. Je désire être envoyé à l'assemblée de notre Congrégation, au mois d'août, pourquoi ? principalement afin de te voir, et de te dire et redire que je t'aime beaucoup. Je prie le bon Dieu pour toi, et je demeure ton ami très attaché. »

Ces lignes furent les dernières que le P. Cochet écrivit à son ami mourant : moins d'un mois après, il quittait la terre et le précédait de quelques semaines dans la bienheureuse éternité. Il mourait le 16 avril, et l'abbé Guillemé s'éteignait doucement pendant les derniers jours du mois de mai.

Heureux amis d'avoir été si peu de temps séparés par la mort, et d'être désormais réunis pour toujours dans la vie et la possession de Dieu, dans l'unité et la joie d'un même amour !

CHAPITRE TROISIÈME

HALIFAX

1895 - 1896

'ÉTAIT le 25 juillet que le P. Cochet avait reçu son
obédience pour Halifax, et il y arrivait le 9 août,
disposé à se dévouer corps et âme à l'œuvre importante dont on lui confiait la direction.

« Le séminaire du Saint-Cœur-de-Marie dit l'*Évangéline*,
est bâti sur la rue Quinpool, dans la partie nord-est de la ville,
entre le Bon-Pasteur et l'Orphelinat des Sœurs de la Charité. Bien que sa situation n'ait pas le grandiose du Mont
Saint-Vincent ou la poésie du Sacré-Cœur (ce sont les deux
institutions catholiques d'Halifax pour les jeunes filles), il
jouit cependant d'un splendide panorama sur le bras du
Nord-Ouest, la rade, l'île Mac-Nab et la redoute d'York,
qui sont les points culminants ou intéressants des environs.
Cette triade de maisons religieuses, l'une à côté de l'autre
et chacune dans sa sphère, représente bien la mission de
l'Église: secourir les orphelins, sauver les pêcheurs, donner
des docteurs au peuple ! Le séminaire a 140 pieds de long
et 72 de large, et de l'espace de reste pour s'étendre à l'est. Il
n'y a, en effet, que la moitié du plan d'exécutée, l'aile droite
et le corps principal. Il est construit en brique et en pierre
sableuse, avec trois étages et le soubassement. Une tour
carrée, surmontée de la croix, indique l'entrée principale et
le centre. Plusieurs fenêtres ont des vitraux comme l'en-

trée maîtresse qui porte les armes de la Congrégation : Jésus et Marie, dans un cœur encadré de lis et de roses. Cela compose un panneau ; l'autre est rempli par les armes du diocèse avec la légende latine : *Gratia vobis et pax*. Au bout du vestibule se trouve un autre vitrail consacré au fondateur de l'ordre, le Vénérable Jean Eudes, et deux autres dédiés au Sacré-Cœur et à la Sainte Vierge.

« Les architectes ont eu l'excellente idée de laisser entre la rue et le corps de bâtiments du séminaire une bonne distance, ce qui permet à l'édifice de se montrer avec avantage et de pouvoir se parer d'arbres et de pelouses. »

Ce séminaire avait une double destination : il devait recevoir les jeunes eudistes, envoyés là avant 19 ans pour échapper au service militaire, et des ecclésiastiques des quatre provinces de la Nouvelle-Écosse, qui y seraient placés par leur évêque respectif. Grande et importante mission que de former des prêtres zélés, instruits, capables de représenter avec honneur le clergé catholique au milieu des protestants !

Trois Pères devaient, pour commencer, enseigner la théologie et la philosophie à dix séminaristes. Le Père Cochet ajoutait à son titre de supérieur celui de professeur de théologie morale ; il était en outre chargé de l'aumônerie du Bon-Pasteur et de la direction des trois sœurs des Sacrés-Cœurs de Jésus et Marie de Paramé, occupées au service matériel du séminaire.

Le P. Cochet fut bien accueilli à Halifax, où sa réputation de sainteté l'avait précédé, grâce à ses relations avec les sœurs de la Charité de Church'Point, chez lesquelles il disaitla sainte Messe chaque jour, et auxquelles il avait prêché plusieurs retraites. D'ailleurs la retraite du clergé ayant eu lieu au séminaire, les prêtres du diocèse eurent maintes occasions d'admirer sa sagesse, sa prudence, sa charité et ses autres vertus. Ils virent en lui un auxiliaire précieux, toujours disposé à leur rendre service. N'avait-il pas déjà remplacé, pendant plusieurs semaines, un curé voisin forcé de s'absenter, et rempli avec un zèle incomparable toutes les obligations du ministère paroissial, à la grande satisfaction et au grand profit des fidèles ?

Les débuts n'en furent pas moins durs, comme dans

toute fondation, et le Père dut avoir recours aux âmes
généreuses qui lui étaient si souvent déjà venues en aide.

« Merci, merci mille fois, écrit-il le 30 septembre ; nous
n'avions qu'une seule garniture d'autel, et encore elle était
petite ; la vôtre servira aux jours de fête. Les paires de bas,
les tricots nous seront aussi très utiles. Je dis « nous », car
nous avons six jeunes novices, qui n'ont rien. Plusieurs
même n'ont qu'un seul pantalon, pas de barettes, deux paires de bas. Me voilà donc revenu, comme à Kerlois, père
de famille, et d'une famille nécessiteuse. Vous comprenez
combien j'ai été sensible à votre générosité. Personnelle-
men, je me tire avec peu, mais je n'aime pas à voir souffrir
les autres ; et ici les vêtements sont très chers. Il y a des
frais généraux énormes : le seul charbon nous coûtera près
de 5,000 francs pour l'année. Combien je vous suis reconnaissant de nous venir en aide ! »

Et le 12 décembre : « Ici notre œuvre marche son petit
train, doucement, petitement, avec toutes les difficultés inséparables des fondations. Il faut semer dans les larmes
pour moissonner plus tard dans la joie. Il fait très froid
dehors, mais nous sortons peu et la maison est chauffée.
D'ailleurs, je supporte bien le froid : je serais beaucoup
plus sensible aux difficultés morales. »

Ces derniers mots indiquent discrètement la grande
épreuve de ses derniers jours. Elle lui vint très involontaire-
ment des Jeunes, envoyés de France. Sans doute il y avait
parmi eux des âmes généreuses, capables de vertu, de dévouement et de sacrifices. Mais, transportés par delà les
mers presque au début d'une formation, commencée par un
maître d'un caractère très différent de celui du P. Cochet,
quoique du plus grand mérite, et contrariée par un fatal
concours de circonstances, ils comprirent peu d'abord les
exigences de leur nouveau genre de vie et de leur nouveau
supérieur, et furent eux-mêmes peu compris. Il est si difficile à un étranger de se mettre à l'unisson du pays qui le
reçoit, surtout quand on est français et jaloux de ses
avantages ! On a tant de peine, du reste, à recevoir une
leçon, dont on ne voit pas la portée ! Et puis il se rencontre
presque toujours, même dans les milieux les mieux choisis,
quelque esprit mal disposé pour souffler le trouble et l'in-

discipline, dont l'exclusion suffit à rendre la paix au bercail.
Le temps devait aplanir ces difficultés : ainsi en fut-il. Six
mois n'étaient pas écoulés que la piété, la docilité, la régularité, régnaient en maîtresses dans le séminaire. Mais
le Père n'était plus là, et cette heureuse transformation fut
regardée comme un précieux fruit de sa mort.

D'autre part, très éloigné du centre de la Congrégation,
et ne pouvant lui référer sur l'heure des difficultés extérieures
ou intérieures qui surgissaient, il se vit souvent contraint
par une impérieuse nécessité de prendre des mesures qui,
sans être contraires à la volonté de ses supérieurs, paraissaient moins selon leurs vues. Lui, habitué à regarder tous
leurs désirs comme des ordres, était au supplice de paraître
y contrevenir, bien convaincu pourtant qu'à sa place, et vu
les circonstances, ils n'auraient pas agi autrement qu'il ne
faisait. Ce fut là encore pour son cœur une lourde croix,
qu'il accepta et porta avec grande générosité. Dieu, qui
l'avait comblé de ses bénédictions durant vingt-cinq ans de
sa vie, disait-il lui-même, voulait le faire passer par l'é-
preuve dans ses derniers jours. Il avait déjà beaucoup souffert à Church'Point, il souffrit encore plus à Halifax, et dans
ses affections les plus chères !

Chaque semaine, il se rendait au Bon-Pasteur pour en
confesser les religieuses et, de temps en temps, il leur faisait des instructions. Dans celles-ci, il suivait la même méthode que pour les Congréganistes de Sainte-Anne, et il
rangeait ses idées sous ces trois chefs : « *Passé, présent,
futur.* » Que de pages excellentes il y aurait à extraire de
son cahier de notes ! Mais nous préférons céder la parole
à celles-là mêmes qui l'entendirent et reçurent sa direction.

« Le vendredi de chaque semaine, notre regretté et bon
Père Cochet célébrait la sainte Messe dans notre chapelle ;
il avait le soin de toujours apporter son amict. La sœur sa-
cristine lui fit un jour des reproches à ce sujet ; il lui répondit : « Vous êtes pauvres, n'est-ce pas ? vous savez que le la-
vage use le linge, et, lors même que je ne vous épargnerais
que cinq centimes par an, cela vaudrait la peine de le faire.
Ma mère avait coutume de me dire : ce qui est épargné est
gagné. » Ce n'était pas là chez lui de la mesquinerie, mais
cet esprit de pauvreté qu'il possédait à un si éminent degré.

Souvent il nous disait : « Mes sœurs, prenez soin des biens de Jésus et de Marie. »

« Un jour il promit à une sœur de lui donner par écrit une prière. Quelques semaines après, la sœur lui rappela sa promesse ; c'était au confessionnal. « Pardon, ma sœur, dit-il, je l'ai tout à fait oublié, je vais vous l'écrire à l'instant. » Et à la grande confusion de la sœur qui le supplie de ne pas se déranger, il quitte le confessionnal, se rend à sa chambre, et revient quelques minutes après, tout heureux d'avoit trouvé l'occasion de faire un acte de vertu, ne voulant pas même souffrir d'être remercié.

« Le bon Père Cochet avait une très grande connaissance du cœur humain : il était très habile à trouver la *corde* sensible de chaque personne. Il désirait que, dans nos classes, nous nous appliquassions avant tout à étudier le caractère de nos enfants, afin de les diriger ensuite plus sûrement. Il nous répétait cela souvent, et dans la retraite qu'il prêcha en octobre 1893, en parlant de notre quatrième vœu, il donna, sur la manière d'agir avec nos enfants, des conseils très pratiques dont voici quelques-uns : — Pour travailler efficacement à cette œuvre si sublime, il faut vous sanctifier vous-mêmes. — Le meilleur moyen de vous faire respecter, et d'inspirer aux enfants le respect d'elles-mêmes, est de les traiter avec beaucoup de respect et de dignité. Traitez-les comme vous voudriez être traitées ; n'exigez pas d'une enfant ce que vous n'avez pas le courage de faire vous-mêmes ; vous demandez le silence, gardez-le d'abord vous-mêmes. — Ne les conduisez pas toutes par le même chemin, il vous faut étudier chacune, tâcher de connaître sa *corde* sensible, et la prendre par ce côté-là. — Ménagez leur susceptibilité : il y a des âmes qui semblent tout en plaie, on ne peut les toucher sans qu'elles jettent les hauts cris. — Soyez fermes dans le fond, mais douces dans la forme. — La patience obtient tout ; l'impatience, au contraire, ne fait qu'aigrir. Attendez toujours qu'une enfant soit bien calme pour lui parler, sans cela vous frapperiez sur le mur. — Attendez que son émotion soit passée et la vôtre aussi, prenez le temps de penser et de juger quelle pénitence lui imposer ; ne donnez jamais une pénitence qui serait pire que le mal ; la pénitence doit être un remède, sans cela elle ne vaut rien. — Ne vous servez jamais d'expressions méprisantes, de qualificatifs humiliants. — Ne jugez pas une enfant sur une faute particulière, par exemple, disant : Vous êtes toujours comme cela, vous! Ne lui imputez pas des intentions, jugez seulement son acte. — Ne dites pas : vous avez agi pour tel motif ; ce serait blessant ; dites : à vous voir agir, je serais portée à croire que vous faites cela pour telle raison, etc. — Surveillez beaucoup, mais sans inquiétude, sans trouble ; oui, gardez-vous d'avoir l'air inquiètes, mal à l'aise, ce serait blessant. — Ne vous vantez pas de tout voir et tout savoir, dites plutôt : Mes enfants, je sais que bien des choses m'échappent, mais je sais aussi que vous n'échappez pas au regard de Dieu. — Ayez de la force d'âme. Vous font-elles souffrir ? Ne le montrez pas : surtout pas de larmes, elles pourraient y voir de la faiblesse. — Aimez beaucoup ces enfants qui vous sont confiées. Pour leur faire du bien, il faut les aimer ; pour cela, ne voyez pas que leurs défauts, voyez aussi le bon côté de chacune. — Ne les jugez pas avec votre conscience de religieuses : ces enfants vous paraissent souvent plus coupables qu'elles ne le sont, la plupart ont une conscience tortueuse, erronée, considérez le milieu où elles ont vécu et soyez indulgentes. C'est à vous de les instruire, de les former peu à peu. Je sais que c'est un travail parfois long et pénible, mais, à force de patience, vous réussirez.

Le Confesseur de nos enfants, prêtre de la Cathédrale, ne pouvant s'occuper de leur donner les instructions, notre bon Père Cochet toujours si plein de zèle pour les âmes voulut bien se charger de donner ces instructions, à la grande joie des enfants qui déjà le vénéraient comme un saint. Oh! comme il savait bien se mettre à la portée de leur intelligence! comme il connaissait bien le chemin de leur cœur! Il était d'autant plus écouté qu'il avait le don de persuader à chacune qu'il l'aimait et qu'il ne voulait que son bien. Cette maxime de Saint François de Sales : « Voulez-vous rendre saints ceux qui vous entourent? rendez-les heureux »; il nous l'a bien des fois répétée, et il la pratiquait lui-même excellemment. A Noël, il eut la délicate pensée de faire préparer une boite de gâteaux et de fruits pour celles de nos pénitentes et enfants, qui n'ayant pas de parents allaient être

privées de ces petites douceurs. A la Sainte-Patrice, fête
patronale de nos Irlandaises, il fit la même chose. Ce jour-là
il pleuvait. Un peu avant le dîner, nous voyons le bon Père
arriver chargé de gâteaux. La Sœur Portière voulut au moins
renvoyer les plats vides par une sœur: il s'y refusa et les
remporta lui-même, défendant bien à cette même sœur de
dire aux enfants qui leur envoyait ces bonnes choses. La
Sœur n'eut aucun scrupule de violer. cette défense: avant
même qu'elle le fît, nos enfants avaient deviné le nom du généreux donateur, et toutes n'avaient qu'une voix pour louer
et remercier celui qu'elles appelaient « *the dear old saint* ».

« Les pauvres, les malheureux étaient l'objet de sa prédilection. Une de nos détenues âgée de 35 ans et condamnée par la
Cour pour la 80me fois, surnommée à cause de ses désordres
« la terreur de la ville », eut une place à part dans le noble et
grand cœur de celui que l'on pourrait appeler le Père des
malheureux. De quelles bontés, de quelles industries n'usa-t-il
pas pour essayer de conquérir à Dieu cette âme qui semblait
être fermée à tout sentiment honnête et chrétien! Avec sa
charité qui savait découvrir du bien partout, il nous disait :
« Sous cette écorce si rude, il y a quelque chose de bon, il y
a un reste de foi, vous verrez que cette femme se convertira. »
Dans les fréquents entretiens qu'il eut avec elle au parloir,
il la sonda, il voulait, tout d'abord, trouver sa corde sensible.
« Votre Mère vit-elle encore mon enfant? — Oui, je l'ai quittée
à l'âge de 9 ans. — Où demeure-t-elle? — A New-York, j'ai entendu dire. — Seriez-vous contente de la revoir? — Oh! oui,
mon Père. — (Ce disant, elle pleure. Le bon Père se réjouit,
elle aime sa Mère, dit-il, c'est bon signe). — Ecrivez-lui donc
à votre Mère. — Je n'ai pas l'adresse, un Monsieur m'avait
promis qu'il essaierait de me la procurer, et il ne l'a jamais
fait. — Je ferai tout mon possible pour trouver où demeure
votre Mère, je connais un prêtre à New-York, je vais lui
écrire. » — Quelque temps après, le bon Père arrive avec une
feuille de papier et une enveloppe adressée, il n'avait pas
même oublié l'estampille. « Ceci est pour mon amie », dit-il
(c'est ainsi qu'il l'appelait toujours). Voilà « la terreur de la
ville » à moitié convertie par les touchantes bontés de notre
Saint, implorant le pardon de sa mère et, exprimant son
regret pour sa vie désordonnée. Elle reçut une réponse favo-

rable et continua de communiquer avec sa mère, se servant du papier et des centimes que lui fournit à cet effet le bon Père Cochet : souvent il lui apporte des fruits et des gâteaux. Enfin nous constatons avec bonheur quelque amélioration dans son caractère, elle prie, elle se présente plusieurs fois au confessionnal et communie, elle en était là, lorsque la mort vint nous ravir ce Père si bon, ce Directeur si saint et si expérimenté. Notre pauvre brebis pleura beaucoup, nous espérions que ce serait pour elle le coup décisif, qu'elle se convertirait tout de bon, mais malheureusement, sa sentence étant expirée, elle fut tentée de sortir, elle succomba, retourna dans ses anciennes compagnies, et fut peu de jours après renvoyée à la Prison de la Ville. Mais nous avons confiance que la parole du bon Père se réalisera et qu'elle mourra dans notre bercail.

« S'apercevant que trois sœurs employées dans les classes ne pouvaient assister à toutes les conférences, et plein de compassion pour l'une d'elles qui ne comprenait pas le français, il proposa à notre Mère de répéter immédiatement en anglais la conférence qu'il venait de faire ; notre Mère y acquiesça. Ainsi après avoir parlé pendant trois quarts d'heure ou une heure environ, il recommençait pour une autre heure en faveur de trois âmes ! La première fois qu'il le fit, par un malentendu, deux des sœurs ne furent pas remplacées, une seule était présente : le bon Père prêcha quand même, jusqu'à ce qu'on vînt avertir la Mère Supérieure qui envoya immédiatement les deux autres. Notre Mère fut tellement touchée d'une telle humilité et d'une telle charité qu'elle ne voulut pas le laisser continuer cet acte de zèle. Il ne répéta ainsi sa conférence que deux ou trois fois.

« Il nous recommandait très souvent le silence, silence d'actions et de paroles ; durant le carême de 1896, il nous renouvela cette recommandation chaque dimanche. Il pratiquait d'abord lui-même ce qu'il enseignait ; lorsqu'il venait au parloir, la portière était toujours édifiée de le voir entrer sur le bout des pieds pour éviter tout bruit et demander à voix basse la personne qu'il désirait ; en attendant, il égrenait pieusement son chapelet. Qu'il était facile de l'aborder ! Et comme toujours nous étions accueillies avec un bienveillant sourire ! Il faisait aussitôt con-

naître le but de sa visite ; pour épargner le temps, il avait
soin de noter ce qu'il avait à dire. « Ma sœur, disait-il, j'ai
trois choses à vous dire, la première, la deuxième, etc. » Ceci
fait, il se retirait aussitôt, avec cette politesse propre aux
saints, hormis que nous exprimions le désir de lui parler.
Alors il était tout à notre disposition ; il était si calme qu'il
semblait n'avoir rien de plus important à faire que de nous
écouter ; il avait pourtant de si nombreuses occupations !
Nous ne sortions jamais d'un entretien avec lui sans nous
sentir encouragées, consolées, fortifiées : il avait une solution
pour tous les doutes, un remède pour toutes les blessures !

« Depuis sa mort, nous nous sentons portées à l'invoquer, et plusieurs d'entre nous ont déjà ressenti les effets de
sa protection. »

La relation suivante, en corroborant tout ce qui précède,
tout ce qui montrera de quelles lumières Dieu se plaisait à
éclairer son fidèle serviteur dans la conduite des âmes qui
lui étaient confiées.

« La première fois que je parlai au bon Père Cochet, je
me sentis si à l'aise qu'aussitôt je pensai que ce devait être
par lui que le bon Dieu voulait m'accorder ce que je lui
demandais depuis si longtemps : le vrai esprit de notre
saint Institut. Je m'ouvris à lui entièrement. Il me demanda
si je voulais bien lui permettre de changer quelque chose
dans ma confession. Je fus bien surprise et aussi bien
consolée. C'était justement une chose qui me faisait souffrir
intérieurement depuis longtemps, et dont j'avais déjà parlé
deux fois à un autre confesseur sans pouvoir en avoir une
réponse qui fit disparaître mon inquiétude.

« Ce qu'il me recommandait le plus, c'était la charité :
tous ses efforts tendaient là.

« Comme mes sœurs me demandaient souvent quelques
petits ouvrages, et que je n'avais pas la permission de la
supérieure, je craignais de manquer à l'obéissance.

« Il me dit : « Mon enfant, tout ce que vous pouvez faire
pour soulager vos sœurs ou faire plaisir aux enfants, faites-
le, si cependant vous pouvez le faire sans négliger votre
emploi. Autrement il serait mieux de dire : « Ma sœur, cela
me fait bien de la peine ; mais je ne peux pas, c'est impossible. »

« Une autre fois, c'était à la sainte pauvreté que je ne voulais pas manquer. Il me répondit : « Il vaut mieux dépenser quelques sous de plus et ne pas blesser la charité. » Puis il me fit comprendre que si je ne pouvais pas faire deux actes de vertu ensemble, je devais toujours choisir la charité, à moins que je ne connusse la Volonté du bon Dieu d'une manière plus certaine.

« Comme on est bien disposé à ne pas avoir toujours une grande contrition des fautes légères, à chaque confession, il en remarquait une dont on venait de s'accuser, pour nous en humilier ensuite, et nous inspirer d'un sentiment de vif regret avant de nous donner l'absolution. Il me recommandait de faire souvent des actes d'humilité ; mais « il ne faut pas, disait-il, que la crainte d'être tentée de vaine gloire vous empêche de faire tout le bien que vous pourrez. »

« Il nous communiquait son zèle pour le salut des âmes. Je lui dis un jour mes sentiments à l'égard d'une pauvre pénitente. Je ne me sentais pas beaucoup portée à prier pour elle ; au contraire, j'aurais bien voulu qu'elle ne fût plus reçue dans la maison. Le bon Père me reprit d'abord de mon peu de charité ; après quoi il me parla avec tant de bonté qu'il me changea tout à fait. Je priai d'une manière particulière pour cette pauvre âme. Et maintenant je voudrais qu'on ne refusât jamais une pénitente quand bien même elle reviendrait cent fois frapper à la porte.

« Je crois que la reconnaissance du Père Cochet envers Dieu n'était pas ordinaire. Après lui avoir rendu compte de mon oraison que je fais de la manière qu'il m'a lui-même enseignée, il me dit avec un accent que je n'oublierai jamais : « N'est-ce pas, mon enfant, que cela fait du bien de penser aux grâces que le bon Dieu nous a faites ? Comme on est porté à l'aimer quand on voit qu'il a été si bon pour nous. Oh ! mon enfant, soyez reconnaissante. » Il revenait souvent sur ce point ; et pour mieux me pénétrer de ces sentiments qu'il aurait voulu voir dans toutes les âmes, il me montrait tout ce que le bon Dieu avait fait pour moi, toutes les grâces qu'il m'avait accordées, en ajoutant : « Ce sont autant de talents qu'il vous a confiés, et il ne faut pas les laisser inutiles. » Il me dit ce que j'avais à faire pour cela.

« Comme il exigeait de moi une chose que je trouvais très

difficile, je lui dis que je ne me croyais pas assez sage pour cela, et que je craignais de commettre beaucoup de fautes : il me répondit : « Mon enfant, vous savez que je tiens ici la place de Dieu. Eh bien! il veut cela de vous. » Je me soumis ; et je craindrais de ne pas correspondre aux desseins de Dieu sur moi, si je n'y étais pas fidèle le reste de ma vie.

« Après la mort du vénéré Père, j'eus quelques difficultés, je m'adressai à lui avec confiance : « Mon bon Père, lui dis-je, c'est vous qui m'avez dit d'agir ainsi : voyez maintenant l'embarras où je me trouve, venez donc à mon secours. » Il ne se fit pas attendre : aussitôt je vis ce que j'avais à faire. J'agis d'après cette pensée, et la paix se fit dans mon âme. Je ne fus plus inquiétée depuis. Plus d'une fois j'ai ressenti les effets de sa protection. »

L'action sanctifiante du P. Cochet ne s'exerçait pas seulement au séminaire et au Bon-Pasteur : elle s'étendait au dehors. Il rêvait de faire à Halifax ce qu'il avait fait à Hennebont et dans les environs de Lorient, et, par sa politesse et ses bons procédés, de gagner l'âme des protestants. Déjà, à l'occasion du nouvel an, il avait fait visite à tous ses voisins, et il se félicitait de cette visite dont il espérait les meilleurs effets. « Ils ont paru enchantés, écrivait-il, et désormais nous serons amis. » Il avait également jeté les yeux sur un quartier de la ville dont les misères physiques et morales lui rappelaient certaines maisons de Saint-Caradec et d'Hennebont ; il comptait y établir le centre de ses opérations. Déjà même les populations, touchées de sa grande bonté, l'appelaient communément du nom de « Good Father, » sous lequel elles le désignent encore, car elles ne l'ont point oublié. Et vraiment son âme semblait plus que jamais pétrie de bonté. Cette bonté même, il la poussait jusqu'à l'excès, jusqu'à permettre d'en abuser, aimant mieux être trompé que de laisser un vrai pauvre sans secours, comme le prouve le fait suivant.

Dans les premiers jours de son séjour à Halifax, un Indien se présenta à lui et le tira un peu à l'écart, comme pour lui faire une communication importante. Pensant que c'était une âme à sauver, le Père Cochet, qui se rendait en ce moment au Bon-Pasteur, revint sur ses pas et conduisit l'Indien au séminaire. Celui-ci lui fit une belle histoire :

« Il était tout près de se marier à une jeune sauvage, mais pas un penny pour acheter une toilette à la fiancée ! Le Père ne pourrait-il pas lui prêter cinq dollars ? Il lui serait facile de les rembourser par quelques journées de travail. » Le P. Cochet avait justement cinq dollars en ce moment. Il les donna.

L'Indien revint le lendemain, comme il l'avait promis. Il travailla même assez activement toute la matinée, pour qu'on n'eût pas lieu de douter de sa sincérité, puis il alla de nouveau trouver le P. Cochet : « La toilette de la fiancée avait coûté un peu plus cher qu'on ne pensait. Le Père ne pourrait-il pas avancer encore quelque chose, aux mêmes conditions ? » La main charitable s'ouvrit encore. Mais on ne revit plus l'Indien. Le père rit de l'aventure, sans toutefois regretter sa charité.

Tant de zèle et de vertu autorisait les plus grandes espérances pour la fécondité de son ministère à Halifax, et Mgr O'Brien le laissait ouvertement entendre, lorsque Dieu, dans ses impénétrables desseins, le rappela soudain à lui. Atteint de l'influenza le mercredi saint, puis d'une fluxion de poitrine le mardi de Pâques, il expirait le dimanche de la Quasimodo, à midi. Cédons ici la parole à ceux qui l'assistèrent dans ses derniers moments.

« Depuis plus de six mois, le R. P. Cochet, à la suite de ses travaux apostoliques à Church'Point et. à Saulnierville, était dans un état continuel d'indispositions et de fatigues ; il éprouvait fréquemment des douleurs aiguës à la tête et aux reins ; fréquemment aussi une fièvre violente l'empêchait de dormir ; il ne s'en levait pas moins à la même heure que la Communauté, et vaquait à ses occupations, comme s'il eut été en bonne santé. Il avait consulté le médecin deux ou trois fois depuis le commencement de l'année, et celui-ci, qui n'avait pu trouver de maladie localisée et nettement caractérisée, lui avait dit que ses souffrances devaient venir de son estomac délabré par les mortifications, et il lui avait donné des conseils en conséquence. Le Père les avait suivis avec fidélité, mais sans grande confiance dans leur efficacité ; il répétait souvent cette parole qu'il avait déjà répétée bien des fois depuis deux ans : « je mourrai bientôt, vous verrez ! »

« Ce qu'il lui eût fallu, c'eût été du repos et de bons soins : choses impossibles dans un séminaire naissant, où trois Pères devaient faire le travail que l'on se par'age ailleurs entre cinq ou six directeurs. Du reste, son zèle le poussait à faire chaque jour davantage, et, loin de se décharger, il se créait sans cesse de nouvelles occupations. Habituellement, outre sa classe quotidienne de morale, il dirigeait et confessait tous les séminaristes et les trente religieuses du Bon-Pasteur ; il faisait à celles-ci une conférence tous les mois et aux fêtes principales, une tous les quinze jours en anglais aux Pénitentes, et une autre aux sœurs du séminaire ; enfin il parlait presque chaque soir aux séminaristes à la lecture spirituelle. Mais, durant l'Avent et durant le Carême, les conférences avaient eu lieu chaque semaine au Bon-Pasteur et, de plus, il avait été désigné comme confesseur extraordinaire des Sœurs de la Charité, très nombreuses à Halifax, où elles ont leur maison-mère et six autres établissements importants. Que de fois n'avait-on pas prié le Père de ménager ses forces et de prendre soin de sa santé ! Il ne pouvait s'y résigner, et il ne savait point dire « non », quand une occasion de faire le bien se présentait. « Encore un nouveau travail, Père, lui objectait-on affectueusement ! — C'est vrai, répondait-il, c'est une nouvelle fatigue, mais n'est-ce pas aussi une œuvre de charité ? Et l'éternité n'est-elle pas assez longue pour se reposer des fatigues de la terre ? » Ainsi raisonnait-il en toutes circonstances, et il se dépensait, sans compter, pour le bien des âmes.

« De là un épuisement continu ; rien de grave en apparence, mais la moindre complication pouvait être fatale. C'est ce qui arriva.

« Dans les premiers jours de la semaine sainte, le séminaire fut visité par la grippe, et le P. Cochet fut atteint des premiers. Rien d'inquiétant tout d'abord dans son état, mais il eût fallu prendre des précautions, et il n'en prit pas, malgré les conseils réitérés qui lui en furent donnés. « Il ne se croyait pas assez malade pour cela ; et puis, c'était la semaine sainte : ne fallait-il pas unir quelques souffrances à celles du Sauveur ? »

« Une cérémonie lui tenait particulièrement à cœur : le

lavement des pieds. Dans beaucoup d'endroits, le jeudi saint, d'après les prescriptions de la sainte liturgie, les évêques, les supérieurs de communautés, les prêtres de paroisses, choisissent treize pauvres, auxquels ils lavent les pieds pour imiter la conduite du Sauveur, pendant la dernière cène. Belle et touchante pratique qui montre dans tout son jour l'esprit du christianisme et le rôle du clergé catholique dans le monde : « *Non veni ministrari, sed ministrare !* »

« Malgré son indisposition, le P. Cochet fit quelques démarches pour avoir des pauvres. Il alla en premier lieu à la Poor-House, puis à la maison de Saint-Patrice. Les Chers Frères des Écoles Chrétiennes se rendirent avec empressement à ses désirs. Il revint joyeux, mais un peu plus enrhumé. Toutefois, le lendemain, il put célébrer l'office du jeudi saint sans trop de peine. Bien mieux, le soir, avant le lavement des pieds, il adressa aux treize enfants, venus pour cette cérémonie, quelques paroles d'une délicatesse et d'un à-propos merveilleux, comme son bon cœur savait toujours lui en inspirer en pareille circonstance. Puis la cérémonie se fit, à l'édification de tous les fidèles, que cette pratique de charité et d'humilité toucha jusqu'aux larmes. Ce fut son dernier ministère, mais aussi celui qui pouvait le mieux terminer et résumer sa vie. Humilité et charité, n'est-ce pas tout le P. Cochet ?

« Comme il se plaignait davantage ce jour-là de douleurs dans tout le corps, nous le priâmes de se coucher et de garder la chambre. Il le fit entre les exercices ; mais il se leva pour assister aux offices du vendredi saint et du samedi saint, de même qu'à toutes les réunions de Communauté. Tous les appartements de la maison étaient également chauffés, il disait ces changements moins fatigants que de rester au lit sans bouger. Nous n'insistions pas, ne le croyant atteint que d'influenza. Du reste, le samedi soir, il était beaucoup mieux, et l'enrouement avait disparu ; le dimanche de Pâques, il disait la Sainte Messe, et la journée était bonne.

« Mais voici que, dans la nuit du dimanche au lundi, il se réveille couvert d'une sueur froide. Étonné, il s'essuye vigoureusement, il se couvre davantage pour se réchauffer avant l'heure du lever. Il se lève avec la Communauté, dit la Sainte Messe et suit tous les exercices jusqu'à midi. A midi, il paraît plus souffrant. Malgré cela, vers deux heures il fait une conférence aux Sœurs du séminaire, mais immédiatement après, il est obligé de se mettre au lit. Nous lui proposons de faire venir le médecin; il accepte, car il se sentait gravement atteint.

« Comme le médecin tardait à venir, il voulut se confesser le soir même pour recevoir la Sainte Communion le lendemain. Ne voyant pas de danger imminent, son confesseur lui conseillait d'attendre un peu pour ne pas effrayer la Communauté. Il insista, et il fallut bien se rendre à ses désirs. Le mardi matin, il communia avec sa grande piété habituelle. A partir de ce moment, personne ne l'entendit plus dire un seul mot des affaires de la terre. Sa conversation était dans le ciel. Pour lui montrer que nous étions pleins de confiance en sa guérison, le premier assistant alla lui parler, dans la matinée, d'une affaire temporelle. « Réglez tout cela vous-même, je ne m'occupe plus des choses de ce monde. » Telle fut sa réponse. Tout cela nous frappait beaucoup, nous ne savions que penser.

« Bientôt arriva le docteur Farrell. Il ne vit rien d'alarmant dans l'état de notre Père. C'était tout au plus une forte grippe avec une légère inflammation des poumons. Ces paroles nous rassurèrent. Le Père remercia l'excellent docteur et lui promit de suivre fidèlement ses prescriptions, ce qu'il fit jusqu'au bout. Toutefois, le pressentiment de sa fin prochaine ne le quittait plus. Sous sa dictée, nous dûmes écrire les choses les plus humbles et les plus touchantes pour Sa Grâce Mgr O'Brien, pour le T. H. P. Général, pour le R. P. Blanche et ses confrères de Church'Point. Voici sa lettre à ces derniers :

> « Au P. Blanche et à tous les Confrères de Church'-
> « Point.

> « En mourant, je vous demande pardon des mauvais
> « exemples que j'ai donnés et de la peine que j'ai pu vous
> « causer bien involontairement; car je vous ai beaucoup
> « aimés tous. Permettez à un mourant de vous demander

« d'être bien fidèles à vous conduire en toutes choses, non
« par honneur ou par raison seulement, mais par es-
« prit de foi. Que la charité, l'humilité, l'obéissance, la
« pauvreté, l'abnégation conservent toujours parmi vous
« toute leur force, toute leur vigueur, afin que nous plan-
« tions ici une branche vigoureuse ! »

« Il fit tout cela avec une détermination qui nous frappa
beaucoup. — « Mon Père, disait le Père Le Bastard, Dieu
merci, ce n'est pas nécessaire ; le médecin ne vous trouve
aucunement en danger. — Croyez-moi, mon Père, faites
ce que je vous dis. » La mort qu'il voyait si certaine ne
l'effrayait point : il avait toujours fait de son mieux, il se
sentait prêt à rendre ses comptes ; il avait en outre grande
confiance en la miséricorde du bon Dieu.

« Le docteur revint le mardi soir, il n'y avait rien de nouveau dans l'état de notre cher malade. Mais le mercredi matin, la pneumonie était déclarée. Le cas paraissait grave,
quoique sans danger : on pouvait espérer que la maladie sui-
vrait son cours normal. Malheureusement la fièvre augmentait toujours, et, le jeudi matin, le docteur Farrel crut prudent de s'adjoindre un autre médecin, le docteur Cambpell.
Après une sérieuse consultation d'une demi-heure, ils nous
dirent encore d'être sans crainte, ils espéraient pouvoir cou-
per la fièvre : il n'en fut rien. Elle résista à tous les remèdes,
et, loin de diminuer, elle augmenta d'heure en heure.

« Cependant le Père se soumettait à tout, acceptait tout
avec une amabilité parfaite. Quand on lui demandait comment il se trouvait, il répondait invariablement : « Je suis
bien, merci : tout le monde est trop bon pour moi. »

« Le vendredi soir, un changement profond se fit dans
l'état de notre cher malade : la fièvre était très forte ; le Père
était en proie à une soif dévorante qu'il fallait étancher de
minute en minute ; le moral paraissait atteint. A minuit, le
séminariste, qui le veillait, plein d'inquiétude, courut avertir les PP. Lecourtois et Le Bastard que le Père lui semblait plus mal. Ils vinrent aussitôt et le trouvèrent bien
changé : le P. Lecourtois demeura près de lui le reste de la
nuit.

« Toute ma vie, dit celui-ci, je remercierai Dieu de m'a-

voir fait assister aux dernières heures de la vie morale de
notre Père. Il commençait à entrer en délire ; mais les souvenirs du passé étaient encore tout vivants dans sa mémoire,
et il se mit à parler de l'abondance d'un cœur plein de Dieu.
Il passa en revue, comme pour s'examiner, les différentes
charges que l'obéissance lui avaient confiées ; et nulle part
il ne trouvait rien de grave à se reprocher. Après chaque
examen, il se rassurait à la pensée d'avoir tout fait pour le
mieux. Et puis je l'entendais dire et redire avec un accent
que je n'oublierai jamais des paroles, comme celles-ci :
« Mon Dieu, je me repose en Vous, rien qu'en Vous, oui, rien
qu'en Vous ! Oh ! qu'il est aisé au prêtre de se reposer en
Dieu ! N'a-t-il pas l'Oraison, la Messe, l'action de grâces ?
Oui, mon Dieu, je veux me reposer en Vous, rien qu'en Vous ! »
Ou bien encore : « Ma vocation à moi est de faire la Volonté
du bon Dieu jusqu'à la fin. » Entre temps, c'étaient des conseils, comme celui-ci : « Les voyages ne sont pas bons pour
le prêtre, à moins qu'il ne soit obligé de les faire par devoir ! » O sainte âme ! Elle s'épancha ainsi toute entière devant
moi, durant près de trois heures ! Et je recueillais avec amour
ces pensées dont le cœur de notre bien-aimé Père était tout
plein ; et parfois je ne pouvais m'enpêcher de verser quelques
larmes ! »

« Le matin, notre cher malade éprouva de fortes crises :
le mal gagnait le cerveau. A partir de là il n'eut plus que
deux idées fixes : la soumission à la Volonté de Dieu et la
pensée de la mort. Cette dernière semblait l'effrayer beaucoup : « Le grand coup ! la fin des fins ! » (1) Les potions
les plus amères, les plus terribles souffrances, tout cela lui
paraissait bien facile. Mais l'Éternité ! l'Éternité !

« Oh ! que c'est terrible ! » s'écriait-il, et il commençait à
se crisper et à s'agiter. Cette agitation se renouvelait souvent, mais durait peu ; un conseil, une parole pieuse, un
signe de croix sur le front, lui rendaient aussitôt le calme.
Chose extraordinaire, malgré une fièvre terrible, l'obéis-
sence l'a tenu étendu sur le dos, les jambes allongées jusqu'à

---

(1) Ces paroles se retrouvent dans un sermon sur la mort, qu'il avait donné à
Church'Point et à Saulnierville, et nous croyons qu'à sa dernière heure les idées
qui y sont émises et qui sont très frappantes, lui revenaient dans son délire et
produisirent sur son imagination l'effet qu'elles avaient produit sur ses auditeurs.

la mort. « Restez calme, mon Père! » c'était assez, il reprenait aussitôt sa situation ordinaire. Cette terrible fièvre alla
croissant jusqu'au samedi soir, les médecins ne dissimulaient
plus leurs inquiétudes. Pour le faire reposer un peu, ils lui
injectèrent de la morphine. Quelques minutes après, le Père
tomba dans un profond assoupissement qui dura quelques
heures. Sur le matin, l'agitation et le délire recommencèrent;
la langue se paralysait. Le docteur Farrell, accouru de
bonne heure au séminaire, nous déclara qu'il n'y avait plus
d'espoir. Il voulut cependant essayer un dernier remède,
mais en vain. Les nerfs s'affaissèrent et le calme se fit ;
calme avant-coureur de la mort! Il était grand temps d'ad-
ministrer l'Extrême-Onction. Le P. Cochet reprit-il connaissance? Nous le croyons : du moins il répondit matérielle-
ment aux prières de la sainte Liturgie. Le P. Lecourtois le
pria d'offrir sa vie pour le séminaire et pour la Congrégation,
et de bénir toutes les personnes qui s'étaient recommandées
à ses prières. Il était onze heures et demie. Pendant le dîner
le P. Le Bastard resta près de lui avec une sœur et un séminariste; il était calme : point de râle, la respiration était
seulement un peu plus rapide, et la bouche restait légèrement
entr'ouverte; les mains et les pieds étaient déjà froids, et la
moutarde appliquée sur le cœur ne produisit aucun effet.

« A midi et demi, le docteur qui avait l'intention de lui
faire une nouvelle injection pour le soutenir plus longtemps,
était de retour. Il constata qu'il n'y avait plus rien à faire et
se retira très ému : avant de quitter la maison, il entra à la
chapelle pour prier devant le saint Sacrement. Le P. Lecourtois donna alors à notre cher agonissant l'Indulgence de la
bonne mort, et récita le « *Proficiscere anima, christiana.* »
A midi 40, le Père s'éteignait doucement, en présence de la
Communauté, accourue près de lui. Ses traits ne subirent
aucune altération : ils prirent bientôt l'expression d'une paix
profonde. Prosternés devant ses précieuses dépouilles, nous
étions plus portés à l'invoquer qu'à prier pour lui. N'avait-il
pas dit dans son délire : « à la fin des fins, vous serez tous
là, et puis ce sera fini, et je serai heureux pour toujours ? »
Et dans les lettres qu'il dicta le premier jour de sa maladie,
n'avait-il pas exprimé l'espoir d'être bientôt admis au ciel,
et promis à notre Très Honoré Père Général de s'intéresser

aux œuvres de la Congrégation, et d'intercéder pour elles de même que pour toute sa famille.

« Tout le clergé de Halifax était venu le voir avant sa mort, où du moins vint prier devant sa bière.

« Les prêtres de la cathédrale nous offrirent de faire les funérailles dans leur Église : nous acceptâmes avec reconnaissance.

« Le corps de notre bien-aimé Supérieur demeura exposé toute la journée du lundi dans notre chapelle. Une grande affluence de peuple vint nous faire mieux sentir encore, par son recueillement et par ses larmes, la grandeur de notre perte. Chacun s'empressait de faire toucher des objets pieux à ses restes vénérés. C'était pour tous un bonheur de contempler le visage si beau et si vénérable de ce vrai prêtre, de ce véritable Eudiste, qui reposait si doucement dans le Seigneur. Et chacun se disait à lui-même cette parole de nos Saints Livres : « Puissè-je mourir aussi de la mort du juste ! »

« Le corps de notre cher défunt fut porté à la cathédrale le lundi soir, vers cinq heures : nous y chantâmes les vêpres des morts, puis nous revînmes bien tristes au séminaire qui nous sembla vide comme un foyer qui n'a plus de père.

« Le lendemain, avant la Messe, le clergé de la ville et tous les prêtres des environs qui avaient pu venir chantèrent en entier les matines et les laudes des morts. La Messe fut chantée par le R. P. Blanche, accouru en toute hâte de Church'Point : Les PP. Lecourtois et Le Bastard y firent diacre et sous-diacre, et les séminaristes les cérémonies. Son Excellence le gouverneur Daly avait voulu s'associer à notre deuil : il assistait à l'enterrement. La foule énorme, qui remplissait l'église et qui suivit le convoi, attestait hautement combien notre Père était déjà estimé : « On n'avait pas vu depuis longtemps, disait-on, d'aussi belle manifestation à Halifax. » Nous ne regrettions qu'une absence, celle de Sa Grâce Monseigneur O'Brien, actuellement en Europe; mais il était représenté par Mgr Carmody, vicaire-général et administrateur du diocèse. »

Les Pères du collège Sainte-Anne et toute la population acadienne désiraient vivement posséder le corps du P. Cochet; ils l'auraient déposé soit au collège même, soit dans

l'ancien cimetière acadien, à l'endroit où avait été construite la première église bâtie dans le pays. Il fut résolu
qu'il resterait au séminaire auquel il avait consacré les derniers mois de sa vie et s'était donné sans retour : il serait là
comme la base de l'édifice et la condition de sa prospérité.
Afin donc de pouvoir l'y transporter facilement plus tard, on
l'enterra dans le cimetière catholique de la ville, où il repose auprès d'un autre saint prêtre, vénéré de toute la population, à quelques pas des tombes des archevêques d'Halifax.

Huit jours après, un service solennel était célébré au séminaire pour le repos de son âme, en présence du R. P. Roy,
supérieur du collège de Saint-Joseph de Memramcook et
des représentants du clergé des différentes paroisses de la
ville et du diocèse. Le R. P. Daley, curé de Saint-Joseph
d'Halifax, présida le chant de l'office et donna l'absoute ; le
R. P. Foley, administrateur de la paroisse de la cathédrale,
en l'absence du docteur Murphy, chanta la messe ; le P. Lecourtois prononça en anglais l'éloge du défunt.

Les Acadiens de la baie Sainte Marie voulurent, eux aussi,
témoigner de la vivacité de leur reconnaissance à l'égard
de celui qui les avait évangélisés avec tant de zèle, l'année
précédente, et n'avait pas craint de dépenser sa vie pour le
salut de leurs âmes. Le jeudi, 23 avril, ils firent célébrer à
Sainte-Marie un service solennel, dont le journal l'*Evangéline* rend compte en ces termes : « Une foule immense, outre
le personnel du collège, assistait à la Messe, célébrée par
le R. P. Blanche, avec diacre et sous-diacre. Au chœur on
remarquait MM. les curés Crouzier de Sainte-Anne-du-Ruis-
seau, Daly de Meteghan, et Sullivan de Saint-Bernard. Les
autres prêtres des paroisses environnantes, retenus par les
œuvres du ministère, s'étaient fait excuser.

« La Messe des morts harmonisée fut très bien rendue par
les choristes de la paroisse et du collège ; on y exécuta à
l'offertoire un beau *Miserere mei*, et à l'élévation un *Pie Jésu*
d'une harmonie délicieuse. A la communion, un trio de saxo-
phones et de basse émut profondément l'assistance. Grâce
aux dames de Sainte-Anne et aux Religieuses de la Communauté de Jésus et Marie, jamais l'église n'avait été si ma-
gnifiquement décorée de tentures de deuil, lamées d'argent

et gracieusement disposées. Une immense draperie noire ornée d'hermines, emblêmes de la Bretagne, pays d'origine du regretté P. Cochet, couvrait le mur au-dessus du maître-autel : on y voyait le calice et la croix entrelacés, et aux colonnes étaient suspendus des écussons blancs aux initiales du défunt. Le catafalque s'élevait au centre de l'église : à chaque coin pendait un rideau à franges blanches ; quatre couronnes de verdure, enlacées par des nœuds de soie blanche, en achevaient l'ornementation. Ces couronnes avaient été offertes à leur regretté Père par la Communauté, les élèves du Collège, le Juvénat et les Dames de Sainte-Anne. »

Ajoutons, pour terminer, que celles-ci ne s'en tinrent pas là : le lundi suivant, 27 avril, elles firent célébrer une Messe de *requiem* dans la chapelle du Collège, siège de leur confrérie, puis elles remirent à leur directeur une somme assez ronde pour lui permettre de célébrer le saint sacrifice, à la même intention, durant les deux semaines suivantes.

Et maintenant notre œuvre est achevée : œuvre bien incomplète, sans doute, mais où revit quelque peu la douce et sainte figure du P. Cochet. Les souvenirs feront ce que n'a pu faire la plume, nous en avons l'intime confiance, et ce sera notre consolation d'avoir pu les réveiller en France, comme en Nouvelle-Ecosse. Que tous ceux qui l'ont connu, ou qui ont appris à le connaître, gardent pieusement sa mémoire : qu'ils se rappellent toujours ses exemples et ses leçons; qu'ils l'invoquent dans leurs besoins! Ils trouveront en lui et par lui, lumière, force, courage!

Telle est la pensée d'une âme pieuse dont il s'était fait le consolateur et le soutien : nous la citons comme conclusion de cet ouvrage.

« C'est au ciel qu'il nous faut désormais le chercher et le prier de nous secourir, comme il aimait tant à le faire, étant sur la terre. Vivant, il n'oubliait personne, il s'intéressait à tous, il avait pour chacun une parole aimable, une attention délicate, une prière fervente. Eh bien, puisqu'il était si bon sur la terre qu'il aurait voulu nous rendre tous heureux, maintenant qu'il jouit de la vision béatifique, et que, consommé dans la perfection de l'amour divin, il nous aime encore d'une manière plus parfaite, il ne peut nous oublier, et dès lors que n'obtiendra-t-il pas pour nous ? Je vous avoue donc que je l'invoque avec une très grande confiance, bien persuadée qu'il s'intéresse toujours à ce qui me concerne, comme lorsqu'il était en ce monde ; et puisque, à deux mille lieues de distance, il savait encore me consoler, il le fera mieux du ciel, qui est relativement plus près, par la communion des saints, et où il goûte la juste récompense de ses travaux ! »

FIN

ERRATA

Au lieu de :	Lisez :
p. 12, 26ᵉ ligne, Congrégaiton	Congrégation.
p. 44, 29ᵉ ligne, une charité si naturelle	une charité si surnaturelle.
p. 54, 13ᵉ ligne, engage entrè lui-même	engage contre lui-même.
p. 70, 1ʳᵉ ligne, loin de toute société et tout tracas	loin de toute société et de tout tracas.
p. 82, 27ᵉ ligne, laissons-le nous narrer	laissons-le annoncer et narrer.
p. 226, 33ᵉ ligne, citons-en quelques exemples	citons-en quelque exemple.
p. 256, 26ᵉ ligne, pour les pauvres âmes	pour ces pauvres âmes.
p. 275, 12ᵉ ligne, ce qui lui fallait	ce qu'il lui fallait.
p. 295, 8ᵉ ligne, Mamrankook	Memramcook.
p. 299, 34ᵉ ligne, le Père prononce	le prêtre prononce.
p. 302, 8ᵉ ligne, qu'il observa facilement.	qu'il observa fidèlement.

Imprimerie de Poissy — S. LEJAY.

PARIS. — J. Fersch, imp., 4 bis, Av. de Châtillon.